春到人间，美好生活来自勤劳、智慧；福临天下，
共和社会源于公平、善良。

当代观察 14

华夏之春——走向共和

曾耀华　著

 博客思出版社

走向共和：中国与全球人文生态的思辨与探索

本书的基础理论与目的

　　本书是关于改良中国以及全球之人文生态的论文合集。主要支撑理论为：由"实事求是、相对公平、与人为善、尊重人性、必要差别、民主法治、阳光行政、动态纠偏"等等**共和社会**的基础原则组成的**"治国理念"**。本文目的在于解决当下中国与全球的人文生态深化改良过程中面对的那些复杂的难题。

改良的方式、理由、必要性

　　人类需要的不是害人不利己的相互争斗，而是利己不损人、利人不害己的"人文生态的和平改良"。

　　当一个人、一个家庭、一个民族、一个国家，正视自己，客观地看待万事万物，并着手对自身的人文生态予以"科学化"的时候，就是其自身走向强大的开始。→是人就会犯错误，这是人生常态，改了就好。《左传》云："过而能改，善**莫大焉**"，改正错误，从来就是最英明、最伟大、最光荣、最有利的行为。

　　要想使中华民族真正崛起，就必须要了解当下中国究竟存在些什么样的短板，并找到切实可行的解决方案，不然就会陷于**盲动**。→中华民族有没有希望的根本原因，不在于中国执政者的好与坏，而在于中国政治体制的好与坏→仅仅从执政者个人身上去找原因、找出路，而不从政治制度上去改良弊端，就是治标不治本的瞎折腾。→在优良的社会制度﹛人文生态﹜之中，人是会变好的；在恶劣的社会制度﹛人文生态﹜中，人是会变坏的→当然，这是大概率，少数极端状况，是不能以偏概全的。

　　如果一个真心为祖国担忧，希望自己的祖国变得更加美好，主张以公平正义为标尺来进行改良的人，如果随时都存在被整治的风险的话，那么，这个国家的人文生态的改良，就迫在眉睫了。

只能以实事求是、相对公平、与人为善、尊重人性、必要差别、民主法治、阳光行政、动态纠偏等为基准来改良中国的人文生态，中华民族才有可能获得新生。→在实事求是的前提下，只要我们坚持运用相对公平的原理来处理政治、经济活动中的所有事物，也就是在处理每一个问题以前，都问一问自己："这是事情的真相吗？这是相对公平的吗？"，那么，我们将永远立于不败之地。

民主法治简析

民主法治，是一个整体概念，二者是连体共生的：没有民主，就不可能实施真正的法治，没有真正的法治，也就不可能有真民主。执政者也是人，从人皆趋利的基本人性来说，执政者手中所掌握的公权，如果无人可以监管，公权蜕变为私权就势属必然；没有法治，公民就没有行为准则，民主就只会引发骚乱，最后成为人治专制者否定民主而行专制的依据。→保障民主与完善法治，就是目前中国改开的的重中之重→不能只是停留在口头上，而是要有具体详细、全面完善的法规。→而制定民主法治规则的核心标尺，只能是：相对公平！→当然，实事求是的基座是必须的，与人为善、尊重人性、必要差别、阳光行政、动态纠偏等等基础原则也是不能违背的。

"必要差别"简析

我们之所以将"必要差别"也纳入治国理念之中，是因为如果在利益分享时没有必要的差别，就会掉入"绝对平均主义"的坑里，而使第一生产力失去活力→有差别才会有竞争，有竞争才会充满活力→"绝对平均"地分享利益，也是违背相对公平原则的不公平，这会直接伤害到能者、勤者利益而使他们失去竞争的动力，经济发展就会因此失去活力而陷于停滞。

权力简析

权力从来就是只受权力的赋予者制约的，也从来就是只为权力的赋予者服务的。

我们经常说："要把权力关进笼子里"，但并未清楚明白地说明"权力要关进什么样的的笼子里"这个本质性问题。→谁有关的权利、怎样关、关的标准与实施细则是什么，等等，都是需要有详尽的阳光条款的。中国现在的公检法体系，以及纪委、反贪局为什么阻止不了贪腐的泛滥，其根源就在于我国以人治为核心的治国体系→其最突出的表征，官帽的发放与摘除的权力，永远掌握在上级官员的手中。→所谓"朝内有人好做官"的中国帝王专制时代的规则在当下仍然是百试不爽，而拥有"一切权力"的人民，在共和国官员任免这个关键环节上，却是半毛权力也没有。共和国的一众官员们阿谀奉承、唯上级官员马首是瞻、假话连篇、公开说一套、私下做一套等等，遂成常态。共和国官场贪腐成风、效率低下已成尾大不掉之势的根本原因，就在于对实权执政者手中的权力没有制约机制。→现存的纪委、公检法机构，都是置于实权者的领导之下的、管束别人的工具，遂使权力的暗箱操作积重难返。倘若我们还不能痛下决心，完成邓公所设计的"政治体制改革"，实施真正的"民主法治"，邓公"亡党亡国"的论断就不是危言耸听，还望我国的执政者们三思。→人治专制害人害己，即便是手握重权者自身也是活得来来战战兢兢的，维稳不断而终日"使我不得开心颜"。→我们私下认为，一个人坦坦荡荡地过一生，就是人生的最大的幸福。"专制权力"这个害人虫，害人事大，害己尤甚，更会害国，又有什么可以值得留恋的呢？

简析"共和"、如何才能走向共和

我们理解的"**中华人民共和国**"的内涵是：整个**中华**民族、所有中国人**民共**同和谐生活的国家。→**中华**就是中国，**人民**就是所有勤勉守法公民的集合，**共和**，就是"共同和谐生活"，**国**，就是国家。→家是由人组成的，国是由家构成的→家和万事兴，国和百业盛。→任何一个国家，如果想要万民和谐、百业顺遂，就必须坚持实事求是、相对公平、尊重人性这**三大基本原则**→从理论上来说，只要坚持了实事求是，虚假的、不诚信的、愚昧的，等等诸多不良现象就会逐渐接近于零；只要坚持了相对公平，损害他人利益的欺骗的、欺压的种种坑蒙拐骗的现象就会趋于消亡。对**共和**破坏力最大的，是执政者利用手中掌握的、本属于人民的权力对弱者的欺压，这是中华民族不能和谐、不能真正崛起的最大弊端，这是中国必须实施民主法治的底层逻辑；只有尊重、理解了**人皆趋利**这个基本人性｛天道｝，才会懂得，**任何伤害他人权益的行为**，都是破坏**共和国**的罪行，这是必须坚持**以相对公平为核心治国理念**的底层逻辑。

这其实并非是什么新鲜的观点——"大道之行也，天下为公"，我们的老祖宗，两三千年以前就具有了"天下大同"的理想，是现代西方人人平等的"共产主义理想"的古老的先行者。"天下大同"这个理想，之所以绵延几千年直到现在都未能在中国完整地实现，我认为主要是我们做了太多治标不治本的事情，人与人之间的"与人为善"的行为规范只是停留在口头上，并未真正在事实上得到实施，因而从来就未能从根本上把那些产生不公平、不和谐的种种病根剔除，即使是在中华帝国最为强盛的时代，她也是病根犹在，长期处于"亚健康状态"的病态之中。一有风吹草动，就"旧病复发"，循环往复，乃至于今，病根仍然未能得以彻底清除。

中华民族是勤劳、善良、勇敢、智慧而又坚忍不拔的伟大民族。根据华夏几千年的历史轨迹，她是完全有足够的智慧和能力建成世界上令人艳羡的、最为和谐强大的**共和**国度，从而成为世界的标杆的。时至今日，还未实现这个理想，这是令人遗憾的。

"智慧、认知"简析

所谓智慧，就是透过纷繁事物的表象，**把控**客观事物本质的能力，是真与善的综合体，既需要继承人类诞生以来不懈探索所获得的正确（符合客观事物本质）的**认知**，也需要正确（实事求是）的思维模式，更需要在面对复杂事物时，秉持相对公平的原则，善待自己与他人，将真知与卓见二者有机地融会贯通，获取最佳客观处置范式（**把**）和实施最佳客观处置范式（**控**）的能力。

认知，就是人所拥有的对客观事物的感知能力与思辨 { 推理 } 能力，与客观事物的"可感知性"相互融合、作用的过程；而智慧，则是**正向认知**的结果与运用。

→因此，对于认识论 { 智慧论 } 来说，既不是唯心的，也不是唯物的，而是"唯心物"的；换言之，既不是主观的，也不是客观的，而是"主客观"的。→主 { 心 }、客 { 物 } 二者，任何一方的缺位，人世间就没有什么知识、真理；也没有什么认知、智慧了→真假、善恶、是非、好坏，将统统不复存在。→唯心主义与唯物主义之间的争论，可以歇歇了。

"实事求是"简论

需要特别强调的是：一个人，一个家庭，一个民族，一个国家，如果没有实事求是的思维模式，就必然会在面对纷繁、复杂的事态时产生错觉，从而难免犯颠覆性的错误，承受灾难性的恶果！而一个人、一个家庭，一个民族、一个国家，要形成实事求是的思维模式，就要具有"不存疑"的痴念！！全球的各式各样的"主义"之中，唯有"实事求是主义"才是人类唯一的普适之道，简明易行，立竿见影，而又预后良好！

所谓"实事求是的思维模式"，就是要学会将自身"置身事外"，以"正向 { 科学 }"的基本规则、定理来论是非，用第三者的思维角度来冷静判断是非善恶。→不仅仅是审视别人做法有没有违背"正向 { 科学 }"的基本规则、定理，更重要的是要善于反省自身的做法有没有违背"正向 { 科学 }"的基本法则。

国家公民的法定权责，公民自身是无权放弃的

笔者赞同"天下兴亡，人人有责"的提法，因为没有人民大众的参与，天下是不可能"共和"的。

国家公民在放弃自己的主人翁社会职责的同时，也就失去了权力与利益。一旦为国尽责成了少数人的专利，那么，大部分利益成为专职从政者的"囊中之物"，也就势属必然。如果"弱势者"只知一味地埋怨命运的不公而不知反思自己的职责，对于真正的"共和"来说，终归是于事无补的。

对于老祖宗在《礼记·大学》中提出的人生准则："修齐治平"，我是深以为然的，它不愧是东方文明的内核之一，是人类历万年而不朽的智慧瑰宝，是人类社会弃恶向善、不断进步的不二法门。

人，作为"万物之灵"，如果仅仅是"修身、齐家"是远远不够的，还应该加上"治国、平天下"，才是完整的人生。人人都应该努力成为一盏灯，尽力为人类增添光明→如果整天怨天尤人，抱怨这也不好，那也不好，而不是出于善意地以积极的态度，努力寻找改良人文生态的方法，尽到自己应尽的职责，那你就很难说是一个大写的人了，实在是有愧于"万物之灵"的称号。

换成通俗的话来说就是，一个人，是不能仅仅满足于自身与小家的衣食

无忧就完了→"人无远虑，必有近忧"的中国智慧，仍然是有极强的现实意义的：整个地球上所有国家的自然生态与人文生态都是与地球上每个人的切身利益息息相关的——你不努力使之趋善，你就随时都可能遇恶→任何人的姑息养奸，从本质上来说，不仅仅是在为罪恶营造滋生的温床，而更是犯罪者的保护伞与同谋。

"覆巢之下无完卵" 的中国智慧是值得每一个中国人 "推敲" 的；｛对于雪崩来说｝**"每一片雪花都不是无辜的"** 的法国智慧，对于每一位中国公民来说，都是具有借鉴的价值的。

假如我国公民，人人都只是各自 "自扫门前雪"，而没有 "天下兴亡" 为己任的担当，不尽自己 "国家主人" 的职责，中国人再多，也不过是大而无用的一盘散沙而已，是不足以与邪恶抗衡的，不公平、不和谐就必然会成为中国社会之常态，那中国的**共和**，中华民族的伟大复兴就必然成为一句空话，落后于世界，这是用脚跟都能想得出来的结果。如果一个国家的人，面对种种不公，因事不关己而予以容忍，对他人的苦难因 "明哲保身" 而持冷漠的态度，那这个国家的前途就必然会暗淡无光。原因很简单，这样的人文环境，"人的恶行" 就会肆意泛滥，"好人不长寿，恶人活千年" 就会成为社会之常态。

我认为，促成**"中华共和"**的早日降临，是每一个中国公民义不容辞的职责。"相对公平" 的政治、经济制度设计，是解决人类社会矛盾的最为有效的方式，但绝不仅仅意味着在分享利益时应该人人相对平等，更意味着，在承担责任与义务时，同样也必须相对平等，这才是人人平等的完整含义。即不分人种，不分民族，也不论贵贱，都应当且必须勤劳、善良，尽职尽责地、实事求是地维护整个人文生态的**"相对公平"**。

中国当下，人民这个国家的主人，由于被动、主动地 "大权旁落" 而造成的 "政治混沌｛模糊｝"，不仅执政者有责任，精英有责任，普通民众自身普遍缺乏主人翁意识，不尽自己 "国家主人" 的职责，也是中国未能实现**共和**的重要原因，其错误的本质与 "官方" 是一样的，都是违宪。就是我们常说的 "有法不依，执法不严，违法不究"，就是把**"一切权力属于人民"** 这个宪法中最重要的条款，印在纸上、挂在口头，但从来就没有认真制定过切实可行的实施细则，没有在实际的执政者治国、老百姓护国的过程中，将各自的应尽职责真正落到实处。

"大道"简析

"大**道**至简",真理至朴。

"**道**",即客观事物运行的**客观特定范式**。荀子曰:"天行有常,不为尧存,不为桀亡",此处的"**常**",亦与"**道**"同义。荀子的感悟是:客观特定范式的存在,是不会以人的主观意志而发生变化的。→**客观特定范式**,还必须加上限定词**最佳**二字,组成**最佳客观特定范式**,才是有意义的。**最佳**的意义在于:如果不能使人类的人文生态最大限度地趋良,从而让人类自身得以持续向好发展,则任何"**道**"、"**常**"、"**范式**",对于人类来说,都是没任何积极的意义的。

篇首题记:"春到人间,美好生活来自勤劳、智慧;福临天下,共和社会源于公平、善良。"看似稀松平常的老生常谈,属于一般常识的范畴,但我们如要给它加上一个恰如其分的横批,想来想去,只有"人间大道"才合适。这正如阳光、空气、雨水和脚下的泥土一样,看似平常之极,似乎一点也不珍贵,实则是人类"失之则死、有之则生"的立身之本。→实事求是、相对公平乃人类社会大道的根基,谁违背,谁就将不可逆地没落!

插入:善恶简析

人类的善恶,是有层级之分的。

凭本能觉得应该做一个好人而做善事,这是小善;认识到只有做好事,自己才能得到善果,这是中善;深入认识到,对于人类来说,人必须善良,是由客观存在的人与人之间的"最佳相处范式"所决定的{大道向善},行善并不是所谓的爱心的衍生物,而是基于"人皆趋利"之人性{天道}所决定的人类建成"共和社会"的必由之路,这是大善。小善是不太稳定的,中善稳定性较好;大善是一种觉悟,上升到了智慧层面,也可以被称为信仰→因而大善是具有良好的稳定性的。→人性即天道,基于"人皆趋利"的基本人性{这是由于人本身是由物质所组成,并且必须不断地补充物质才能生存所决定的},如果你不善良,必然会损害到他人的利益,这就是人间乱象的根源,因为这违背了人的"人皆趋利"的基本人性,也就违背了天道{最佳范式}。→从理论上来说，善良底线是"相对公平"｛利己而不损人、利人而不损己｝，因而人世间的一切法律制度与道德规范，以及宗教、习俗，等等，如果脱离了"相对公平"这条"文明法则"的中轴线，都是应当予以改良的。→详见正文中的相关部分的论述。

　　｛"文明法则"是对"丛林法则"的否定。此处的"文明"是"野蛮"的反义词。"文明法则"是有"自由、平等、民主、法治"等等的特定内涵的，是不可与"文明古国"中的"文明"相混淆的。｝

　　出于愚昧而产生的恶行，这是小恶，也就是人们常说的"平庸之恶"，其本质为"愚昧得逞、不知善恶"；已知是恶行，因恐惧而被动地顺从，这是中恶，｛"斯德哥尔摩综合症"，更正为"恐怖综合症"似乎更贴切、明晰｝，其本质是"恐吓既遂、知恶难拒"；明知是恶行且具有拒恶行善之能，自己却主动行恶，此为大恶，其本质为："恶性膨胀、害人害己"。小恶、中恶，解决起来比较简单，只要国家的主政者旗帜鲜明地明辨是非善恶，善加引导，小恶、中恶即可销声匿迹。大恶解决起来相对来说要麻烦一点，但仍然是有最佳处置范式的：那就是以相对公平为基准来制定"民主法治、阳光行政"的法规来强制规范→自己管不住自己，那就让"他律"来强行约束，这就决定了中国"走向共和"的必由之路，首先是"完善治国理念、完善民主法治"。中国人文生态的改良是否能够顺利进行，关键是要消除执政者认知上的盲点，→就是要让他们真正明白：行恶必被反噬；行善不仅仅是对他人有利，更重要的是对自身有利；而行恶，不仅仅是对他人有害，更是对自身利益的损害。举例来说，蒋经国先生假如不是果断地终结了国民党的独裁统治，他就不可能获得中国台湾的中国人的好评，成为中国历史上的伟人，其孙子蒋万安也不可能年纪轻轻即被选为市长，并有机会问鼎中国台湾；如果蒋经国坚持国民党独裁统治，那他就不过是中国历史上的一个小丑罢了：一个败走麦城的亡国之君，对于中华民族来说，又有什么意义呢？→大恶者"立地成佛"是完全可能的→详见本文中相关部分的论述。→人是不可能唤醒一个装睡的人的，但真正的国医，却是能够对症下药，调配出治愈此嗜睡症的神丹的→此神丹的主药就是"治国共识"；此神丹的内核，就是"法治"；此神丹的药效就是"咱们中国的执政者不愿意且不能够拒绝中国的去人治的人文生态的改良"；熬制此神丹的"神水"，就是中国民众 { 不论贵贱的所有公民 } 的普遍觉醒；此神丹的药理就是：人皆趋利的基本人性→没有人是不关切自身的切身利益的→别人的利益受损之时，有的人可以不管不顾，但每当自身的切身利益受损之时，没有人是能够真正做到无动于衷的，何况是手握重权的人眼见自身的切身利益将要受到巨大的侵害呢？→如果他们能够像蒋经国先生那样，一旦明白了继续实施人治专制，必将对他们自身的切身利益造成不可估量的损害，他们就会主动完善中国的治国理念与阳光法治，中国的人文生态的重塑就大有希望了→不论贵贱，中国人都明白了与人为善才是维护自身利益的最佳处置范式，中国人文生态中存在的弊端即可迎刃而解。→如果中国人，不论贫富、贵贱，都能以实事求是、相对公平的原则来论事，谁还能阻止中华民族**走向共和**呢？

以善度人，中华兴；以恶度人，中华衰，至圣诚不欺也！

"浩然正气"简论

在漫长的中国农牧帝王时代，当然有糟粕，但也是有精华的。正确的态度是"去其糟粕、取其精华"。比如，高效的中央集权、大一统的"举国体制"，井然有序的"科举文官制度"，最重要的是"民为邦本的家国情怀"→中国帝王时代的真正"合格的帝王"，也是具有"天子守国门、君王死社稷"那种为天下苍生谋福祉的悲悯情怀与浩然正气的。

所谓浩然正气，就是面对邪恶之时，心中明白：妥协是没有出路的，同时具有撕破黑暗，为光明而战的必胜之信念→天道不仁、不善、不公，那就不是真天道，唯有实事求是、相对公平、与人为善才是真正的天道！→当然这并不意味着违背实事求是的原则，一味蛮干→任何真正人文生态改良成功的先例，"都是符合所有人的根本利益的"→"兼顾所有人的利益"这是中国人文生态改良必须坚守的基本原则！→其法理基础是：过去不良人文生态的形成，是"所有人"共同完成的。

依照孟子的说法，所谓浩然正气，就是以"正直 { 公平 }"为核心所涵养而成的、充满天地间的"至大至刚"之气。依照韩愈的说法，所谓浩然正气就是"三不愧"{ "仰不愧天、俯不愧人、内不愧心"→没有损害任何人的利益 } 所涵养出来的人间正气。依据现代人文生态学的理论，所谓浩然正气，就是实事求是、相对公平、与人为善的人生信念 { 信仰 } 所涵养而成的高尚之气。

用现代通俗的说法，所谓的浩然正气，就是以真善美为核心涵养而成的，有益于人类和谐共存的公平正义的坦荡之气。

如果一个人不敢对邪恶说不，那他就是魔鬼的帮凶→如果世上的人都成了不敢直面生死的懦夫，那人间就是魑魅魍魉们的乐园→如果人类社会失去了浩然正气的支撑，人类必将在邪恶的肆虐中迅速走向灭亡。

一个民族、一个国家想要崛起，总是需要承受砸**碎**禁锢自身枷锁的磨难的！

那些感叹命运不公，一味怨天尤人的人，都是在为自身的懒惰与无能找借口罢了→你为改善你自身所处的时代的人文生态，堂堂正正地尽到了你应尽的职责了吗？

当务之急是要普及"基本常识"

没有勤劳和智慧（以实事求是、相对公平为基础的高精知识），人类就不足以持续地获取丰厚的物质财富，美好生活也就无从谈起；没有善良（与人为善的人生态度）与相对公平，人世间也就会矛盾重重，必然将动荡不安、永无宁日，**共和**社会也就会成为空谈。

因此，我们最需要弄明白的是那些近似于"常识"的基本知识，而不是那些忽悠大众的玄而又玄的、弘篇巨制的这理论、那主义，让老百姓摸不着头脑、莫衷一是。我们最应该干的事情，就是把人人都能理解的"常识"讲明白，把那些不实事求是的、不相对公平的、不与人为善的、不尊重人性的东西逐一剔除，并据此制定出必要的、具体的、可行的刚性法规。

在与人为善的前提下，实事求是地把道理讲透，就解决了为什么这么做的问题；在相对公平的前提下，法规出台，保障的是必须这么做。而所有法规的基座，只有一个，那就是**"实事求是、相对公平、与人为善、尊重人性"**。

只要我们把那些人类人文生态中的，不实事求是、不相对公平、不与人为善、不尊重人性、不勤劳、不诚实、不敬畏生命，不尊重知识，不遵循"大道"（以向善为核心的客观存在之**最佳特定范式**）的种种"病根"，一条一条地清理出来，逐一从法理和法规、历史和现实的各个方面予以研讨，以釜底抽薪的方式予以彻底解决，不和谐的事情就会大量减少。并且动态纠偏，即坚持常抓不懈，发现一个就解决一个，果真如此，我们离富裕、美好、安定的**共和社会**还会远吗？反之，**如果人类不能真正完成弃恶向善的自我救赎，人类就会在内斗中走向灭亡！**

本人才疏学浅，总共只在学校受过六年半的教育。好在幼而好学，至老未改，古今中外，都稍有涉猎，且有"不存疑"之癖好，所以具有一些常人应该具有的"常识"。没有受到足够的校园正规教育的唯一弥补方式就是"自我教育"，其弱点是"不专业"，盲点在所难免，其优势是"无自我设限"，因而思想较为独立。

现在，我把自己接触到的一些自以为对中国以及世界各国的人文生态改良都有益的"常识"总结出来来，并据此提出了相应的具体改良措施，希望能够突破当下中国及世界各国现实社会中**"这儿不对，那儿不对，却又提不出适当的、具体的、可操作性强而又预后良好的改良办法来"**的困境。

不成熟在所难免，是否有谬误，笔者也不敢保证，就算是抛砖引玉吧。然拳拳爱国之心、昌盛我中华民族之诚，以及希望世界各国人民和谐相处的善意，力促**世界共和**的努力，是我引以为傲的。

在笔者的笔下，没有什么敏感或不敏感的问题，唯一的标准是：是否有利于建成公平、和谐、强大的中国；是否有利于建成中国之**"共和社会"**。讲真话在所难免，因为一旦不讲真话，就不可能明辨是非，也就不可能解决任何问题了。我不想偏袒谁，也不会针对谁，我仅仅为公平正义摇旗，为**"共和社会"**代言，为**"富强中国"**呐喊，做一个忠实的**"华夏之春"**的守望者。

讲真话是人的基本权利与基本修养

也许，有人会质问，谁给了你讲"此等真话"的权力？

我的最简明的回答就是，因为我深爱我的祖国，我对中华民族的未来充满了无限的希望！如果你认为还不够，还需要说出具体的理由，那好，就凭我是中华文明深入骨髓的铁粉，就凭我是中国传统知识精英家国情怀的忠实追随者，就凭我是邓公实干精神的铁杆拥趸，就凭我是中华人民共和国的神圣公民，人民共和国的"长子"，是建国后半个多世纪苦乐的亲历者，是七八级的"天之骄子"，如果我们这样的人没有权利说三道四，那谁又有权力指手划脚呢？——讲真话，即坚持实事求是，是人之所以为人的最基本品质之一，保障人们说真话的权力，难道不是任何良善社会的基本底线之一吗？——我相信：任何一个有良知的中国人，当见到一颗赤子之心在嘭嘭嘭地为祖国而搏动的时候，必定是会自发地呵护的，这就是我的自信！

也许，有人会奇怪于我的此等"浩然正气"究竟从何而来？

因为我坚信：家国情怀从来就是中华民族最优秀的品德之一，从来就是我大中华文明的主流传承。由于我个人的特定的不幸而又有幸的人生经历，使家国情怀自然而然地成为了我的人生底色。因此就有了这样的自信："一个仅仅是想把自己的思虑所得贡献给自己祖国的赤子，又何罪之有呢？"我从来就认为，中国有这样那样的问题并不可怕，可怕的是我们的熟视无睹的麻木。虽然读中国历史十分郁闷（由盛而衰），特别是中国近代史，更是使人出离愤怒，但这从未动摇过我想使祖国变得强大、富饶、公平、和谐的信心。在我的内心，没有什么高不高尚的思考，就仅仅是一种"穷则思变的本能"——如果我们不奋发有为，我们必将被人蹂躏！→任何的"大义凛然"，必有浩气随焉！

是由于无欲则刚。一个人干某件完全是出于公益的目的，没有任何不公平的功利之心，既不想从中获得什么非法好处，也不怕失去什么，那么，这个人的行为，自然而然地就会显得堂堂正正，至大至刚之浩气则油然而生焉。

是由于笔者自身的完美主义倾向与亲身经历，以及本人"不存疑"的偏好的综合作用下，诱发了笔者对于人类的人文生态的反复思辨，因而对于人类人文生态中所存在问题以及如何化解这些问题具有比较清醒的认知。这正如登山一样，虽然山高路险，但由于已然探明了能够达于山巅的安全、便捷的路线，而且已经准备好了应急的种种预案和必要的所需工具，那么在前行之时，当然就会信心满满，勇往直前的豪气倍增焉。

笔者简要经历

我是个"另类知青"{详情参见《幽谷红杏花正妍》中的：《我独怜伊畏春寒→咏梅》；《依稀残梦四十年→一个球溪河的传说》}。在此仅能简略涉及：我是个"三下知青"，人和户籍在城乡之间不同的地方倒腾了三次：

第一次，1951 年在襁褓中，随乳母下乡去分了土地，至 1956 年父亲将我接回城里读幼儿园大班。其时，我已成了一个"不会哭"的孩童→因为幼时无论你怎样嚎啕大哭，也是没有人理会你的，"不会哭"也就成了本能的应激反应。因祸得福地自幼养成了凡事靠自己、独立思考，忍耐力超强、甘于寂寞等等良好的习惯。

第二次，1958 年七岁多时，刚进小学读书，父母迫于政治压力，就让我独自一人下乡去参加人民公社，睡在猪圈中，成了个从来不知洗澡、洗脸，满身污渍，遍山觅食的"野人"→虱子遍身，以至于蛔虫多得来常从喉咙中钻出，不得不用手活生生地硬扯出来。直至 1962 年春，我因身患"浮肿病"而奄奄一息，母亲才将我接回城里，连跳四级，插班读小学四年级。我成了一个"被迫"自强不息的少年，那绝不是因为我自小有什么伟大的理想，苦苦挣扎，仅仅是出于求生的本能而已。

第三次，1969 年知青下乡，至 1978 年经全国统一高考进入大学。下乡时，父母皆亡，我举目无亲，成了农民中的"困农"。裤子只有一条，而且接长了三次，比农民更为艰辛，极端时曾在过年时连续大睡三日不起，本生产队比门而居的农民朋友谢银中、鄢素琴夫妇，还怀疑我是不是想绝食自杀，强行将我拉起来到他们家去吃饭。→当时被绝望困锁是事实，但自杀的心思，确实从来就没有产生过，当时不过就是"懒得起来"而已。虽然年轻时我也算得上是"相貌堂堂"，但本生产队的"癫子"姑娘也瞧不上我，不屑于与我交往，就更不用说其他的美女了。我被动地成了一个"知识丰富"的青年，不是因为我自身主观上是一个多么地奋发有为，勤于读书的志士，而是由于心如死灰，我除了在书中寻求那些鲜活的先贤们来慰藉我那孤苦的灵魂之外，实在是找不到其他可以解愁的事情可干而已。

总之，一是因为我亲身经历、见证了太多的艰辛，深味过"绝望"的悲凉，悲悯之心由此在心底生根发芽，对劳苦大众对美好生活的迫切向往感同身受，"大庇天下寒士俱欢颜"之情油然而生焉。→身陷冰原雪海，最渴望的是温暖的阳光；亲历人间的丑恶，最珍惜的是"天使"的善良。→**没有经历过刻骨铭心的绝望与无助，人是不可能浴火重生的；没有在逆境中经受过生活的千般锤炼，人是不可能豁然顿悟的；没有经过主动积极地万虑千思，人是不可能明辨是非善恶的。**

二是因为家学渊源，老祖宗曾参的"士不可以不弘毅"、"达则兼善天下"等等与人为善的儒家传承深入骨髓，这不仅仅决定了我的思维方式，还是我自身的生存意志不死不灭的"维他命"。

三是阴错阳差，生活迫使我"被动地"成为了一个酷爱读书且有不存疑之习惯，凡事都想弄个明白，具有完美主义倾向的人。

四是我自幼就有"老僧入定"之功。我的神经系统对外界的"干扰"，具有强大的"屏蔽"功能，做事特别专注，以至于1962年我与母亲开始共同生活的时候，我母亲曾怀疑我是不是聋子。她曾经把我带到华西医院做过两次详细的检查→因为平时我母亲即使在我身边喊我，我也常常是"充耳不闻"，点油灯看书，帽檐烧掉了也会浑然不知。

五是**"曾子受杖"**之类的传承，使我清晰地知道什么才是真正的忠孝仁义。忠于祖国当然是要坚守的，孝敬师长是要提倡的，因为这是生养你的，之所以有你之所在。而真正的忠孝，就是使自己变得更完美，使自己的祖国变得更加美好，使自己祖国的人民生活得更加幸福。**仁**：与人为善的人生态度；**义**｛**正义**｝的底座是相对公平，所谓**"公平正义"**，是属于**同意连用**，从本质上来说，公平即正义，正义即公平→这是由"人皆趋利"的基本人性｛**天道**｝决定的。如果人类社会没有了**仁义**｛**相对公平**｝这个"定海神针"，也就背离了基本人性｛**天道**｝→剩下的将唯有兽魔嚣嚣，苟延残踹而已。→**不辨是非，不分善恶地**愚忠愚孝，就是不仁不义的**"伪忠假孝"**，都是反人类、反社会的逆流，只会使自身、家族、祖国陷于绝境。→人是客观真实存在的，人的基本人性当然也是客观真实存在的，由人之**正向的"本我如此、必将如此"**的基本人性所决定的**正义**｛**相对公平**｝，当然也是客观真实存在的→关于正义是主观的还是客观的二者之间纠缠不休的争论可以休矣→不坚持公平正义，就违背了人的基本人性，其结果就是"人将不人"，关于以非相对公平为核心的丛林法则与以相对公平为核心的文明法则的优劣，谁才是人类的未来的**"意识形态之争"**，也可以休矣。

如此等等诸多原因综合叠加，使命感逐渐形成，于是"浩然正气"油然而生焉。

本文的初衷与终极目的

科学研究、技术创新，西方走在了前面，我们当然要谦虚学习、竭力追赶，但社会架构和文化必定是"以我为主"的东西融合，才会在我国具有强大的生命力。

遵循实事求是、依据**基本人性{天道}**，探寻人间正道（最佳客观处置范式）；秉持**与人为善**，疏解人类恩怨，完成人类自我救赎，秉持**相对公平**，实现人类的和解，**走向共和**，是我的初衷；兼顾所有中国公民的利益、重可行性和有效性、预后良好，是我思维的标准；贫富共赢，走向共和→皆大欢喜是我的终极目的。

中华人民共和国公民 曾耀华

2019 年 2 月 4 日凌晨

中国 成都

目 錄

天外来鸿

己亥年"立春"（公元 2019 年 2 月 4 日）凌晨，老祖宗郕国宗圣公曾参**天外来鸿**：

儒、法、道三者有机并用，才能顺利走向共和

吾之七十四世裔孙曾耀华听训：

吾已生而两千五百余岁矣，因传播光大儒家之仁而名垂千古，遂成不死之身。

从特定之意义来说，如果华夏没有吾对于儒家学说的整理和传播，中国先秦诸子为代表的东方文明是不足以与代表西方文明的希腊诸子分庭抗礼的。

吾所传之"儒家学说"，其核心为"仁"，吾师孔子关于"仁"的思想，归结起来，不外乎仁爱善良，中庸克己。即与人为善，实事求是（中庸）。人是要有行为规范的，不然社会就不可能和谐。此乃合于人类社会前行之"大道"（客观存在范式）的不刊之论。看似简单、平凡之至，如家常便饭，然而却是任何良好社会一日不可或缺的基石与准则。"人性本善恶→大道向善"，如江河之入海，似朝阳之喷薄，不可逆转。汝切不可像某些人一样，抓住一鳞片爪，就说这、这、这，就是儒家思想，不具提纲挈领之能力，是为小聪明，非大智慧也。至于那些把中国科技落后的原因扣在儒家文化头上，就更是牛头不对马嘴的荒唐栽赃→中国科技之所以落后，正是由于儒家的后继者没有把儒家的格物致知→实事求是｛中庸的内核｝的精神落到实处造成的，汝不可不据理驳而批之也！

儒家思想传承至今，当然有些内容已不合于客观现实的需要，但儒家思想的精髓与当今"大道向善"的世界潮流确实是最为契合的理论，是一个不争的事实。对于儒家思想，任何不实事求是的一概否定与不分良莠的囫囵吞枣，

都不是正确的态度，汝其谨记之！

任何理想之良善社会，都应当是中国先秦诸子中"儒""法""道"三者并用的，缺一不可。

儒家的核心是"仁"，仁即爱，就是与人为善，这是成就天下共和｛天下大同→下同｝的前提；法家的核心是"法"，是达成天下共和的必要法令→"无规矩不成方圆"，此处的"规矩"，是用来比喻的"法规"的→法规是加速人类"弃恶向善"必要的"他律"。当然，立法必须是以儒家的"与人为善"为前提才是良法。→而与人为善，就是不得伤害他人利益，就是不得违背相对公平的原则。始皇大帝至近代的中国社会之所以有诸多弊病，就是由于儒家的"与人为善"｛善即仁，内核为相对公平，即不伤害他人与自身利益｝这个前提，在行政、立法、司法实践中没有得到实际、有效的保证，所谓"外儒内法"，事实上就是专制者口头上大谈仁爱，要行"仁政"，实际上却多半是"秘而不宣"地大行"苛政"；道家的核心是"无为"，即"听天由命"→就是道法自然，就是顺应自然客观存在范式，也就是不偏不倚的"中庸"，即"实事求是"，就是不"逆天而行"，以达到"有所不为，而无所不为"的境界。"天道"｛客观存在范式｝体现在人类这个特定的"自然存在"的身上，就是"人性"，不管任何时候，脱离人性去研究社会、违背人性去管理国家，都绝无可能达到"共和"的目的，→因为不管人类社会发展到了哪个阶段，人这个特定的客观存在的本性｛自然属性，本我如此、必然如此｝基本都是一样的，这才是对所谓的"天人合一"的正确理解。→例如大行其道的所谓"低欲望社会"就是一种甩锅诡辩技巧：人的欲望从来不会主动降低，如果人的欲望降低了，那一定是被迫的，换言之，就一定是人所处的社会生态偏离了客观最佳范式的结果。

□注意：道家与道教是两回事，道家主张"顺其自然"，不逆天而行，道教则是扯着老庄的名号，靠神秘化造神以图骗钱的伪宗教，是道家思想的劣化版。中国道教总体来说，主要是属于中国文化的负资产。

人性是个中性词。人就是一种客观自在之物，人这个特定的自在之物的特定特点，我们称之为人性。离开任何自在之物的特定特点去研究某种自在之物，都是不成立的→离开人的本我、固有的特性去研究人类社会、管理人类社会，显然也是不成立的。人性中天然就存在着不利于人类社会持续向好发展的部分，也就是不利于人类"**共和**"的那一部分，通俗地说，就是会伤害他人与自己的那一部分，我们称之为"**恶**"，这可以称为"负向人性"；人性中天然就存在着有利于人类社会持续向好发展的部分，也就是有利于人类"**共和**"的那一部分，通俗地说，就是有利于自己与他人的那一部分，我们称之为"**善**"，这可以称为"正向人性"。人，是恶性与善性兼具的综合体，没有前提地说"人性善"或"人性恶"，都是片面的、不准确的→说"人本善恶，大道向善"，才是比较准确的。人类"共和社会"的规则宗旨其实早已明晰，那就是抑恶扬善→竭力保护正向人性、竭力抑制负向人性。→并在此基础上，坚持动态纠偏，人类就必将"**走向共和**"！

吾以为，中国先秦诸子的思想精华，特别是"儒、法、道"三派之精粹，是人类思想领域内有史以来最为伟大的贡献，是人类社会放之四海而皆准的普适价值！

需要特别强调一点，就是儒家的"中庸"与道家的"道法自然"，其实说的是同一个问题→就是凡办事都要合于"道"｛最佳客观范式｝。所谓"中庸"，就是"不偏不倚、无过无不及"的意思，就是凡办事，都要尽可能地不偏离"实事求是"中的"**是**"｛最佳客观范式｝。仁爱与中庸，是儒家思想的"双核"，是中华文明中的瑰宝→"仁爱"为"情系苍生、心忧天下"的"家国情怀"成为中华传承的绝对主流奠定了坚实的基础；"中庸"的"**求真、求恰、求佳**"，使"实事求是"的务实精神成为了中华文化永不断绝的基石。

当然，"仁爱"不能囊括儒家思想的全部内容；"无过无不及→【恰到好处的**天人合一**｛和谐共生｝之状态】"，也不能囊括儒家的"中庸"思想。→所谓"取其精华，去其糟粕"，就是要把有益于人类良性发展的**好东西**｛精华｝"拣出来"，予以继承发扬，而抛弃那些不利于人类良性发展的**坏东西**｛糟粕｝。→当代的"**共和**"思想，就是对儒家精华之一"**大同理想**"的正向继承发扬。→参见"天人合一新解"部分的论述。

"实事求是"辨析

在此涉及到了"实事求是"，鉴于"实事求是"是我们对待纷繁事物的基本准则之一，对于中国人，乃至整个人类的"**共和**"，都具有举足轻重意义。

然而不少的中国人，虽然时常将"实事求是"挂在嘴上，但对于"实事求是"的理解，很多人并不完整、准确，也不打算真的践行。我们将在此，**尽可能地**对中国智慧"实事求是"作出客观、简明的分析。

"实事求是"明确的文字记载，始见于中国古先贤班固所著的《汉书·河间献王传》，是班固用来称赞河间献王刘德在秦末战乱的废墟中一丝不苟、脚踏实地收集整理幸存的稀少、珍贵的古代典籍的功绩的，称赞他"修学好古，实事求是"。由此可知，中国人"实事求是"的观念，迄今为止，至少已有两千年了。

"实事求是"中的"实、求"，属于中国古诗文中的一种常用的修辞方法："互文"。"互文"的定义为："参互成文，合而见义"，就是 A=A+B，B=B+A。

此处"实"的意义：就是落实、实证、求证、探索的意思；"求"的意义：也是是求证、探索、落实、实证的意思。"事"的意义为"客观事物原本的样子"；"是"的意义，也为"客观事物原本的样子"。→"实事求是"在用于探寻处置事物的方式时，理解为"最佳客观处置范式"才是适当的。对于社会学｛人类人文生态学｝来说，"最佳"就隐含了一个前提条件："与人为善｛相对公平｝，即不得伤害他人利益"。如果没有这个前提，只要伤害了他人利益，即不与人为善｛违背相对公平｝，轻者令人讨厌，重者使人仇视，巨者使人痛恨，必使社会撕裂，就不可能是**最佳**客观处置范式。从根本上来说，不与人为善，从来就是"害人害己"的，其不正当是显而易见的。古先贤屈原"路漫漫其修远兮，吾将上下而求索"，他**求索**的是什么呢，不就是**"实事求是"→求真、求恰、求佳吗？**

简言之，"实事求是"，是人类必需具备的**正向思维模式**——"求真趋良"，→寻觅真的、好的、善的、正确｛科学｝的、恰当的、最佳的，就是"实事求是"的内涵，人类只有"实事求是"，人类自身才可能获取"最佳客观范式"，从而使人类自身获得良好的发展。→当然，"真、好、善、正确、恰当、最佳"等等，对人类而言才是有意义的。如果宇宙间**从未产生过人类**，那么，包括宇宙自身在内的所有的**自在之物**，就不存在什么所谓的真假、善恶、是非了！

插入：哲学终极三问

关于哲学的**终极三问**：1、是什么？2、哪里来？3、怎么办？

我们认为，哲学的终极三问，在先贤的不断努力下，已**基本**得到了解决。

关于"**是什么**"：包括宇宙自身在内的万物，可分为**无机物、有机物**两大类，都是由**元素构成的自在之物**。→而**元素**不论你再怎样"分割、小化"，它仍然是**元素**的组成部分，从理论上上来说，你最多将那个组成元素的最小的物质称为"微元素"而已，但它还是"元素"。**无机物**是一般的**自在之物**；**有机物**是更为复杂的**自在之物**。从理论上来说，包括人在内的**复杂有机物**，都是可以合成的→只要你完全弄清了其存在的方式。→不论宇宙大到什么程度，以及宇宙之外还有多大的存在，都是人类自身所面对**客观外界**的组成部分而已，不可走进"钻牛角尖"的死胡同。

关于"**哪里来**"：只要我们知道，包括**宇宙、人类**这个有机物在内的万物，就是"不以人的主观意志而存亡"的"**自在之物**"，这就足够了。

所谓哲学，是人类的哲学，是人类研讨人类自身**如何适应我们面对的"自在之物{含人类自身}**"的智慧的；没有智慧的"**自在之物**"是不需要哲学的，存在与消亡，对它们自身来说都是无知无觉的、无意义的。而对于人类来说，即便将来知道了组成我们自身的、构成我们所处星系的"元素{微元素}"，来自于百万光年、千万光年以外的"超宇宙的中心"，对于人类自身来说，也是毫无意义的。→**人类哲学的重要的命题之一**，就是要分清那些事情对人类是有现实意义的，那些事情对人类是没有现实意义的，否则，就是对人类"智慧"的亵渎。

关于"**怎么办**"：我们认为这是哲学中的重中之重。→总体简言之，就是"**求真、求恰、求佳**"。

首先，当然是了解、认知包括人类自身在内的万事万物的**本我、固有的属性**。其次，是根据人的这些**本我、固有的属性**，寻找出最有利于人类自身良好、持续发展的应对、适应、处置范式。

由于人类自身认知水平的制约，人类的**应对、适应、处置范式**，必然存在着对人类自身最不利的、比较有利的、有利的、最有利的诸种状态。→**哲学**

家的使命，就是"求索"那个对人类自身最为有利{**眞的、最恰、最佳**}的应对、适应、处置范式。

在当代，在"**求眞**"方面，人类人文生态学已然**基本**科学化→基本了解了人的本我、固有的属性；但在"**求恰、求佳**"方面，即在探寻**最佳**{**最恰**}应对、适应、处置范式方面，还仍需努力。

回转："实事求是"简论

面对纷繁难解的万事万物，只要我们能够坚持无遗漏地用"**实事求是**"{**求眞、求恰、求恰**}这个规则去检验我们的行为——这是真的吗？这是事实的**眞**相吗？这是善的吗？这是没有疑问的吗？这是正确{科学}的吗？这是相对公平的吗？这是适当的吗？这是可行的吗？这是有效的吗？这是不是最有利、损失最小的呢？这会不会伤害他人利益呢？……这是最**恰**当的吗？→不断提问、反复验证、纠错，我们就会无限地接近于那个必然客观存在的"最佳客观范式"！

我们认为"实事求是法"远优于"唯物辩证法"，因为"实事求是"实乃简明易懂、易于掌握、使用方便、高效实用的"万法之母"，是人类为人处事的一级法规，其余的"相对公平、与人为善"等等，皆为二级以下之法规。从这个意义上来说，"**是**生一，一生二，二生三，三生万法"的推论就是成立的。→这儿的"实事求是"中的"**是**"，就是"**道**"，也是"天行有常"中的"**常**"，还是"天理难容"中的"**理**"→总之，对人类来说，"**大道**"就是"**眞、恰、佳**"。只要人们都真正理解了什么是"实事求是"并坚持践行，就可以达到孟子"**万物皆备于我矣**"的境界，从而获取洞察世事与应对万事万物的智慧。我们认为，应以法律的形式将**实事求是**{求眞、求恰、求佳}的具体内容予以确认，写进宪法，强制启蒙。

关于"道"的定义，我不得不在此再多说几句，因为"道"与"实事求是"的关系太过紧密，几乎与孪生双胞胎无异，几乎可以说"道之所存"与"实事求是"是互为表里的——"道之所存"中的"**道**"，就是"实事求是"中的"**是**"。→"**道**"之所存，"**是**"之所存也→反之亦然："**是**"之所存，"**道**"之所存也。→其内涵皆为"**事务原本的样子**{**眞**}，**最佳处置范式**{**恰、佳**}"。

古先贤所谓的"道"，并非仅仅是客观存在本身，同时也是人类在面对客观万事万物的时候，人类的最佳的、最适当的、最有利于自身生存发展的处置范式。——就是人们可以践行的、对人类最有利的客观范式。由于"道"、"是"，具有强大的矫正、规范人类行为的功用，所以我们最终选择了"范式"作为中心词→"道"、"是"{客观存在范式}，既然人类是可以践行的，其必然是真实、客观存在的，正如公平、正义必定是真实客观存在一样，自无疑问。如果不是有利于人自身生存发展的，对于人类自身来说，那就是毫无意义的，就既不是"道"，也不是"是"；如果不是最佳的，它就是无效的，甚至是对人自身是有害的，就不值得人类遵循了，这也就决定了人类必须"实事求是"——人类必须依据客观事物本身固有的特点、特性来办事，而不能"逆天而行"，这儿的"天"，就是"道"、就是"是"；如果不是最佳的，人类就不可能获得较好的生存状态，这就有失寻"道"的初衷。换言之，老子所追寻的"道"与儒家提倡的"大道"，就是人类自身在面对万事万物时，最理想的、最适当的、最佳的处置态度与行为模式和具体的方式方法，我们姑且称之为"客观存之特定、普适的范式"——具体为：实事求是、与人为善、与物为善、尊重人性与物性、相对公平、抑恶善扬等等。→真善美之总和即为"道"，即"客观特定、普适的最佳范式"，这种称呼较之于中国人沿用西方的"规律"，更贴切而易懂，不显空泛；践行"实事求是"就是"行大道"——"大道之行也"，天下安泰，寰宇**共和**。这不正是中国古先贤追求的**大同**理想吗？在这个意义上对于人类来说，可以说是"**是**"之所存，魂之所存也"，也就是说，"**大道{眞、恰、佳}**，**才是人类眞正的精神家园**——人类只有在"得道"之后，即真正弄懂了"实事求是"并认真践行之时，才可能真正获得"可以获得的真自由"，从而"**走向共和**"！

什么是自由

什么是真正的自由？

既然在涉及到了自由，就顺便谈一谈我们对自由的理解。

在相对公平的前提下，人是可以实现**眞正的自由**的。换成通俗的说法，就是在不损害他人利益与自身利益的前提下的自由，就是无拘无束的"真正的自由"。→此种自由是必须得到严格的护卫的→没有这种**眞**自由，人的个性就会被扼杀，社会就会失去活力，社会进步就会停滞→从这个意义上来说，

"不自由，毋宁死"是成立的。→当然这不过是法国先贤卢梭"人生而自由，却无往不在枷锁之中"的翻译罢了。→我们想要表达的意思是：人，只要用"**相对公平｛不伤害他人｝这把钥匙**"，打开了"**枷锁**"，你就会成为一个真正的"**自由人**"。

注意，"损害他人利益"，不仅仅包括破坏相对公平的人文生态，同时也包括破坏人类共有的宜居自然生态。

结论就是：在利己不损人、利人不害己的前提下的"相对自由"，是神圣不可侵犯的！任何人都只有做好事的自由，而绝无干坏事的自由！→因此，一个人想要获得自由，就必须具有实事求是与相对公平的价值观，否则他就不可能成为一个"自由人"。

"实事求是"数学模型

虽然我们运用"实事求是法"也不可能将事情处理得尽善尽美，但我们依据人类从古至今积累下来对人类人文生态的科学认知，我们人类还是可以把事情处理得相对完美的。

"实事求是"的思维模式，是可以用简易的数学模型：X=Z+F=D 来为人类的理性思辨提供服务的。

其中，X（国际通用的表示求解对象的符号）代表某个需要验证的疑似最佳客观处置范式，即"实事求是"中的需要求解的"是"；Z 汉语拼音"正向"的首字母，代表全部能收集到的**正向**支持的事实与见解；F 汉语拼音"负向"的首字母，代表全部能收集到的**负向**的事实与见解；D 汉语拼音"答案"的首字母，代表目前处置该事务的最佳特定客观范式（实事求是中的"是"）。

如果不能证明 Z 所含的内容全部为**正向**、F 所含内容全部为**负向**，X 与 D 就不恒等，这就需要对 X 进行调整，重新运算，直至该恒等式成立。→如果出现某个因素｛小项｝难以确定其真假｛正负｝的情形，可以用两害相权取其轻的规则得出"修正值"，并予以注明，以待随时进行"再修正"。

希望专业的数学家、社会学家、经济学家、AI 专家等等相关领域内的相关人士相互合作，根据人性（天道）、真实、效能、相对公平、与人为善、尊重人性、和谐共生等等**共和社会的原则｛定理｝**，建立与大数据、云计算相匹配的运算模型，以便于人类在面对复杂的问题时作出快速而又适当的反应，从而规避人与人之间、族与族之间、国与国之间"纷争不断、各持己见、莫衷一是"的尴尬。

【注意：有人在担忧 AI 的安全性，我们认为是有担忧的必要的。AI 不论怎样高智能、高效能，它都不过是人类发明的一种工具而已。因此，对于 AI 这个工具的普通版本，是没有什么可担忧的。→但高智能、高武力值的 AI，一旦被坏人掌控，那就会给人类带来灾难。→ AI 被坏人掌控来干坏的可能性是很大的。因此，在关于 AI 的立法中，"高端 AI 的生产者，必须为自己生产的高端 AI，嵌入公开方便可查的识别编码与公开的、人皆可控的、简易的关停方式，并向国际、国家安全部门正式报备之后，方能投入使用"，就是必备的条款。以此防止高智能、高武力值的 AI 被坏人所利用。】

——总而言之，实事求是，就是每当我们需要做决定的时候，寻找的那个"客观必然存在的最佳特定处置范式的过程"。

人类本身就是自然界的组成部分之一，从理论上来说，人的种种本我属性以及由此产生的种种行为方式，都是属于自然现象的范畴，因此人类的人文生态学，是必然能够科学化且必须科学化的。而人类的人文生态学的科学化也与其他的自然学科一样，唯一正确的途径就是从所研究的对象的本我属性、本质特征入手，才有可能得知真相，取得满意的效果。→一旦某一天，人类的人文生态学像其他的自然学科一样真正实现了科学化，人类必将从彼扬起幸运的风帆，从彼驶向**共和**。

"求是 app"是用人工智能进行统计、计算，所以就可以避开人的主观偏见和盲点，减少人的情绪的干扰，从而成为人类得出更加客观、公允的结论的重要工具。在此基础上，最有可能实现**人类社会生态学**的"**科学化**"。→从理论上来说，"Z{ 正向支持的观点与事实 }"与"F{ 负向反对的观点与事实 }"中所包含的各小项 { 因数 }，当然是越全面、越详尽越好→至少应当将实事求是、相对公平、与人为善、尊重人性、必要差别、民主法治、阳光行政、动态纠偏等等人文生态的规则 { **定理** } 融入其中，而且要根据最新研究成果，对实事求是的运算模型 {app} 予以随时更新。

如果每个新出售的手机、电脑、AI 的终端上，都能够安装上方便、快捷、权威、最优、且随时动态更新的实事求是的验证软件→人工智能实事求是的数字验证模型的app【笔者在此声明：此运算软件简称"求是app"，笔者保留创意专属权，已授权申请专利→笔者鼓励有意者积极使用此创意，本"创意专利"是公开的、使用是无偿的】，人们就可能在此信息纷繁的时代中，将此app的验证结果作为重要的参考，看清事物的客观真相与本质，从而保持自身的理性与清醒，做到尽可能少地被自己的盲点、主观情绪所绑架而尽可能地少犯严重错误，以避免自身懵懵懂懂地成为缺乏独立思考能力的"乌合之众"。→从而使每个人**获取最佳客观特定处置范式**成为可能。

也许有人会问，你们所主张的"**共和社会的基本原则｛定理｝**"又是根据什么来确立的呢？我们的回答是：当然是依照"科学"来确立的。→"科学"，对于人类来说，就是那些符合某特定对象的本我、固有的特性的认知。不符合的就是"不科学"的。具体到人类自身这个特定的对象，符合人类这个特定对象的本我、固有的特性，且能护卫人类持续向好发展的正向人性的，就是科学的。→符合人类人性且利于人类自身良好发展的"自然法"｛天然法则｝，永远高于人为制定'的"成文法"。｛参见正文中相关部分较详细的论述｝

"存在的"，不等于"就是合理的"。

只要我们能够坚持尊重人的本我属性去分析、处置人类所面临的问题，就是尊重了大自然的特定范式｛**天道**｝，人类社会的人文生态学也就自然而然地"科学化"了。→当然也就不再存在什么"休谟问题"｛事物本质不可知论｝了，同时，也就不存在黑格尔所说的"中国没有哲学"这个问题了。注意黑格尔的"**存在的，就是合理的**"这个观点，只针对除人类以外的物物之间来说才是成立的；对于人类来说，这种观点，就是丛林法则的"**保护伞**"，必须修正为"**存在且不伤害他人利益的，就是合理的**"，对于人类来说，才是有意义的→因为只有依照这种定义来理解，才符合"人皆趋利"这个天道｛人性｝。→如果不是站在人类的立场来看待万事万物，根本就不存在所谓的是非善恶，不论怎样说、怎样做，都必将是"合理的了"→哪怕现在地球就马上被核武毁了，对于一块碎石、一只死蚁来说，有合理与不合理之说吗？

——中国人如果都具有了实事求是的思维模式，就可以突破扼杀中国人思想的两个天花板——人治权威和圣人窠臼｛人治：官在法上；窠臼：错误教

条 } →人类的所有精神传承，都应当在"实事求是、相对公平、尊重人性"的前提下"取其精华、去其糟粕"，才可能为**人类共和**，奠定坚实的基础。

西方文明所总结出来"批判性思维模式"，与中国智慧"实事求是"中的"求真、求恰"的内涵相较，二者皆为"求真、求恰、求佳"的工具，我们认为"实事求是思维模式"，易学易用，更加简捷。

"特色"发扬→荀子、墨子简评，宗圣公自评

"道可道，实可道。名可名，真可名"。→**"道"**，即**"真恰佳"**，名，就是给特定的物像冠名，是完全能够说得清清楚楚、明明白白的。

老子思想当然是有巨大的价值的，但老子所开的"故弄玄虚"的"玄学"的倾向，是必须予以**扬弃**的。

对于笔者在"每有会意"之时，"便欣然改句"之"荒唐"，还望李耳、陶潜二位老先生见谅！→因为此等"荒唐篡改"，实为笔者于人无害之常态。诸如"人不为己，天诛地灭；人仅为己，地灭天诛"（千年俗语，前"为"的意义是规范、提升，后"为"的意义是为了）、"天下兴亡，匹夫有责；匹夫尽责，天下兴，匹夫诿责，天下亡"（顾炎武、梁启超）、"人人为我，我为人人；人人为我且为人，我为人人且为我，乃己所不欲勿施于人之应有之内蕴（大仲马、孔子）"之类不可尽列。→此为"篡改"还是发扬，诸公自有定论。

吾以为，荀子才是先秦诸子思想之集大成者，足以封圣（建议，追封其为"通圣"→具有全才的圣人），其思想成果至今尚未得到充分的发掘，这是今人遗憾的。

而墨子思想中的"兼爱"（博爱）、"非攻"（和平），其内核为**"共和"**，在两千多年前生产力极低、生活资料普遍匮乏的当时，太过超前，尚不具备可行性，只有在当今这个生产力暴涨、人类认知水平普遍提高的时代，才具有可行性，这才体现出了其思想的伟大。

也许，有人会质疑我曾参是一个复古派、保守派，是一个拘泥的、厚古薄今的、不知与时俱进为何物的、墨守成规之人。→其实，吾心中之标准，乃唯"大道"（最佳客观范式）是瞻。不论其是古是今，也不论其是"西"是"东"，只要是"实事求是"的，合于"道"{人之善性}的，相对公平的、

与人为善的，即合于事实、利国利民、行之有效、利于**共和**，能使贵贱共赢者，吾必倡而行之也；反之，吾必"击鼓而攻之"焉。善与恶，真与假，既无东西之别，亦无古今之异，那些时髦摩登的、以恶欺善、以假乱真者，吾必批而驳之，以正视听，维佑我华夏之永昌也哉！

对于中华传统文化的继承的方式，必定是取其精华、去其糟粕的发扬光大。这就必然会对中国古先贤的思想有所修正，只要做到不扭曲中国古先贤的本意就好，而不能以拒绝修正来阻止对中国古先贤思想的"发扬"。没有修正，何来发扬？人类的智慧，不就是在不断地修正、持续地发扬中形成的吗？因此，我们绝不能因噎废食，固步自封。至于我们"修正"得好与不好，发扬得充不充分，这是可以争论的，是人人都可以发表自己的见解的。

宗圣公、先圣邓公寄望

人宜自珍自爱而不宜妄自菲薄。即便是狂上九霄之孤芳自赏，亦胜于卑至尘埃的自嫌自弃。对于一个与人为善的人来说，骄傲从来就是值得拥有的品质。

观汝之 2016 年出版之诗、书、话集《幽谷红杏花正妍》，能突破千年窠臼而出新意，若不知其为汝之新作，则恍若置身于唐之李、杜，宋之苏、辛间矣。

咏梅诗中，梅花居然成了柔弱之意象，咏菊诗中，菊花竟然变身为媚态十足的可怜虫，不禁使人拍案叫绝→破千年窠臼而出新意，可谓神来之笔；

《莺啼序》，二百四十字，将共和国建国后之半世沧桑与邓公之力挽狂澜一展无遗，苍劲沉郁，大气磅礴，一扫此调之柔媚，足为千古名篇矣；

《虹赋（颂）》，对人类的最重要之品质："勤劳"之极端形式——"坚持不懈、不屈不挠"，进行了礼赞式的讴歌，配乐击节而诵之，真乃黄钟大吕，酣畅淋漓，实为百年以来中国现代白话诗之冠冕；

《菖蒲缘》，堪称**文革**诗词之冠冕，短短 104 字，却"神思"叠现，为后人了解当时华夏之真实现状，留下了弥足珍贵之"史诗"。

整书篇篇皆有新意，言之有物→实具**"诗贤、词哲、文醇、书畅"**之美，即便置之于"诺奖"之中，亦可为佼佼者也。

吾最爱汝书中之《赠宗禄》，不忘自身所由来，亦知将向何处去，其诗、书、话，三者皆佳，风骨尽显，有浩气存焉，佳甚。

放眼天朝，汝必将为《天朝才子传》之上选者也，吾心甚慰。

然文学者，乃"雕虫小技"，于人类社会之进步而言，较之于思辨者，实逊一筹。

盖诗歌、小说、散文、戏剧、歌曲之类的文艺作品，只能间接地反映社会问题，而不能真正行之有效地解决实际的社会问题；而思辨性的论文，是可以阐明"大道"，条分缕析地解决人类社会的具体问题的。曹丕《文赋》："盖文章，经国之大业，不朽之盛事"，魏文帝心目中的"文章"，应该主要指的是后者而不是前者；叔孙豹将"立言"归为"三不朽"之一，他所指的"立言"，也应该主要是指后者而不是前者。

近观远瞧，孺子可教，不是那种将儒家思想，肤浅地归结为"君君臣臣父父子子"的浅薄之辈，也不是那种忽视人类智慧强大的自我救赎之动能，肤浅地得出人类社会越来越糟，人的道德会越来越败坏的荒谬结论，居然推导出茹毛饮血、弱肉强食的原始人更为"道德"，抗击自然灾害的能力现代人比古人更脆弱的奇谈怪论。

汝堪堪似有国士之风，可传夫子与吾之"大道"。

殷望汝能奋发有为，再接再厉，发挥你思辨之潜能，配合当今华夏之当权者，终使华夏真正去恶趋善，臻于"仁政"，达于汝祖心心念念之儒家化境**"天下大同"而走向共和**，汝其勉之！

虽然，"士，不可以不弘毅，任重而道远。仁以为己任，不亦重乎？死而后已，不亦远乎？"，然汝切不可有**屈子**"世人皆醉我独醒"的"怨妇情节"，和"他人皆浊我独清"之倨傲，以及柳耆卿"才子词人，自是白衣卿相"的目中无人，否则，汝将一事无成，且有死无葬身之地之险矣，汝其谨记之！

基于人性来论事→凡人皆不会希望自己变得越来越差的→华夏哪个执政者不希望中国更加和谐、富强呢？谁说当权者、富贵者中就没有志士仁人？由是可知，汝与当权者之目标实乃如出一辙，倘有如此之境界，善于辅佐其扶正纠偏，汝将必有大成！

呜呼！西方之华盛顿者，虽有偏颇，尚能行吾首播之"仁政"，泱泱中华，能耻居其后耶？

耀华吾孙，汝身居共和国长子之位，能不勉乎！

——吾与先圣 { 希贤 } 邓公（邓小平）研判后，决定正式指定汝为吾二人之代言人。殷望汝能将吾之"与人为善"的"大道"发扬光大，将邓公之"实事求是"的实干精神弘扬天下，以**相对公平为圭臬**，那么，中华就能重塑辉煌，**走向共和**！

——耀华吾孙，汝本为"圣"字辈，汝父未以圣字为汝命名，吾为汝之老祖，现以张公载"为天地立心，为生民立命，为往圣继绝学，为万世开太平"之意，赐汝名为"继圣"。汝其勉之！

——吾与邓公合议后，决定授汝**"锦囊"**若干，希能助汝事半功倍，秉承吾侪之善意，与执政者好好地合作，在举国民众的共同努力之下，将东方文明形象（感性）思维之美与西方文明抽象（理性）思维之妙有机融合之魅力展现无遗，将人与自然的关系与人与人之间的关系处置得"尽善尽美"，从而尽早使神州故国成为公平、和谐的人间天堂、上善之都，成为环宇人才与财富的最佳汇聚地，成为全球向往之"新乐园"。

锦囊 {01}: 安全预案是实现理想的必要保障

典故《曾子受杖》

首先，了解"曾子受杖"的典故。

曾子（公元前 505 年——公元前 435 年），名参，字子舆，鄫国世子巫公之孙，与其父曾点，同为孔门七十二贤之一，是儒家学说最重要的传播者，后世追封为郕国宗圣公。

曾子从小就很孝敬父母，以其孝行而著称乡里。

有一天，曾参与父亲曾晢（点）一同在瓜地里劳作，曾参稍不留神，弄断了瓜苗的根，曾晢看到孩子不知爱惜物力，做事不谨慎，（生气地）举起手上的大杖（粗棍子）就向曾参的背上打去。

曾参见父亲因自己做错事而生气，心里很惭愧，就跪在地上受罚，可身体承受不住，便晕倒在地，不省人事，过了很久才慢慢苏醒过来。

曾参刚睁开眼睛，就想到了父亲，为了让父亲安心，他高兴地爬了起来，整理好衣冠，恭恭敬敬地走到父亲面前行礼，向父亲问道："父亲大人，刚才孩儿犯了大错，使得父亲（非常生气）费了很大的力气来教育我，您的身体没有什么不舒服的地方吧？"

问候完父亲，父亲见曾参似乎没有什么大碍，稍放了心。曾参于是退回了房间，拿出琴开始高声弹唱起来，他希望欢快的音乐与歌声传到父亲的耳中，让父亲更加确认自己身体无恙，可以安心。

听到的人都很敬佩曾参对父亲的孝顺，可当孔子听说了此事后，反而不高兴，对门下的弟子说："曾参来了，不要让他进来。"

弟子们有些奇怪。曾参知道后，内心很是惶恐不安，老师如此生气，一定是自己有做的不好的地方，可仔细检点反省，却又不认为自己有什么过错。于是，就请了其他同学去向老师请教。

孔子此时便向前来请教的弟子说道："你们难道没有听说过吗？从前，有一位瞽瞍，他有一个孩子名叫舜（三皇五帝之一）。舜在侍奉他父亲瞽瞍的时候非常尽心，每当瞽瞍需要舜时，舜都能侍奉在侧；但每当瞽瞍要杀他的时候，却没有一次能找到他。→当是细小的棍棒的时候，身体能承受的就等着受罚，可如果是粗大的棍棒的时候，就应该先避开。这样，瞽瞍就不会犯下为父不慈的罪过，既保全了父亲的名声，舜也很好地尽到了自己孝子的本分。而如今，曾参侍奉他的父亲，却不知爱惜自己的身体，轻弃生命直接去承受父亲的暴怒，就算死也不回避。倘若自己真的死了，那不是陷父亲于不义吗？哪有比这更不孝的呢？难道你不是天子的子民吗？杀了天子子民的人，他{父亲}的罪又该怎么样呢？"

弟子们听了老师的开导后恍然大悟，当曾参听到夫子这些话后，也一下子醒悟过来，感叹地说："我犯的错，真是太大了啊！"于是就很诚恳地去向孔夫子拜谢并悔过。

《曾子受杖》的当代意义

"曾子受杖"的典故，对于当代中国人的意义主要有两点。一是，施虐的执政者{曾皙}与受虐的普通公民{曾参}，属于利益与共、唇亡齿寒、地位对等的**"伴生关系"**。当代中国人只有理解了这种**"利民就是利官、利官就是利民"**的关系，中国人之间才可能实现具有诚意的高效合作。二是，在中国人文生态尚未正常化以前，普通公民{舜}与执政者{瞽}的合作中，是需要有保护自身安全的预案的。

子曰："朝闻道，夕死可矣"，我们认为，应该修正为"朝传道，夕死可矣"。

"道"之不传身先死，即便"闻道"，于己于国于民又有什么意义呢？

虽然，人之向善是历史的必然，但人性的恶，究竟有怎样的疯狂，我们是不能妄自揣度的。

对于那些敢于让既得利益者不再继续"不当得利"的人，既得利益者中的愚昧、凶狠之徒，究竟会干出何等丧尽天良的事，我们是不敢冒险的。

我们担心汝"出师未捷身先死"，为了保你"出师已捷死何憾"，所以首先传你保命之法。

因为你的生命不仅仅属于你个人和你的家庭，你承担着吾与邓公赋予你的使命，你就是东方文明使者，承载着我们对中华民族，乃至世界人民的希望。

你在完成"传道"的使命之前是不能死的，如果你死于非命，不但会祸及你的家人、朋友，更重大的损失是：这必然会损失一个中华民族真正重新崛起，**走向共和**的一个难得的窗口期，这是我们不得不慎之又慎的。

——具体的行事方式嘱托如下：

第一

既然你是中华文明的使者，是**共和之春**的守望者，这就决定了你生是中国人，死是中国鬼！

我们深知你是挚爱故国的，在骨髓里，是以泱泱大中华五千年延绵不绝之璀璨文化为傲的。

所以，你断然是不会、也不能遁出国门的。"逃之夭夭"，何谈爱国，流浪他乡，成异国孤魂野鬼，共和国长子的话语权安在？你也就不再可能成为**"中华共和"**的守望者了。逃跑苟活，于己、于家、于国都是没有任何希望的！

第二

既然你不能像舜一样，可以跑出去，躲避家长在宵小蛊惑下滋生的欲灭你而后快的暴怒，是不是就只有死路一条呢？当然不是！我们授权你，可以在你代表我们发声以前，与邻家大叔约定，当你的生命发生危险之时，请邻家大叔出手相救，他不用发什么议论、表明什么观点，只要能保你不死且能继续发声就行。

至于是张家大叔还是李家大叔不是关键，重要的是，他必须具有保你在原居住地正常活动的实力。

求助于"**阳光大叔**"，应是你自我保护的最佳途径。也就是说，依法、合法地阳光公开操作，应是最为有效的自保措施。→举国、举世皆知你为国为民之苦心，都能够完整地阅读到你的《**华夏之春—走向共和**》的全文，那就会有千万个"**大叔**"保全你的平安。

这绝非是什么叛国、卖国，而是最高境界的爱国——你既不想、也不会损害他人与国家利益，也不会从中牟利，只是一心一意地以和平的方式为了中国变得更加美好而殚精竭虑，别人就没有机会公开地给你扣上任何罪名。

你的言论，仅仅是你自己个人的独立的思想、意志的表达，与任何邻家大叔无关。因此也不会牵连到任何人。

你践行的是：发扬中华文化之至宝，光大的是神州故国的精粹；继承的是：革命先辈的伟大遗志、智慧先贤之不朽宏愿！

而且你事先与众大叔有不能褒贬你家是非、干涉你家事务之约定，仅仅是要求其在你的生命发生危险、将陷你自己的"家长"于不义时，保你不死而已。这也就能有效地杜绝一些别有用心的人，拿你"勾结"某大叔干涉你家"家政"来说事儿，进而对你进行种种的无端的迫害了。

我们认为，任何人或团体，从来就只有干好事的权力和自由，而绝无干坏事的权力和自由。→你没有、也不想干坏事，这就是你安全的保证。

谁都没有权力为难一个饱经磨难而又奋发有为的共和国之长子，谁都没有权力为难一个一心一意想发扬光大中华优秀文化、继承伟大先贤崇高遗志的共和国公民→吾与邓公向你承诺：我等将一如既往地力挺你为**中华之共和**努力前行。

作为形单影只、赤手空拳的，"处江湖之远"的文弱书生，汝若像吾当时那样傻傻地不知"避杖"，与藏在当今最高权力中心周围的宵小们硬扛，他们虽不能将你强行入罪，公然杀害，但你很可能会遭遇到千万种意想不到的"意外"，一旦你身死"杖"下，你这不是陷当今中国之最高当权者于不义么！

虽然，"士不可以不弘毅，任重而道远。仁以为己任，不亦重乎？死而后已，不亦远乎？"但并非等于不讲策略，傻乎乎地犯我当年硬扛巨杖而不为亲长虑的大错。

特别提醒：耀华吾孙，俗语云："求人不如求己"，"打铁还需砧子硬"，一个人要想完成自身的使命，最终还是只能依靠自身的实力→你唯一能够倚仗的，只有**你自身把控事务本质的敏锐、明辨是非的修养、解决问题的能力所体**

现出来的说服力。你绝不能怨天尤人，无论最终成效怎样，只要尽到一个公民应尽的职责，播下了希望的种子，就不愧为我曾参的子孙。

殷望汝能不辱使命，与华夏子民共同努力，在神州大地落实以"**实事求是、相对公平、与人为善、尊重人性、必要差别、民主法治、阳光行政、动态纠偏**"为核心的治国共识，真正完成文明法则对丛林法则的替代，实现吾等心心念念之夙愿→**走向共和**！

锦囊 {02}：治懒就是治本

不劳动者不得食——百善勤为先，万恶懒为首。

人，是生物，是动物的一种。

动物的首要的、最重要的活动就是获取食物。

人的首要的、最重要的活动就是求生存，也就是首先必须劳动，获取生存资料，上至国家元首，下至深山农夫，概莫能外。

获取生存资料的唯一途径是劳动，换言之，只有劳动才能获取财富。

因此，人的首要的、最重要的品质就是勤劳。

"百善孝为先，万恶淫为首"理应用"百善勤为先，万恶懒为首"来替代——不劳动，就没有食物（财富），你自身都生存不了，你拿什么来孝敬老人、奢侈浪费呢？淫：过度、放纵，此处解释为糟蹋 { 财富 } 为宜。

在此特别声明，我们并没有不提倡孝敬父母的意思。

孝与不孝，从本质上来说，就是一个人有无感恩之心→有无相对公平意识。**孝**，是中华民族以良善社会的基本原则相对**公平 + 亲情 { 人之善性 }** 为基础形成的公序良俗，我们当然要坚持，西方文化在此方面是有一定的缺陷的 { 将人等同于无智慧的动物→动物不知养老：人也不用养老 }，因此，在这一点上，我们是不能盲目地 "与国际接轨" 的。我们认为，对那些没有感恩之心 { 没有相对公平意识 } 的、自身都难以生存的懒汉来说，谈孝与不孝，是没有任何意义的→首要的事情是迫使他们勤快起来，再给他们讲清楚什么是相对公平、为什么必须坚持相对公平。

懒惰是一切社会不和谐事件的最根本的原因之一，**治懒，就是治本**。

我们认为，应以 "**懒、赌、毒**"，替代 "**黄、赌、毒**" 的提法。

人无躺平的权利

凡办事，都要有是非的标准→只要是非标准明确，不管面对再复杂的事务，我们都能够做到洞若观火、提纲挈领、从容不迫、卓有成效地解决难题→对于"懒惰"，同样是需要明辨是非、立法规范的。

人，只能躺在自己劳动的成果上面！→否则就会违背人间大道法则：**相对公平**。→人是动物，是必须依赖物质的持续支撑才能存活的，而人所依赖的**生存物质**是不会从天上掉下的，所以，"不劳动者不得食、不得衣"，就是天然的钢规铁律。→从理论上来说，一方面，公民个人是不能够没有底线地"好逸恶劳"的，另一方面，国家的管理者必须保障每位公民的劳动权→为公民提供相应的、必要的工作岗位，从而获得必要的生存资源→生存权，是天然不可剥夺的人最基本的权力。禁止懒惰与保护劳动权，这二者都要有详尽、具体的律令，并将其纳入宪法，刚性实施→《劳动法》天然就应当包含劳动光荣、懒惰可耻与保障就业的内容。→国家执政者与家长的职责是类似的：如果一个家庭的家长，不能够为适龄的家庭成员相对公平地"派活儿"，从而使其拥有自立的能力，那他就不是合格的家长；同理，如果国家执政者不能够相对公平地使每一位适龄公民拥有必要的劳动岗位，从而使其拥有成家立业的能力，那他就不是合格的执政者。

你不劳动，就没有食物，但你仍然要生存，就必然要去分享别人的劳动果实。别人又不是傻子，当然不愿分享。一个要，一个不给，于是，诸多不和谐（不相对公平）事态由此产生——坑蒙拐骗，偷抢勒索，甚至杀人越货。最极端的恐怖分子，就是懒惰、贪婪、宗教愚昧三者结合的怪胎，是反人类、反社会的毒瘤。→当然，如果社会的管理者不坚持**相对公平**这个人间大道准则→不能保障公民必须的劳动岗位，使一部分人失去必要的生存空间，那就属于"官逼民反"，也是属于**反人类、反社会**的行径。

在中国，最常见而又没有引起足够重视的，是啃老一族。啃老的懒汉是社会严重隐患之一。→当老人去世以后，那些啃老的懒汉失去了啃的对象，其必然结果就是啃噬社会。

我们必须要走出"我的财产，就是子女的"，或"父母的财产，就是我的"这样贻害无穷的误区。

成年之后，必须自己养活自己，这是动物界亘古不变的自然法则。作为同样是动物的人类，理所当然地也适用这一法则。你成年后父母资助你，留财产给你，那是出于亲情｛基于血亲的人之善性｝，是因为你优秀，而绝不是他们的义务。父母的财产从来就是父母的，如果子女懒惰、不孝，就无权、也不配继承财产。

这个误区催生、助长了各式各样的"啃老"行为，是各种怪相产生的根源：

豪富之家的财富，它来自于社会，本质上是一种社会资源，是一个国家、民族持续强大的基础之一，是"民富国强"的基石。然而在中国人这儿，财富却成了滋生"纨绔子弟"的温床。→不管子女贤与不贤，是否有能力保证"家产"不断增值，统统交给子女，其结果是，中国的"百年世家"寥若晨星，遂使"富不过三代"成为常态。民不富，何来国强？

有些家庭中，子女成年后不出去工作，窝在家中"强吃"且欺辱父母者屡见不鲜，逼迫父母"拿钱"甚而弑父弑母者时有耳闻。

你看现在中国的"大学校园"中，相当一部分的所谓的"大学生"们，成了"自由、快乐的小鸟"，玩得来怎一个"爽"字了得，他们能混到60分不挂科，实际上大多归功于我们的大学老师们"难得"的"善心"。→诸如：故意漏题的"划定考试范围"，强行将分数"拉"及格，以及补考公然"放水"等等，都是对懒惰的纵容。如果实行本校教师不得参与本校学生毕业考试的制度，必有相当多的人是拿不到大学毕业证的。"吃父母"，真是吃得来"呼儿嗨哟"！花前月下，成双成对，卿卿我我，郎情妾意，好不温馨。大学周边的餐饮业，"钟点房"、网吧、KTV、影院等等，生意爆好。遂使一般家庭辛辛苦苦的父母们不仅仅要为成年子女的吃、喝、玩买单，甚至还需为子女的情欲付账，这些所谓的"大学生"，很有点鲁迅先生笔下"怪哉这虫"的感觉。刻苦向上、奋发有为的精神在他们身上踪影全无，一个和谐、强大的**中国共和社会**，与这些"儒虫"们，有半毛钱的正向关系吗？"爱之必以其道"，这是中国父母们和国家应该郑重反思的：我们是否是对年轻的下一代太过娇纵？——中国相当一部分家庭实际情况是"父母怕子女而不是子女怕父母"，学校内则是老师怕学生而不是学生怕老师，造成这种伦理异常，谁之过？——这对中华民族的未来的危害，细思起来，使人不寒而栗。

我们当然不是主张人人都成为苦行僧，而是说要劳逸结合，要人人都应该懂得"**无劳则无逸**"的基本道理。

我们也不是简单地反对大学生谈恋爱，而是说要分清主次，不能因谈恋爱而影响学业。→保持学业良好者，就意味着其付出了必要的劳动，当然是可以恋爱的，其必然也是异性眼中的"香饽饽"。人要有勤劳、勤俭的美德，以及自力更生的精神，而不是心安理得地、甚至是恬不知耻地啃老。因为根据"不劳动者不得食"的法则，人是首先必须劳动的，作为学生来说，所谓劳动，就是好好读书，这是生而为人的前提，也是人类进步的源泉。从理论上来说，你不好好读书，不"天天向上"，你就应该"不得食"，因为食物永远是不会"从天上掉下来"的。一个简单的常识就是：一个饿得奄奄一息、行将倒毙的"不得食"者，让他（她）垂涎欲滴、眼冒绿光的东西，首先一定是食物，其次才是帅哥、美女（人的欲望，是有等级之分的）。

父鳏母寡，若有再寻伴侣以慰孤苦的心思，子女群起而攻之者，俯拾即是。就是"父母的财产就是我的"这种毫无感恩之心，一味自私自利的"歪"心思在作怪，携父母之爱而要挟父母者多矣。这不是孝与不孝的问题，而是严重的越界、侵权，就是在破坏**共和**社会的基本法则"相对公平"的根基。有哪条法律规定了"父母的财产就是我的"？父母的财产最终是否是你的，那还要看你配不配。如果他们不同意、不愿意给你，或是"另有安排"，那么，他们的财产就与你没有任何关系——他们唯一的法定职责，就是让你健康成长，抚养你至成年而已。

种种怪相，不一而足……于是就出现了一系列本该不是问题的荒诞问题。

例如，在天津卫视《爱情保卫战》的节目中，有人提问："我的男朋友家境很好，但整日游手好闲，不思上进，我该怎么办？"我们已忘了那些专家是怎么回答的了。

我们的回答是：如果你是爱他父母的财产，我们劝你赶快离开，因为你跟他过一辈子如蛆一般喝尿吞屎的生活，最后你绝没有好果子吃。因为粪坑的大小毕竟是有限的，败家子、寄生懦虫的败家能量不是你能想象的，终有屎尽尿竭之时。一旦没了"屎尿"，那时他就会成为你的附身之蛆，你最后必将会落得血尽肉亡的惨烈结局。

如果你不是爱他父母的财产，而是爱那迷途的羔羊本人，具有"救苦救难"的菩萨心肠，我们郑重地提醒你，要充分地考量其迷途知返的可能性有多大，并且要采取坚决的措施：要求其父母断绝其经济供给，使其断了不当得利的念头，倘若仍然不改正，妄图让你来养他，那你就应该与他父母一起，坚决地将其扭送至"戒懒所"，强制戒懒，这才是真爱他的大爱行为，这才是对他和你自己的未来负责任的态度。如若一年之后，仍没有明显效果，你就会明白，你确实是爱错人了，而且自己已经仁至义尽，可以安心地离开了。

好吃懒做，游手好闲，素来被人鄙视，然而并未上升到法律的高度而予以强行禁止，现在是制定相应的法规将懒惰入罪，予以强制禁止的时候了。

不要拿所谓的"自由、人权"来与我们胡搅蛮缠。

"天赋人权"是相对的，"人生而自由"也是相对的，只有在一定的条件下才是成立的。"人生而不自由"，"人权天然受责任之限制"，也是特定的"人道"（规范）。权利与责任，自由与限制，从来就是孪生的双胞胎，从来就没有不承担责任的权力，也从来就没有不受限制的自由。打着自由、人权的幌子干坏事，从来就是不成立的，因为这不符合相对公平的原则。

人权，是有"任何人不得伤害他人的利益，即任何人不得违背相对公平的原则"这个前提的。→从"本质"这个意义上来说，人权是不存在所谓的"多样性"的。

"人道"的最原始的形态就是，捕猎与采集（劳动求生），嬉戏，睡觉，三者缺一不可，以劳动求生为首位，舍此，根本谈不上后二者。社会发展到现在，"人道"描述为：学习工作，娱乐休闲，休息睡眠，三者仍是缺一不可，以学习工作（求生）为首位，舍此，后二者就是无根之木。

你没日没夜地上网"玩游戏"，你何以为生？谁应该养着你？你拿什么来承担你自己应尽的责任？你倒是"自由"了，"人权"了，但你却无耻地破坏了"人道"，必然滑向在他人口中夺食的邪路，最终害人害己，难道这就是你的"人权、自由"？→注意：我们并非是简单地否定网络游戏，只是说要符合有劳才有逸的"人道"，社会才会和谐。→如果一个人只玩游戏而不谋生，就违背了不劳动者不得食的天然刚规，倘若此等现象广泛存在，就会成为**共和社会**的巨大隐患。

任何人在行使自己的权力的同时，都必须承担保障你生存的家庭与社会的公平、和谐、有序的责任。

人是天然就有好吃懒做的劣根性｛负向人性｝的，如果我们对懒惰这种"**反人道｛天道｝**"的恶行放任自流，必然滋生出各式损害他人利益的"巧取豪夺"。既然"自律"不解决问题，加强"他律"，将懒惰入罪，就势属必然。真正的自由、人权，与懒汉们口中的"自由、人权"是没有半毛钱的关系的，如果说有关系的话，那就是你损害了别人的利益，也就伤害到了他人的自由、人权，你就必须受到相应的惩处。

奖勤罚懒立法

奖勤罚懒应是任何形态的**共和**社会的常态。

关于奖勤罚懒的立法应该包含以下内容：

1. 勤劳是社会公民的基本品质，懒惰就是犯罪，对于正常人的懒惰，无条件加以禁止，并制定详细、具体的纠正、惩罚措施→其中应包含强制"戒懒"的条款，由法院公开审决后执行。

2. 对小孩、少年，具体规定什么时候应当进行怎样的劳动，作出具体的时长和量的规定。

3. 不论贫富家庭，都禁止滋养懒汉。甘当啃老对象，纵养懒汉，也属犯罪。

富人养的子女也是公民，被子女啃，即使你自己乐意、你愿意也不行。因为你无权向社会输送不合格、甚至有极大可能将来会危害社会的懒汉公民。当你百年以后，是谁该为你的子女买单呢？有再多的钱也不行，懒汉败家子，从富豪变为穷光蛋，只不过是分分钟的事→这也是国家对"百年世家"负责任的、必要的保护。

特别声明：不允许富人的子女啃老，或者说不允许富人养"懦虫"，这不是和富人过不去，而是为了保障富裕家族的长盛不衰→再丰厚的家业，落在败家子的手中，也是败不了多久的｛可参阅盛恩颐的教训｝。→对于一个家庭、一个民族、一个国家来说，拥有众多的"百年世家"，绝对是利大于弊的→当然，这些世家财富的增长，必须是"取之有道"｛不违背相对公平原则｝的。

我们觉得，《红楼梦》对于中国人的最大意义就是：**富贵之家决不能纵**

养懒汉。→《红楼梦》中的诸子女，除了宝钗有点让宝玉勤学，进而获取"功名"的想法之外，以贾宝玉为首的红楼诸子女，除了整日游手好闲之外，何曾干过一件于国于家有益的事情？除了啃老之外，剩下的还是啃老，贾家不败，真是天理难容。问题就出在贾家没有制定奖勤罚懒的家规。对于一个家庭来说如此，对于一个国家来说，更是如此。勤劳，不仅仅是一种私德，更是一个合格公民必尽的社会职责。国家对此制定相关法规，具有极强的现实意义和深远的历史意义。因为，所谓的"犯罪分子"，就本质上来说，就是懒惰和愚昧相结合，再加上贪婪而形成的"怪胎"。

我们认为，父母在处理财产方面，陈嘉庚先生、庄士平先生等等，就是中国人的典范。

但这并不意味着我们是赞成"裸捐"的，恰恰相反，我们认为应当出台相应法规，对"裸捐"进行适当的限制。因为"裸捐"，很有点"杀鸡取卵"的嫌疑，常常意味着一个杰出的世家、财团的消失。民富则国富。民间世家、财团多多益善。民间财富犹如"太湖"之水，湖中之水越多越好，当某处需要浇灌的时候，根据公平、合理的原则，国家就能轻松地予以调节。"裸捐"这种竭泽而渔的做法，于国于民都是弊大于利的。→国家是不可能因此而"暴富"的，是不可持续的；细水长流式的财富增长才可能是健康的、可持续的。

中国的相当一部分家长，错把宠养孩子当成爱。

他们常常自己被自己大包大揽的"爱"孩子的种种"事迹"感动得来热泪盈眶，可以给你声泪俱下地讲三天三夜也讲不完。→没有最宠，只有更宠，其结果就是把相当一部分本可成龙成凤之才，硬生生地宠成了甚至连生活都不能自理的"懦虫"。原因就是他们并非是真爱自己的孩子，而是爱上了他们自己"爱"孩子的那种感觉。他们把孩子当成了自己的"私产"，不自觉地将自己少小时没被宠溺过的遗憾，在自己的孩子身上肆意地释放。说穿了，他们爱的就是他们自身小时候的自己。→哪有真爱自己的孩子而不为之计长远的呢？

愿天下母亲们都明白：溺爱出逆子，严母多栋梁。合理的要求，尽量满足；不合理的要求，坚决拒绝。要学会站在教师的角度，适当地"漠视"小孩，不要小孩一哭闹，就无底线地满足小孩的所有要求。零岁至十岁，是小孩品格形成的关键时期，从严教养得越小，效果越好。要让小孩从小遵守"规矩"，有礼貌，爱劳动，知敬畏，善待他人，尽早独立。→当然，**从严**的目的是矫正孩子的**负向人性**，因此，在从严的过程中，对于不会表达的婴孩，采用"以不伤害孩子的身体为前提"的"武力强制"的方式，是有效可行的，对于已经学会说话的孩子，主要是**讲道理**，必要时才辅之以"武力强制"的方式，而且必须保留孩子申述、提出异议的环节，以保护孩子的**正向个性**。

——我们认为：**李玫瑾**先生是一个充满智慧的"哲人"，在人的幼、少、青时段的教育上颇有见地且沟通能力极佳，应升格为博导、院士，如果她能够参与指导中国的教育改革，必定是大有裨益的。中国的教育改革，有无智慧，即有没有把控事物本质的能力、足够的知识储备与足够强的执行能力，是能否成功的关键。→当然，这是以中国的人文生态受到"实事求是、相对公平"的原则的刚性制约为前提的。→否则，孩子一旦接触社会，我们对孩子所有的正向教育，都将被"现实"颠覆而成为无用功。

对于懒惰，不仅要有法律的强制规定，社区（村）首脑要负具体实施的直接责任，并配合公检法、尚善委﹛见后﹜强力介入，任何家庭，任何社区，都不给懒汉以滋生的空间，并逐步完善大、中型私企、国企的托管制度。以此打破"富不过三代"的魔咒，让中国人千秋万代地富下去。只要你是自食其力的劳动者，具有"实事求是、与人为善、相对公平"人生观的人，你就具有享受高品质生活的权力。其实，这并非是什么新观点，咱们的老祖宗两三千年前就具有了"天道酬勤"、"与人为善"等等的智慧了。好吃懒做、与人为恶，都是人类的公敌，因为它们违背了**共和**社会（人类共同和谐生活）的基准→相对公平。我们反复强调这一观点：相对公平，即是我们人类追求的目标，又是我们人类解决所有社会问题﹛利益纠葛﹜的不二法门。

4. 规定，针对自强不息的劳动楷模，设立社区（村）级、县级、省（区）级和国家级的奖励基金，持续不断地进行褒扬、奖励。

5. 制定必要的懒汉强制劳动的法规，成立相应的"戒懒所"，对屡教不改者，社区提出意见，通过公检法完整程序，判决生效后强制"戒懒"，一日不改，执行期不得结束。

6. 好逸恶劳是人的劣根性之一，只靠人的自律是不够的，用"他律"来强制戒懒，国家的执政者对此负有不可推卸的法定责任。

例如现在的网瘾者，没日没夜地打游戏、上网吧，他们靠什么生存？这是家庭和谐、强大中国的巨大隐患。对此，是否应规范各式网络游戏的准入制度，包括必须添加各年级的学生每二十四小时内不得超过多少时间玩网络游戏的限时软件；已进入社会的青年，每二十四小时内不得超过多少时间玩游戏的限时软件，等等。连根清除网瘾者滋生的外部条件，应是国家相关管理者的法定职责。

特别需要强调的是，金庸所开创的"玄幻"式的武打小说，以及近期泛滥所谓的"穿越"之类的等等的虚幻小说，对青少年的危害，是与毒品一样的致幻剂。其基本手法，就是千篇一律地，主人翁"意外"地获得横财、绝世武功、医术、异能、特殊家世等等的"异遇"、"运气"（实为胡扯），于是无所不能，为所欲为→《鹿鼎记》中的韦小宝为此之滥觞，充分满足了无倚仗者（癞蛤蟆）的升官发财、三妻四妾的美梦！→这是典型的"画鬼容易画人难"→高水平地反应真实生活是很难的，因为生活是真实存在的，你究竟是否良好地刻画出了生活的真实，是存在着真实的标准的。这正如作画一样，画鬼是很容易的，画人是高难度的→因为画鬼是没有比对的标准的，想怎么画都行，难辨好坏；而画人是有比对标准的，画得好不好，一目了然→"写小说"，既然可以用**违背**"文学创作必须依据生活的真实"的原则，对主人翁进行"画鬼"似的**"虚拟赋能通神"**，天花乱坠的骚编胡扯，那就是再容易不过的事了。所谓的种种"意外"、"际遇"，其本质，就是蒙人的**"托"**、渔人的**"饵"**。其编写的目的不外乎"骗钱"，贻害无穷。难道对此不应该批判批判、限制限制？这儿也不要拿"自由"来说事，因为任何人都没有损害他人利益的自由，何况是戕害祖国的花朵呢？→举例来说：《林天成》，将主人翁虚拟为**"人体手机"**，其赋能的形式是必须不断地与"新鲜"的女性做爱来充电……

另外，诸如"奥特曼"之类的虚幻（虚拟）的"卡通"，打着科幻的幌子，在少儿领域肆虐，国家难道就不该限制限制？古今中外，勤劳、善良、诚信、扶危济困等等与人为善、公平正义的鲜活、真实的故事多如牛毛，我们又有什么样理由让这些虚拟的、虚幻的、虚假的东西充满少年儿童的头脑呢？这难道不是唯利是图者对我们下一代的残害？

这种限制，与人权、自由无关→人从无害人的人权，也无害人的自由。

任何人都没有躺平、当寄生虫的权利和自由→这是对网瘾者说的→以免于你们将来，被亲人唾弃时而后悔，乞讨时被人侮辱而羞愧，偷拿抢骗后锒铛入狱时再呼天抢地的悔过。→至于那些心存故意的骗子们，如果不自反思，回归"实事求是、相对公平"的轨道，自然是法律伺候→对于怂恿、容忍这些骗子的平台，是必须予以依法整顿的，这才能够还中国青少年健康成长的一片蓝天。

我们目的，就是要使"不劳动者不得食"成为公民的行为的底线，使"万恶懒为首，百善勤为先"成为公民的共识，使劳动光荣、懒惰可耻成为风尚，把懒惰上升为法定罪行，从而从根本上扼制懒惰这个引发种种社会乱象的根源，使社会风气得到根本性的扭转，为中国迈进**共和社会**奠定坚实的基础。

锦囊 {03}A 足够的耕地是立国之本

A. 民以食为天→足够的优良耕地是立国之本。

这是最基本的常识，是不用证明的天然真理。→人们一旦没了饭吃，动乱就不可避免。"饭"从哪儿来，当然是在耕地上种植而来。足够且优良的耕地，毫无疑问是一个大国最基本的必要资源。

我们用世界百分之七的耕地养活了百分之二十二的人口，是值得自豪的。但我们不能盲目乐观，事实上，我国正在大量进口粮食。

有两个我们必须加大耕地建设投入的理由：

一是国际风云变幻，一旦不能买到足够的粮食，我们该怎么应对呢？

我们当然不是简单地反对进口粮食。

只要买进比自己种植更划算，为什么不买呢？

但泱泱大国，一定要有居安思危的意识，要有确保粮食充足的具体预案。必须建成足够的，旱涝保收的，绿色环保的，可持续的，集约化经营的优良耕地，这样才能游刃有余。买划算则买之，买不到或者不划算，就自己种。"手中有粮，心头不慌"，可以推论为"手中有地，国泰民康"，只要国人有饭吃，天大的事儿都不是事儿，凡事都可迎刃而解，这是国家安全不可或缺的基本保障。

二是扶贫的需要。

农业的最终出路是现代化（当然是环保绿色的）、集约化经营，这是解决中国农村相对贫困问题的唯一长远方向→传统的小农经济是不足以抗衡现代农业的。→小农经济的抗风险能力是相当脆弱的，→现在对于贫瘠山区农民的扶贫方式只是临时的、必要的应急措施，还仅仅是"治标"。

对于不适于耕作的贫瘠山区的农民来说，最终的出路只能是封山育林，整体搬迁。

当然，不是一刀切式的一律搬迁，山区也有不少地方是可以改造为优良耕地的。这些山区的小块宜耕地与广袤的不宜耕荒地，对于特色种植和开放式特色养殖来说，是大有用武之地的。

随着科技的发展，从长远来说，农业人口必定降至百分之十以下｛美国已不足 1%｝，分散的小农个体（特别是贫瘠山区），必然被现代化集约化经营的农场淘汰。→未雨绸缪，事先规划，预防脆弱的小农到时被迫破产的结局，这应该是我国基本国策之一。

我还想啰嗦的是，比起房地产、高铁等等的巨大投入，我们是否有点本末倒置了呢？轻重缓急是否应当适当平衡，加大对农业现代化适当倾斜？高速发展当然好，但稳固基础从来就应当是第一要务。

特别需要提出来的是：国家的粮食安全，主要不是屯粮食而是屯良田→粮食**不能长期保质**，而耕地是可以持续优化的。而我国就只有那么多的可耕地，是我们赖以生存的基础。如不未雨绸缪，小心翼翼地加以保护，那是在为中华民族子孙后代**挖坑**。

土地国有化

耕地权属总体走向，我们认为我国的耕地应由国家统一掌控，予以优化，然后再出租给经营者→不得移作他用，耕地的质与量只能上升，不得下降，等等，都要有要有具体的强制标准。

耕地为国有不仅仅与我国的"社会主义"（贫富共赢）有关，也与相对公平有关，而且与中国耕地的实际国情｛量少｝和可操作性｛实事求是｝有关，还与建设**共和社会**｛与人为善、尊重人性｝有关。→我们姑且将这称为"善意且公平的**实用主义**"，这儿的"善意"，可以概括为实事求是、利国利民、相对公平、尊重人性、与人为善。这是对老祖宗"事万变，法亦万变"的灵活运用，就是"因时制宜"、"实事求是"的中国智慧。这与所谓的"大锅饭"｛绝对平均、按需分配｝错误路线完全无关。也不用去理睬"凡是公有就不可能管好"的攻击。在阳光行政的前提下，执政者一心一意真正想管好，还是有人断定我们仍然防不住想要盗窃的"老鼠"，那就是对中华智慧的污辱。"邪不胜正"，是永恒的"天道"→世界上每个国家，迟早都必将踏上惩恶扬善的"人间正道"。

我们要堂堂正正地宣传中华人民共和国**耕地国有** { 全民共有 } 的方略，正如地下的矿产国有一样。我们是新中国，是人民的**共和国**，与帝王时代截然不同，地面上的耕地国有，就是耕地归全国人民共有，而不再是"普天之下"归某人或归某个集团所有，这应该是"中国特色社会主义"的重要组成部分。因为只有耕地国有，才能确保我国耕地的安全，才有利于稳定和统一规划、改良升级等等措施的**可操作性**。这样，不仅可以保证中国的粮食安全，还可以实现整个中华民族的相对公平，而不是说，一片好地，谁抢先下手，它就属于谁了，这与谁家的地面下有金矿、油田并不属于谁而属于国家所有一样。西方人的"土地私有化"的见解，我们不是不参考，而是要首先考虑，适不适合中国，是不是最佳范式。不要一听见土地"公有"就谈虎色变，就担忧管不好。我们认为没有什么管不管得好的问题，而只有想不想管好与谁才拥有管理权的问题。"邪不胜正" { 惩恶杨善，} 也是社会发展的客观存在最佳范式的核心基础之一。

在中国，可集约化经营的耕地太少，因而耕地私有化有许多不可控因素，不仅不能确保耕地的稳定、优化，而且很难做到公平、合理。所以，中国土地私有化，基本不具有可操作性。→在土地使用权**固化私有**的状态下，城市圈的土地与边远地区的土地、宜耕宜升级的耕地与不宜耕不宜升级的耕地的使用权所能获得的利益，是很难予以平衡的。面对中国耕地千差万别的状况，各个土地使用权的拥有者的利益是很难实现相对公平的。但实行全国所有土地国有制，就可以通过国家立法很好地解决城市圈的农户与边远地区农户之间出让土地使用权所获利益的严重冷热不均的问题。→当然这只是解决了农户之间的不平等，最终要解决中国农村的问题，还是要取消城乡二元制，让中国的所有公民获得同等的国民待遇。

我们不能听信西方少数人的关于土地私有化的建议，就依样画葫芦。事实上，任何一个国家，判断其是"社会主义"还是"资本主义"，标准根本不是公有还是私有，而在于是否贫富共赢，利益均沾（这是邓公的观点）。也就是说，一个国家掌控好了终端公平，她就是"社会主义"，反之，就是"资本主义"（资本至上，不受控制）。也就是说，最核心的标准就是两个字"**公平**"。什么应该公有，什么应该私有，依据具体的国情而定，与什么什么主义无关，而只与是否公平有关，也就是与全体公民的利益合理最大化有关。以这个标准来给国家定性，全世界的"社会主义"国家的数量，总体来说是占优势的，也就是说，提倡并实行"**相对公平**"的国家是占多数的，只是都还有待完善而已。我们不能让事物的表象蒙住我们的双眼，争论不休，浪费精力，而是要看清事物的本质——公有制绝不等于"社会主义"，私有制也绝不等于"资本主义"，公民之间是否"**相对公平**"，才是问题的关键。

我国耕地国有化以后，应归国资委统一管理，进行统一规划。这样，我国耕地的数量与质量都可确保只升不降。

从现代社会理论和中国的实际状况来说，当代农民实质上已成为了产业工人的一员，只不过是社会分工不同，他们从事的恰巧是农业这个特定的产业而已。→将农业与工业以及服务业，分为第一产业、第二产业、第三产业是不恰当的。人们就业于什么产业，分工不同而已，都是社会运转不可或缺的组成部分，依据相对公平的原则，各行业的从业者的地位，就不能够有高低贵贱的区分。所谓"农民工"，其中心词根是"工人"，其修饰、限定词"农民"，只能表明这个"工人"的家乡在农村，并不能限定将来他就一定要回乡务农或定居。其实，上推几代人，中国人绝大部分都是农民，依此类推，中国的官员、教授、商人等等各类从业者，他们的头衔前面，都应冠以"农民"予以修饰，称为农民教授、农民企业家、农民科长、农民部长、农民主席等等，才算准确。越是向后发展，依据相对公平之原则消除"城乡二元"，实现全体公民地位平等以后，农业从业人员与其他行业的从业人员之间的相互、自由流动，将越发频繁，这是必然的趋势。那时，喜欢农业者，都将有机会向国家租赁一片土地而拥有自己的农场，体验耕种之艰辛与收获之快乐→并以此为契机，逐步恢复中国广大农村的"乡绅文化"→笔者私下认为，中国耕读传家的乡绅文化，是中国数千年农耕文明的瑰宝，是真正独具特色的世界文化遗产，是中国历史上农牧帝国辉煌的基石，让其就此消亡，我们是愧对祖宗的！→与矿工、渔民、牧民等行业一样，矿产、牧场与江河湖海都可国有，耕地为何不能国有？矿工、渔民、牧民大部分的后代都不再子承父业，农民的子女为什么就只能当农民呢？

至于国家通过怎样的方式，较为公平合理地将耕地的使用权赎买为国有，或统一"流转"给国家（国家以分期付款的方式赎买），这是需要仔细、充分论证的。因为这是中国人有没有饭吃的大问题，关乎中华民族长治久安的万年大计，是事关华夏文明是否能矗立于世界之林的基本国策，是不可不慎之又慎的。

中国式"私有财产神圣不可侵犯"

我们认为有必要在此简述：**土地国有与"私有财产神圣不可侵犯"二者之间的关系。**

土地国有与保护公民私产，二者之间是完全可以并行不悖的。

从理论上来说，中国公民一出生，就"天然无偿"拥有属于自己的那一份宅基地、耕地的使用权｛公民个人本份内的宅基地，既无土地出让金，也无需纳税，超额部分才需缴纳土地出让金与纳税｝。土地国有，并不妨碍公民自身份内的宅基地的使用权与其上的不动产的私有属性→即，属于公民份内私有的宅基地的使用权、份内宅基地地上的不动产、动产，都是公民神圣不可侵犯的私产。

在土地国有的前提下，国家根据规划的需要，当然是有权对属于公民个人所有的宅基地的使用权予以征用。但征用的前提必须是相对公平的，尽可能同质、同量地予以实物置换，当然也可折算为现金，让公民自由异地置产。

为了防止漫天要价，政府要制定公开透明的《听证法》，让当地人民"二轮直选"的人民代表与当事人全员参与，如有争议，再通过异地法院审理裁决，这样就可以有效地避免少数个人为了不当得利而与当地行政当局的直接对抗，同时也可有效地防止当地政府侵犯公民个人私产。

回转

关于我国耕地立法应包含如下内容：

1. 明确负责机构和人员、督查机构和人员。

2. 落实具体的可改造为优良耕地的数量，具体到县，实行县长负责制。

3. 规定改造耕地的具体标准，→持续肥沃、旱涝保收、绿色环保，等等。

4. 除政府投资外，另指定设立专项国债和基金，设立土地彩票，提倡捐赠等等，以保障投入，确保耕地的数量、质量的提升与优化的进度。

5. 设立国家级研讨土地｛耕地、宅基地、山林、牧场等等｝国有化的科研机构。

6. 制定耕地国有的法规及国有耕地的租赁法规，宅基地、自留地使用权的保留法规以及出让政策，等等……未整体搬迁、安置者的农村住宅周边宜保留适量的自留地的使用权，作为农村农民阶层平稳转化为城市工人阶层（城市稳定就业、购房居住）之前的缓冲生存支撑。

7. 在法律上**明确**，农民（牧民、渔民、服务业，等）与其他行业劳动者一样，同样是"产业工人"的一员，同样是如假包换的"工人阶级"。研究**逐步**将农民纳入国家统一的社会保障的具体措施与时间表，以求从根本上解决"扶贫"（城乡二元）的问题，使农民真正获得与城市人口同等的国民待遇。（与美国相比，中国的一大优势是，基本上没有种族矛盾和民族矛盾，"大一统、中央集权"的传承深入人心）。在完成实质性的去人治的政治、经济改革的同时，如果能将拖欠农业从业人员的历史旧账还掉，贫富阶层之间的矛盾必将大为缓解，我们就有可能实现中华民族的彻底和解。那么，中国的盛世，或者说**"中国共和"**，就将真正到来——从某种意义上来说，日本的乡村农民比城市的普通市民过得还滋润，是有不小的参考价值的。以色列农业的成功经验，也具有积极的借鉴意义。中国台湾的经验（农民与公务员统一享受同等的国民退休待遇）也是有必要予以调研的，因为中国大陆、中国台湾，同属中国，台海文化同属中国文化，因而更具有实际的借鉴价值。

需要特别说明的是，人类阶层的存在是永恒的。而且阶层的存在，对于第一生产力来说，也是必须的→等级制可以说是人类社会得以进步的源泉与动力之一。因为人的能力恒有大小，贡献恒有多少，勤懒恒有区别，俭奢恒有差异，倘若利益分配没有区别，对于能者与勤者来说，是显属不公的，就会对第一生产力产生巨大的负面作用。而强势者多占多拿，肆意扩大等级差别，因为违背了人类社会的基本准则→相对公平，同样地会对社会的和谐发展造成致命的伤害。问题不是出在等级制（阶层）本身，你承不承认，阶层都是客观存在的，问题出在它是否违背了相对公平的基准，才是对与错的依据。

还有一个问题必须予以澄清：不是"资本"使中国的小农经济"破产"，而是政治、经济制度的不公，伤害到了中国的小农经济。日本的"补贴、反哺"方式是很有研究的必要的——由于农业生产力的提高、由于农产品供应过量，市场不认可农产品本来的价值，价格明显偏低，这很正常，也是市场经济的必然结果，但不等于国家的管理者就可以不认可农产品的本来价值与重要性，就不对农产品的生产者用二次分配的方式予以补贴了。这就是我国必须充分补贴农业的法理基础——相对公平。"谷贱伤农"的现象，如果任由其恶性发展，对于一个拥有十四亿人要养活的中国来说，那是相当危险的！——我们始终觉得，中国农业的从业人员过得舒坦，一定是国之大幸。只要农业从业者能安心种地，农业这个产业就会良性发展，中国人就不会为吃饭问题而发愁，再大的事情也不会从根本上对中国人产生不可抗的威胁了！——只要有饭吃，人就能活下去，人只要活着，就有希望！

——目的

保证中国农业可持续良性发展，从根本上解决粮食安全问题。我国只有保证耕地的数量与质量，才不会仰人鼻息。

而粮食安全的重要性，是其他任何行业都不能比拟的。粮食（耕地）有了保障，肉、蛋、奶等等也就有了保障。造了多少汽车，生产了多少手机，建了多少房子，修了多少路，当然重要，但与粮食（耕地）比较，或者说是与食物比较起来，也就不那么重要了。只要吃饭的问题没有后顾之忧，我们就能够放心地大吼"妹妹你大胆地往前走啊、往前走！"，去追求更美好的生活了。中华民族走向共和的征程，任重而道远，我们首先要做到是："兵马未动，粮草先行"。

需要补充说明的是，现存的煤炭和石油等等不可再生的能源，消耗不了多久。以后种植业必将成为新能源的重要来源之一，从这个角度来说，强力保护我国的宜耕地，具有更为深远的意义。

另外我们想表达的疑问是：我国办了那么多的农学院，那么多的生物专业，那么多的化学专业，那么多的机械专业，而到现在我国却需要大量进口外国的粮种、菜种、畜种、禽种，农业机械和化肥也需要大量进口，这中间存在种种被卡脖子、敲竹杠的风险。究竟是我们的科研水平不行还是其他的什么原因造成了中国这个农业大国的落后，这是我们国家高层应当予以深究的，因为这关乎十四亿中国人的一日三餐这个根本性的问题。

总之，没有比较就没有鉴别，没有调查就没有发言权。农业事关中国人有没有饭吃的头等大事，亚洲、美洲、欧洲、大洋洲、非洲都应当有目的地进行调研，然后结合中国的实际国情，吸取有益的成功经验，从而防范在农业上犯大的错误→中国在农业上是承担不起"**犯错之重**"的。

中国新农村的建设，要有远见。在不远的将来，伴随着中国农业的现代化，中国农村人口必将急剧减少。国家**过量**投入巨资建设"新农村"，欲将农民绑在乡村是不现实的。→城市化是不可逆转的历史潮流，中国农业人口必将降到 10% 以下 { 美国的农业人口已降至 1% 以下 }，过量投入巨资打造乡村，很有可能造成天量的浪费。→解决农民的相对贫困问题，最有效的方针就是彻底**取消"城乡二元制"**，让所有的乡村农业从业人员平等地享受与城市居民一样的国民待遇，这样，中国最大的不平等——城乡二元制所造成的农民的种种贫困，就会迎刃而解。→只有这样，我们才有资格谈论中华民族的复兴→中华民族是一个整体概念，中华民族的伟大复兴，绝不仅仅是少数富贵者的复兴！如果农民始终不能享受与其他公民一样的国民待遇，再华丽的种种藻饰与口号，都不过是政治笑话罢了。当然这只能逐步、有序地推行，但"逐步、有序"绝不是"拖而不决"，希望中央近期能够对此出台纲领性的具体解决方案。这是实现中华民族共同富裕、和谐相处的基石，否则，中华民族的内部和解就会成为"奢谈"！

锦囊 {03}B 在当下，强军为立国之本

强大的军事力量为当下立国之本，是国家、人民的生命财产安全的必要保障。

与人为善，和平共处虽然是历史的必然，但绝不意味着人性的恶会自动消失。懒贪之徒，随时都在"磨刀霍霍"，寻觅可宰之"肥羊"。

换句话来说，好人是需要武装保卫的，恶人是需要武力威慑才会变成好人的。

在当下，如果一个国家，没有强大的武装力量，贫穷必被欺凌，富裕必被哄抢，这是人人皆知的常识，中国近代历史是有惨痛的历史教训的，这儿就不再啰嗦了。

军事优先，尤其对于一个具有五千年的文明史，拥有 14 亿人口，在经济上曾经领先于世界两千多年，在农牧帝国时代曾经拥有无数辉煌的泱泱中华来说，从来就是不是问题的问题。

我们绝不认同：在当下，只有"西方列强"们才有军事优先的权力，而我中华将近一千万平方公里，十四亿人口的大国，却没有军事优先的权力。

我们加强武装力量，当然不是为了扩张，欺凌弱小，而是作为"与人为善，和平共处"的守护神，在自保的同时，并努力让人类社会变得更加公平、有序、和谐、美好。

有一个底线是任何一个国家发展军事力量的时候都必须遵循的：发展军事力量的目的绝不是为了为恶，发展军事力量的目的，从来就只能是维护公平正义，反之，就会害人害己，成为人类的噩梦。

军事立法

应对军事问题，作如下立法。

一、适当加大军事软件、硬件投入的力度。

除增加**必要自卫**的军费预算外，建议削减外援（盈利投资不属外援）额度的三分之二以上，用于国防建设→。对于外援，我们当然不是一毛不拔，只不过外援只能用于重大人道主义危机时的救急。老祖宗早就告诫我们，"救急不救穷"，反之，不但钱拿出去了，反而会滋养出恩将仇报的敌人。钱是买不来真朋友的，建国七十年来，我们是有惨痛教训的。

□现在每当有落后国家的元首来访，或者我们的国家执政将出访某某落后国家，笔者就油然而生忧虑：又不知道多少亿可替中国中西部底层民众舒困解难的钱又要落入别人的钱袋子里去了！→中国中西部巨量的贫困农民，是中国人自己欠下的不相对公平的历史旧账，欠债还钱，从来就是天经地义的事→中国现在是到了必须制定《外援法》，给外援订立严格而详尽的规定的时候了→例如，凡是比我国人均收入高者不能给，比我国人均收入低者，只能在该国发生重大人道主义危机时适当地予以援助，但不能突破我国该年度的外援预算，如此等等。→中国国家财富是中国老百姓的血汗钱，对这些钱如果没有敬畏，没有心疼，是不配成为国家执政者的：这正如新生儿与妈妈的母子关系一样，自己的孩子嗷嗷待哺，母亲却穷大方，将自己的乳汁拿去喂养别家的孩子，这样的母亲还是合格的母亲吗？→获得国际尊重的唯一正确的方式是，以公平正义为旗帜，尽自己最大的努力，将自己国内方方面面的事情办得尽可能地完美，尽可能地使自身的经济实力变强，尽可能地使自身的人文生态变得更优。→只有这样才有可能获得国际友人普遍的尊重！

不要一听见"西方"有人嚷嚷什么"中国威胁"，就缩手缩脚，就不敢堂堂正正地加强自身的国防力量了。

别人是否视重你，不在于你是否慷慨大方，也不在于你是否低调，而在于你是否真正富裕、强大。

二、多方筹措资金。

如增加预算、发行国债、设立基金、发行彩票，提倡捐赠等等。

爱国主义不是一句空话，"与人为善"，爱好和平也不能只是一句口号。要树立保家卫国，人人有责，世界和平，家家有份；我的安全，我负责，诸如此类的有益于国家、民族，乃至于全人类的"善行"，这些都应以法定的形式落实在具体行动上。

我们有一个观点，爱国的最高境界就要是善待外国人，而不仅仅只是善待自己人。这其中的道理其实很简单：爱国与爱家同理。你爱你的家，你爱你的父母、亲人吗？如果爱，那你就绝不应当是给家人惹祸的人。你与外人交往时必定是与人为善的，必定是礼尚往来、不卑不亢的，必定是己所不欲勿施于人的，必定是讲实事求是、相对公平的，这才是"大家风范"。如果你在外面老是招惹是非，四面树敌，给你的家人带来无妄之灾，你还有资格奢谈"爱国"吗？

三、动用国防力量的相关规定。

只能用于保家卫国、惩恶扬善、维护世界和平。特别要制定防止滥用武力的详细规定。

四、国防力量的发展上限，应该作出明确的规定：以满足我国领土、领空、领海的防卫，以及适量的海外紧急救援力量为最高上限。

——总之，一个如我中华之堂堂大国，保障了粮食（耕地）的安全，再辅之以公平的民主法治，实行阳光行政，坚持大一统和中央集权**"举民体制"**〔见后〕，再加上强大的武装**自卫**力量，中华，就会永远立于不败之地。

一味地追求高速发展，快速致富，绝不是长久之计。人家西方已经先跑了一二百年，赶超世界列强，不是一蹴而就的事。百米冲刺之后，我们是否应该克服焦躁情绪，喘口气，积蓄力量来面对摆在我们前方的万米长跑呢？基础问题，理应优先。当然，我们绝没有在其他方面懈怠的意思，而是希望国人都要具有"欲速则不达"的意识，以免"体力不支"而"动作变形"，以至于南辕北辙，得不偿失→重蹈"大跃进"之"覆辙"→当下举国上下债台高筑，如不及时反思，一旦"暴雷"，又将如之何呢？→特别提示，贪欲从来就是需要限制的，不要寄希望于滥发钞票，那是饮鸩止渴，只会使事情彻底恶化而不可收拾。

□关于举国体制、治国理念、民主法治的思辨

□附带说一说我国的"体制优势"。

我国的体制优势，即大一统、中央集权的"举国体制"。没有举国体制，中国人就是一盘散沙，也就没有所谓的伟大之说了。→这与什么主义无关，是真正的中国特色。就是从老祖宗始皇大帝那儿传下来的"大一统、郡县制、中央集权"——以举国之力集中办事。只要实事求是、非人治的、非独断专行的、集思广益的"完美独裁"，凭中国人的智慧，凡欲办、应办之事，焉有不成之理。**举国体制这**枚"利刃"，是以毛泽东为首的中华人民共和国开国元勋们送给中国人民的最为珍贵的礼物——中国没有"举国体制"，中国人就是一盘散沙，毫无竞争力，是什么事情也干不成的。

当然，我们应当集全民之智慧，与时俱进，制定相应的法规，实行**以实事求是、相对公平为核心**的、真正的**民主法治与阳光行政**，保证人民对于权力的实际监督，让权力真正关进"人民监督"这个"笼子"里面，让权力只能好好地为人民服务。只要我们将"举国体制"提升为既凝民力，又凝民心的"**举民体制**"，中国的真正复兴就大有希望了。因为"举国体制"威力巨大，干好事，力能扛鼎，干坏事，也可贻害无穷。所以，如何趋利避害，将举国体制提升为**举民体制**，是大有必要分析分析、研究研究的。

国家政治、经济制度（人文生态的主干）是广义的"**第三生产力{见后}**"。政府能不能挣钱是个伪命题。→好的政府会制定相应的相对公平的有利于经济发展的国策，使国、家发财；糟糕的政府则相反，违背相对公平原则来治国，必然使国、家陷于困顿。你说政府是能挣钱还是不能挣钱？举国体制，好与不好，同样也是一个伪命题。→举国体制，就是一种治国的工具，正如宝刀一样，是个中性词：使用得当，它就是定海神针，使用不当，它就是洪水猛兽，是好是坏，这主要取决于我们使用者趋利避害的智慧和能力。

总之，国家执政者是否由真正的民主（二轮差额直选）产生，国家的施政是否以实事求是、相对公平为准绳、以与人为善为基准，国家公权是否受到以阳光行政为主的反腐、"纠错"的制度限制，公民对执政者是否真正地拥有选举权、监督权、弹劾权、任职授权、撤职罢免权，国家中枢是否能实现"完美独裁"（民主与集权的无缝连接），等等，也就是，我们是否能真正做到"惩

恶扬善",坚持实事求是,实现相对公平,让人类去兽性而趋人性,这将决定一个国家的人民,甚至整个人类社会是否能拥有美好的未来。

二轮差额直选,是必须要事先依据宪法,制定内容详尽的《**选举法**》才可以真正实施的。《选举法》中,要对为什么要进行二轮差额直选、由谁来主持选举、由什么人来选、选怎样的人、怎样具体参选、等等,都要有明明白白的阐述、明明白白的规定。

《选举法》中,必定要给选民说明白,选出优秀的代表与选出不合格的代表,关系到中国每一个公民的切身利益。如果公民不认真履行自己的选举职责,就意味着你放弃作为国家主人翁的权力,如果中国公民人人皆如此,那中国的衰落就是必然的→当代的核心竞争力,就是一个国家人文生态→一个国家不是由最优秀的代表来执政,它的人文生态还好得了吗?

——既然说到了民主,我们认为中国《宪法》应对"中国应当实行什么样的民主",阐述明确的观点,作出明确具体详尽的规定,而不是像现在这样,民主口号喊得震天响,而对于怎样**具体地实施**真正的民主法治却语焉不详。

我们的思辨如下:

首先,根据中华人民共和国《宪法》"一切权力属于人民"、"人民是国家的主人"的宗旨,简明地回答了了"**中国究竟是谁的**?"这个根本性的问题。中国政府的执政者,就一定是"最广大人民"授权的,代行人民自己权力的"责任人",本质上就是人民的"雇员",以人民的意志行事,就是天然的"铁律",是必须定期向人民述职的,是必须随时接受公民的质询的。这决定了我国"人民政府"的性质,就是代管与服务,而绝不是什么"专政与统治"。如果代行人民{公民,下同}权力的人民政府的"责任人"违背了人民的意志,损害了人民的利益,人民就有权取消授权,撤销聘用合同,就是天经地义"刚规"。→如果一个国家的《宪法》中的核心条款,不具有神圣不可侵犯的属性,那么这个国家就是人治专制的国家,是永远都不可能真正跨入**共和社会的**行列的!

其次,我国《宪法》中,对于人民怎样向人民政府授权、怎样取消授权,都应有明确、具体、详细、可行的规定。(请参阅下文"党民一体、一党独大制"等部分中较充分的论述)。

其三，真正的民主，绝不是少数特权者的"民主"。我们不认同"中国人需所要的中国特色的民主，就是"下情上达、民主协商"的观点——那不过是中国农耕帝王时代的"明君模式"罢了，其本质还是帝王个人专制。只要是对中国历史和新中国建立后的前三十年的历史稍有了解者都知道，李世民、蒋介石、毛泽东都是这般作为的，是不是就可以说，中国早在千年以前就已建成了优于西方的"民主社会"了呢？——那显然不是民主，最多只能算是"开明专制"，而历史早已证明，开明专制常常是不靠谱的→**开明专制的本质任然是人治专制，在这种制度下的所谓民主，就是所谓的"被民主"→有民主之说，而无民主之实。**中国的"民主"，因为是要在中国实施，当然要有中国特色，而且要吸取西方的经验教训，才能发挥后发优势，建成真正优于西方的民主制度。要达到这个目的，走回头路，开历史的倒车，显然是南辕北撤的。→现在中国体制内的那些"专家"弄出来的关于民主的种种说辞，从本质上来说就是在维护**专制**，都是基于对中国延续了数千年的帝王专制传统力量的借用罢了，虽然穿上了种种"主义、理论"的花花绿绿的外衣，绕来绕去，当下的所谓中国特色的民主，最终都不出意外地归结于：**专政**→中国的事情还是由某一个人说了算，而不是由某条某条法规说了算。→人，维护自身的利益是天经地义的事，并无过错，但如果在此之间大肆侵害无知民众的权益，就是良知泯灭，就是逆时代潮流而动，最终是不可能把中国的事情**眞正**办好的。

其四，民主，源于"**人皆趋利**"的基本人性→凡是人，都具有维护自身利益的本能，这正如动物"护食"一样，是不会允许他者来抢食的。民主的本质、内涵、诉求，皆为相对公平，而民主法治，都只是实现相对公平的的手段→我们常说要维护正义，正义的内核就是{相对}公平。真正的民主制度的效能，就是国家公权的执掌者，是没有机会蜕变为人治专制者为前提条件的。

人皆趋利→人类历史上所有的造反、革命、改良都是属于趋利的行为。只有当执政者为恶，即不相对公平地分享劳动果实{财富}的时候，造反、革命、改良才具有合理性，只有革命的目的**不是为了推翻别人**，由自己来掌控不相对公平地分享财富的权力，造反、革命、改良才具有正当性。而要保证相对公平地分享财富，根据**人性本善恶**的天性，民主法治、阳光行政这些**他律**就是所有**共和**社会的**钢规铁律**。→**弘扬人性的善，抑制人性的恶**，人类才能拥有光明的未来。→某一天，"**善有善报、恶有恶报**"的谚语真正成为了人类社会的现实，人类的**共和之春**就到来了。

当然，虽然在相对公平的前提下的趋利行为都是合理的正当诉求，但其间还是有层次的区别的：趋世俗之实利与趋"大庇天下寒士俱欢颜"的精神满足之利，在人格上还是有高低的。→中国那些传承了中华文化主流传承，具有"**高尚的家国情怀者们**"的存在，就是中华民族必然生机勃勃的"**基因**"。

——中国宪法规定：中华人民共和国，是人民当家作主的具有自身特色的社会主义国家，只有人民才是国家的真正主人。任何人都不得凌驾于人民之上，这应该成为普遍的共识，而且要有法律上完备的刚性规定。

人人都有维护自身利益的本能，这是人的基本人性之一，也是人生存的必然、正当的需要。所谓"天道"，就是不以人的主观意志为转移的客观特定范式，体现在人类身上就是人性。人性与天道｛特定客观范式｝，是内涵与外延的关系，简言之：**人性卽天道**；天道｛特定客观范式｝，就是人性的集中体现。实行真正的民主，就是顺应人类的社会发展的特定范式｛大道向善｝行事，其正当性是不容质疑的。**只有实现了相对公平，才不会伤害到他人的利益，才不会违背人皆趋利的的基本人性**，这才有可能实现**眞民主**。只有实现了**眞民主**，公民自身的个体利益才会得到有效的维护而实现各自利益的最大化。想要实现相对公平的主张，社会的每一个公民，都必须对自己授予（让渡）的掌控利益分配的"公权"具有实际有效的约束力，相对公平才会成为现实，这才算实施了**眞民主**，这样人类才可能平等相处，建成梦寐以求的**共和社会**，从而使全体公民获得自身应有的利益而各安其位、和谐共处。

其五，我们认为这才是我国应该实施的、具有中国特色的"真民主"，应以法律的形式予以确认，并制定详尽的实施细则。（请参阅下文相关内容中较具体、详细的论述，在此就不再重复了）。

最后我们对什么是真民主再补充几句：

我们所说的民主的特定含义为：民主是由中华人民共和国《宪法》"一切权力属于人民"之规定而赋予中国所有公民个体为国家之主人而产生的特定的权力。简言之，民主，就是中国公民天然不可剥夺的行使国家主人的权力。所谓的"中国特色的社会主义"，就是确保中国公民行使国家主人翁权力的制度。

　　民主只是手段而并非目的。我们只能说我们追求的目标是相对公平，从而保障自身的正当利益，而不能说我们追求的目标是民主。而相对公平的目的，就是要使各个公民的利益相对最大化，换言之，民主的目的就是要使利益分配尽可能的相对公平，因而民主天然就是**共和社会**的根基。

　　民主，并不意味着一般公民需要比政治专业人士更高明、社会知识需要比专业人士更丰富、行政管理能力需要比专业人士更强→聘请总经理来替自己管理自己的公司的老板，是不需要比自己聘请的总经理具有更强的专业能力的。我们认为必须实行真正的民主，就是要保障每个公民的利益不因让渡管理权而受损，能够保证公民让渡的权力不被滥用，这才与我国的宪法宗旨"一切权力属于人民"相符。这正如委托理财专家管理自身的财富一样，委托人并不需要比理财专家更懂行。委托人**天然**拥有选择理财经理、查账、更换理财经理，监督理财合同执行状况等等权力；而理财经理具有向委托者如实汇报理财合同的执行状况的天然义务，才可能保障委托者自身的财富不被贪墨。这也是国家公权必须处于阳光之下的原因。这就是"国民素质低，中国现在不适合实施真民主"的论调不成立的原因——国民素质低根本不是不能实行真民主的理由，而恰恰是必须实行真民主的理由。而公开阳光竞争、二轮差额直选，"优中择优"，才有可能选择出真正优秀的"职业经理人"。

　　要弄清楚我国现在实行的是真民主还是假民主的问题，只要祭出我中华之至宝→实事求是之剑即可——连问不断，且坚持不懈地摆事实、讲道理，并落实在具体的行动上，我们就一定能够在神州大地实施利国利民的、具有中国特色的**真民主**——这也是能够用实事求是的验证模型 X=Z+F=D 来予以验证的→假民主的最基本的特征，就是无竞争的自我授权→只有选举的形式而无选择的事实→中国大陆式选举，只是全体国民被迫承认执政者自我授权的形式而已→人治极权国家玩弄的"选举"手法，不约而同地采取了同一种方式：在"选举"之前，堵住竞争者产生的全部途径，在选举中也无具有公信力的监票人，在选举后必定是预定的当选人当选→这是由整个"选举"过程都在当权者的严密控制之下而产生的必然结果。

　　——实行真民主的前提是"实事求是"，而实事求是的精髓是求真务实。实事求是依照的标准是客观真实，而绝不是为我所用的主观意志。用通俗的话来说，是否是实事求是，是有客观标准的，不是谁谁谁说"这是实事求是的"，它就真的是实事求是的了→实事求是的内核"真恰佳"，是不以人的主观意志为转移的客观存在→是否是实事求是，是否是真民主，还得依据事实来判定。

最后需要补充的是，人心思定，人心思稳，这就要求我们采取和平、循序渐进、稳妥的方式，但这绝不是长拖不决，不实行真民主的理由，因为这事关中华民族的未来！

锦囊 {04} 量入为出就是富→贪欲是需要限制的

量入为出是现实生活中不败的法宝。→不论是个人、家庭、集团、民族、国家，概莫能外。

中国古先贤有"万恶淫为首"的教诲，"淫"的意思是：过度、过分、放纵。

有怎样的消费能力，就过怎样的生活，如无特殊意外，就永远不会产生崩溃式的、生活难以为继的烦恼。人格上也就有了底气和骨气，就不会有仰人鼻息的卑微。拥有一颗善良之心，勤劳的品质，再加上**量入为出**这个法宝，就会虽贫穷但绝不卑下、猥琐，就能够做到穷而雅、穷而贵、甚至穷而傲，气质尽显。→我们赞赏比尔·盖茨的话："真富裕是拥有一颗富裕之心，而不是拥有许多金钱"。

我们当然不是鼓励人们安于现状、不思进取。要想过更美好的生活，就凭自己诚实的劳动、正当经营去创造，而绝不是杀鸡取卵、寅吃卯粮。

超能力消费即为犯罪，因为**"超消"**不仅必定伤害他人利益，同时也必定最终伤害自己。

超能力消费是**共和社会**的巨大隐患，**是对贪欲的放任**。举债享乐，赌博式的举债"创业"以求一夜暴富所造成的恶果，不胜枚举。→创业，也是一种消费，有多少钱就创多大的业，再逐步壮大，才是创业的正道。→有兴趣的读者可以看看中国**商界木兰罗静**是怎样由一位成功的商人，由于贪欲的膨胀而**超消** { 不顾实力地扩张 }，最终落得来终身囚禁的下场的。

坑蒙拐骗、烧杀掠夺等谋财犯罪的根本原因，一般来说，不外乎因懒惰而生活难以为继，或者因欲望膨胀、超能力消费 { 投资 } 而难以为继……这儿暂不讨论因被欺压或天灾人祸等等原因而引发的"犯罪"。

为了剔除犯罪根源，彻底扭转社会风气，必须将懒、赌、毒和"**超能力**

消费"同时入罪。

我们认为现在是必须对消费也应立法加以规范的时候了，以求抑制这种因懒、赌、毒、和**"超消"**引发的各种社会乱象，从而消除人们因犯罪分子的存在而随时都需小心翼翼地过日子的尴尬。

当然，**超消**的能量越大，可能造成的危害就越大，所以国家执政者对此是责任重大的，一旦举措失当，就可能造成灾难性后果。

——立法应包含如下内容：

1. 消费实名制。

遵纪守法的公民，堂堂正正地消费，正当合法，何怕之有？不存在什么侵犯隐私的问题：消费，本身就是一项公开的社会活动，实行阳光消费，其合法性不言而喻——每个公民，都有协助消除犯罪根源的义务——担忧者、拿隐私说事者，多半为心怀鬼胎的人。而法律，从来就不是保护害群之马的，因为惩恶扬善从来就是任何正常、公平、和谐社会的基本准则。

2. 规定借贷额度占自身收入、已有财富的比例。

3. 消费异常督察制度：规定实名消费，谁有督查权，怎样督查等等。

这种立法，与自由、隐私无关。还是那个老立场：任何人都只有干好事的自由，而绝没有干坏事的自由。你一旦伤害了他人与你自身的利益，还能让你"自由"与保持"隐私"吗？

4. 制定从严督查经营者的经营账目的规章——作为合法经营者，你想要赚钱，就得承担相应的协助督查的社会义务，产品合格、账目清楚、价格合理是最基本的要求。官员要阳光行政，商人也必须"阳光经营"，不能隐瞒收入而偷税漏税，不得苛待员工，更不能出售伪劣产品，同时要持续履行关注有无异常消费现象的存在的义务。负责督察工作的人民代表，每年要有较详细的述职报告，以此保证我国的经济活动阳光、合法，持续繁荣。

5. 大型高档消费场所常设由人民代表担任**超消**督察员的制度。一般常规消费场所，由社区人民代表负责督查。

6. 处罚机构以及处罚措施。

其他，如创业者的创业基金，由国家设立的风险投资基金管控等等。

7. 各级政府收支管控立法。

立法的目的，是杜绝政府浪费与**超消**。政府较之于公民个人来说，能量巨大，如无刚性法规加以制约，其造成的破坏常常是灾难性的。阳光公开的国家各级政府的财政收支的制度建立，是中国人文生态改良的重要内容之一。

——目的

一、遏止个人、政府贪欲的膨胀，使量入为出成为社会风尚，既保护社会和谐，也保护消费者本人，不至于生活难以为继而引发社会矛盾。

使那些见不得天的非法勾当理论上无法实际获利，非法利益无从消化，从而在出口上堵住犯罪者的非法财富的消化渠道，最终达到尽量减少犯罪的冲动和可能——凡财产来历不明者，一律重判。

婚恋风尚

我们觉得对于人们婚恋时的"财富观"，也与是否"**超消**"有关→人人都认同"量入为出"，拒绝**超消**，理应成为普遍的婚恋风尚。

在两性交往中，抵御"超消"的底层基础就是坚守"实事求是"这个基本法则→拒绝"超消"，就是实事求是原则在个人生活中的具体运用。量力而行才是可持续的。情感与财富的付出方、接收方，都要细水长流才能"两情相悦恒久远，携手共赏花儿红"。一味地超能力地讨好对方，或不知节制地向对方索取，都是预后不良的。你**前好后孬**的所作所为事实俱在，你被指责"变心了"你能自圆其说吗？作茧自缚，难以为继，坏就坏在**超消**。

君子爱人，也应"娶（嫁）有道"，这里的"道"，就是阳光公开，实事求是，相对公平，与人为善、以诚相待。就是不得以欺瞒的方式来"骗娶"配偶，也不得以不实事求是的态度，欲望膨胀，提出巨额彩礼等金钱方面的要求——我们认为，不论男方、女方，"添人进口"一方的家庭，都应根据实际的财力向嫁出的女方家庭、入赘的男方家庭付**适当的、力所能及**的彩礼来作为补偿，这才是相对公平的。→别人的家的儿女，费心费力地养育了二、三十年，你"空手套白狼"，这合适吗？对于彩礼，双方应秉持诚意，堂堂正正地协商，这与什么"现实"、贪财是没有半毛钱关系的，只与相对公平有关。一方面，不能提出对方不能承受的天价彩礼，另一面方面，也不能否认彩礼的正当性，攻击别人物质、现实，卖儿卖女……我们旗帜鲜明地反对不顾实际财力举债支付彩礼的**超消**做法，因为这既是不实事求是的"超消"，必然是预后不良的，也是违背相对公平的，必然使婚姻处于极不稳定的状态，从而使双方受到伤害……。

以前，女嘉宾马诺曾经在江苏电视台的相亲节目《非诚勿扰》中说了一句："宁愿坐在宝马车中哭，也不愿坐在自行车上笑"，举国"哗然"，群起而攻之。还有个男生的母亲，好像是浙江吗还是南京的，在节目中公开地说："不要农村的儿媳妇"，也惹得群情"激愤"，竞相声讨之。

我们的判断是，这些"哗然"者与"激愤"者，多半不是无知者，就是伪君子。

对于不少中国人来说，有些事是只说不做的，有些事是只能做而不能说的。那些"义愤填膺"地攻击别人如何如何的"现实、贪财、俗气"，居然看重钱财而"卖儿卖女"，肆意嘲讽别人如何如何的"没素质、无内涵"，竟然看重金钱与颜值。但他们自己做选择的时候，实际上则是尽可能地选富的、美的。假如法律规定那些攻击别人重颜值、重财富的人，就把他们的言论记入档案，他们就只能选择丑的、穷的。攻击别人最凶的人，就必须选择最丑的、最穷的配偶。如此这般操作以后，再拭目以待：看他们还会不会那么口是心非地上蹿下跳了——他们是严重地违背了嫁（娶）之道→"实事求是、相对公平"的。

趋利避害，人之本能，只要不伤害他人的利益，追求美好的生活，何错之有？婚恋中，只要你情我愿，你们用得着"哗然"与"激愤"吗？正当的财富与天然的美丽（beautiful）、英俊（handsome），都是一种稀有资源。富翁与靓女，富婆与帅哥，你情我愿，又何错之有呢？马诺和那位母亲，不过是说了真话而已。那位母亲的本意，绝不是要有意地侮辱农民，而只是老老实实地说出了当时中国现实中农民处于弱势地位的事实而已，也大可不必"哗然"与"激愤"。美女的美丽又不是抢来的，农民的弱势地位又不是那位母亲造成的，她只是出于母亲的本能，不想让自己的儿子过苦日子罢了。她们又没有伤害到谁，你凭什么用不实事求是的所谓的伪道德去绑架她们，甚至攻击、侮辱她们呢？人们不爱听真话，不深究事物的实际上、本质上的对与错的毛病，是应该改改了。

　　我们始终没弄明白的是，在婚恋中，实事求是地讲"现实"，是怎样变成了"负能量"的？而种种不实事求是的"作"，又是怎样变成了"正能量的"？讲"现实"居然令人羞于出口，而虚伪的各种"作"，却冠冕堂皇地大行其道——"伪高尚"是到了"寿终正寝"的时候了。

　　至于穷人与富人的成因与改良方法，另有专门论述，不在此重复。

　　以不伤害他人利益为前提的自私、自利，从古到今都是正能量，是社会进步的动力（第一生产力的支撑之一），是怎样地被污名化的呢？→"人不利己，天诛地灭"，只是一个中性词，表述的是人皆有利己（自私）的本性，且这种本性是与生俱来而不可变更的。如果世上的人都是"从不利己，专门利人"的人的话，那人类恐怕早已灭绝多时了——自私与损人，从来就不是同一件事，相对公平与否，才是评价的标准。古人云："君子爱财，取之有道"，我们认为这儿的"道"，就是符合相对公平的原则，不多占多拿，也不少占少拿，就是在利己｛自私｝的同时不伤害他人与公众的利益。"爱财"，何错之有呢？不相对公平，即伤害到了别人的利益，才是错误的，才是不利于人类和谐发展的。婚恋中，实实在在地"谈钱"，不仅仅是对他人的尊重，也是对自己的尊重——因为你是人，所以你就得尊重人性，这是再正当、正常不过的常识了，那些虚伪的高尚者们，究竟凭什么在那儿蹦跶？——把老祖宗的实事求是的精神丢得干干净净还强词夺理，难道还不应该反思反思？

　　仅仅靠所谓的爱情，而没有一定的物质基础，是不足以维持一段美好的婚姻的。婚姻与恋爱是两码事。谈恋爱可以极轻松、浪漫，因为基本没有必尽的责任；而婚姻，则是责任多多，少了必要的物质支撑是万万不行。你自己吃饱穿暖之外，还有你的配偶、子女、双方父母、双方亲朋，都需要你负责，如果你"无钱"的话，幸福、美满就无从谈起。"贫贱夫妻百事哀"是现实婚姻生活中绕不开的"铁律"。这与有无道德无关，也与情操高低无关，只与一个简单的生活常识有关：那就是，人没有饭吃，是活不下去的。一个日常生活难以为继的家庭，去奢谈什么情感、情操，这不是自欺欺人吗？人穷志短、马瘦毛长、饥不择食、贫不择妻等等生活中的常识，俯拾即是。"贫贱不能移、富贵不能淫"的人当然有，但这绝不是社会的主流与常态，因为大多数人都是"俗人"，遵从的是"人往高处走"的本能。"为什么中国现在成了一切向钱看的社会了"，这其中有一个根本不成立的前提，那就是人们**以前是"不向钱看"的**——事实的真相是，从古至今，人们都是向钱看的，并且还会永远向钱看→而不是现在才变成了一切向钱看→人，是一种物质构成的且必须持续补充物质才能存活的动物，你竟然要求人不"物质"，你自己首先不物质试试！→从来没有不现实｛物质｝的社会，也从来就没有不现实｛物质｝的人。"向钱看"有什么不好，"现实｛实事求是｝"从来就是褒义词，怎么在有些人口中居然就成了贬义词，还有望那些伪道德者们站出来说道说道。政治经济学常识告诉我们，人类首要的活动就是求生存，就是"求财"，也就是被假道学攻击的"现实"，这种人间的第一"正能量"，居然可以被肆意地攻击，岂不是咄咄怪事！我们当然绝没有在人们"向钱看"的时候可以伤害别人利益的意思。所以，中国现代社会中，无论男女，先立业，后成家，才有可能获得想要的美满婚姻。没有一定的生存能力而又奢望过上"高大上"的美满生活，这就是典型的婚恋中的**"超消"**，是贪欲的膨胀，纵有千般美好愿望，终归都是没有任何意义的海市蜃楼。

令我们感到非常奇怪的是，现在人们在相亲、谈恋爱的时候，如果有谁首先关心房子、车子、票子、债务的时候，就会被攻击为"现实"、"物质"！→这不是公然颠倒是非、指鹿为马吗！

我们的判断是，这些"攻击者"，不是以此来掩饰自己的"困顿"，就是心智不全的弱智者，或者就是蓄意的骗婚者。中国婚姻的本质，事实上不就是两个家庭的利益捆绑吗？一旦涉及到利益，就必须依照相对公平的原则办事，这是再简单不过的常识。有精神上、情感上的匹配当然更好，但任何婚姻，没有一定的物质财富作为支撑，必然是难以为继的——如果婚姻只与感情有关，哪里会有那么多的"愁婚一族"。谈婚论嫁，首先最应该谈的，不就是"核心利益"吗？谈"核心利益"，怎么就"俗"了、"现实"了、物质了呢？→这是实事求是、相对公平的、堂堂正正的大雅之气好不好！

我们认为，正确的相亲、谈恋爱的正确流程的第一项，天然就应该是互相主动、实事求是地介绍自身及家庭的财务状况。这并非是所谓被污名化的"俗气"，而恰恰是讲真话、讲实话、脚踏实地的、认真而又负责任的"高雅之气"，是诚实无欺、直面人生的"浩然正气"。当然，与人为善、勤奋向上、吃苦耐劳、责任担当等等，无疑也是一种随时可以变现的"精神财富"。一个人最怕的，不是处于困顿，而是游手好闲、懒惰成性，羞于直面人生而谎话连篇。应该形成这样实事求是的婚恋新风尚：如果有谁不首先说清楚自己真实的财务状况，也就是不首先具体主动说清楚自己的职业状况，是否有房有车、收入多少、存款多少，负债多少以及自身家庭的财务状况，我们虽然不能就此认定其人动机不纯，品质不端，但起码可以看出她（他）是一个生活中的弱者，不敢直面自己的真实人生。

我们最应该做的，不是变着法儿去攻击"嫌贫爱富"，因为不论你如何言辞犀利地攻击，都不可能改变人类的人皆趋利的本我、固有之属性→人必须进食才能活下去，是万古不变的→你永远也改变不了现实生活中的"嫌贫爱富"的常态，这与人的品德高低无关，这是由人类趋利避害的本性决定的（以不伤害他人为前提），是绝不会因你的几句难听的话语而改变的。向往富裕生活之心，人皆有之，两个相亲对象，以前她（他）们之间大部分都是陌生人，是无情感纠葛的，其他各项条件基本一样，只是财务状况一强一弱，选强的就道德低劣？选弱的就道德高尚？爱财之心、爱美之心，人皆有之，选美的、富的怎么就品德低下了，选丑的、穷的又怎么就道德高尚了？→明明是神经病重症发作好不好！

但这不意味着我们就是简单地支持那种只看物质的"嫌贫爱富"的人生观。因为不论是男是女，如果都一味地"高攀"，这是与社会的现实相悖的，也是不实事求是的。这种高攀，即一厢情愿的"爱富、爱美"的欲望，总体上来说是决无可能人人都实现的，少数实现逆袭的个例，绝不是社会的常态。这是一个简单明白的常识：高端的男女，毕竟是少数，是绝无可能满足每一个人的"爱富"、"爱美"的欲望的。这也是需要大力向民众宣传的，使人们在婚恋时形成正确的婚恋观：财富当然重要，但基本衣食无忧足矣，不能过分地攀比；而善良、正直、勤劳、友爱、宽容、担当、奋发向上、知足感恩、量入为出等等，才是真正永不贬值的、可持久兑现的"支票"，才是今后幸福生活的可靠保障。而不顾事实地、一味固执地坚持自己虚无飘渺的"高攀"梦想，往往是害人害己的，常因此错过了自己最佳的婚恋对象→这是有刘德华的女性死缠者{杨丽娟}的惨痛教训的{家长的宠溺与不实事求是的人生观→超消，是会害死人的}。其实，女孩子真正应该在意的不是男人能够给你多少财富（能满足基本生活就行，你也有自己的事业），而应该在意他是否勤劳，是否善良，是否宽容，是否是一个有责任担当的人，是否是一个没有不良嗜好的人，当然，是否健康，永远是第一需要考量的。

总之，我们判断某人是否是适婚对象，是决不能**不看**经济实力（最低要求是要负担得起基本的生活费用）与颜值（最低要求是要看得顺眼，不恶心）的，但也是不能**只看**经济实力与颜值的，而忽视身体健康与品德的优劣，以及情商的高低等等，也是错误的→一个人品不佳的人，也是"**不健康**"的，而且思想上的不健康所造成的危害，比肉身不健康所造成的危害，更为严重。简言之，经济实力的强弱与道德品质的好坏，对于美好的婚姻生活而言，其作用**都是**决定性的。也就是理论上所说的，每一位相亲者，都要价值﹛利益﹜判断与伦理（是非、好坏）判断并用。

我们自己最应该做的，是奋发有为，不嫌苦累，努力地改善自身的财务状况，并努力学习，积极地关心国家大事，让自己对自身所处的人文生态具有较清醒的认识，努力地改良我们自身所处的自然生态与人文生态，使财富分配更为公平，科技创新更具活力，从而让贫困远离中华民族。这样，不论你是贫是富，只要你为维护公平正义尽到了你应尽的职责，你就是生活中的强者。

浪漫的恋爱，预后良好的婚姻，从来就不是"不谈钱"的，而是必须"谈钱"而又不是"只谈钱"的。"不谈钱"的所有浪漫和美好，就是肥皂泡，一触即破，其不可持续是显而易见的。而"只谈钱"的婚恋，就会蜕变为赤裸裸的交易，各为其利势属必然，其不可持续也是显而易见的，一旦某方的利益受损，婚姻的破裂就难以避免。

现实生活中的可婚配对象，三六九等，各色俱全，高富帅、白富美、平平常、矮矬穷，当然都有。但绝对高端与绝对低端者都是少数，大部分为中端的"平平常"的普通人。每个寻找配偶的人究竟最终会与怎样的人组成家庭，只与一个事实有关，那就是个人的"实力"。个人实力的排序为：健康、品德、情商、智商、财务、颜值，而"实事求是、相对公平"的自信与自强不息，显然是可以提升自己的"段位"的……择偶的首要标准第一是人品，必须是个好人，也即是，首先要是一个健康的人（无不可逆的恶疾）、一个勤勉的人（不好吃懒做）、一个正直的人（不偷奸耍滑）、一个勇于负责的人（不是懦夫，不逃避职责）、一个踏实的人（不好高骛远、眼高手低、怕苦怕累），不是一个贪婪的人｛非法获利、一味**超消**｝，等等；其次才是财力、智商、情商、颜值等等。攻击别人"只看金钱""只重颜值"的人，其实是你为自己遮羞而对别人的污蔑。谁说别人就是只看颜值与金钱就完了，别人事实上更看重的是健康、品德、情商、智商好不好！→颜值与财务，只是婚恋的保底（初始）条件好不好！——所谓高端男女，绝不等于开豪车的富二代和只贪图享受的美女，而是指那些在生活中能够自立、自强，外貌、品德、学识、能力俱佳者→仅仅有钱，是成不了白马王子、白雪公主的的。

　　真正高端男女的最基础、最根本的特征，既不是拥雄厚的经济实力→有钱的渣男、渣女随处可见，也不是拥有滔天的权势→政治流氓可谓屡禁不绝，当然也不是美艳与帅气→妲己之美、和珅之帅人所共知。情怀、智慧、境界、能力、外貌五者皆佳者，才是真正高端的配偶。

　　看问题，要善于透过现象看本质。一个人是不是真正爱你，起决定作用的，主要不在于别人，而是在于你自己是否可爱。爱是不能勉强的，换句话来说，就是强迫一个人去爱一个不可爱的人，那是十分困难的，也是难以持续的。在婚姻中能获得什么，当然要考量，但能够给予对方什么更为重要，单方面一味地付出与一味地索取都是不可持久的。一见钟情与见色起意是等义词，外延与内涵一模一样，你不要傻傻地像"朝三暮四"这个成语中的那些猴子一样，一听早上三个晚上四个，你就郁郁寡欢，一听早上四个晚上三个，你就欢呼雀跃，傻乎乎地被别人牵着鼻子走。爱财与爱才也是近义词，区别仅仅在于，一个是现金，一个是可兑现的支票，爱财与爱才，在道德上并无高下之分，也无庸俗与高雅之别。选品德良好者为偶，其实就是选择稳健的长期投资，只能说是明智的选择，因为品德良好者就是"绩优股"，值得拥有。你自己这样选择也说不上就多么高尚或别人就多么低俗，只要利己而不损人就好。总之，实事求是、相对公平、与人为善、尊重人性的才是高尚的，如果这一理念成了每一个择偶者的基本常识，那些用道德来绑架别人的人就会再无市场。**人类本身就是"现实"的产物｛人本身就是由物质构成、并必须依靠物质的持续支撑才能活下去｝→在相对公平｛不得伤害他人利益｝的前提下的"现实"，就是实事求是原则在婚恋中的具体运用，从古至今以至于永远，都是妥妥的正能量→任何不讲"现实"的行为，都是与共和社会相悖的不安定因素。→今后，**

一旦出现攻击他人"现实、物质"的小丑，举国群起而攻之可也！

婚恋的正确观念与行为是："婚恋从来就是始于颜值与财务，长于健康，和谐于品德、情商与智商，而终于"悟道"的。所谓"悟道"，就是遵循天道（特定的存在范式）而尽人事，也就是生而尽善尽欢，死而无悔无憾，如是而已。"尽善尽欢"的释义，就是尽可能地为善，尽量地乐观。而品德，不分男女，最重要的内涵就是实事求是、与人为善、相对公平，以及勤劳、宽容与担当。而颜值，最终都会在婚姻中成为最不重要的因素→换句话来说，在婚姻长期相处中，一个人自身的行为可爱还是不可爱，才是最重要的，而漂亮不漂亮，英俊不英俊，是不可能喧宾夺主的→这就是鲜花之所以会插在牛粪上的底层逻辑→好白菜之所以愿意被猪拱，猪身上必定具有好白菜难以舍弃的优点→当然，好白菜"辨识优点的能力的强弱与重起炉灶能力的强弱"，决定着自身的幸与不幸。

——人贵有自知之明，是每一个寻找配偶者应牢记的常识，不要产生与自己实力不符的贪欲｛超消｝。这种贪欲，从本质上来说也属于"超消"，而超消必定是难以为继的。在要求别人的种种条件以前，先弄清楚自身的条件，做到心中有数：有一元钱，咱就买个馒头，有十元钱，咱就吃碗面，有上万元，咱才可以放心地吃大餐——婚恋，也是需要"实事求是"的，通俗地说，就是有怎样的实力，就寻觅同等实力的伴侣。找婚恋对象，永远不应该是最美、最富、最有魅力、最有气质的那一个，"最合适"的"同类项"才应该是你的标的。任何与实力不相匹配的"高攀"与"低就"，从长远来说，都是有极大的"互相排斥"的风险的，常常是与幸福的婚姻生活背道而驰的→武大郎与潘金莲严重不相匹配的婚姻所演绎出来的悲剧永远都是有反思的价值的。因一方不堪重负而解体的婚姻，生活中比比皆是。所谓"安全感"的基石，无论男女，就是你独立生活的能力，除了你自己，"安全感"是任何人都给不了你的！→用流行的话语来说就是："不论是谁离你而去，你自身都能光芒万丈"→你还会缺少安全感吗？如果你要依赖别人才能生活，你就永远也不可能获得"安全感"。那些以"性格不合"为理由离婚的人，只不过是惯用的"顾左右而言他"的甩锅借口罢了，所谓"性格不合"，常常并非是真实的原因。

最后，我们想强调的是，女方重视现实，懂得在经济上进行自我保护，从而保障自身的人格独立，不做男人的附属品，是人类的一种伟大的进步。趋利避害，是基本人性之一，又何错之有呢？赌博式的"裸婚"是不宜提倡的。雌鸟配对以前，也要看看雄鸟搭的窝是否结实，何况是人呢！婚前房产，在房产证上写上未婚妻或未婚夫的名字，是大可不必纠结的，只要请律师附加一个离婚时互相认可的、公平、详细的财产分配协议即可解决诸多问题。只要没有不当得利之心，就不会抵触签署这种协议，而会坦坦荡荡地乐于签署这种协议→因为实事求是、相对公平，是获得互信的最有力的措施→因为踏实，就可以极大地增强幸福感，这是可以大大地降低离婚风险的有效措施。

一个简明的常识就是：世界上从古至今，从来就没有出现过"不现实"的人，这是由于人本身就是由物质构成的，并需要不断补充物质来保持生命的"生物"而决定的。实事求是，坦然谈钱（物质）才是堂堂正正的、阳光的"正能量"，而用道德绑架、攻击别人"现实"者，才是别有用心的、阴暗的"负能量"。我们不是一贯强调，凡办事，都要实事求是吗？怎么在处理婚恋问题时，"实事求是"就不适用了呢？仔细拎出来分析一下就知道，那些口头唱高调者，其实内心比谁都更"现实"，否则他就不是人，而是不食人间烟火的"鬼怪"。

独立的成年人，沉湎于**超消**，没有一定的积蓄是很危险的→谁也不知道明天会发生什么，但如果自己手中有一定的积蓄，就具有较强的应对意外状况、突发事件的能量→有伤能康复，有病能治疗，失业也能够从容地重起炉灶→一家老小的生活也就有了基本的保障→这是一个人、一个家庭，拥有人格尊严的先决条件→我们希望所有的中国人，都回归与人为善的康庄大道，在不伤害他人利益的前提下，都成为"讲现实"的真君子，而不是成为华而不实的伪君子、寅吃卯粮的"二杆子"。

量入为出，拒绝**超消**，是保证自己在生活中立于不败之地的法宝，面对婚姻时，拒绝**超消**，同样是"普适"的规则。你若想要"吃大餐"，增强自己的实力和踏踏实实地努力创收就是唯一的方式，靠招摇撞骗或侥幸心态去"撞大运"，从来就是危险重重的，"十赌九输"，无论男女，概莫能外。

为规范、净化婚恋人文环境，本着实事求是、相对公平、与人为善、尊重人性的原则，我们认为应将"婚恋虚拟诈骗"入罪，对那些不如实、具体说明自身财务状况的婚恋者以诈骗罪加以惩处，以此堂堂正正地优化**"讲现实"**

的婚恋风尚，让骗婚者没有可乘之机。也就是说，面对现实婚恋生活中形形色色的欲行不轨者，在人们谈婚论嫁的时候，对PUA{ 欺骗、控制 }的种种伎俩保持足够的抗风险能力，加强完善相关的法令，的确是大有必要的。

锦囊 {05} 中国改开

改开理论、路径之思辨

他山之石，可以攻玉（诗经），三人行，必有我师焉（孔子），文明因交流而多彩，文明因互鉴而丰富（习近平），谁不改革，就让他下台（邓小平）。

东西文化，从本质上来说，是没有差别的。这是由于人的本性是没有本质上的差异而决定的，但我们并不否认东西文化在外化表达形式上是有一定的区别的，这是我们之所以认为东西文化可以完美融合的理论基础。这个观点也适用于亨廷顿所划分世界七大或八大文明。→一个国家的人文生态的优劣，虽然形态各式各样，从本质上来说，是有不以人的主观意志为转移的最适合人类社会发展的最佳客观范式的，也就是说，优良的人文生态是有客观标准的→我们初步认定，这个"客观标准"，至少是不能违背实事求是、相对公平、与人为善、尊重人性、必要差别、民主法治、阳光行政、动态纠偏等等基本原则的。

政治与经济，是人类人文生态的主干，互为表里，相互制衡。

中华复兴，**政治改革与经济改革，缺一不可。**

凡事，预则立，不预则废（《礼记·中庸》）。凡事，欲速则不达（《论语》）。

趋利避害之心人皆有之，这是之所以能够顺利进行政治改革的民意基础→尊重人性就是顺应天道；人民对美好生活的向往，是政治改革必然成功的保障→顺应民意就是"得道"，"得天下"就势属必然；为了获得"恩怨清零"的实效，以"实事求是、相对公平、与人为善"为准绳来"大赦天下"，促使社会各阶层的和解，则是政治改革的必由之路。

——英国著名哲学家罗素曾说："假如中国人能自如地吸收我们文明中他们所需要的东西，而排斥那些他们觉得不好的东西，那么他们将能够在其自身传统中获得一种有机的发展，并产生将我们的优点同他们自己的优点相结合起来的辉煌成就"。

这个预言正在且必将逐步变为现实→这是由人皆趋利的本我属性、明辨利弊的天赋决定的。

这其实不是什么新颖的观点，咱们老祖宗两千多年前就具有了"他山之石可以攻玉"和"三人行，必有我师焉"的智慧了。

东西文明，在两千多年前的"先秦"时期，几乎同时井喷式地产生了希腊诸子和春秋战国诸子，这不能不说是人类文明史上的最为炫目的**第一奇迹**。→在西方，希腊之后是罗马帝国，中国称罗马帝国为"大秦"，而在中国，春秋战国之后是秦朝——因此西方"大秦"以前的希腊诸子与中国秦朝以前的春秋战国诸子，都可统称为"先秦诸子"。

东西方的"先秦诸子"，不可逆地各自成为了东西文明的源泉→自此，人类才真正从蛮荒走向了文明，并各自不可逆地决定了东西文明的走向。西方所谓的文艺复兴，就是以希腊诸子（西方先秦诸子）为目标的；中国唐代的古文复兴，早了西方几百年，其对象，就是春秋战国诸子（先秦诸子）。

正确态度正如习近平主席所言："文明因交流而多彩，文明因互鉴而丰富"。罗素对中国的预言也与此不谋而合，意思基本一样。东西文明，各自经过几千年的发展，是人类的共同财富，没有绝对的优劣之分。取长补短，相互融合，共同进步才是唯一的优选。

中国，与时俱进，改革开放是唯一出路；因循守旧，知错不改，闭关锁国必是死路一条。

改革的目的是改掉我们自己的所犯的错误，开放就是打开国门，疏通与世界交流、沟通的障碍，主要目的是为了相互学习别人先进的文明成果，实现互利共赢。→学习他国的优点，是使我们自己变得更优秀的有效途径，这与"崇洋媚外"是风马牛不相及的。

中华民族之所以伟大，不仅仅是勤劳、善良、勇敢和聪慧，还在于她的兼收并蓄、与时俱进。中华民族从来就是一个善于向别人学习的民族→历史上，中国同化外来文化的能量，堪称世界之最。

以美国和欧洲为代表的西方文明，以中国为代表的东方文明，二者应是惺惺相惜的对手，而绝不应该成为敌人，合作双赢，撕逼双输。

很多人不理解，当下中国当局为什么会违背邓公的要与美国搞好关系的教导，而与以美国为首的西方发达国家硬刚，进而实施所谓的"战狼外交"。→其根本原因就是忘记了邓公"亡党亡国"的警告，不愿实施邓公的一定要进行政治体制改革的嘱托，不愿放弃人治专制所能获得的既得利益{特权}；另外就是为了降低广大民众对于人治专制与民主法治的关注热度的必要挪移。→当然，不硬刚，并不意味着我国就要逆来顺受，不维护中国公民的核心利益。实事求是、明辨是非、相对公平等等原则是不能退让的。其实，化解与美国为首的西方发达国家的矛盾，并非像有的人想象的那么困难，如果我们真正地"天下为公"，自身无懈可击，我国的人文生态像新加坡那样比美国还完美，我们就会坦坦荡荡而立于不败之地。只要我们中国共产党哪天真正理解了什么是"为人民服务"，凡事都以公平正义{相对公平}为准绳来办事，即真正继承了中国文化的主流传承"家国情怀"，严格依据宪法"一切权力属于人民"的宗旨办事→走真正的而非口头的民主法治的道路，实现"党民一体"、二轮直选、民主法治、阳光行政、动态纠偏，中国共产党人就会成为真正意义上的人民公仆而如鱼得水，不仅仅最广大的人民{公民}会因此获利，中国共产党人自身也会因此而光明磊落地成就其自身的伟大，从而获得属于自身个人的真正的幸福。→为恶者必被反噬，为善者必得反哺，这是天道，顺之者昌，逆之者亡。→如果执政者至今还分不清人治专制政体与民主法治政体的优劣，哪种道路才是对人民、对自己是最为有利的，那他就一定是一个"装睡的人"。在此，我们认为有必要提出一个供广大中国公民反思的问题："革命先烈的初心究竟是什么，从根本上来说，中国当下的政治体制，与朝鲜当下的政治体制，"本质上"究竟有什么样的区别"？

以美国为例，如果我们不带主观立场，实事求是地说，不管从哪个角度来说，都是我们值得尊敬的对手。

美国除了用庚子赔款建了清华以外，还帮助中国建了诸多的大学；抗日战争时期帮了我们中国的大忙，即便是对于中国共产党，在其弱小、困难时期，美国也是给了实实在在的帮助的；共和国成立之初，美国仍努力争取与新中国建立外交关系，司徒雷登、路思义、陈纳德、基辛格……等等，无疑是中国人民的朋友。

我们当然不应该忘记美国曾屡屡欺辱打压我们（现在也时有打压中国之举），但我们不能只记得她的坏而抹杀她的好，也不能只记得她的好而忘记她的坏。同时，我们也应反思：美国因为什么原因而要打压中国大陆？建国之初，我们当时采取的关于中美关系的应对措施（以美国为敌），是否就是最佳方案？只要我们懂得这样一个基本常识就好：特定时段，每个国家都有自己特定的利益考量，种种当时特定的条件限定了特定的处置方式。总的情况是，中国当时太弱，列强们有利可图，不欺负白不欺负。但纵观近代史，美国对中国从未使用过赶尽杀绝的辣手，这足以证明美国人还是保留了人类最后的良知，是有一定的底线的，比当时沙俄、苏联的鲸吞，日本的烧杀抢掠强多了。

再比如，如果没有美国代为培养的人才，我们不可能那么早拥有原子弹和氢弹……即便是现在，**离开**欧美首先开发的关键技术，**不学习，不模仿**，恐怕你的手机就会立马死机，变成垃圾……。

我们绝非崇洋媚外者，只是站在第三者｛实事求是｝的立场上从实评价而已。因为在我们的心目中，中国在人文生态方面，还是有诸多弊端的，但中国人是有足够的智慧和能力，通过改良，比欧美干得更为漂亮的，只不过是我们因为种种的历史原因，不适当地"睡着了"而已。

对于现在的美国，我们的基本态度应为不卑不亢，同时应虚心地向美国、欧洲学习（特别是现代科技与民主化道路），苦练内功，紧追不舍，以求尽早实现并驾齐驱。——曾经领跑了世界两千多年的伟大的中华民族，东方文明的旗帜，是有足够的理由和能力对世界的进步作出更大的贡献的。

这其中，首先必须要弄明白美国对中国台湾、美国对中国大陆的基本立场→也就是美国对世界上所有国家的一贯立场：支持民主，反对专制→如果你对此要持反对的态度，你就必需证明内核为"丛林法则"的人治专制优于内核为"文明法则"的民治法制、阳光行政！用通俗的话来或就是→你必须证明坚持公平正义是错的→以西方民主制度的不完美来否定民主法治而行人治专制，这是欺骗不了大部分的中国公民的。美国对世界上所有的国家的态度都是这样的，不单单是对中国大陆、中国台湾才这样的。中华人民共和国建国之初，美国极力拉拢中国大陆，希望中国大陆走民主法治的道路，而中华人民共和国的建国宗旨也是主张民主自由的，为什么中国大陆的执政者会认为美国是在整我们中国大陆呢？有人会说，那是由于斯大林的威吓、干预的结果。但现在，斯大林早已作古，苏联也已经解体，中国大陆政府的执政者仍然不愿走民主化道路，你总不能再借口说，这是由于普京大帝的威吓、干预的结果吧？马克思、列宁、斯大林弄出来的"红色专政"的幽灵，或者说中国延续了几千年的帝王专制的残魂，还要在中华神州大地上游荡多久呢？反观中国台湾，中国台湾人，同样是货真价实的中国人，在美国的帮助之下，作为独裁者的蒋经国先生，利用其独裁者的权威，果断地终止了人治专制，使中国台湾跨入了民主化道路，中国台湾的所有中国人，不论贫富贵贱，都因此而获利巨大，这也说得上是一个中国历史上的奇迹了。同样是中国人，为什么中国台湾的中国人，会认为美国人是中国人的的朋友，而不认为美国人是在整中国人呢？→判断的标准只能是"是非善恶"，而绝不是其他。→"美帝国主义亡我之心不死"，应该用"美国希望中国大陆走民主化道路之心不死"，才更加符合事实的真相。→我们真的很疑惑：中国大陆走民主化道路，不管对于权贵来说，还是对于普通民众来说，都是利好多多的，为什么民主化道路在中国大陆就走不通呢？→是未觉醒，还是患得患失，抑或是怕失控，这是本文想要弄明白的主要问题之一。

有一套似是而非的却大行其道的中国大陆官宣说辞：中国与西方发达国家的关系不好，是有人在敌视中国、在挑拨中美关系。→中国大陆建国以来，事实上就是在实行红色专政，如果仅仅运用这种把中国公民统统当成傻子，用这种掩耳盗铃的甩锅伎俩来掩盖中国大陆当下实施的人治专制的事实，是不可能从根本上改善中美关系的。→这根本不是敌视、挑拨的问题→狗屎本来就是臭的，纵有千般说辞，狗屎也是不可能变成香饽饽的。→只有正视自身的毛病，采取适当的治疗措施，才可能使自身康复→对于个人来说是如此，对于民族、国家来说，也是如此！老是埋怨别人是没有用的，讳疾忌医的唯一结果就是自己害自己！→中国大陆建国以来，中宣部引导的"死不认错的仇恨教育"的余毒，至今仍然甚嚣尘上，这对于改善国际关系形成了巨大的阻力→我们建议，中国大陆最高执政当局应该旗帜鲜明地表态：凡是那些在国际上为中华人民共和国拉仇恨的人，皆属于内奸，一经查实，严惩不贷。→倘若真的如此，就有了改善中国国际关系的可能→当然，这必须是在首先改良当下中国以人治专制为核心的人文生态的前提下才是成立。

总之，东西文明互相融合才是人类文明的必由之路，舍此，没有第二条道路可走。邓公对此极为重视，在南巡讲话中反复强调"谁不改革，就让他下台"。→因为他深知，中国如果不改革，是绝对没有前途的——所谓不改革，就是坚持错误不改正——谁见过坚持错误而取得成功的先例？！——动机与目的是评判是非的重要依据。我们认为，邓公之所以伟大就在于，他维护毛泽东在中国现代史上应有的地位的动机与目的是为了团结更多的人来实施纠正毛泽东的错误的改革措施；而不是打着维护毛泽东的幌子来证明在中国继续施行人治的合理性，这不过就是目的不纯的诡辩术的惯用伎俩之一：诉诸权威。前者是为了改正错误，而后者则是为了坚持错误。——知错能改、知错即改，知错善改才是真正的强者，才有可能取得成功——谁不改革，就让他下台，理所当然地是世界普遍适用的普适价值——在当今生产力水平暴涨的前提下，丛林法则已然显属"非法"，不管你认为自身有多么地强大，谁也不再拥有怙恶不悛、蛮不讲理的权力。

——中国与所有世界各国的关系，都应该以实事求是、相对公平、与人为善的原则来予以处理，也就是要永远站在公平正义的一方，谁实事求是、谁相对公平、谁与人为善，我们就支持谁、亲近谁。在此基础上，与所有坚持公平正义的国家友好相处。根本不存在亲美或反美的问题，也不存在亲俄或反俄的问题，当然也不存在反欧洲、反日本，反澳大利亚，或亲欧洲、亲日本、亲澳大利亚的问题——谁坚持实事求是，谁坚持公平正义，谁弃恶扬善，我们就亲近谁。我们在应对各种事件时，事先预设谁谁谁是敌人，谁谁谁是朋友的态度都是与实事求是的原则相悖的。→谁是我们的敌人，谁是我们的朋友，不是以民族、种族、国家、地区来划分的，而是以是非善恶来划分的。

——改革，自然包括经济改革和政治改革两个方面，因为严格来说，没有所谓的纯粹的经济问题或纯粹的政治问题，政治、经济互为表里，相互制衡——没有经济崩溃，政治明智的先例，也没有政治明智，经济崩溃的先例。

这儿的"明智",特指实事求是，合于民意，合于国情，合于社会发展特定范式的阳光、公平、合理的民主法治制度，其核心特征就是实事求是、与人为善、相对公平、合于基本人性。

在不合于民意，不合于国情，不合于社会发展的特定范式的政治制度之下，即在不实事求是、不与人为善、不相对公平、不尊重基本人性的政治、经济制度之下，经济是不可能得到持续、长足的发展的，随时都有可能出现倒退，甚至崩溃的，从而冲击政治的平稳，我们共和国的历史上，是有惨痛教训的；在合于民意、合于国情、合于社会发展特定范式的政治制度下，经济自然就会生机勃勃，得到持续、长足的发展，从而促进政治更为明智。政治、经济就如连体婴儿一样，是同生共死的。

人文生态改良是中国改开的重中之重

在此，以科技创新为例，来分析一下政治﹛人文生态﹜改革对于经济发展的重要性。

在当代，一个国家的经济是否发达，科技创新所起的作用，几乎是决定性的，而科技创新，就是现代国家经济内核之一。

那么，科技创新需要哪些条件才能成功呢？

肤浅的人，将我们创新能力弱，归结为中国的教育制度造就了"高分低能"的人才→这纯属污蔑，谁说高分者就会成为低能者？这不仅很有点污蔑的味道，简直可以说是颠倒黑白。→事实上，高分者，大部分都是潜在的高能者。高分者的优良天赋和强大的学习、思辨能力，是科研能力的必备条件。为什么我国这些所谓的"高分低能"者，一旦跑到了美国，就成了"高分高能"的杰出人才了呢？难道我们不应该分析分析，这是为什么吗？

人与自然和谐共生当然重要，但更重要的是人与人之间的和谐共生﹛共和﹜。自然环境遭到破坏，人类将危机重重，人文环境遭到破坏（与人为恶），人类必将前途渺茫。青山绿水当然堪比金山银山，但人与人之间的公平和谐（与人为善），更是人类持续良好发展的"金钟罩"。"与天为善"（保护自然环境）和"与人为善"（维护人类的公平和谐），二者都是"人间正道"。人类在"与人为恶"的邪路已经走得太远，如果仍然怙恶不悛，不坐上"与人为善"（公平、正义）的"和谐号"动车转向，那就是自取灭亡。一旦以核武器为主的第三次世界大战爆发，试问，有谁能够挽救人类的毁灭？——核武器就是"以恶制恶"恶性发展而产生的"怪胎"，使人力毁灭世界由臆想变为了"现实"，说当今整个人类都生活在火山口上也不再是夸张！格言说："谁也说不清楚明天会发生什么"？谁能保证掌管"核钥匙"的人都是好人，既不会出现政治疯子，也不会出其他的任何意外？

——除了必要的物质支撑以外，科技创新能否成功的三个最重要的条件是：1. 天赋；2. 知识储备；3. 人文生态。

中华民族是幸运的→中国人从来就不缺少天赋。因为我们是世界上天赋极高的最优秀的民族之一。这是上天的赐予，很有点不骄傲都不行的味道。

中华民族是幸运的→因为我们是世界上最勤劳、最勤奋、最善于学习的民族之一。虽然我们刚刚睡醒不久，但知识储备可望在两三代人的努力下完成追赶。

现在，中国人所缺乏的，只是良好的人文生态。

所谓"良好的人文生态"，就是良好的政治、经济制度，其核心就是实事求是、相对公平、与人为善。

求生和追求更加美好生活的欲望（第一生产力），是人的本能、本性，是生产力的原始动力，必须出重拳，进行必要的政治、经济制度的改革，像保护熊猫那样对它进行保护→最重要的具体保护对象，就是公私财产，只有保护好了公私财产，才符合人皆趋利的基本人性｛天道｝，第一生产力才会生机勃勃→**对公私财物的敬畏就是对人皆趋利这个基本人性｛天道｝的敬畏。**→然而，在中国大陆，**"私有财产神圣不可侵犯，公有｛国有｝财产神圣不可侵犯"**并未成为所有公民的普遍觉悟，现实中的实际事实却常常是："对于财富，不论公有私有，皆毫无敬畏，一有机会｛借口｝就大肆侵占、挥霍"，对此乱象，应着重以相对公平为核心原则，制定相应的、详尽的法规，并刚性地逐条地落实在实处，以求彻底优化我国经济发展的人文生态，使我国的经济能够健康地、可持续地蓬勃发展。

只要我们将那些不利于科技创新的不相对公平的、不实事求是的、不与人为善的政治、经济制度逐一筛选出来改掉，我们国家就会成为科技创新的温床和高效的"孵化器"，以中华民族的智慧和勤劳，我们国家的科技创新→即第二生产力，就会如草如木，野蛮生长，似泉涌、如井喷，形成"一碧万里"的、动人心魄的万象之象。

——这其实已经回答了李约瑟之问（为什么现代科学没有产生于中国？）和钱学森之问（为什么我们共和国的大学培养不出大师？）。

大师的出现，需要两个基本条件：内因和外因。内因：是否"敏而好学"；外因：适宜的"人文生态"。

这正如孵小鸡一样，一是要看你本身是否是鸡蛋，二是要看有没适合小鸡生长发育的水分、空气、温度等等的外部生态条件。

"敏而好学"，是成为大师的必备内因。"敏"是指良好的天赋，"好学"是指勤奋（只有勤奋，才可能有良好的知识储备）。中华民族是世界上最聪明的优秀民族之一，智商稳居前列，曾经出现过不少的大师。智慧和勤劳，中国人是从来都不缺乏的。也就是说，从内因来看，中国原本是可以源源不断地、大批地涌现大师的，因为中国人无疑是货真价实的"鸡蛋"。

问题显而易见，就是出在中国有没有适合大师（小鸡）良好生存的"人文生态"这个"外因"上。

一是，根据中国历史上关于科技的记载，中国人是不乏进行科研的能力的→这是有李约瑟博士所著的《中国的科学与文明》为证的。但在古代中国农牧帝国王权至上的专制时代，重农而轻商技、重官而轻民众，中国大量的天才终生穷经皓首，把他们的聪明才智，埋没在追求"功名"的漫漫征途之上。这种"官本位"的"人文环境"，是大师，特别是科技大师的头号绞杀器。现代科技，没有发端于中国，并非偶然。而中国近代的闭关锁国、分裂割据与共和国建国后的前三十年忙于"阶级斗争"，科技能人大多挨整，也是中国科研基础薄弱，明显滞后的重要原因。

二是，没有将中华民族实事求是的优良传统实际用于指导中国人对于万事万物穷根究底，"格物"而不求甚解，没有有效地运用实事求是的思维模式（连问为什么），因而错过了许多发现科学原理的良机，这不能不说是另一重要原因。

三是，人民共和国建立后，"人文环境"曾一度严重偏离相对公平之正轨，人生愈发艰难→没收所有私产，禁锢思想、言论，使所有的天才们没了经济基础（私产），都失去了独立的人格，非但不能自由思辨，即便是想躲开，仿效陶渊明"种豆南山下"，也成了一种奢望，因为公民根本就没有任何私产，更不用说"种豆"的土地了。自身是否能够保住赖以挣"饭票"的岗位，也是终日诚惶诚恐，战战兢兢→生杀予夺，唯领袖是听，哪里还有机会"乱说乱动乱想"呢，更别奢谈什么科研了。这种糟糕的"人文生态"，难道还不足以回答钱学森的"我们的大学为什么培养不出大师"这个问题吗？

用"小鸡"的语言来说，就是："不是我不想破壳而出，而是我早已胎死腹中了"！

我们现在最紧迫的任务就是"复活"人文生态。

中国，这只睡眼朦胧的巨狮，是应该彻底醒来，发出他那如雷般的裂天壮吼的时候了！

作为硕果仅存的文明古国，作为人口第一的、聪明勤劳的中华民族，诺奖年年有，才属正常。

在当今之中国，私有财产、私有经济个体并未得到很好的保护，时刻都受到"消灭私有制"的威胁。多劳多得、能者多得、贡献大者多得的原则并未得到很好的实施，对于分配不公｛不相对公平｝而产生的广大弱者的倾斜力度，也是远远不够的。

当官的发财，搞房地产的发财，搞金融的发财，进入财大气粗的大型国企也可发财，即便是二三流艺人，也动则身价上亿。

在中国，作为现代国家发展支撑力量的科研工作者，被亏得来使人内心滴血，欲哭无泪。原子弹成功爆炸，奖金，每人十元人民币！氢弹成功爆炸，奖金，每人十元人民币！即便现在国家科技最高奖为500万元人民币，但一个团队分下来，这些国之脊梁们，个人又能分得几何呢？这与他们的巨大贡献是极不相称的。况且，还有那些大量的、默默无闻的、但仍不愧为国之精英的科研基础人员，待遇微薄，即便终身辛勤攻关，大多还是与获奖无缘，潦倒一生，悄无声息地陨落在探索路上的风尘里、夕阳下，不亦悲乎！

为了长治久安，为了实现中华民族的伟大复兴，为了早日迈进足以引领世界的"**共和社会**"，真正成为政治、经济、科技、文化强国，现在，是我们痛下决心，在继续推动经济改革的同时，进行实质性的、去人治的政治（人文生态）改革的时候了！

八九学潮的经验教训

凡事，"预则立，不预则废"，只要"谋定而动"，自然就会事半功倍。"摸着石头过河（邓小平）"，是急切之时的应急策略→现在是总结经验，制定法规，强力、稳妥、有序推进实质性的去人治的政治改革的时候了。→**摸着石头过河，那是因为不知通往"共和"的桥在何方的时候的无奈之举，倘若已知近处就有通往彼岸的大桥，我们还应该有桥不过，而仍然下河去摸石头吗？**

当然不是一哄而上，凡事，"欲速则不达"，我们是有"八九学潮"式的左倾激进主义的教训的。

我们当然不认为当时参与"89学潮"的青年学生的动机有错；我也不认为当时中央的处置方式就十分得当→应该还有沟通、劝说的空间，起码应该再耐心一点，心平气和地讲清道理，是完全可以达成共识的→即便是对那些不讲道理的青涩的学生，也可以通知家长、老师来把他们领回去，让他们冷静地反思自己的行为以后，再与他们进行诚恳的沟通，又有什么样的矛盾不能化解的呢？

原始影像资料肯定还在，当时的学生们是否是该反思反思呢——看看当时的影像资料：得寸进尺，威胁政府（这在任何民主国家也是行不通的），欲强行夺取中国之话语权而后快的膨胀、蛮干，是不是显得过于幼稚？→学生们自身关于改良的充分事实依据、自洽的理论、指导纲领、有效路径、预后良好的预案又安在呢？

学生稚嫩的肩膀，如何扛得起悠悠中华之厚重呢？

无政府主义绝不是中国人民的福音；而十几亿人的庞然大国，是承受不起持续动荡之重的……

倘若真把中国交给稚嫩的学生，谁敢担保中国比现在更好？他们能形成中国新的权威中心吗→？即便是当时学生中的领军人物，对中国的路究竟具体应该怎么走，恐怕也是一笔糊涂账。→**不尊重历史延续，在中国，彻底打乱旧的行政秩序，重新建立新的行政秩序，从而形成崭新的、大一统的、中国中央的国家权威中心，不仅仅是极其艰难，也不仅仅是难以把控，也不仅仅是前途未卜，而且必定是代价惨重、得不偿失的劣选→兼顾中国全体公民的切身利益之和平改良，才是中国走向共和的唯一可以选择之"最优之选"。**

——综上所述，我们认为将"八九学潮"定义为愿望良好的"左倾激进改良运动"是合于实事求是、与人为善的原则的。我们只是描述客观事实而不含褒贬：矛盾双方的愿望都是正当的、良好的。一方为改良社会弊端；一方为维护国家秩序——所以属于人民内部矛盾，双方都不应该受到深究→**因此，"八九学潮"，理应平反**→大家都是为了中国好，难道我们不应该"一笑泯恩仇"吗？→偏责、偏袒学生一方，与偏责、偏袒执政一方，都是违背事实求是、相对公平、与人为善的基本原则的！→学生一方，初生牛犊不怕虎，幼稚、激进蛮干；执政一方，饱经沧桑不稳重，轻率、反应过激——矛盾双方都符合左倾的特点**"过激、不理性"**→这是由当时的当事者双方的认知局限决定的，没有什么"讶异"之处值得没完没了地纠缠的，而徒耗我们宝贵的有限的生命与时光的→我们最应当做的事情，难道不就是总结经验教训以图将来吗？→这不是和稀泥的各打五十大板，而只是坚持实事求是的就事论事→只要大家都本着为人民谋福祉的初心，坚持实事求是、相对公平、与人为善、尊重人性，哪里还会有那么多的纠结呢？

我们认为，"89学潮"的当事者双方都有处置不当之处，但我们认为主要责任在中国官方。→道理很简单，学生太年轻，生活阅历与知识积累都相当薄弱，幼稚冲动就是年轻人的本色，他们缺少的只是教育与历练；而官方的当权者，都是饱经生活历练的佼佼者，智慧与阅历跟年轻的学生相比，完全不是一个量级的存在，是完全有足够的智慧与能力说服青年学生们回归校园的，需要的仅仅是冷静处置的耐心罢了→稚嫩而又手无寸铁的学生们，是不可能把天捅破的！

——至少，作为当时中国的实际掌舵者邓小平，理应派赵紫阳总书记作为特使，向学生宣读自己的《致全国青年大学生的公开信》。

{此信，是笔者站在实事求是、相对公平、与人为善、尊重人性、必要差

别、民主法治、阳光行政、动态纠偏的治国理念之上，在30年之后"想象得之"地替邓公代拟的。→笔者私下认为，假如当时如此处置，是会更加接近于"利国利民的最佳处置范式"的→并在此基础之上，开启中华人民共和国真正的民主化道路，那中国现在将是怎样地温馨和谐而又朝气蓬勃啊！}。

全国的青年大学生们，你们好！

我是邓小平，我是中国人民的儿子。作为老一辈的中国富民强国道路的探索者，我有些观点和立场有必要向你们说明。

你们是我国改革开放以后跨进大学校园的天之骄子，是必将成为华夏未来的中流砥柱、国之精英的。你们身上承载着将来复兴中华、走向共和的重任，我对你们怀有殷切的期望。

你们期盼反腐、深入改革的良好愿望，中央已经全面接收到了→改革、开放，走民主法治的道路，这不仅是我本人的意愿，更是中华人民共和国的宪法宗旨之规定。腐败是铁定要反的，真正的民主、法治是一定会实现的，这是我们中国共产党的一贯立场。改革开放就是我本人提出来的，我是一个坚定的改革者。不改掉错误的东西，中国的繁荣富强是没有希望的。我几年前就说过："不改革政治体制，就不能使经济体制改革继续前进，就会阻碍生产力的发展，阻碍四个现代化的实现。" 我们感谢你们心忧天下，为国家出谋划策。中央将认真考虑你们的意见，将逐步、稳妥地出台反腐与政治、经济改革等方面的具体举措→请你们记住，我是你们反腐、要求改革的坚定支持者，是你们经验丰富的、同一个战壕的战友！

你们现在的首要任务，是学习真知识，练就真本事，以便将来为中国追赶世界诸强贡献自己的力量，完成时代赋予你们的"富民强国的伟大使命"。

现在，我希望你们马上回归校园，"为中华之崛起而读书"，并在课余之时，利用图书馆丰富的资料，并在民间调研，研讨如下的问题：

中国人治传统究竟有多厚重？人性的恶｛兽性｝究竟有多顽强？反腐可不可能一蹴而就，明天早上起来，中国的人文生态是不是就会一片清明？中国为什么会从历史上的富国演变成了现在的穷国？发达国家为什么会从历史上的穷国演变成了现在的富国？→中国的改革，需要的是谋定而后动、循序渐进、可操作性强、预后良好；还是需要盲动式的、疾风骤雨式的相互缠斗、撕裂？中国传承了两千多年的"实事求是"，究竟蕴含了怎样的智慧，在中国的改革开放中应如何发挥"实事求是"的威力？中国的改革开放，究竟应当具有怎样的目的、怎样的治国共识、怎样的纲领，怎样的路径、怎样的措施、怎样的具体步骤？中国现在哪些是需要坚持的，怎样坚持；哪些是需要改革的，怎样改革？以及诸如此类的其他种种问题。

我承诺，在你们认为自己调研得较为透彻之时，认知较为清晰之际，我将在适当的时候在人民大会堂接见你们由七人组成的代表团，听取你们的调研成果与思辨结晶，以求能够使中国的改革开放更加符合中国国情，即更加符合"中国特定的最佳客观处置范式"。

五、现在中国正处于追赶世界诸强的紧要关头，中国十几亿人要吃饭，要改善自身的生存质量，是经不起动荡的，这是有诸如大跃进、文革之类的惨痛教训的。

——我们最优异的孩子们，回到校园中去吧，那儿才是你们现在的人文生态学知识、自然科学知识攻坚的前沿阵地→在那通过自身的刻苦学习，不断地完善自己，提升自己，让自己成为建设祖国、管理祖国、服务祖国的能者与高手，使自己真正成为超越前辈的，具有"实事求是、相对公平、与人为善、尊重人性、必要差别、民主法治、阳光行政、动态纠偏"治国理念的接班人→以求将来在你们的努力之下，将华夏神州打造成拥有以公平正义为核心的人文生态的上善之邦、和谐之国→完成中华史上万世不朽之伟业→走向共和！

我相信：在当今这个人类命运的特定拐点之上，你们一定不会辜负祖国和人民的殷殷期望、完成中华民族从野蛮走向文明之伟大使命！

你们的前辈、你们的朋友、你们的"同谋者"，邓小平

某年 某月 某日

——青年学生们对中国绵延几千年的人治专制传统和其强大的惯性，缺乏足够的认知→对于中国人来说，人治思想、帝王崇拜情节，可以说是深入骨髓，时至今日，仍余毒未尽……

如果中国的基层、中层和高层中的任何一层，假如没有人治思想底色，没有帝王崇拜之痼疾，文革都是不可能发生的。因为人们没有了人治帝王崇拜思想的底色，那么，不管是谁，无论他怎样使劲地挥手，人们都不会盲目地、不分是非地"前进"的→"某某某挥手我前进"，就不会再有市场，更不用说一见到某人就莫名激动，下意识地地高呼什么"万岁！万岁！万万岁！"了。

从这个意义上来说，对于文革的发生，绝大部分的中国人都不是那么无辜的，特别是那些满脸激动、狂热地高呼万岁（音像犹在），积极地揪斗师长者，都有意或无意、主动或被动地起了推波助澜的作用，哪怕是所谓的"逍遥派"，也是被动地纵容了文革的发生，而绝不仅仅是毛泽东和四人帮的责任。当然，我们的意思绝不是毛泽东和四人帮不应该负主要责任，而要对被动参与的普通老百姓进行清算。

非非常之人与非常之权威，再加非常之机遇，是不可能改变中国之政治走向的……

我们耿耿于怀的是，很可能由于当时学生们的激进行为，损失了80年代那个中国快速、稳定地走向真正民主法治的窗口期——邓小平是海归，具有民主思想的底色，他不喜欢喊口号，弄这主义、那思想的花招，是个不可多得的、能力超强的实干家。且他在党、政、军和民众中都拥有巨大的威望，是难得的正能量之国家权威。耐心一点，待他把中国人吃饭问题解决之后，再与他理性合作，他完全有可能一声令下，成为带领中国人民走向真正"共和"之最佳人选，他是那个关键时段难得的可以一拍定乾坤的"权威"……

学生为胡耀邦鸣不平，与邓小平较劲，是不是找错了对象？你们难道不清楚邓公对文革动乱的深恶痛绝？你们不知道他的大儿子邓朴方几乎被当时学生中的"红卫兵"打死而终身残废？事实是，胡耀邦在改革开放中所作的贡献，主要是在邓小平的授意和支持下完成的，胡耀邦担任总书记还是邓小平提议的，这正如"四人帮"在文革时期的种种倒行逆施，主要是在毛泽东的授意和支持下实施的一样……我们应该反思一下，是否是犯了常识性的低级错误……

——往者已矣，纠缠无益，大家还是向前看吧……

爱国辨析

除了少数的蜕变为"人形兽"的极端利己主义者之外，爱国之心人皆有之→这是人之常情。作为人，谁不希望养育自己的故国的人文生存环境和自然生存环境变的更加美好呢？爱国，这是一个不用证明的基本人性。——举一个极端的例子，中国的动物向蒙古国跑，你是绝不能证明那些中国动物是不爱中国的，因为中国的环境好了、安全了，那些动物们肯定是会跑回来的——不要拿"人又不是动物"来胡搅蛮缠，我们人类是没有不承认人类自己本身就是一种动物这一客观事实的资格的！

在此我们认为需要强调一点的是：**眞正**的爱国者，不但需要具有**爱国之心**，同时还必须具有**爱国之识**，不然就会陷于"好心办坏事"的尴尬。一个比较简单易行的思维方式就是：对自己和他人的言行，依据实事求是的原则、相对公平的原则、与人为善的原则、尊重人性的原则来问一问是非，这是真的吗、这会不会损害双方的利益、这是善意的吗、这是尊重他人的吗？一般来说就会得到正确的答案。→特定地针对爱国与否来说，某种行为是否对中国有利，就是唯一的评判标准！

举例来说明，例如，有人预言"美国人在五年内必然衰落"。这是真的吗，显然不是。美国的地理优势、资源优势、科技优势等等，是不会以他人的意志而消失的，特别是美国的人才优势，是保持其持续强大的根源，也不会以谁的意愿而就此消亡的→因为不管是政治的、经济的、科技的、文化的所有事情都是人干出来的，而人是有主观能动性的，是有自救的本能与智慧的，是不会知错不改，坐以待毙的，如果有人认为美国人只会"盲人骑瞎马，夜半临深池"似的傻傻地走灭亡，而不会在制度上、行动中纠错来自救，那只不过你是一厢情愿的愚昧罢了——结论就是：唱衰美国与唱衰中国一样，是不实事求是的，美国是中国值得尊重的对手，与之成为惺惺相惜的朋友，才是最佳客观处置范式。

又比如，说："美国是世界一切动乱的根源"。这当然也不是真的→把支持民主法治、反对人治专政说成是动乱，这是诡辩术中的典型伎俩→**"强行结论"**。美国为什劳心费力地出兵帮助韩国，就是为了抵抗以苏联为首的**"专制"**国家的**"入侵"**，维护民主，本无意入侵中国。美国为什么出兵日本，就是反抗日本军国主义专制者的侵略，最终在日本建成了民治体制。美国出兵越南，是为了帮助西贡政权，抗衡河内的专制体制，现在统一后越南正快速向民主制度靠拢，美国也算间接达到了支持民主目的。以上与我们中国具有直接、间接利益的三个事例，美国可以说是损失巨大，人力物力上的获利，就是一个个巨大的负数。"美国是一切动乱的根源"这种说法也是不相对公平的，既伤害美国人的利益，不尊重美国人的价值观，也伤害到了我们中国自己的利益→付出了巨大的经济代价与几十万子弟兵的生命，却扶持起了一个桀骜不驯的家族专政的国家。——我们中国共产党在抗日战争期间、邓公主持改革开放初期与美国曾经是非常友好的→美国对中国是实实在在地给予了巨大的帮助的，现在这样向美国扣各种各样的"屎盆子"，致使我们中国丧失了一个强大的可以帮助我们快速崛起的助力，谁之过？连深深地伤害过美国的日本人、德国人，美国人都帮扶，为什么美国会不再不帮助我们！？中国某些人这样地胡说八道为国家外树强敌，给我国增添了无穷的麻烦，这还是爱国吗？！至于如何**化解"两强必怼的歪论"**，请参阅本文中的专门论证。

爱国，只具有爱国的激情是不够的，还需要具有实事求是的能力。→我国那些对美国扣帽子、打棍子的人，**究竟知不知道**：美国是中国特色社会主义核心价值观"民主、法治"的最强支持国；是中国得以富起来、强起来的中国改革开放的最强支持国→投资最多、中国每年成千亿美元计的贸易顺差的来源国；是促成中国加入"世贸{WTO}"的"决定国"；是中国高科技的最大输入国……

在当代，世界各国的竞争，主要是人文生态的竞争

中国与发达国家的竞争，从本质上，主要是第三生产力{人文生态}的竞争。苏联之所以输给美国，就是输在第三生产力太弱{人文生态太差}，俄罗斯得天独厚却未能真正崛起，还是因为同样的原因。

要突破因丛林法则而形成的痼疾："两强必怼"，中国希望能够与发达国家公平竞争，就必然走"攘外必先安内"的道路→如果你自身的人文生态不

良，你自己内部都七拱八翘，一盘散沙，你拿什么来与别人竞争呢？要使中国具有强大的竞争力，全体国民形成合力就是必然的选择。而全民要形成合力，就必须以公平正义为纲领，对我国的人文生态进行切实的改良，从而真正实现中华民族内部的和解，否则，与发达国家公平竞争，就会成为一句笑话。→你们自己对内都不能公平地善待自己的弱势公民→自己的公民是这也不准、那也不能，且收入低下；当你面对外部强者的时候，你却奢望别人与你讲公平，这是什么样的逻辑？无论国强国弱，不管哪个国家的人，他们真心正尊重的人，只会是那些对内对外都心存善念，以公平正义为人生宗旨的人！→其实各国之间，根本就没有所谓的"意识形态"之争，而只有是非之辨，善恶之别！如果那些代表中华人民共和国发声的官员，在面对大是大非的时候，继续不顾事实地胡说、耍横，老是和那些专制国家纠集在一起，大肆攻击以美国为首的发达国家，说什么"美国是世界一切动乱的根源"，这是在竭力地给中华民族招灾惹祸。在人民共和国建国之初打压**张东荪**先生，否定他老人家与美国交好的高见，给中国人民造成了难以估量损失。邓公对毛泽东的错误予以了彻底的否定，决心与美国人平等相待地做朋友→邓小平先生因此而迅速成为了美国《时代杂志》的封面人物，得到了以美国为首的发达国家的真心认可，给予了中国改革开放以巨大的帮助，从而使中国得以快速崛起，即便是美国强行将**方励**之带离中国的时候，也没见邓公发出什么"美帝亡我之心不死"之类的声音。→"荪鉴不远、邓言在耳"，中国人民又有什么样的理由、义务，眼睁睁地被第二次带进同一个坑里呢！？

在教育普及，信息传播与交通运输都及其便捷的当代，民众已然不是像旧有王权时代那样的可以任人欺辱、驱使的愚氓。如果我们的执政者还躺在丛林法则的魔床上做美梦，对于中华民族来说，那是相当危险的。

→为了我们中华民族自身，在全球的竞争中能够友好地与发达国家并驾齐驱，中华人民共和国的人文生态的改良，已然迫在眉睫！

爱国再辨析

追求美好生活是人的本能，你根本无法据此推论出人们会希望生于兹、长于兹的祖国的人文生存环境与自然生存环境变得越来越糟的结论。——所谓祖国，就是生我养我的自然环境和人文环境之总和——从这个意义上来说，爱国就是爱自己，世界上有不爱自己的人吗？如果一个人不爱国，只有两种可能，除了变态的极端自私，就是祖国的自然、人文生存环境太过恶劣而又不允许改善！

我们对此之所以喋喋不休，只是想说明，中国人如果不回到实事求是的立场来认真反思先贤与先烈的初心究竟是什么，不能够脚踏实地、认认真真地对现存的弊病予以改良，仅仅靠给人扣这样那样的帽子，是不能解决任何问题的。

爱国之心是人的天然的基本情结，是人生底色，是无法强添也无法强抹的基本人性。这是我们可以进行政治改革的前提。自然环境我们理所当然要保护，就不在此赘述了。所谓改革，就是改革现存政治、经济制度中的弊端与错误，就是让我们的人文生态变得更为实事求是、相对公平、与人为善、尊重人性，从而实现全民和谐共处。其实并非如有的"专家"所说的那么复杂，弄出一大堆这样那样的理论出来，使人如坠云里雾里，不得要领。

只要我们把中国那些现行制度中的不实事求是、不相对公平、不与人为善、不尊重人性的东西全部清理出来，逐步有序地予以"改良"就行了。有些人可能会惊讶：就这么简单？事实上，就是那么简单！可以用一句话对这种"简单"加以概括：大道至简→只要坚持了"实事求是、与人为善、相对公平、尊重人性、必要差别、民主法治、阳光行政、动态纠偏"的治国理念，并且做到了做到了言行一致、令行禁止，中国的人文生态的改良，就会举重若轻、易如反掌。

举例来说，对于人文生态改良的最重要的一环，"重塑治国理念"→只要在阳光行政平台上，经过广大公民反复、充分的思辨、再思辨，形成了治国理念的共识，再将治国理念纳入宪法，使之成为各种考试的必考内容而纳入课本，并使之成为各行业、各团体、各平台、各岗位的准入前提，重塑治国理念就可以说是"大功告成"了！→你说这又有多复杂呢？

归根到底，所谓中国人文生态中的弊端的总根源，就是不公平→只要我们真正下定了消除中国人文生态中的"非相对公平"现象的决心，中国人文生态的改良的就已成功了一大半！

只要我们建成了令世人艳羡的公平和谐的**共和社会**，中国人爱不爱国，还会是值的争论的问题吗？

政治改革时机与方式

"政治改革时机不成熟"，已成老生常谈，这其实是一个悖论——改正错误从来就是获得成功的唯一方法，焉有"时机不成熟"之说？→火烧眉毛了还"时机不成熟"，难道要等到人都烧得死翘翘了，再来灭火才是"时机成熟"了？

既然人们都一贯地向往更为公平、和谐的美好生活，那么结论只有一个，除了国家遭遇外敌入侵的紧要关头之外，随时都可以是"时机成熟"的——当然有一个必不可少的前奏，那就是以实事求是、相对公平为准则，进行全民大讨论，明辨丛林法则（人治）的害处与民主法治的好处，并将结论写进宪法，使广大民众对偶像、强权"去魅、脱敏"，从而形成相对公平的意识，为真正**实施民主法治奠定坚实的基础**。

这儿有一个常识性的判断：具有数千年文明史的中华民族，其素养绝不会比其他国家的人民更低，别国可以实行民主法治，中国大陆为什么不行？说中国现在不适合实行真正的民主法治，只不过是既得利益集团不愿改革的借口罢了→以华人为主的新加坡人、中国台湾的中国人，皆因实施了民主法治以后，双双跨入了发达国家、发达地区，就是活生生的例证。

——我们认为"人间正道"是公平、是和解、是实事求是、是相对公平、是与人为善、是尊重人性→而落实"人间正道"的唯一途径，就是实施真正的民主法治。

那些想否定、抛开中国共产党在中国实行政治改革的人，我们虽然不能断然说其动机不纯，但不得不说其缺乏起码的常识，是不具有实事求是思维模式的典型的历史虚无主义者和反现实主义者：闭住眼睛，不讲实事求是，拒不承认中国近、现代的历史事实和它的必然性，也从不关心改良的可行性、实际效果、预后优劣……他们否定之后还是否定，除了否定之外，不是天然应当提出具体可行、预后良好的措施吗？

1.中国共产党人也是中国公民，也是人民的一员，他们就希望中国变得更糟？

2.底层群众中有庸人、能人，有坏人、好人，有奸人、有志士；而党员中就只有庸人、坏人和奸人，而没有能人、好人和志士？

3. 在国家权威掌控高能热武器的当代，当下在中国不和国家权威合作，不和既得利益集团和解，绕开中国共产党的领导，想在当今之中国，再以"造反"的形式进行去人治的实质性的政治改革，这无异于缘木求鱼，其结果只能是南辕北辙，成为一个政治笑话。

其毛病在于不"实事求是"。古人有言："病万变，药亦万变"，治病如此，治国亦如此。我们的意思是：无论办任何事情，都只有在尊重历史的结果、尊重当下客观现实的前提下，才有可能取得成功。→不实事求是地蛮干，只会使中国的事情变得更糟。

4. 以真理为准绳，以法律为武器，通过和平行政诉讼的方式来推动中国大陆的人文生态之改良，就是目前唯一的**客观特定最佳处置范式**。

在现代科技水平的背景下，面对掌控包括核武器在内各式高能武装的国家机器，还想弄武装夺权那一套，无异于痴人说梦，不仅愚昧透顶，对国家、对人民、对自己都是极不负责任的。

执政者与非执政者，是利益与共的伴生关系，二者要想实现各自利益最大化，就必须共同心平气和地坐在"实事求是、相对公平这张桌子"面前来共商合作，互相缠斗，只不过是两败俱伤罢了。执政者要明白，损害非执政者的利益，就是在损害执政者自身的利益；非执政者要明白，损害执政者的利益，就是在损害非执政者自身的利益。非执政者通过和平建言与执政者真诚合作，必要时运用行政诉讼的形式，**实现强制沟通、交流，从而形成共识**，有序、有效地、预后良好地协助执政者推动中国由人治专制走向民主法治，才是对历史、对未来、对自己、对人民、对国家负责任的最佳途径→**对于国家执政者的强制，并非是只有通过武力才能实现，通过和平的行政诉讼，同样可以实现对国家执政者的强制**→一是真理的力量是世界上最强大的力量，因为它获得了所有人的认同→拒绝真善美是需要确凿的理由的；二是法律面前人人平等，**真正的法律**，天然是具有任何人都不得违背的强制性的，如果中国不能以此作为突破点转变为真正的法治国家，法律依然故我地等同儿戏，那中国将是没有未来的！→在信息传播高度发达的当今，国家执政者仍然想要一手遮天，像旧时代那样，顽固地坚持假丑恶，已再无可能获得人民的认同→以和平的行政诉讼的方式达成共识来改良中国的人文生态，是损失最小、效果最佳的改良路径→如果遇见蛮横不讲道理的国家执政，也是可以通过行政诉讼来行使《宪法》赋予国家公民的权力，兑现邓公**"谁不改革，就让他下台"** 的承诺的，是可以直接要求撤换一个讲道理的国家执政来为人民服务的！

5. 中国几千年历史的实践证明，那种你方唱罢我登场的斗争哲学，除了添乱以外，根本不能解决任何实质性的问题，时间确实过去了若干年，但人治社会仍在原地踏步，没有一点实质性进步，只不过换汤不换药罢了→如果还老是抱着"你死我活的斗争哲学"不放手，不走全民和解的道路，对国家和人民是有百害而无一利的→撕裂与和解，孰优孰劣，这难道不是小学生都懂的道理吗？

......

结论只有一个，唯有和解、合作，中国人民才会赢得美好的未来→

缠斗、抱怨不解决任何问题，于国于民都无任何好处。

你不必抱怨国家执政为何迟迟不进行实质性的、去人治的政治改革：

在未找到稳妥、有效、可操作、预后良好的办法以前，回望千千万万曾为之流血牺牲的仁人志士，面对十几亿热切向往美好生活的人民，试问，谁的肩膀能够扛得起"断送中华人民共和国"的罪名？→中国一旦因动乱而陷入分裂，谁又能够力挽狂澜而重新形成新的一统中国大陆国家权威呢？→那时，中国才是真正地"糟了"！→只要中国分裂个三五十年，再要想追赶上世界诸强，恐怕再用个三五百年都追不上了！

你也不必纠缠中国现在既得利益者的"原罪"，那是特定历史时期的"特定合法"的产物，是受当时人们的认知水平制约的，是历史发展的必然结果——你愿意去过中国改革开放前的缺衣少食的生活吗？在物资极度匮乏的古代，人类社会选择弱肉强食的"丛林法则"，就是唯一的选择（另有专门论述）。那些玩弄**时空挪移**，攻击美国的开创者华盛顿曾经屠杀印第安人、抢夺土地、贩卖黑奴，这些想把华盛顿这个现代西方民主制度的开创者搞臭的人，就是典型的历史虚无主义者——拒不承认历史的特定的发展过程的必然性，**用现在的认知与标准**（民主法治），去**苛责**过去生活在**丛林法则合法时代**的古人，这显然是"驴唇不对马嘴"的谬论。但如果让他们自己去过两百多年以前那样的艰辛而又被人奴役的生活，他们是会断然拒绝的。其逻辑毛病就在于**偷**

换概念，运用双标，玩弄时空挪移的伎俩，不"实事求是"地苛责他人。华盛顿生活的年代，就是人类社会"丛林法则"仍然"合法"的年代，正是华盛顿感知了"丛林法则"的不公，才与他的战友们开启了现代西方民主政治制度的先河，才使现在这些苛责者有了"胡喷乱咬"的自由。→这正如我们不能去苛责中国大文豪苏东坡"嫖妓"，鲁迅"多妻"一样，因为苏东坡就是生活在嫖妓"合法"的时代，鲁迅先生就是生活在一妻多妾"合法"的时代。如果苏东坡和鲁迅这样的中国文化的旗手都被搞臭了，那中国文化还有什么值得骄傲、自豪的呢？用偷换概念（时空错位）来颠倒是非，这是"作们"的典型"作技"之一，而受其蛊惑而上当受骗并跟着煞有介事地瞎起哄的人，具有典型的"刻舟求剑"式的愚昧，缺乏实事求是的思辨能力。对于究竟怎样才能维护自身的利益、改善自身的状况，是懵然无知的，只是快意于情绪化的发泄。

迎来人类**共和**的必由之路，就是"和解"：尊重历史，放下仇恨，捐弃前嫌，恩怨清零，着眼未来，遵循人类社会"大道向善"的特定客观范式，抛弃腐朽落后的"丛林法则"，同心同德地携手奔向全民相对公平、与人为善、和谐共处的民主法治新时代。

人类不和解，在不共戴天的你死我活的"兽笼"中"怙恶不悛"，拼个你死我活（阶级斗争天天讲），不仅中国人民没有任何前途，全世界人民都将因此而迎来"至暗时刻"。

杀了和珅，抄了不少财物，嘉庆朝就强了吗？即便是能够把现在中国既得利益者的所得利益追一些回来，对于中国人民长远美好的前途来说，也是微不足道的。

不和解，对于克服因持续缠斗而产生的进行去人治的政治改革的阻力和困难来说，也是不明智的。而且，和珅一案，主要责任者为乾隆，从某种意义上来说，和珅是被乾隆的放纵害了。和珅就如猪一样，被乾隆"合法地"养得肥肥的，就等嘉庆来宰。然而猪宰了以后，除了令人恶心的一地猪血以外，老百姓又得到了什么呢？

从这个意义上说，现在的既是得利者，也是当时特定的不完善的政治、经济制度的既得利益者与受害者，他们也是被不完善制度养肥了的猪，不光是获利者那么简单，同时也是受害者，也是整日活得来战战兢兢的！→那些已被惩处的贪官们与随时都可能被惩处的"潜在贪官们"，他们都是那些维护这些致命缺陷制度者们手中借以甩锅的替罪羊和骗取民意的道具，也同样是可悲的。→但非常遗憾的是，事实上大部分国人却常常是："为人作嫁浑不觉，人欺自欺两不知"{《幽谷红杏花正妍》之《菖蒲缘 人欺自欺两不知》- 蜀鄙樵 }。

贪官当然有罪，有权者的纵容和人民大众的消极容忍，难道就没有一点责任？贪官们又何尝不想做一个堂堂正正的好人，惬意地生活在明媚的阳光之下呢？→维护专制这种必然、绝对滋生贪官的制度并不断惩处贪官的人们，与那些被惩处的贪官们，二者之间的关系，正如粪池的维护者与蛆之间的关系一样，前者是根源，后者是结果→早在 1400 多年前的北周皇帝宇文泰与大臣苏绰密谋如何使用贪官、利用贪官，早已将问题揭示得明明白白了→专制恒在，贪腐恒在！如不真正实施民主法治，就不可能实现阳光行政，上下级官员之间的依附关系就不可能解除，权力的暗箱运行就必然成为常态，贪腐也就不可能真正得以遏止。

一方面，抱着尊重历史的态度，让既得利益者的利益合法化，他们就会成为政治改革的坚定支持者，这样就可以稀释掉大部分现在中国强势集团对于进行去人治的实质性政治改革的阻力。

另一方面，为了获得既失利益者的谅解，从相对公平的角度出发，国家哪怕发行国债也应对弱势群体进行适当的补偿（补低就高）。如果能使去人治的政治改革顺利进行，从根本上稀释弱势群体对于以和解的方式进行实质性的政治改革的阻力，不再坚持继续缠斗，清算，从而同心同德地为建成领先世界的公平、和谐社会而努力，对整个中华民族来说，这些补偿也是十分划算的……

——既得利者与权力常密不可分，既失利者通常也是无权无势者，二者如不达成有条件（对既失利者补偿、对既得利者免于清算）的和解，一味缠斗下去，清算与反清算互不相让，中华民族内部就不能真正达于和谐（内部自治），撕裂的伤口就不可能愈合，去人治的实质性性的政治改革将遥遥无期，和谐社会将永无建成之时，中华民族就不可能**走向共和**。

两害相权取其轻，趋利避害乃人之本能。对历史造成的既成事实，以法律的形式予以"清零"→是为了达到种种的不公平"到此为止，下不为例"

的目的，以"大赦天下"方式，终结以往的不公，是最经济、最划算的方式，也是最符合相对公平、实事求是的原则的。

道理想通了，承认既成事实和历史，其实并非想象中的那么难。因为互斗与和解，谁的代价高，谁的好处多，谁可行性强，谁预后良好，都是一目了然的事。

北欧诸国，是民族、阶层和解的较好范例，有考察之价值。

我相信，智慧的中国人民，将会对此作出明智的选择！

关于"挺毛"与"否毛"的辨析

你不必攻击挺毛者，你想否毛也否不了：毛泽东事实上就是如假包换的中华人民共和国的首任主席，就是在他的领导下，建立了中华人民共和国，实现了中国大陆的真正统一，为邓小平后来施展治国才能提供了政治上、组织上的强大平台：**举国体制**→当今包括否毛者在内的所有的中国大陆人，都是这个平台的直接受益者。建国后，在毛泽东的领导下，也积累了一定的原始资本、人力资源、工业基础，等等，并主持制定了合于民意的《五四宪法》。

倘若邓公如蒋介石一样，接手的是一个分裂的中国，恐怕他也是"巧妇难为无米之炊"。大一统、中央集权的中华人民共和国的建立，这是我们现在的改革之所以能够得以顺利实施的前提。我们既然可以尊重、怀念给蒋介石留下一个"烂摊子"的国父孙中山，却不顾每一个中国人都是"举国体制"（大一统、中央集权）的受益者的事实，一味情绪化地否定毛泽东，这是违背实事求是这个基本原则的。功过不能混为一谈：虽然毛泽东因缺乏制度上的制约，可以说是在全体中国人民的怂恿、纵容之下，任其在如皇上一般的待遇中自由发挥（当时底层的老百姓，特别是农民，就衷心地认为，毛泽东就是皇帝），蜕变为人治独裁者，犯下了诸多堪比斯大林的耸人听闻的罪过，但过不掩功，功不掩过→功过分别计算，才是正确的态度→不然永远都扯不清楚。人性天然是具有恶性的，在没有制约的情形之下，人的蜕变，一点儿也不奇怪。你不能从毛泽东的治国实践，就推度他当初参加革命动机不纯，你也不能从汪精卫最后蜕变为汉奸，就说他当时追随孙中山是投机，他的"引刀成一快，不负少年头"也说的是假话。毛泽东只不过是被他拥有的无制约的"皇权"害了而已，这就是事实的真相——孔子、荀子早在两千多年以前就有定论："人文环境决定人性的走向"。评价一个人，不能以偏概全，此一时，彼一时，什么都在变，功是功，过是过，不能混为一谈。正如我们不能因为华盛顿先生曾下令侵害印第安人而否定他的盖世功勋一样。邓小平先生为我们做出了表率：邓公也曾在"反右"之时协助毛泽东大肆整人，他也曾经被毛泽东整得来三起三落，命悬一线→说邓公对毛泽东没有一点恨意，是很难令人信服的，但他却能较为理智、客观地评价毛泽东的功过。邓公的智慧，是值得我们消化的。

中国人，特别是中国共产党人，需要走出"决不能公开、真实、明确地讨论首任国家主席毛泽东建国后的错误"的误区，否则，就不能真正做到"拨乱反正"，中国共产党执政的合法性就会受到质疑，就会像苏联一样，会有亡党亡国的危险。

亡党亡国，只与坚持错误有关，只与丢掉实事求是、相对公平、与人为善的原则有关。

毛泽东为首的中国共产党人，领导中国人民一统中国大陆，建立军令、政令畅通的新中国的丰功伟绩，是谁也否定不了的。在肯定毛泽东的功绩的同时，本着实事求是的立场，公开、真实、明确地对毛泽东建国后所犯的错误做出结论，不再拿林彪、"四人帮"来当替罪羊，而是采取光明磊落、坦坦荡荡的态度诚心替首任主席毛泽东认错，我们就会获益良多→一是，纠缠毛泽东的错误这件事才可能做到**"就此翻篇、恩怨清零"**，使毛泽东的错误成为对事不对人的历史经验教训，使那些心怀叵测的人与愚昧偏激的人再也没有了纠缠的借口，从而在我们这些直接当事人尚存的时候，真正实事求是地"盖棺定论"，完成对一个并非完人的历史人物的认定，从而大大地提升中国共产党人的信誉；二是，我们可以从毛泽东所犯的错误中，总结出有益的经验教训，能够有效地使我们中国共产党人保持警醒、减少错误，以便在今后的执政中，更好地发挥自身中流砥柱的作用；三是，可以使中国人民乃至世界人民了解到中国共产党人知错能改、知错善改的豁达胸襟、坦荡情怀与真诚的善意，从而让我们获得更加强大的凝聚力和亲和力，从而使我们拥有更多的朋友，使我们能够更有效地率领中国人民更快地建成与人为善的、相对公平的和谐社会，从而成功地**走向共和**。

最后特别强调一句："**认错善改**"，是坚持中国共产党的领导的最有力、最有效的措施。面对摆在面前的明明白白事实真相而拒不认账、弃用"**认错改错**"这个最能维护党的利益的措施的人，他就不是党章定义的真正想坚持党的领导的人，甚至可以说他不是一个真正的共产党人——坚持中国共产党的领导的先决条件，难道不就是应该首先坚持"实事求是"吗？我们说这些话的目的，就是热切地希望中国共产党能够"**与时俱进、知错善改**"，使自身成为世界有史以来名副其实的最为杰出的政党，使中国共产党人真正成为华夏有史以来名副其实的、堪称"民族脊梁"的俊杰群团！

插入：《莺啼序》、《菖蒲缘》

笔者在此插入《幽谷红杏花正妍》一书中的两篇作于本世纪初的古典诗词：1、《千古一人唯邓公 莺啼序》，2、《人欺自欺两不知 菖蒲缘——文革纪实》。

向大家提供一个亲历者的、以古典诗歌形式，对建国后近五十年间的史实、文革特定时段的事实所作出的情绪化且不失理性（实事求是）的艺术表达。这是一个亲历者对于毛泽东与邓小平的个体评价，以供诸位参考。是非曲直，自有后人评说；更幸有大批亲历者尚存，可证吾言非虚。——中国自古就有"董狐笔"，实事求是的传承源远流长——历史并非是可以任人捏塑的泥人。

| 千古一人唯邓公

《莺啼序》

雏菊新吐黄蕊，正故国秋媚。有谁知，花好月圆，凄风惨雨梦碎？囚右派，阳谋预设，万千才俊成冤鬼。看人间，指鹿为马，莫此为最。

赶英超美，痴人说梦，恰辕南辙北。更哪堪，家家断炊，户户饥肠难寐。饿疯狂，人肉敢食；肿病肆，荒坟累累。忆九州，哀鸿遍野，欲哭无泪。

庐山峥嵘，曙光乍现，又深渊如坠。潘多拉，魔盒大开，可怜愚氓，为人作嫁，莫辨泾渭。日日争斗，生计萧条，忍使国士多凋毙；残阳红，且替大人讳。风雨如磐，华夏疮痍满目，谁复振兴百废？！

大潮汹涌，环宇飞进，叹光阴如水。遇惊涛，骇浪排空，艰难困苦，玉汝于成，青衫益翠。壮哉耄耋，力挽狂澜，千古一人唯邓公，建奇勋，胸涌欺天睿。霓裳羽衣长舞，江山如画，云蒸霞蔚！

——以下为全词的现代汉语逐句（含题目）的通俗释义。如有未尽、疑问之处，笔者保持解释权。

1."《莺啼序》"。

词牌（词调）名称，为中国南宋著名婉约派词人吴文英（字君特，号梦窗，今浙江宁波人）于公元13世纪中叶所创制。因吴文英曾经将自己所作的《莺啼序·残寒正欺病酒》书写于临安｛今杭州｝西湖岸边的丰乐楼上而名声大噪，所以此词牌又别名为《丰乐楼》。

全词共240字，是所有词牌中字数最多的长调。全词分为四阕，每阕分为四句，全词共16句。全词为仄声韵，一韵到底（不能中途换韵），每句尾字为韵脚。

每阕、每句，分布如下：

莺啼序

□□□□□□，□□□□□。□□□，□□□□，□□□□□□□。□□□，□□□□，□□□□□□□。□□□，□□□□，□□□□。

□□□□□，□□□□，□□□□□。□□□，□□□□，□□□□□□□。□□□，□□□□；□□□□，□□□□□。

□□□□，□□□□，□□□□□。□□□，□□□□，□□□□，□□□□，□□□。□□□□，□□□□，□□□□□□□；□□□，□□□□。□□□，□□□□，□□□□，□□□。

□□□□，□□□□，□□□□□。□□□，□□□□，□□□□，□□□□，□□□。□□□□□□□，□□□□，□□□□。

其中，首阕49字，次阕51字，三阕71字，尾阕69字。

2."**雏菊新吐黄蕊，正故国秋媚。**"

以比喻的手法，表达了对金秋十月中华人民共和国成立的思绪。**雏菊、黄蕊**，美中之美；**新吐**，满含欣喜；**正**，感概良多；**故国**，难掩深情；**秋媚**，亲近之意，莫可名状。

全句用优雅的比喻，表达了对于建国的喜悦，充满希望，同时也就肯定了毛泽东的建国功绩。

3. "有谁知，花好月圆，凄风惨雨梦碎。"

有谁知，设问言出乎意外；**花好月圆**，原本风和日丽，无限美好；**凄风惨雨**，坏事连连；**梦碎**，美好希望破灭。

全句表达了极度失望之情，同时也就表达了对毛泽东一系列错误的批评与遗憾。（关于对毛泽东功过的评价，我们的基本态度是功不掩过、过不掩功，不能以偏概全，混为一谈。任何一概肯定与一概否定的做法都不是"实事求是"的错误做法，于国于民都是有害的，对当事人双方也是不公平的。→请参阅本文中较详系的论证内容）。

4. "囚右派，阳谋预设，万千才俊成冤鬼。"

囚右派，选取毛泽东的具体错误之一，反右；**阳谋预设**，阳谋即阴谋，错误严重；**万千才俊成冤鬼**，后果目不忍视，耳不忍闻，人才损失惨重。

全句对"反右"表达了深沉的惋惜和难掩的愤懑。

5. "看人间，指鹿为马，莫此为最。"

看人间，言范围之广；**指鹿为马**，实为混淆是非，用花样百出、莫须有的手法给人扣帽子、打棍子；**莫此为最**，没有比这个更甚的了。

全句对"反右"混淆是非的手法进行了谴责，对毛泽东的严重偏离**与人为善**原则的，挑动智慧未开的民众整治知识分子的"反右"运动，撕裂中华民族，持完全否定的态度。

6. "赶英超美，痴人说梦，恰辕南辙北。"

赶英超美，言"大跃进"冒进、蛮干，严重偏离**实事求是**之原则——当时提出的响亮口号为"十年赶上英国，十五年超过美国"；**痴人说梦**，对愚昧左倾的讽刺；**恰辕南辙北**，言缘木求鱼，失败为不二结果→不是说"赶英超美"本身有什么错误，赶超是应该的，但绝不是罔顾事实的蛮干→一个只能承受百斤之重的人，却强行让其承受千斤之重，那是会压死人的。

全句选取"大跃进"来反思愚昧的左倾错误，予以批评——因为谎言肆虐已经疯狂到了旷古绝今地步——亩产上万斤，卫星落在上面也要"跳三跳"——他们自己也信？！毛泽东为了坚持错误，还蛮横地打压说真话的彭大将军，令人瞠目结舌。

7. **"更哪堪，家家断炊，户户饥肠难寐。"**

更哪堪，言再也承受不住；**"家家断炊，户户饥肠难寐"**，言人民，特别是广大农民，已陷于饿毙的绝境。

全句概述了"大跃进"的恶果的广度与严重性，令人后怕。

8. **"饿疯狂，人肉敢食，肿病肆，荒坟累累。"**

全句白描了笔者亲历的疯狂冒进、不顾事实的极端恶果→饿殍遍野，令人恐怖，表达了深深悲悯→笔者，也因浮肿病在肿病医院住院三个月才幸而得以逃生，也曾多次亲见法院判处吃人者的布告。

9. **"忆九州，哀鸿遍野，欲哭无泪。"**

全句意蕴，表达了笔者回忆当年亲历的举国惨境，至今犹自"心有戚戚焉"的悸动。（可参阅笔者所著《幽谷红杏花正妍》中的《我独怜伊畏春寒·咏梅》）。

10. **"庐山峥嵘，曙光乍现，又深渊如坠。"**

庐山峥嵘，以"峥嵘"比拟当年"庐山会议"的险峻政治形势；**曙光乍现**，言当时中央各主要领导已商量好在会上要纠正大跃进的左倾错误，中国又有了重振的希望；**又深渊如坠**，言因毛泽东拒不改正错误致使中国重陷误国误人误己的"人整人模式"，使人绝望。

全句高度概括了"庐山会议"史实，赞扬彭德怀先生的"情系苍生，心怀故国"的家国情怀、磊落人品，对毛泽东的"阶级斗争天天讲"的观点与拒不认错的态度持否定态度。

11. **"潘多拉，魔盒大开，可怜愚氓，为人作嫁，莫辨泾渭。"**

潘多拉，魔盒大开。"潘多拉魔盒"是希腊神话中的主神宙斯送给"第一个女人"潘多拉的盒子，宙斯在里面放入了人类的罪恶，以此表达在文革中禁锢人性邪恶的盒子被毛泽东敲开，人性的恶失去了法治控制，肆意泛滥；

可怜愚氓，为人作嫁，莫辨泾渭。 "愚氓"，见识底下的老百姓，"为人作嫁，莫辨泾渭"，言无知百姓被人利用，替他人火中取栗，分不清是非黑白而使人慨叹。

全句对文化大革命的错误作了艺术化的表达，表明了人类社会必须弃恶趋善的不二诉求。

12. "日日争斗，生计萧条，忍使国士多凋毙；残阳红，且替大人讳。"

日日争斗， "文革"期间突出特征之白描一——天天不懈地抓紧整人而不事生产；**生计萧条，** "文革"期间又一典型现象——停工、停产"闹革命"，经济焉能不垮；**忍使国士多凋毙，** "文革"的恶果之一，传统意义上的能人义士大多被整，大量国士级别的人物死于非命。

残阳红， 言毛泽东被比作红太阳，一个"红"字，准确形象地概括了毛泽东无匹的权威，这并非是毫无因由的。当时的老百姓，特别是体量巨大的农民，绝大多数都是把他当作"皇帝"来对待的，时至今日，其余威犹在，而且毛泽东虽然不属圣贤，但其能量巨大，将他归为"豪杰"都有些低估的嫌疑，但说他是盖世英雄又显然不成立，但他鼓动民众之能量大大强于蒋中正，可以说是毫无疑问的→毛公的过错也是远甚于于蒋公的。毛泽东能重建、更新一个恩泽后世的、如此高效凝聚民力的"举国体制"，实非偶然，他作为中华人民共和国的首任主席，当之无愧，这也是实事求是的。有功就是有功，是不能因其有错，就采取对其功劳死不认账的"无赖"行径的；**且替大人讳，** 这儿笔者的出发点是，"为他人讳"也是中国的优良文化传承之一→其逻辑根据是**与人为善，** 其具体的理由是→毛泽东同样也是集权制度的受害者，他的错，当然有他主观的责任，但同时也是老百姓的"万岁、万岁、万万岁！"喊出来的。→制度之恶，不是个人能力所能抗衡的→ **"行政谋杀"** 这个罪名的定义是**"由国家机器所组织的谋杀"**，是不折不扣的反人类罪→不论是希特勒屠杀犹太人，斯大林血洗异己者，还是毛泽东发动的历次**"运动"** 所造成的动辄数以万计的生命的陨落，以及波尔布特的"红色高棉"差不多杀了一小半的柬埔寨人，都是属于**"行政谋杀"** 的样本，其典型特征就是，不仅领导者异化为漠视生命独裁者，大多数的民众也沦为帮凶。→替他人避讳，不是说要掩饰谁的错误，也不是说，是不需要不明辨是非的，而是要充分明辨是非、总结经验从而使我们能够有效地避免错误；"讳"，是说要尊重他人的人格尊严，不能采取侮辱人格的谩骂羞辱等违背与人为善原则的行为——"往者不可谏，来者犹可追。"我们明辨是非的目的是"意图将来"，而不是纠缠过去，意图清算，不死不休。这是于国、于家、于人、于己都无任何益处的。况且毛泽东之所以会犯错，他个人负有不可推卸的责任是毫无异议的，但主要是制度不健全所致→仅凭个人的觉悟、自律，是抵挡不住权力的无限诱惑的；举国不分贵贱贫富的当时所有公民的顺从、包容、不作为，甚至是不分是非积极地推波助澜，也是促使毛泽东犯错的重要原因之一。我们不主张清算老百姓，因为这是由于当时人们的认知水平限定的，而且也非主责者→以此论事，即使是主责者，也是不应清算的，而只应明辨是非而获取有益的教训，以图将来。→作为中国人的你，你能够怎样清算秦始皇呢——将他踢出中国历史、还是鞭尸三百？对毛泽东他老人家，亦是如此。他老人家不仅仅是施虐者，同时也是值得同情的受虐者，而正是中国的广大民众有意无意地将他置于可以让他"自我任意发挥"的个人极权专制的境况之中的→当事后诸葛亮，真是太爽了！→既然作为老百姓的你，作为国家的主人翁，你自己也没有履行自己应尽的监督之责，是不是你自己也应该给自己来个掌嘴三百呢？"没有一片雪花是无辜的"，同样适用于我国建国后前三十年的史实及人物的评价，而且毛泽东在此时段内，也并非没有一些益国益民的善政，只是错误远比功绩更为严重罢了。你那个时候怎么不能像储安平、张志新、李九莲、刘桂阳等极少数人那样站出来坚持真理？而且张志新等人也只是提意见，并无谩骂的丑行——真正的仁人志士是不屑于谩骂的！邓公与其后的中国执政者放宽了限制，在中国传统人治专制、个人帝王崇拜思想仍然很浓的前提之下，这也是一种巨大的进步——办事情，都应遵循老祖宗"循序渐进"的智慧，在积极作为的同时，而又不采取"一口吃成大胖子"式的莽撞之举，办事情总得有一个必要的分寸→你们因此而获得了虽然还不尽人意的相对宽松的言论自由，你就借此不实事求是地大肆谩骂，人为地为中国实施更为宽松、理想的言论自由，傻傻地授人以柄，让那些人治专制的维护者有了借机生事的由头，给中国人文生态的改良平添诸多的阻力，这是智者不为的，也是善者耻为的——恶毒咒骂，根本不能解决中国的任何问题；只有大家心平气和地一起坐下来，在"实事求是、与人为善、相对公平、尊重人性、必要差别、民主法治、阳光行政、动态纠偏"的前提下进行研讨，才有可能把中国的事情办好！——由于笔者深知，饱受迫害的非毛者胸中的梗结太多，疏解太难，这是情有可原的，笔者出于善意，就在此又忍不住罗嗦了几句，敬请海涵。→特别提醒，请不要给笔者扣上维护毛泽东的错误的帽子→我们从来都是认为毛泽东是应该负主要责任的，他是不能将自身的错误推诿给中国的人治传统和斯大林的胁迫的，他也是不能将自身的错误推诿于部下的"**大力支持**"与老百姓的"**积极响应**"的，他也是不能将自身的错误推诿于"**制度之恶**"的→我们维护的仅仅只是人的"**人格尊严**"。当时他们可以残忍如凶兽般地在枪决之前割断志士张志新的喉咙，掌掴开国元勋彭德怀，拳打人民作家老舍⋯⋯但我们是人不是野兽，这就是我们能够**宽以待人**的底层逻辑。→要消除凶兽产生的温床，你自己就不能是凶兽，这是一个简单的基本常识。→推论：你要想在中国消除人治，实行真正的法治，你自己必定只能是**尊重事实、依法行事**的人。

　　——且替大人讳。姑且替毛老人家避讳避讳——说这是**实事求是、与人为善**原则的生动、灵活的运用，我们认为是没有什么不能自洽的疑问的——中华民族应当具有对事不对人、纠错不整人的宽容文化，才可以增强自身的凝聚力，才能被称为一个伟大的民族——心胸狭隘、小肚鸡肠的人，是不可能成就伟大辉煌的，而一个睚眦必报、见利必争的民族，是不可能赢得世界的尊重的——"**海纳百川，有容乃大**"才应该是中华民族的主流传承！→所有中国当时的当事人，都是属于"**五十步笑百步**"这个成语中的干系人，除了极少的坚决的抗争者之外，谁都是没有资格一味地斥责别人的→至于后生的非当事者，因不曾亲临其境，不知身处其中的种种难言之艰辛，也是没有资格肆意谩骂他人的。

　　13. "**风雨如磐，华夏疮痍满目，谁复振兴百废？！**"

　　磐，巨石。全句意蕴：（承上启下）中华民族在刚刚承受了如巨石般猛砸的狂风暴雨的蹂躏之后，在这岌岌乎危哉的紧要关头，举国伤痕累累、百病丛生，又有谁来涤污荡垢，重塑神州呢？！其间满含了对大能志士的殷殷期盼之情。

　　14. "**大潮汹涌，环宇飞进，叹光阴如水。**"

　　全句意蕴：环宇世界之{科技、人文}进步已具蓬勃之势，充满了无限的生机，如大浪巨潮般地剧烈翻腾，凶猛地扑向高耸的崖岸，发出撼天动地的轰鸣，摄人心魄，面对诸强飞一般的神速之猛进与骄人之成就，念及故国荒废的如流水般逝去之如金岁月，顿觉惆怅满腹→幸有"叹"字姑娘，抹泪强笑，伴《雁南飞》之曲，唱《浩叹三叠》之歌，才聊疏郁闷之怀。（由此决定了，朗诵此词时，应突破窠臼，三叠"叹"字，作为此词的"又一体"→《增字莺啼序》。"雁南飞"，隐含着对"秋媚｛重振中华｝"的向往。）

15. "遇惊涛，骇浪排空，艰难困苦，玉汝于成，青杉益翠。"

全句意蕴：用令人惊悚的狂野之涛，使人恐怖的凌空巨浪，比拟邓小平所经历的几起几落的人生困顿与沧桑，这些艰难困苦神奇般地凝结为玉成他的"灵丹"，使其终成国之栋梁→恰似苍翠欲滴、笔挺如剑之青杉→气冲斗牛，势凌蓝天！

16. "壮哉耄耋，力挽狂澜，千古一人唯邓公，建奇勋，胸涌欺天睿。"

壮哉耄耋，八十至九十为"耄"；七十至八十称"耋"。"**耄耋**"，八十左左之老者也。**睿**，智慧也。"**欺天**"一词，蕴含了笔者对邓公之"睿可欺天"的无羁智慧的敬佩与褒扬。

全句意蕴：一位历尽沧桑的八十老翁，神州华夏的优秀儿子，（邓公有言："我是中国人民的儿子"）壮怀激烈地为国为民奋然前行的壮举，唯有"**壮哉！**"（可二叠、三叠），才可聊表我们的惊叹与赞美；回望华夏数千年之历史，如邓公者，遍寻无在→年岁之长、境界之高、胸怀之广、务实之坚、功绩之巨、拥有如此欺天盖世之智慧者，唯邓公一人而已！

——当故国神州这艘伤痕累累的庞然巨舰偏离航向、撞向那不测之冰山的危急关头，中华民族十分幸运地迎来了一位伟大的船长——邓小平！

他的坎坷经历、他的胆识与魄力，以及他在党、政、军、民中的巨大威望，遂使他成为了拨偏返正、率领中华民族扬帆远航的不二人选——他就是那个天造地设的、知道中国该向何处去的，并具有推动这"中华号"巨形神舟满舵前行之伟力无边的历史巨人！

邓先生以耄耋之年，"挽狂澜于既倒，扶大厦之将倾"，为中华民族、乃至于整个世界，奉上了使人心悸目眩的不世伟业，邓小平先生确乎无愧于

"千古一人"的赞誉！

"我是中国人民的儿子"，邓小平先生如是说。回望中国数千年的漫漫历史长河，有多少人能够拍着自己的胸脯无愧地说："我是中国人民的儿子"呢？！我们以为，所有对他老人家的赞誉，都没有比"他是中国人民的儿子！"更贴切、生动、自然、亲切、崇高的了——老百姓的一句"小平，你好！"的丰富内涵，意蕴绵长……请恕我无能，我只能无奈地以"五内铭感，万语千言，莫可名状"一句来搪塞诸位了——这是一个饱经磨难者的真实心声！

我们并非说邓小平十全十美，想要否认他为迎合毛泽东而犯过的种种错误。→邓小平是一个活生生的人，而并不是完美无瑕的神。我们之所以敬佩他，是因为他像华盛顿先生一样，知错能改、知错善改，在他所处的境况的限制之下，努力做到了可能的"最好"！

17. "霓裳羽衣长舞，江山如画，云蒸霞蔚。"

朗诵时，句首前**可添**"望神州，"三字。霓裳羽衣舞，笔者在此用以比拟"升平"之舞的华美。

全句意蕴：比拟描摹华夏大地、神州故国生机勃勃、百废俱兴，欣欣向荣之盛况空前也。这个来之不易的成果，是每位中国人都应该坚决捍卫的！

附：笔者对此词的自我评价

笔者认为自己虽然算不上什么盖世英才，但自以为此词有三点贡献是基本合于事实的。

其一，用实践证明，中国古代婉约派的代表性词牌《莺啼序》，不仅仅适于表达忧伤的离怀愁绪，温婉的缠绵绯则，同样适于表达慷慨悲歌、苍劲沉郁、壮怀激烈{当然，配乐与《莺啼序》原调应当是慷慨苍凉的"又一体"}。

其二，在朗诵本词时，发现了复活中华古典诗歌的有效途径——应突破窠臼——可根据实际需要，适当地破格、破韵、破曲，添词、添句、添意蕴，作为原词牌的"衬诗"，然后，再以此新格律"为赋新诗强出头"，只要酣畅淋漓、流畅自然、尽抒胸臆即佳——这也是实事求是、与时俱进的规则在诗歌领域的灵活运用。

其三，对建国后第一个五十年的史实，以诗歌的形式，做了不失真实、形象生动、诗意浓郁、真实与艺术兼容的艺术表达。

　　→是与非，名与利，不是笔者特别介意的——因为笔者已充满善意地、努力地尽到了一个华夏子孙的应尽职责，此生了无憾事，已足可聊慰平生！

　　| 人欺自欺两不知

　　《菖蒲缘》－文革纪实

　　火中取栗书生痴，忍使师长釜中泣。为人作嫁浑不觉，人欺自欺两不知。见日落关西，愁云惨雾锁京畿。影憧憧，鬼哭狼嚎，黎明不闻鸡。

　　可怜盈盈杨贵妃，香消玉殒解君危。半信半疑半糊涂，半推半就半含悲。剩月朗星稀，神州寂寥乌鹊归。父母老，妻娇子弱，人穷鹑衣肥。

　　《菖蒲缘》这个词牌的另一别名为《归朝歌》。

　　有人通俗地总结了我们这一代人的际遇是：该长身体的时候饿肚子，该上学的时候遇见"停课闹革命"，该成家的时候又遇到"广阔天地接受再教育"，该养家的时候又适逢"下岗再就业"。这实在是令人有点"遭不住"，能不唏嘘泣下而奋发有为，这很能体现我们这一代人的风骨。

　　词中的"书生"指代当时的红卫兵但也包括同代的青年。"师长"指代当时的被批斗者也包括同代的长者。

　　词中"黎明不闻鸡"，是以京畿｛首都｝来指代中国当时"深暗"状态。

　　词中"杨贵妃"，指代当时红卫兵被人利用后的际遇。但有的读者认为指代江青的际遇也是适合的，笔者也大致认同。但要说明的是，这种理解，与词末的两句是稍有龃龉的→消解此处龃龉的方式，可用"以实拟虚"｛借物抒情？｝之法，将词末"剩月朗星稀，神州寂寥乌鹊归。父母老，妻娇子弱，人穷鹑衣肥。"两句，理解为用具体的落魄来比拟、凸显江青失据之后所产生的抽象的"精神落魄"→这就完全自洽了→毛泽东、江青，在治国的理念上是有错误的，在中国真正应该走什么样的道路才是对包括他们自身在内的中华民族的每一个个体是最为有利的是存在盲点的。文革的第一施虐者是毛泽东，第二施虐者是江青，同时，毛泽东、江青也是名副其实的他们自身发动的文革的第一、第二受虐者→毛泽东成最终成为"孤家寡人"，英名尽毁，凄然、孤苦而逝；江青为夫担罪，尊严坠地，自缢身亡。→油然而生的疑惑：当时那些满脸激动的，拼命地高呼万岁、万岁、万万岁的、在行动上又步步紧跟的人们，他们曾经反思过、愧疚过吗？如果我们中国的公民经历过如此惨烈的亲身经历之后，仍然麻木不仁，对于国家执政者的是非对错漠不关心，对于自身所造成的危害一点反思也没有，对于自身所处的**人文生态的优劣**仍然一无所知，那么，当下现任的国家执政者，从宪法宗旨上来说，就应当对此予以干预，强力启蒙→让我们的每一位公民都成为合格的中国公民→用治国共识来**导民趋善**，就是当下执政者的天然不可推卸的**紧要职责**。

词中"**两不知**"，所要表达的意思是：不论是当时的文革发起者还是响应号召的参与者，都不大清楚自己究竟是在干些什么，当时是没有什么明确的是非善恶观念的，除了"唯领袖马头是瞻"以外，什么事情是能做的，什么事情是不能做的，两者都没有确定的标准，终使中华民族的道德水准跌至谷底，律令法规成为废纸→遂使"善恶不分、伦理颠倒、是非莫辨、六亲不认"成为常态：人性的善消失殆尽，而人的恶性毕显→陷入了"**疯狂的人整人的模式**"而不能自拔→儿子"揭发"老子、妻子"揭发"老公、学生"揭发"老师、下级污蔑上级、朋友交相"检举"，等等、等等，举不胜举……。

附：此词的自我评价

可为文革诗词之冠冕→思想性、艺术性二者皆佳；生动形象、诗意盎然→"两不知"、"不闻鸡"，以及 6 个"半"字的连用，皆为"神来之笔"，此非吾之颖悟所能及者，实乃"天赐"也！→天然就是那个样子，笔者只不过是"顺手"拈来，将其纳入了"词"中而已。

总之，笔者作为人民共和国的第一代公民，经历了人生暴风骤雨的洗礼，虽历尽艰辛却奋发有为，也算得上无愧于家国了。→我们这一代人，尽管大多数的时候是出于被动地站出来，以下乡、下岗等形式为祖国排忧解难，为共和国的前行充当了无可替代的铁轨下的枕木，从这个意义上来说，咱们这一代人就很有点永垂不朽的悲壮意味了！唉，不自觉间，又"阿Q"了一回。

回转："挺毛"与"否毛"辨析

凡事都是要讲道理的，我们这儿没有高谈阔论地讲一些不着边际的、假大空的主义或理论，没有高举什么什么旗帜，而只讲事实和一般常识，都是属于"中国智慧"的范畴，想来不至于令国人反感，希望大家能冷静、客观地做出合于事实的判断。

你也不必攻击否毛者，你想挺毛也挺不了：在毛泽东主导治国的三十年间，实实在在就是犯过诸多严重的错误。

既然否也否不了，挺也挺不了，凡事都不是"非黑即白"的，那又何必分出输赢呢？

退一万步说，即便分出了输赢，赢家又能得到些什么呢？为什么不可以像邓小平那样搁置不论呢？其实在邓小平的主持下，中央早有决议，对共和国首任主席的功过，有较恰当的结论，这其实就是当事者最权威的"终极判断"，还有什么可争论的呢？即使你将毛泽东的功过由"功大于过"变为"过大于功"，对于中国人来说，又有什么实际的意义呢？事实真相，仅仅就是，"毛泽东立过功；毛泽东犯过错"这么简单→你是不可能争论出第二种事实真相来的，那还有什么值得纠结的呢？→接受教训、着眼未来、就此翻篇，这是邓公留给我们的智慧。

总之，实现各阶层的和解，团结所有力量，一切向前看，努力建成令世界艳羡的公平、和谐之中国，这才是我们的当务之急。

——和解的重中之重

我们认为，当下知识精英与国家执政者之间的和解为重中之重。

我们应该有这样的思路：我们的对手，欧美和日韩澳等发达国家中的少数好斗分子，即那些"作们"，最害怕我们干什么呢？→不就是害怕我们充分发扬中国人的特有智慧、努力吸纳世界各国的优秀文化与先进科技成果，实现中华民族的民族和解，拧成一股绳，完成以公平、和谐为目标的去人治的政治、经济改革，全国上下一心一意地搞现代化建设、获得经济的高速增长、国力的持续增强吗？那么，我们最应该干的事情是什么，不就是很明白了吗？

中国当下，产生内耗的主要问题，是贫富之间的矛盾和国家权威与知识精英之间的不和谐。

要形成合力，就必须完成和解，知识精英与权威之间的和解尤为重要，因为二者都是国家的中流砥柱，是国家的核心竞争力，是同一个战壕里的战友，都是中国这艘巨轮上不可或缺的关键位水手。

一方面，我们执政者不能一见有人对现在的施政发表看法，就如临大敌，立即进行封堵和打压，这不是大国权威应具之风范。

对那些发表谏言的知识分子，我们应有一个实事求是的判断：其中多半为忧国忧民者，是范仲淹的拥趸。他们积极建言，恰恰说明我们大有希望。他们建言献策，事实上是在替我们执政者排忧解难，我们大权在握，要有意识地警惕"强权即真理"的陈腐、落后的思想，对于这些具有家国情怀的知识精英，要从心底怀有尊重、感激，乃至于敬畏→因为他们身上承载着中华文明的主流传承！

以天下为己任、为人民谋福祉（家国情怀），是真正的中国知识分子的传统美德，甚至是他们深入骨髓的信仰。他们事实上是社会进步的中坚力量——现代所谓的知识分子，应该就是指有知识且代表人类社会良知并在自身的行动中坚持公平正义的人们。这儿的"他们"，其实也包括"我们"，难道我们执政者就不是具有家国情怀的知识精英吗？难道我们执政者就不是范仲淹的拥趸吗？"他们"和"我们"，其实是一个战壕的战友，区别仅仅在于手中是否掌握了实权而已，二者的目的都是希望中国变得更好的**"同志者"**。因此，我们不仅不能封堵、打压，而且应该鼓励，并创造条件，如设立专门的阳光电视频道、网站，让他们能畅所欲言，尽可能多地让他们把自己的智慧贡献出来，以使中国变得越来越好。

我们当权者可以作报告，发表讲演，下指示，我们有什么理由，不搭建一个专门的阳光平台，让知识精英们自由地发表意见呢？一者，我们可以收获更多的治国智慧，二者也使所有观点置于阳光之下，使别有用心者无处遁形。

既然我们是"人民的儿子"（邓小平），我们是"鞠躬尽瘁，死而后已"（朱镕基），我们是"我将无我，不负人民"（习近平），我们又何怕之有呢？我们不怕有不同意见，不怕争辩，怕的是"万马齐喑"，因为真理永远是越辩越明的，智慧是在思辨中产生的。基于人皆趋利的本我人性，在都为中国变得更加和谐美好的前提下，我们是一定能够达成共识的。

另一方面，作为忧国忧民的知识分子，我们对现在的国家权威和行政，首先要有一个合于事实和理性的判断，而不是罔顾事实，一味情绪化地抵触，苛责，犯那些绝不是精英应该犯的诸如"站着说话不腰疼""干得越多越被指责"等等的低级错误。另外，有意或无意地跳进"以己之长比人之短"的泥潭，也绝不是精英该干的事情……

在中国共产党的历届领导的努力之下，在全体勤奋的中国人民的奋斗中，在老祖宗的"举国体制"的强力加持下，特别是改革开放四十年来，实施了一系列的善政，取得了举世瞩目的巨大成就，不管是我们的朋友或对手，对此都不会有异议，在此就不用我们赘述了。

对思想领域的问题，我们还有继续啰嗦的冲动。

不在其位，不担其责，乘车者常无感于拉车牛马之艰辛。

对于泱泱如中华之大国，执国之重器者，其辛劳和山大之压力，我们是否应该作适当的换位思考？牵一发而动全身，中国经不经受得起动荡？当然要改革，但求稳为先，是否是治国良策？→当然，这是要有以实事求是、相对公平为核心的治国理念，才是成立的。

"艄公多了打烂船"的常识是否过时，中国出现两个以上的权威，两个以上可以互相抗衡的政治势力集团，对中国有利还是有害？坚持适当加强中央集权是否是利国利民且符合中华传统文化的合理选项？西方一国多派缠斗，就那么科学、合理、有效？

关于任期的思辨

对于修改任期的举措，我们持不置可否的态度。其理由如下：

任期的长短，其实是"标"的问题，与"本"无关，所以没有深究的价值。**如果中国真正将民主这个核心价值落到了实处，只要实施并坚持"国家元首二轮差额直选制"，不合格、不优秀的国家执政就绝无可能连选连任。**如果中国用法定形式将非民主的终身制确定下来，就与朝鲜家族专制体制的本质无异，全民奴化将不可避免，朝鲜那样肆意滥杀高官就会成为常态，老百姓就更无话语权了，失去民心就是必然的结果→中国已实行了四十多年的改革开放，弃错纠偏、变法图强早已深入人心，改革的效果显著，无论是谁，在中国走回头路都是不会成功的——因为这将影响到不论贫富贵贱所有中国公民的根本利益，此乃犯众怒之举。朝鲜与我国的国情迥异，朝鲜实行的**"家天下"**之所以能够维持到现在，是有其特定的国情的：长期一贯闭关锁国、公开实施家族个人独裁、甘当唯苏联与俄罗斯马首是瞻的附庸国｛只要俄罗斯的人治专制体制不崩塌，朝鲜的家族王朝也就能够一息尚存｝，等等，中国无论是从哪一个角度来说，都是没有模仿的可能的。

我们所说的"本"就是：是否得到人民的认可（授权）；形式上就是：国家执政是否是由公民依法以**"二轮差额直选"**产生，这才是我们应该深入研讨的。

罗斯福也曾连续当选四届。任期长短与是否是真正民主并无必然关系。只要是由公民依法直接授权的（二轮差额直选），就是民主的。适当延长任期，即可减少短视行为，也可保障国家权威的稳定性，只要是人民二轮差额直选出来的就行。从这个角度来说，适当延长任期，对于中国而言，是利大于弊的→假如邓公的政治掌控力不能够超过十年（直接、间接主政），其后果将是不堪设想的。

对中国的政治制度和执政者的无限苛求→连举国体制都想否定，只会扰乱人心，使人无所适从，只会使"亲者痛而仇者快"，于国于己，有百害而无一利，"过犹不及"｛实事求是｝的智慧是有巨大的现实意义的。

我们中国现在所取得的成就和人民大为改观的生活来之不易，人人都有爱护、珍惜的责任。对于存在的问题，不能仅仅为满足一时的口舌之快而"一喷了之"，而应该多动脑筋，针对具体的弊端，把那些相对公平的、合理而又符合国情的、操作性强而又预后良好的解决问题办法找出来，并切实协助执政者予以实施。

人无完人，金无赤足，这是中国的一个古老的常识。"人至察则无友"，可以推论出：人至察则无妻、无夫，……直至推论出人至察则无家、无国。这儿的**"至察"**，就是**无限苛责**。

——我们赞成《五四宪法》中，国家公务员要"努力为人民服务"的规定，不赞成"全心全意"的夸张、虚伪的提法，因为这不符合人皆趋利的基本人性，不具有可持续操作的可能性→不论职位高低，人的一切活动中的首要活动就是求生存，这是由**"人离开物质的支撑是不可能成活的"**这个常识决定的。即便是人民代表、党员和执政者有合法的利益考量，你用得着大惊小怪么？注意，我说的是"合法的利益"！难道作为非人民代表、非党员和非执政者的你，就完全、彻底、一贯没有丝毫个人利益的考量？你寒而不欲衣？你饥而不欲食？你不奉养父母、不抚养儿女，也无亲朋之间的交往？你绝不生病、也无任何娱乐活动？你不想买房，也不想买车？……如果你的回答是肯定的，那么，我敢肯定，任何人见了你都会立马逃之夭夭，因为他们凭本能、常识就知道，你不是妖怪就是骗子。"己所不欲，勿施于人"，为难他人，不就是为难自己么？你是人民一员，任何当权者也都是人民的一员，决不能搞双重标准，厚此薄彼。大家公平、和谐共处，共同发财，才应该是一个良好社会的常态。

——用"全心全意"来绑架人民代表、党员和执政者，也是不实事求是、不道德、不公平、不理智的行为。如果中华民族的精英们→我们的人民代表（党员）、和执政者们，个个都是"**活得来穷兮兮**"的，没有尊严，没有相应的政治、经济地位，那中国将会成为什么样的怪胎呢？——对于具有家国情怀的民族精英，对于那些真心实意努力为人民谋福祉的人，我们是没有任何理由让他们不幸福的！

从世界历史的经验和中华文化传统两方面来考量，以及华盛顿的实例——没有华盛顿，就没有美国的现代民主制。我们还是坚持"**如果没有非常之权威与非常之机遇，是不能改变中国之政治走向的**"的观点。

需要强调的是，中国以往的最高执政者，搞个人集权，是有不得已的苦衷的，主要原因还不是个人利益的考量，而是由于制度的缺陷而被迫如此。中国以往的社会现实就是，如果不搞个人集权，你就没有任何权利，也就不可能高效地办好好任何事情。所以，对于最高执政来说，可以说是不得不搞个人集权，这是不以最高执政者的个人意志为转移的→你不搞独裁，必然就会被制度吞噬而"**制度性死亡**"，也可以称为"**理念性死亡**"。→这是美国建国的具体实践给我们的启示：先谈**治国理念、施政制度**，然后再建国！

至于如何重塑我国的治国理念，刷新我国的施政制度，实现去人治的改良，实现趋利避害，实现民主与集权的无缝连接，本文另有专门论述，就不在此重复了。

关于"非常机遇"的思辨→和解

至于"非常之机遇",我们认为:只要我们完成了国家权威与知识精英之间的和解、既失利益者与既得利益者之间的和解,"非常之机遇"就形成了。

对于"非常之机遇",我们不能坐等,应集全民之智慧,**用"实事求是、相对公平、遵循人性{顺应幷保护人皆趋利的基本人性,就是顺应天道}"为核心的治国理念开路**,尽早实现民族和解、恩怨清零,从而完成去人治的政治改革,在政治制度上完成超越世界的伟大使命。

——为了实现国家权威与知识精英的和解、既得利益者与既失利益者的和解,早日建成足以领先世界的最为公平、最为和谐的社会,应作如下立法建议:

1. 限时成立全国人大领导下的常设机构"中华人民共和国国家政治与经济改革咨询委员会",简称"国咨委"。设置中国共产党党中央领导下的"党咨委"成员产生方式与"国资委"相同,区别仅仅在于参选人员参选前是否是共产党员。

——**国咨委、党咨委**成员产生办法……举荐与自荐相结合,在国家阳光行政平台上公平竞争,以二轮差额直选的方式,把那些有家国情怀、有见地、有能力且愿意为国家效力的人选出来,组成**国咨委、党咨委**,其身份为国家级"二轮差额直选"的人民代表……

——参选资格

无贫富之分,无贵贱之别,无党派之限,基本要求应包括:家国情怀,即具有以天下为己任的奉献精神,有实事求是的思维模式,有"相对公平"的思维基准,对国家、对人民负责的担当精神、努力为人民服务的宪法精神;理性思维和实事求是的能力;自我克制能力,即不能是急于求成和性格冲动的人;足够的知识储备和阅历;具有政治智慧,即具有通过纷繁的表象看清事物本质的咨政能力;较强的执行能力,即不能是只能动口而不能动手的人……

——规模

我们私下认为,国资委、党咨委的专职者各一百人左右、兼职者各二百人左右为宜,即可保证工作效率,又可保证广泛的代表性,也不至于臃肿而人浮于事……

——职责

调查、收集、分析、研讨现行政治、司法、经济制度中不合理（不合于实事求是）、不相对公平、不尊重人性、不民主、不阳光的等等缺陷和那些好的却并未真正落实到实处的有关法规，逐一清理出来，本着实事求是的原则，提出合于情理（实事求是）的、稳妥的、预后良好的、可行的，有利于公平、和谐社会建设的各种专题解决方案……深入调查、反复研讨、辩论后进行公示收集意见，如是反复多次，达成共识，然后形成议案，提交全国人大批准。在小范围试行验证后，再普遍实施……

2. 限时发布大赦令

在全国人大领导和中国共产党党中央的主导下，由国咨委、党咨委分别研讨后，再共同讨论，形成一致意见后发布。

→中国政治体制深层次的改革，之所以困难重重，就在于既得利益者趋利本能的抗拒，要在中国真正实现去人治化的政治改革，真正走民主法治的道路，就必须维护既得利益者的利益→当然是到此为止，尊重过往历史是为了甩掉包袱、轻装前进！

大赦令的内容应当包括如下内容：

A. 目的：实现民族和解，建成世界上最为优越的公平、和谐社会，即**走向共和**。

B. 大赦对象：新中国既往人治社会形态下的"合法"既得利益者。

所谓"既得利益"，包含既得财富与既得地位→之所以我们运用了"**合法**"这样的字眼，只不过是坚持了实事求的原则而已→从新中国建国截至现在为止，我国事实上一直就是人治专政的国家，所谓的民主，只不过是一种虚假的宣传罢了，根本不是事实→**我们认为，不存在对既得利益者追责的合理性→这个恶果，不仅仅是执政者由于制度缺陷制约的主导，也是老百姓声嘶力竭的"万岁！万岁！万万岁！"喊出来的、就是知识精英弯腰妥协出来的，当然也有别有用心的投机者推波助澜的"功劳"→如何能够在事实上改良我国人文生态中的弊端，才是我们的当务之急→清算，人人有责，这无异于自杀→但总结经验教训，分清是非善恶以图将来则是势在必行的！**

既得财富就不用细说了，就是不予追究，即时合法。主要说一说现在体制内由国家财政负责人员的职位安排方式。一、鼓励他们积极参与新的任职方式的竞争，从而获得新的职位；二、未以新的任职方式获得新职位的人员，原享受的经济待遇不变，职位不变，但要书面承诺遵守改革后新的规章制度。以上两种方式，实际上保证了原有在位人员的地位只升不降，以利于新旧规章的平稳过渡。不再追究现存在位人员上位的缘由，让其现有地位即时合法，就会使他们成为我国人文生态改良的坚定支持者。

尊重历史，承认现实，对于既得利益者的既得利益，以大赦令正式、公开发布的时间为准，将既得利益者的既得利益即时合法化，既往不咎，免于清算，下不为例。这是对既往制度缺陷进行补救而又损失最小的唯一选择，也是消解政治、经济改革的阻力之最有效的手段。

至于服刑罪犯，我们认为也应"大赦天下"→当然要在学习改良新规后考试合格，并签下书面承诺书之后才能释放。→其法理基础如下：

→因为我们认同孔子的观点：人性就如瓶中之水，人文生态就是盛水的瓶子。人在良好的社会生态中，都是可以变为好人的。人的行为，是由所处的社会的人文生态决定的。只要中国的人文会生态是实事求是的、相对公平的、与人为善的、尊重人性的、有法必依的"河清海晏"之状态，并对人文生态生态持续不断地动态纠偏，那么，中华民族的每一位公民超凡入圣，成为高贵的贵族、高雅的绅士，就是一种必然。所有的中国人，不论是监狱内外，都是对中国现实社会人文生态的种种弊端负有不可推卸的责任的，其差别仅仅在于是责任的大与小、恶行是否暴雷而已→"五十步笑百步"，是没有什么值得傲娇的。——大赦天下，是中华民族必具的恢弘之气度与博大之胸襟，否则就不足以彰扬我中华涵养了三千年之"浩然正气"、绵延了五千年之举世无匹的伟大文明！——每一位中国人！你是国家的主人，只要挺直你的脊梁，坚持"实事求是、相对公平"的原则，你就是一个不折不扣的伟人！

立地成佛的先决条件，是其人身安全有保证，其原有财产有保障，其原有生活水准有保障，即在经济上、政治上都不会有被清算的危险，同时能够充分地保障自身人格尊严与人身安全→否则"屠刀"是不可能放下的→你都要我的命了，我还能不反抗吗？——任何一方不诚心和解，都是办不成国之大事的——要双输，还是要双赢，这是一个中华民族必须回答的问题。

这其中的基本法理是：即便是敌对双方，国际通例也是——缴枪不杀，优待俘虏。所谓"优待"，就是给予曾经的对手以真正的、足够的尊重。对于历史原因形成的一国同胞间的不合理的利益分配，为美好的未来，理应实行固化而不再缠斗。缠斗生暗鬼，国家将永无宁日。

应该既往不咎，恩怨清零，面向未来，团结一致，共同完成建设美好中华的历史使命。

——美国南北战争后，美国人对叛军首领李将军所持的宽容态度，是值得我们借鉴和深思的。其实，中国人是老早就有了同等的智慧的，诸如退一步，海阔天空，化敌为友，冤冤相报何时了、不能捡了芝麻而丢了西瓜等等，俯拾即是。

——合作共赢，撕逼双输，这是简单明了的常识。

——凡是要想办成一件事情，我们只能选择损失最小、最有效、最可行、预后最为良好的、能切实解决问题的方式；反之，既失利益者与既得利益者相互不妥协、不和解，相互作殊死搏斗，即便死人无数、经济因此遭受重创也在所不惜，最后即便是现在的既失利益者获得胜利，也不过是产生新的既得利益集团罢了。二者之间的问题、矛盾，丝毫没有改变，必将进入下一轮的缠斗，这是我们想要的结果吗？最后，即便是现在的既得利益者获胜，只不过是表面胜利罢了，实际上二者之间的问题将更为严重，矛盾更为激化，这难道又是我们想要的结果吗？

这种你将唱罢我登场的人治政治闹剧，在中国已经上演了几千年了，难道我们还要傻傻地、损人而又不利己地折腾下去吗？

C. 对既失利益者，即弱势群体，收入在人均水平以下的群团，进行实在的、具体的补偿。

这其中的法理是：既然，既得利益者、强势群体因过去历史的原因所得的既得利益得以合法化，那么，对这种历史错误就要进行相应的补救。

从相对公平的角度和缩小差距的现实考量，为达到真正的和谐、公平，实现中华民族真正的和解，国家理应用已获得和将要获得的财富对弱势群体作适当的、实在的、力所能及的补偿，并出台扶持弱势群体的相应法规。不是打土豪式的劫富济贫，而是温和、逐步地"补低就高"。

D. 追究对象的时限以及处罚措施。

我们主张仁爱、宽容、和解，但绝不意味着软弱可欺，对"恶"的纵容。

那些在大赦令公开发布之后，仍不愿"立地成佛"的违法者，即不愿当好人 { 有相对公平理念的人 }，而继续破坏相对公平原则的害群之马，无疑是中华民族的公敌。对那些在大赦令公开发布后，仍顶风作案的顽固分子，被视为中华人民共和国之死敌，必须重拳出击，以雷霆万钧之势，从严惩处，绝不宽贷。依据法律，该关者关，该杀者杀⋯⋯

E. 我们始终认为，对于"恶"的容忍，就是对"善"戕害，这是反人类（违背人类社会发展应有之特定范式）的行径。那些动辄贪墨几千万，甚至上亿的"科摩多巨蜥"，在大赦令发布之后仍然继续为恶者，根据什么法条而不毙之以平民愤？那些拐卖妇女儿童的恶徒，毁的是他人整个家庭、和谐社会的根基，在大赦令发布之后仍然怙恶不悛者，又是根据什么样的法理而不杀之以疏民怨？对于那些讹诈救助者的人渣，在大赦令发布之后，还继续耍无赖者，又是因为什么原因而不绳之以法以扬正气？当然这不是要算历史旧账，因为那些过往的丑行，主要是制度缺陷所致，执政者有不可推卸的责任。是否惩处，以大赦令公开正式发布之时为准，**罪行清零、既往不咎、下不为例；如若再犯、严惩不贷、绝不宽恕。→对怙恶不悛者的任何心慈手软，都是对善良者的狠毒！**

F. 出台适当的财产税增强国力，是本着相对公平的原则对利益分配予以**适当调节**，而不具有惩罚的性质。

G. 强调：财产如实申报无罪，受法律保护；瞒报有罪，加重处罚。

H. 其他未尽内容⋯⋯

锦囊 {06} 关于四个坚持与中国该向何处去的思辨

没有共产党，就没有新中国。

首先申明，我们绝不是只为共产党唱赞歌的人，而是坚持实事求是的原则来对待中国当代历史事实的人→不论是谁，只要做了利国利民的好事，我们就赞扬；只要做了害民害国的坏事，我们就批评。

我们所理解、认同的关于**中国共产党的正面定义为**：在坚决维护公民个体合法私有财产神圣不可侵犯的前提下 { 这是保持第一生产力活力的必须 }，主张所有国有财产属于全国公民共同所有的政党，其成员皆为具有家国情怀的民族精英。

——我们认为，**"没有共产党，就没有新中国"**这句话有两层意思：一是，没有 1921 年成立的中国共产党，就不会有 1949 年成立的中华人民共和国；二是，现在没有中国共产党的主导，就不能建成真正公平、民主、和谐的，超越、引领世界的，强大而令人艳羡的崭新的新中国。

——在很多时候，越是简单的常识（真理），人们越不以为意，总觉得不过是老生常谈而已，不足为奇。甚至有人会反问："没有中国共产党的领导，难道中国就消失了"？对于没有思想上的准备的一般人，常常会被问得来哑口无言。

我们不是什么专家学者，没有"强大的理论"作支撑，我们也不奢望成为"大师"，我们只对"常识"（真理）感兴趣……

那些提问者们，你们是否可以回答我们这样常识性的问题：历史是可以假设的吗？既成历史是可以推倒重来的吗？去掉中国共产党的领导，谁能确保我泱泱中华的大一统与中央集权的"举国体制"？→你能够确定你废除中国共产党的领导以后，你具有一统中国大陆的实力吗？→中国当然不会消失，神州大地自地球形成以来就是"江山永在",是谁也搬不走的→但分裂后的中国,还是中国吗?

掌握强大热武器的当代大国的执政者,是不可能像冷兵器时代的大国执政者那样被武力推翻的,这是一个基本常识→真理的力量是无限的,真善美是假丑恶的天然克星,是由人皆趋利的基本人性决定的,"大道向善、天下为公",也是一个基本常识→遵循基本人性,就是顺应天道,就是遵循了最佳客观处置范式→人皆趋利,决定了人皆渴望相对公平,用"实事求是、相对公平"为核心的理念来治理国家、治理世界,就是寰宇普适的"天道"!武力是不能够让人真正屈服的,但真理是能让人信服的→"依法与中国执政者摆事实、讲道理"来推动中国的人文生态的改良,这看起来就是书生气十足的幼稚,但其却能够让中国执政者在内心不愿拒绝中国的人文生态改良,在行为上也不能够拒绝中国的人文生态的改良的梦幻般的神迹真实地出现,降临于华夏神州大地!→中国执政者之所以内心不愿拒绝中国的人文生态的改良,是因为中国的人文生态的改良,执政者是最大的受益者,在成就国家、民族的伟大的同时,也必将成就执政者自身的伟大而名垂青史;中国执政者之所以在行为上不能够拒绝中国的人文生态的改良,是因为真理是人皆信服的、法治的威力是所向披靡的、人皆趋利的人性是不可违背的。

在中国,排除执政的中国共产党来改良中国的人文生态的错误思潮的错误在于:虚无主义→既不承认既定的历史事实,也不承认当下的客观事实,所干的事情,只不过是主观臆想的自欺欺人罢了→这种思潮对于中国人文生态的改良来说,显然是有害无益的。

你永远不可能通过你自己的假设,改变既成的历史——你不能假设:没有马克思,没有列宁,也没有苏联,因而就没有中国共产党;你也不能假设中国清朝没有垮台,或国民党实现了真正全国政令、军令畅通的统一,中国不是处于分裂状态,因而得出共产党就不可能在统治薄弱的地方"武装割据",也就不可能最终夺取政权;你也无法设定二战没有发生,日本没有大举入侵中国,因而中国共产党就不可能获取那么大的生存、发展空间;当然你也不可能假设国民党没有失去民心,共产党没有得到当时中国人民的支持,因而就不可能建立中华人民共和国……

马克思、列宁、苏联就是出现了，清朝就是垮了，中国当时就是分裂了（军阀割据），二战就是爆发了，日本就是在中国烧杀抢掠了……历史的走向，是由当时的种种客观原因综合作用的必然结果，是不会以任何人的主观意志而改变的，这是常识中的常识，因而，也可以称为真理。

我们唯一能做的是：尊重历史，面对事实，总结经验教训，以求在今后前进的道路上走得更加平稳，尽可能地少犯错误。

我们赞成邓公（邓小平）提出的"四个坚持"。

1. 坚持社会主义道路

中国特色社会主义不是一个空泛的概念，不是可以任意解释的。中国特色社会主义，是有特定的标准的。这个标准，就是习近平在党的十八大上提出的社会主义的核心价值，是饱经忧患的共和国新生代的共识。→当然，如果坚持中国特色社会主义核心价值仅仅停留在口头上，而不具体落实在实际的施政之中，依照一般常识来推断：事实上，这就是反对中国特色社会主义核心价值，而绝不是坚持中国特社会主义核心价值！→"说一套、做一套"，由常识可知：说的那一套是假的，做的那一套才是真的！

邓公对什么是社会主义有简明的论述：**解放生产力，消灭剥削，缩小贫富差距，共同富裕。**

这句话，看似简单、平常，却从获取财富和财富分配两个方面概括了**中国特色社会主义的本质**。→**"解放生产力"**，就要建立一套既能够保护人民合法追求美好生活的愿望（第一生产力）的，又能激励科中国人民科学技术的学习、研究、创新｛第二生产力｝的完善制度；**"消灭剥削，缩小贫富差距"**就是要以相对公平为准绳改来改良、规范中国的人文生态｛第三生产力｝。

我们认为：人们追求美好生活的愿望，是生产力的原始动力，就是第一生产力；科学的技术与科学的方法，是提高生产效率的工具与手段，就是妥妥的第二生产力；人类人文生态的优劣，制约着第一生产力与第二生产力的兴衰，显属第三生产力。→至于邓公关于"科学技术是第一生产力"的提法，邓公仅仅是从当时中国的科技极其落后的实情来看，中国科技的发展是需要优先｛第一｝考虑的。

关于"政府是否能够产生财富"的争论？我在此作一个简要地回答：政府，是文生态的主体，即第三生产力的骨干，因此优良的政府就代表着优良的第三生产力，是能够优化人文生态来保障第一、第二生产力的勃勃生机而使民富国强的，即优良的政府是能够生钱的；反之，恶劣的政府就代表着劣质的第三生产力，即恶劣的政府是会使人文生态恶化而使民穷国弱的，即恶劣的政府不但是不能生钱的，反而是会使人民破产的。→请参见本文相关部分较详尽的论证。

坚持中国的社会主义道路，绝不是仅仅口头上空喊什么口号，而是要实实在在地在行动中具体而严格地逐条落实中国特色社会主义的核心价值！

富强，是中国人梦寐以求的，热切期盼的，我们当然要坚持。

民主，是中国人百年以来，前仆后继的奋斗目标，难道你不想坚持？

文明与野蛮，和谐与撕裂，自由与禁锢，平等与非平等，公正与非公平，法治与人治，爱国与卖国，敬业与渎职，诚信与欺骗，友善与仇恨，前者不坚持，难道你想坚持后者？

难道我们中国人自己提出的就不是普世价值，只有洋人口中吐出来的才是"普世价值"？实际上应该改为"普适价值"更为准确。

哪怕是一些一模一样的东西，西方的外国人一说，一片喝彩之声，我们自己的执政当局一说，即不断质疑……

我认为这不是国之精英应持的态度，既不尊重事实，对国家和人民也是不负责任的。

况且，西方的民主政治制度也有诸多不足，也是需要改良的，这说明他们的政治智慧，并不一定比中国人高明多少。

因此根本就没有坚不坚持社会主义、坚不坚持社会主义核心价值的问题，而只有如何坚持好中国特色社会主义、社会主义核心价值的问题，以及如何把社会主义核心价值落到实处的问题。

中国特色的社会主义，不是一句空洞的口号。社会主义核心价值，不是提出来让它仅仅挂在墙上、停留在在口头上而已，而是要"积极培育和践行"的（习近平）！

只要我们把社会主义核心价值不折不扣地落到实处，并坚持动态纠偏，不断地完善和丰富，我们就能建成世界上最为优越的→**真正的共和制的**政治制度→**由中华人民共和国**的国名，可以确认：使中国成为真正的**共和制**国家，就是**眞正的**共产党人的初心。

2. 坚持人民民主专政

坚持人民民主专政，就是坚持"中华人民共和国的一切权力属于人民"的宪法宗旨，这是中国千千万万仁人志士为摆脱人治独裁专制，不惜流血牺牲，不断奋斗而取得的伟大成果，我们怎能拱手相让，说不坚持就不坚持了？中华人民共和国是属于每一个中国公民的共和国，她的一切权力属于每一个守法的中国公民，我们怎能不坚持呢？→这也是邓公认为中国必须进行政治体制改革的思想基础，他老人家的最后政治遗产就是→"谁不改革，就让他下台！"→邓公临终不忘初心，仍记挂着百姓能否过上富裕舒坦的日子，他无愧于"我是人民的儿子"的庄严、神圣。

所以根本不存在坚持或不坚持人民民主专政的问题，而只有如何充分发挥中国人的政治智慧，设计出一套相应的完善可行、让人民真正实际掌权的制度，切实解决好人民如何授权、人民如何行权这个关键问题，把坚持人民民主专政落到实处。

3. 坚持中国共产党的领导

这个问题，从历史和现实的角度，上文和后文，都有所涉及，在此，再做一些补充。

在实事求是、与时俱进、立志以相对公平、与人为善、民主法治的原则来改良中国人文生态的前提下，坚持中国共产党的领导的优势是显而易见的→这是预后最为良好、最具可行性的。一是，尊重了历史和现实，在进行改革的同时，还能够保持国家权威的稳定；二是，国家权威的存在，改革实施最为容易，获利最大、损失最小；三是，不用重新建立中央权威。一旦像中国这样的泱泱大国的中央权威一旦消失，就意味着中国的优势｛大一统、中央集权的举国体制｝的消失，形势很有可能失控，重新建立中国的中央权威绝非易事，甚至大有可能陷于曹孟德所说的"设使国家无有孤，不知当几人称孤，几人称帝"那样的混乱局面，中国人文生态的改良将会因此而遥遥无期→中国出现此种状况，不仅仅对中华民族自身来说是极其不利的，对于世界各国来说，也是得不偿失的。

中国共产党的领导，是由特定历史时期当时的特定客观现实决定的，是不以人的主观意志为转移的，在当下追赶西方诸强的紧要关头，中国人民绝对承担不起在政治架构上推倒重来的代价的，唯一的出路是如何**完善**中国共产党的领导而绝非其他。那种取消中国共产党的领导重起炉灶的思潮，是在拿中华民族的前途、命运来冒险，是极不负责任的，与实事求是的原则也是背道而驰的→面对中国当下的实际状况，怎样做才是对中华民族最为有利的，这是可以用**"实事求是的验证模型"**来予以验证的。

对这个根本性的问题，要有合于事实的理智的判断：坚持党的领导是否是合于中国人民根本利益的最佳选择？答案显然是肯定的！人有趋利避害的本能。什么更好，什么损失最小，怎样才能更容易实现我们的目标，我们就选择什么，这是一个简明的常识。"两难相权取其轻"，这与"存在的就是合理的"以及"权威崇拜"无关，因为，在中国，宪法明确规定，真正的权威是中国人民，而绝不是其他的任何人。

我们当然要民主，而且要实现人民真正当家作主的真民主，但不能照搬西方现行的民主制度，因为它是有很大的缺陷的。

西方那种多党轮流执政的制度，从本质上来说，就是各政治集团代表各自利益的互相反复博弈，从而决定了任何一届政府都不可能实现完全的民族和解（国民内部自洽），不可能真正达到全民相对公平、和谐共处之理想状态。因种种利益相互缠斗已成多党制民主无法根除之痼疾，其种种弊端，俯拾即是，在此我们就不再赘述了。

从美国总统号召美国民众捍卫美国民主的行动来看，美国的民主制度还存在着很大的提升空间→美国人文生态改良也还任重而道远→美国是首先实施民主制度的世界唯一的超级大国，理应对**人类人文生态学的科学化**予以足够的重视。→如果美国的民主制度，不能突破现存窠臼，实现"国民一体化"，那么，美国的民主制度就永远都是半成品，是不足以真正引领世界的。我们思辨美式民主的结论是：美国是需要实行**"国民一体化"**才能使美式民主永葆青春的。**"国民一体化"**的内涵如下：一，其标的就是要实现"国家即人民，人民即国家"的真民主，使国家的每一位领导者都是真正的全体公民权益的守护者。二，确立人类已知的**"良善人文生态的基本规则"**为治国理念，诸如实事求是、相对公平、与人为善、尊重人性、必要差别、民主法治、阳光行政、动态纠偏等等，简言之，就是以"真善美"为标准来治理国家，用通俗的话来表述其核心就是："己所不欲，勿施于人"：利己而不损人；利人而不损己。如果美国不能突破"道德相对主义"这个误区，不在"自由、人权"的头上套上"不得损人"的笼头，不在资本的脖子拴上"相对公平"的链子，就会由此而滋生出种种"损害他人利益而不受惩罚"的怪象，美式民主就会走向民主的反面。三，需要与时俱进地突破欧裔、亚裔、非裔、拉美裔的身份界限，各族裔的政治、经济待遇不得实行双标，美国人，只有"美国公民"这一个统一的身份。从平等对待全美的每一个社区的公民入手消除长久以来实际存在的鄙视链，杜绝对底层社区放任不管，任其自生自灭的渎职现象，以社区为单位由社区内公民**二轮差额直选**各社区的管理者，痛下决心优化各社区居民的管理与帮扶，并以此为基础，从下至上建立国家的各级阳光法制平台｛含选举、公决板块｝，依据新制定的《选举法》负责选举国家的各级领导者，并制定相应的法规，从而突破贫富对立、两党争斗的顽疾。四，美国是否适合实行我们提倡的"人民独大"、"三权并立、三首同权"，待议｛请参阅本文中相关论述｝。五，其他未尽事宜。

我们坚持党的领导。当然不是认为中国共产党的领导已经是做得十全十美，可以因已取得的巨大成就，而不需要吐故纳新、与时俱进了，也可以故步自封、止步不前了。

例如，人们最为关注的"人治、"、"假民主"、"禁锢民意"、"有法不依"、"被代表"、"一党专制"、"实权党员干部权力无制约"、"反贪不治本"、"财富分配不公"等等问题，其离心离德的破坏力不容低估，我们是否应该认真、切实地以实是求实的、相对公平态度，对这些问题具体地予以研讨——问题是否实际存在？怎样才能妥善解决？

——我们所能想到的改善中国共产党的领导的最佳方案是：

在中国，依据中华人民共和国宪法与中国共产党党章的宗旨，应实行"在实现**党民一体化**的前提下"的中国共产党的**"一党独大制"**。

党的名称也应增添人民二字，称为"**中国人民共产党**"，其限定含义为："**中国人民共产党**，是由中国人民自己通过"**二轮差额直选**"的方式选举出来的人民代表组成的唯一**执政党**，"**二轮差额直选制**"选举出来的人民代表，为天然的**中国人民共产党的党员**，也就是说，每位**中国人民共产党**的成员，必然是由二轮差额选举产生的人民代表→不是人民自己通过二轮差额直选的方式选举出来的人民代表，是没有资格成为中国人民共产党这个中国唯一的法定**执政党的成员的**。

　　□中华民族注定是要迈入"智慧共和时代"而与美国并肩、共同引领世界潮流的→在中国大陆、中国台湾协商"和平合并"的时候，可在保留中华人民共和国的国名的同时，理应将包括中国台湾在内的整个中华民族的唯一的法定【由全体公民二轮直选所产生的人民{民意}代表组成】的执政党升格为"中华人民共和党"，这既不是中国大陆的政府或某个党派统一了中国，也不是中国台湾的政府或某个党派统一了中国，而是中国大陆的政府、中国大陆所有的党派的"涅槃重生"，同时也是中国台湾的政府、中国台湾的所有党派的"涅槃重生"，这是中华民族弥合裂痕，中国境内两个平行政体的平等的"和平合并"。→注意，这不是否定党的领导，而是对党的领导的优化、是对党章宗旨的落实：这是与时俱进，这正如唐太宗李世民不沿用唐高祖李渊的年号"武德"，而改用"贞观"为自己的年号一样，中国仍然还是李家王朝的天下→由中国人民认可的、授权的中华民族的"先锋队{具有家国情怀的精英}"来为中国人民服务、施政，是新时代的必然要求，是符合中国大陆、中国台湾的所有党派的党章宗旨的，不然就是非法的政党，是不可能得到中国人民的认可的。中国{含台湾}当下现存的党派中，中国共产党的实力最强，中国共产党主动、积极地完成邓公设计的去人治的"政治体制改革"，主动、自觉地华丽**转身，引导中华民族向"智慧共和社会"迈进，必定成为光耀千秋的盛举！**

　　——我们认为这是中国共产党与时俱进，实现华丽转身的不二选择。

　　实施党民一体化的本质，就是中国共产党面对自身所面对的中国当今的具体国情，与时俱进，实事求是地由革命政党有序地变身为执政党。→这其间主要急需解决两个问题。一是，还权于民→落实"一切权力属于人民"的宪法宗旨，使中国{人民}共产党的执政地位因"人民通过二轮差额直选的方式授权"而合法化。二是，去掉中国目前国家管理中存在的"务虚、务实"两套重复架构，使每位党员﹛人民代表﹜都成为直接向人民负责的国家实职、兼职官员。

实施党民一体化的最终目标，就是要使中国﹛人民﹜共产党，成为人民自己认可的、由人民选择的、由人民直接授权的、具有家国情怀，拥有实事求是、相对公平素养的、法定唯一的治国精英集团。

"党民一体化"的特定含义是：**党民一体化，的通俗说法，就是"官民一体化"**→中国人民共产党的新党员，都是经自己人民认可、授权的，愿意为人民谋福祉的民族精英，是由人民通过**二轮差额直选的方式直接授权产生的、以人民的意志为意志的同体替身→党就是人民；人民就是党**。根据人民自己的意愿，真正由人民自由地择优选举出来的所有的人民代表，理应是中华民族真正的精英，法定为中国人民共产党的天然党员。所有党员，都是具有相对公平的理念、承认公有财富是全国公民共有的、神圣不可侵犯的国家财产→这是"共产"的原始本义→共产党人用实际行动来为**"共产"正名，是每个真正的共产党人的天然职责**→所有党员，都是愿意努力为人民服务（具有家国情怀）、拒绝贪腐、且有较强参政议政能力的……

——特别强调：我们提倡"党民一体化"的目的，并非是要取消中国共产党的领导，而是要依据宪法和党章的宗旨来改良中国共产党的领导，使中国共产党的领导具有最广泛的民意基础，最坚实的法理基础，从而与时俱进地**实现中国共产党华丽的转身→由革命党，转变为真正的执政党，以图建立中华万世不朽之"共和"伟业！**

一党独大的特定含义就是，**人民为尊，人民独大，人民这个国家的真正主人自己就是"太上皇"**。不是党、也不是政府告诉人民应该怎么做，而是真正由最广大人民直接选举出来的人民代表（党员）遵照人民的意志行事，对人民负责，每人每年都是理应有公开、具体的述职报告的。

历史的经验与当代的理论成果告诉我们，中国唯有在大一统、中央集权（举国体制）的前提下才有可能兴盛，反之则弱小。因为没有大一统的中央集权，中国人就是人人可欺的一盘散沙，是干不成任何大事的。而**党民一体化﹛官民一体化、贵贱一体化﹜，则是建成我国既聚民力、又凝民心的"举民体制"**

的唯一选择。**党民一体化**，是货真价实的**中国特色**，它能够有效地规避西方民主的种种弊端。由此我们可以自豪地说，世界上任何国家，**只有实现了党{官}民一体化，才能够说自己是真正的民主国家。**

——根据一切权力属于人民的法理，中国是不能够出现两股以上代表不同的集团利益，可以互相抗衡、撕逼的政治势力的。

如果中国有若干个具有执政能力的政党，那么你们几个政党，谁是代表全体公民利益的呢？人民应该把权力授予谁来代管呢？如果你们都说是代表全体人民的，是无特殊私利的，那么你们的宗旨和党章必然雷同，又有什么理由分裂成几个党派呢？→因此，中国的二轮差额直选的参选者，是不得以某党派的党员身份参选的→所有参选者以**中华人民共和国公民佼佼者的身份**参选，当选为人民代表以后，即天然地、光明正大地、堂堂皇皇地成为中国{人民}**共产党**这个唯一的法定执政党的成员→我们认为这**是与"天下为公"最为契合的处置范式。**

我们在借鉴、学习西方政治制度优点的时候，不能同时将其弊端一并接受。

多党缠斗，与分疆裂土一样，本质上也是一种分裂。**党派纷争**，对实现民族和解、全民的内部自治，对实施人民真正当家作主，都是有害无益的。

——综上所述，我们最应该做的不是简单地、感性地赞成或反对共产党的一党独大，而应该多多地、务实地、理性地进行思考：怎样才能真正实际有效、快速、经济地解决中国目前人文生态中存在的种种弊端，如何才能真正实现党民一体化，即如何才能实现党**即人民，人民即党**。就是要使所有党员都是由人民自己直接选出来的、具有为国为民作贡献的民众中的先锋、精英，让**"一切权力属于人民"**的法理与政治现实相符。这样，就会使党之权威在说"我代表人民"的时候，堂堂正正，使全体人民在听见国家执政说"我代表人民"的时候，正大光明。→从而真正地使**"民主"**这个核心价值，落地生根，开出惊世之花朵。

这样，只要中国还是中华人民共和国，还坚持真正的民主选举，那么，**中国{人民}共产党**，就会历万世而不衰，永葆青春。→我们认为这是坚持党的领导的最佳途径。

——需要特别说明的是：也许有人会产生这样的疑问，既然实行党民一家，人民选出来的人们代表，就成为天然的党员，人大与党就是一回事，那事实上不就是取消了共产党的领导了吗了？

当然不是！——人大是人民行使权力的机构，而党的组织，是党员的管理、督导机构。简言之，二者的区别，一为管事，一为管人。→事情都是人干出来的，只要执政党拥有管理党员的权力，也就事实上实现了党的全面领导。

因为人民代表（党员）的数量，如果仅仅局限于各级行政机关的以三首（**定义见下文相关部分**）为首的实权官员的数量，是远远不能满足集思广益和管理、领导国家的需要的。

——**中国{人民}共产党**的体量，与全国所选举的人民代表的体量相同。人民代表（中国人民共产党党员）分属四个系列：1. 在人大工作的，主要的具体工作为立法、人事。2. 在政府工作的，主要的具体工作为施政、司法。3. 在党的机关工作的，其职责为执政党的常设督导。4. 非实职党员，主要的具体工作为执政党的兼职督察。

也就是说，在人大工作的党员主要是管理国家立法和政府官员人事任免的，在政府工作的党员主要是管理行政（司法）的，在党的机构中工作的和非实职党员主要是管理所有党员（人民代表）的。换一种说法就是，人大、政府是管理国家实际事务的，党是管理所有的国家事务的管理人员的。而所有的事情都是人干出来的，如果一个党把所有的国家官员都管住了，那就是实现了对国家绝对的领导。所谓领导的实质，就是两个字：管人。——当然，这个管人权力，必须真正是人民直接授权的且受人民直接制约、监督的！——人管人是管不住的，依靠阳光的民主法治制度管人才是稳妥的——党的机关，就人民代表组成的纠察机构，是监督、约束、矫正人民代表的行为的。用一个比喻{类比}可以使人更清楚明白：如果人民代表这个群团是由中国人民选派的最优秀的儿女组成的、最能战斗的一**支铁军**，我们就可以进行类比了——党员、人民代表的这种身份重合只是分工不同，皆为中国人民最优秀的儿女；党员{人民代表}的最高首脑是国家元首；一部分党员{人民代表}在政府中有具体的任务，是国家公务员；另一部分党员{人民代表}在党的各级机关中工作，没有具体的施政任务，专事对党员{人民代表}的督察，相当于国家宪兵。党中央就就相当于宪兵司令部，党的首脑，就是宪兵司令部的司令员，是天然的国家元首。

党管人，依据的是党的章程。但党的任何党规、党纪，都不得凌驾于国家法律之上，这是需要有具体详细的实施细则的，目的是使党员｛人民代表｝，特别是身为宪兵的党员｛人民代表｝不具有任何特权，不然**党即人民，人民即党；一党独大，人民独尊**就会成为一句空话→当然其他的不在党的机关｛"宪兵部队"｝工作的人民代表｛党员｝，也是兼职的宪兵，对专职宪兵也具有督察之责。这是一个简明的政治常识。

因此，选举出来的人民代表（党员）的数量，应是各级"三首"为首的实权官员的三倍以上，未担任"三首"等具体实权职位者，即为一般党员（兼职人民代表），是国家的智囊和干部储备（以备职位出缺后的不时之需），相当于中国古代"翰林院"、"督察院"的成员，都是皇上（人民）亲自遴选出来的候补官员，也相当于中国古代的兼职"谏官"。也就是说，党员（人民代表）的数量永远是实权（实职）官员的三倍以上→党员｛人民代表｝的体量，是远大于官员的体量的。

在现有的党组织结构形式不变的情况下，未当选为人民代表的老党员，自然转为党的各级顾问委员会的委员，不再新增。通过二轮差额直选所产生的**"新党员"**的实际身份，已经转变为人民直接授权的、人民权力和国家财富的守护者。

具体地说，就是社区（村）的党支部，由担任"三首"实职三个党员｛人民代表｝，与一般"赋闲"（非实职）的党员｛人民代表｝六至九人，共九至十二人组成。一般党员，每三人组成一个党小组，互相协助、互相督促，是党的基础"细胞"，三者皆为同权、同责轮值小组长。社区"三首"皆为同权、同责轮值支部书记。

乡镇（街道）党委，由所辖社区（村）的"三首"和乡镇（街道）的本级"三首"与四位下级"三首"（经二轮差额选举产生）共七人组成常委会，乡镇｛街道｝的三首，皆为同权、同责的轮值党委书记。

以上各级，以此类推，组成党的各级党委。其"三首"皆为同权、同责轮值党委书记。

如果以全国有七十万个社区（村）来计算，全国就至少应当选出六百三十万党员（人民代表）以上，才能满足治国的基本需要。如果算上中央各部委，省、地、县各厅局的"三首"，以及军队、各事业单位、各大中型国企与民企的实际需要，就还应增选若干万党员（人民代表）。新党员（二轮差额直选的人民代表）的数量，全国应控制在一千五百万左右（总人口的百分之一），以保持其先进性。

关于为什们**中国｛人民｝共产党**的党员数量为什么不宜突破一千五百万，我们认为还应该再补充说明我们的见解。

既然党章规定，中国共产党党员是中华民族的"先锋战士"，那么，百里挑一，确实是可以称为"先锋战士"的，也就人们所说的是"精英"，这是有生物学人口统计数据的支撑的：具有高智商可能成为杰出人才的比例约占总人口的2.5%，由于生活中各种因素的影响，实际上最终成为杰出人才的比例，大概就只有1%左右。如果硬要说十里挑一也算"精英"，恐怕就很难使人信服。而且十里挑一，也大大地超过了国家管理的实际需要，必然会增加人民的负担，这是不符合"实事求是"的原则的。

未被选为新党员（人民代表）的中国共产党的老党员，建议归党的顾问委员会管理，不再新增，其成员有出席同级党组织会议、建议、献策、参选、推荐、自荐，等等之权利，以及不参加党的活动，自愿退党后不受歧视，等等之权利。

当然要保证二轮差额直选的阳光、公开、透明。要通过《选举法》的制定，力争把真正乐于奉献的、"品、学、能"三者皆优的精英选出来。尽可能做到优中选优、"野无遗贤"。倘如此，中华之复兴、和谐、强大，就不再仅仅是理想，而是必然中的必然。

届时，根据党章宗旨，每个党员的身份，就不再仅仅是被提拔的"资本"，而是人人都是人民赋权的，具有维护、监督本党的"实权"和职责（应制定实施细则），不是谁谁谁可以开除或引进的。国政运行，出了问题，全党有责（对人民）。这样，党的领导工作，就没有机会犯大错。而党的领导地位，因为有广泛的民意的加持，就具有牢不可破基础，党的领导不仅不会被削弱，反而会得到极大的加强，更加牢固。

简要的推理如下：宪法规定，中华人民共和国的一切权力属于人民；党章规定，中国共产党是由中华民族的先锋组成的，中国共产党的领导是中国人民自己的选择（代表最广大的中国人民）。所以，中华民族恒在→中华人民共和国恒在→中国人民公平阳光的选择权恒在→中国{人民}共产党（人民代表）恒在→中国{人民}共产党的领导地位恒在→中华民族的复兴将成为历史的必然。

结论：只要"中国共产党是真正由中华民族的先锋队组成"的，"是代表最广大人民的"这个宗旨恒在，党就恒在，党的领导地位亦恒在。→站在中国人民共产党（人民）的立场、角度来看，这正应验了唐太宗的那句老话"天下英雄，尽入吾彀中矣"！

——为了让大家更为准确地理解我们的思想，在此有必要给人民代表、实权官员（公仆）、人民共产党党员定义：

人民代表，是已被选出来的（二轮差额直选）中华民族的精英的总和（由于人数有限，当然还有若干精英并未入选）。

实权官员（三首、其他实权官员皆为人民代表），是担任行政专职的人民代表的总和。

中国{人民}共产党党员，是担任行政实权专职的人民代表和兼职人民代表的总和。

只要我们真正坚持了"实事求是、相对公平、与人为善、尊重人性、必要差别、民主法治、阳光行政、动态纠偏"的治国理念，实施了真正的民主法治，中国就再无出现像苏联斯大林时代那样因列宁去世而产生杀人无数的争权闹剧的政治基础，也根本不可能再出现公元1991年苏联式的覆灭危机——民主、法治政体，是不存在权力交接危机与"灭国"危机的——苏式"社会主义"，其实质就是国家资本主义＋"帝王专制"所形成的怪胎。当时的苏联，除了斯大林有权力之外，谁曾拥有过真正的权力呢？

——我们认为："**一党独大，完美独裁**"，是民主、集权、法治最为相对完美结合的政治架构，是与中华人民共和国《宪法》宗旨"一切权力属于人民"相契合的，也是与中国共产党党章宗旨"代表最广大人民"最为契合的一种政治架构，是最能体现中国共产党人初心的治国形式，是适合中国国情的最为高效、最为稳定、最少犯错且最为清廉的行政方式。

　　需要补充的是，我们认为：凡是中国｛人民｝共产党党员，即实行"党民一体"以后当选的人民代表，不管是行政实权专职党员（人民代表）还是兼职党员（人民代表），就应领取相应的津贴＋本岗位收入。——既然为人民办了实事，当然就应当获得相应的报酬。

　　这样设计的目的，就是要使所有的人民代表，即中国｛人民｝共产党党员，不论是专职人民代表还是兼职人民代表，都必须要履行收集民意、建言献策、监督全党的施政方略和具体行为是否合于相对公平、是否合于实事求是、是否合于与人为善、是否符合基本人性、是否合于宪法、是否合于党章，等等。每年、每人要有具体的书面的述职报告，并在阳光行政平台予以公示，以便于人民今后的评价、选择。

　　这样，就可以使人民代表，即中国｛人民｝共产党党员，真正名副其实，而不是像现在这样，说起来有九千多万党员，但有相当一部分为"僵化"的党员，既无权无利，也无具体职责，根本没有尽到精英和先锋队员的应尽职责，其先进性不足的弱点，是一个显而易见的事实。

　　这儿说到了官员，我们认为德国是值得考察调研的。德国总理默克尔女士，下班后就是大街上人流中的一个"普通"的大妈，一点儿"官气"也没有，虽然她是我们中国所说的"资本主义国家"的最高当权者，但左看右看，都很象是"公仆"的样子。我们之所以拿德国说事，一是德国综合影响力世界一流，二是德国人善于反思、勇于认错，三是默克尔女士生长于"社会主义"国家东德，与我们一样具有"红色基因"，因而更具有参考价值。另外，令我们感叹的是默克尔女士所具有的那种"贵族精神"——真正的贵族精神，就是我们所说的家国情怀，绝不是倚势而威、气冲斗牛，而是平实无华，与人为善。

　　我们认为世界上任何国家，只要尊崇"实事求是、相对公平、与人为善、民主法治"这四个基准为立国宗旨，并一丝不苟地践行之，都应归为"社会主义国家"，都必将获得先机而长盛不衰！

　　最后，我们想从中国**传统文化的角度**，来探寻、分析邓小平所提倡的"坚持中国共产党的领导"的本质。

　　秉持"实事求是"的态度，通过纷繁的表象来分析邓小平的种种改革实践，就会发现其本质（真相）→邓小平提倡"坚持中国共产党的领导"，其实他老人家就是想实行"在公平、民主、法治的前提下，以大一统、中央集权、精英治国为特征的举国体制"，从而实现中华民族的"贫富共赢"（邓小平："如果两极分化了，我们的改革就失败了"）。→这是不折不扣的"中国特色"，已被中国改革开放四十年以来的成功实践证实为"中国的不二选择"，也是中国共产党再接再厉、与时俱进、获得更大成就的唯一方向。这就是中国四十年来比别国干得更为成功的根本"内因"（当然也有"西方科技加持"与相对宽松的国际环境这两个显而易见的"外因"）。这是我们提倡"民主法治、党民一家、一党独大、有法必依、二轮差额直选、阳光行政、三首并立、实行完美独裁（完美的举民体制）"的事实依据与法理基础。

在此，我们需要特别强调的是："完美独裁的"的目的是保障更充分的人民自由，而绝不是其他。"完美独裁"，与帝王时代的"人治独裁"具有本质的区别，"完美独裁"中的"独裁"，其释义为"专断"，这儿专断的主体是人民二轮差额选举出来的，受人民制约的人民权利与财富的守护者。

制度的制定，意识形态的选择（治国理念的筛选），应以能不能解决中国的实际问题为标准、以是否"相对公平"为准绳，而绝不是其他。

最后，本章节说到了邓小平所主导的改革开放，我们借此对那些对改革开放作负面评价的人说说"实事求是"。

评价任何事物，根据实事求是的原则，都必须客观、全面二者皆具，才是真实的。

那种不全面的"瞎子摸象"式的评价，也是一种不真实的评价，换言之，也是"假判断"。这是典型的抹黑、混淆是非的诡辩术之一，其特点就是"攻其一点，不及其余"式的"以偏概全"。这是那些抹黑中国者与抹黑美国者们的共同"最爱"。一发现中国出了什么问题，就以此断定"中国不行了、中国坏透了，实行专制！"一旦知道美国遇到了什么麻烦，也凭此断定"美国不行了，美国坏透了，实施霸权！"（请参阅本文中关于中美关系的较详细的论证→需要在此特别友情提醒的是：基辛格博士对中美关系与世界局势的走向常常预判失误的根本原因，就在于他老人家推论标准的核心是不得人心的丛林法则，而不是基于大道向善的历史潮流勃然而生的文明法则→向往和谐安居的"富人思维模式"，在第二生产力暴涨的的当代，已不可逆地成为了人类思想的主流。→既然现在人类创造的财富，已经足以能够使人类"你好我好大家好"地共同过上舒坦的日子，为什么还要为额外的生存资源而斗个你死我活呢？"饥寒起斗心"的穷人思维模式很快就再无存在的基础。→这些看似简单的话语，却是当代人类历史发展潮流的、不以人的主观意志而转移的**底层逻辑**→向往安康的生活，是人的基本人性。人性即天道，人性决定着人类发展的历史潮流，任何逆历史潮流而动的行为，都是天然不得人心的。

比如他们说："中国的改革开放，只是使中国权贵阶层发了财"，就是这种话术的典型运用。事实的真相是，中国权贵群团中，当然有一部分贪腐分子侵占了不少的国家（人民）财产，这也是中国进行强力反腐的主因之一，这使中国进行政治、经济"深水区"的改革势成必然，这也不假。但中国普通老百姓的生活水平大幅提高，电脑、手机、电视、空调等等，几乎成了普通人家的标配；私家车满地都是，已突破 2 亿辆，拥有私家车的家庭接近或已达到 50%；"吃饱穿暖"，对于全中国大部分人来说，已不再是向往，而是已经成为现实，普通人家的有房率，已接近发达国家的水平，经济实力显著增强，国防实力明显提高，教育事业蓬勃发展，成效显著，全民医保基本全覆盖（农村保障水平还应大幅提高），绝对贫困人口大幅减少，社会保障正逐步实行全民覆盖（尽管水平还很低），自然生态正在日益趋良，虽仍有禁言之举，但"处罚"已明显轻微｛这也使喷子们肆意"胡喷乱咬"成为了可能｝，等等。令人感到不解的是，面对这些铁定的事实与改革开放四十年以来中国执政者实施的诸多善政，在那些人的话术中怎么就凭空消失了呢？

当然，这并不意味着我们据此就要对那些"抹黑者"进行清算，而是要本着"闻过则喜"的态度，"有则改之，无则加勉"的气度，虚怀若谷地对待此类言论。因为正是由于有了这些人的不断抨击，才使我们能够时刻保持清醒，把中国的事情办得更好。

但是，我们这样平和地对待他们，并不意味着我们就可以不明辨是非，就不实事求是地"摆事实，讲道理"了。只有分清了是非，我们才能坚持那些应该坚持的，摒弃那些应该摒弃的，从而把中国建设得更加美好→所谓"小成就靠朋友，大成就靠敌人"，就是这个道理。

就让那些抨击者们生气去吧，哪怕他们气爆了肚子，也不能阻挡我们将中国建设得更加公平、更加和谐、更加繁荣富强！

就让那些抨击者生气去吧，哪怕他们气爆了肚子，也不能阻挡美国人将美国建设得更加公平、更加和谐、更加繁荣富强！

我们之所以认为上面一句话，不仅仅适用于中国，同样也适用于美国，是因为所有美国人身上都不可逆地继承了美国国父华盛顿所赋予的民主的基因{华盛顿的祖上是英国移民，华盛顿身上显然是具有英国《自由大宪章》、法国孟德斯鸠的《论法的精神》等等的基因的}，而所有中国人身上都不可逆地继承了孔子、孟子所赋予的与人为善的基因，而民主和与人为善，二者只是说法不同而已，内涵其实是大致相同的，所以我们认为美国人与中国人必定应该是朋友，绝不应该是敌人——因为我们坚信"人性本善恶、大道向善"是现代社会发展的必然趋势；从两国的根本利益上来说，无论从哪个角度来说都应该成为朋友，而不应该成为敌人。我们人类当下正处于从"丛林法则"转向"文明法则"的拐点之上，中美两个大国，必然将不可替代地成为人类社会"弃恶向善"的领头羊！这是由美国宪法、中国宪法规定了明确的方向的。

民主法治，就是我们人类社会当今时代的不以个人的主观意志为转移的、特定的最佳客观处置范式。（请参阅相关部分的较详细的论证）

4. 坚持马列主义、毛泽东思想

——根据邓小平主导改革开放的种种政治实践：少说主义、多干事实，批判"两个凡是"，主张实践是检验真理的唯一标准，主导中央对毛泽东的功过做出结论，领导改革开放等等拨乱反正之举，我们可以由此得出邓公提出"坚持马列主义、毛泽东思想"的合于逻辑的推论：

中国，作为实行社会主义的、拥有十四亿人口、近千万平方公里领土的泱泱大国，在政治上不能没有主流思想。邓公在相较之下，在当时可选范围之内，最为适当的就是马克思主义、毛泽东思想中的**"正确的部分"**。

——泱泱大国，不可一日无主。

这儿特指的意思是：对于社会主义的中国而言，一是不能一日没有国家权威的（当然，理想的是真正代表全体人民意志的），国家权威的存在，可以有效地使国家管理处于有序、高效的状态；二是不能一日没有治国理念的共识

（当然，理想的是符合全体人民利益且符合中国国情的），以使国人的思想不至于处于混乱之中。

坚持马克思主义、毛泽东思想，要像邓小平那样持"修正"的态度。此处"修正"的限定含义是：修正错误的、坚持正确的。

——马克思的政治经济学中关于剩余价值的理论，我们当然要坚持，因为它阐明了国家所有财富，都是由全体人民创造出来的。（全体人民，含脑力劳动者、体力劳动者，投资者和国家行政的管理者，以及人民共和国的武装卫士……即全体守法公民的总和），是**"一切权力属于人民"**的法理基础，我们当然要坚持。

马克思的辩证唯物主义，其实不过就是中国智慧"实事求是"的"洋名"罢了（实事求是，是马克思主义的精髓——邓小平），费尔巴哈等人对唯物主义的形成亦有重大的贡献（其实这也是中国先秦诸子百家已有的智慧），可以帮助我们看清事物本质，使我们少走弯路，我们是中国人，中国智慧为什么不坚持？

自由、民主，其核心是公平，也是马克思主义的基础思想之一，与中国先贤不谋而合、殊途同归，并非是资产阶级的专属口号。因不公而"革命"，而革命（变革、改善）一词本来就是中国智慧——追求公平，是中国先贤和无数仁人志士奋斗的目标，我们当然也是必须坚持的。

至于马克思的"科学社会主义"部分中的一些内容，是很"不科学"的，是与"实事求是、与人为善"的社会良善基准背道而驰的。事实上，马克思的那些已被实践证明为错误的理论，诸如组织、挑动一部分人欺压另一部分人的残酷斗争、血腥专政、资本有罪、绝对平均、消灭私有制等等，是与实事求是、相对公平、与人为善、尊重人性的和谐社会原则背道而驰的，我们应理直气壮地加以摒弃……这也是马克思主义之所以被其母国的人民弃之不用的原因，也是马克思的同胞爱德华·伯恩斯坦的"改良主义"却在欧洲，尤其是在北欧大行其道的真实原因——人人都有尊严，人们都喜欢被待之以温馨、和善，而不喜欢被待之以冷漠、凶狠，这也是基本的人性之一。"以恶制恶"，是违背人性的，是反社会的，因而是没有前途的。当然，我们主张"与人为善"，并非等于不使用武力来囚禁、消灭那些怙恶不悛，蜕变为凶兽的"非人类"。"以武制恶"与"以恶制恶"是有本质的区别的。历史上的不断上演的"以恶制恶"闹剧，其目的都是为了为恶→取而代之，换成自己来奴役别人。直至华盛顿才打破了这个魔咒，开了"以武制恶"的先河——把打江山的目的改成了"为善"，而不再是由自己来当皇帝去"统治"别人。我们要再次称颂华盛顿先生，他不愧为划时代的伟人！在华盛顿广场上至今仍在的，当时中国福建行省巡抚徐继畬所赠送的石碑上，对华盛顿有恰如其分的评价，那不仅仅是中美友好的历史见证，而且也是东西思想可以良好兼容的铁证。

——在此，我们认为对"消灭私有制"的是与非，有必要多说几句。

我们认为，**"财产私有，且私有财产神圣不可侵犯"**，是第一生产力（人类的原始的生存欲望）最具活力的社会形态，是最能使人们安居乐业、和谐相处的必要物质支撑。→这与国家从个人所得中，依法以税收的形式，调节出一部分来保证国家行政（含行政管理、公益、教育、科研、和军费）的良好运行，对弱势群体予以相应的扶持，是并不矛盾的，而是相得益彰的。

消灭私有财产，是违背"人皆趋利"的基本人性的，也就是违背"天道"的→因此，任何将劳动果实的分享、占有与劳动者的劳动付出割裂开来的行为，都是"逆天而行"的"反动"。这必将会对第一生产力{人获取生存资料的原始冲动}造成致命的伤害→我国"人民公社时期"的"大锅饭"的惨痛教训，至今仍然历历在目，令人后怕。

我们不能将共产党人污名化，因为真正的共产党人是先驱，是仁人志士，在现实生活中，品德高尚一心为国为民的真正的共产党人比比皆是，决不是个例，对这个问题还是需要坚持实事求是的态度的。其实，真正的共产党人，就是主张国家财富归全体公民共同拥有，而不归帝王所有的人，正如方志敏在《可爱的中国》中所表达的那样，"共产"追求的不过是公平罢了。谁说真正的共产党人所提倡的共产主义（相对公平的贫富共赢），即中国古先贤提倡的"天下大同"，就是要"打土豪，分田地"？消灭私有制，其实是与实现贫富共赢的"真正的共产主义"（天下大同）背道而驰的。搞这一套的人，我们认为不是愚昧，就是别有用心的、假借共产党旗号的"伪共产主义"者，这不仅是对马克思的本心的歪曲（或者说是沿袭了马克思的错误），更是对中国先贤理想的亵渎。因为伪共产主义者关心的只是自己眼下的利益，只不过是以"共产"为幌子来滥杀无辜、夺取他人的财富罢了。他们对于究竟怎样才能实现"天下大同"（公平、和谐社会），即真正的共产主义是一点儿也不关心的。虚伪、冷漠、残忍、贪婪的人，是不配称为"共产党人"的，是不能将他们与真正的共产党人混为一谈来亵渎中华先贤和革命先烈的。

如果哪个国家果真实行消灭私有制的举措，那么，不仅会扼杀这个国家的第一生产力，而且会引发社会无休止的动荡。

试想，所有人都没了拥有财产的机会，反正收获多与少，都与自己个人无关，结果就会像中国"人民公社"时期一样，人们的劳动主观冲动（第一生产力）消失殆尽，经济的崩溃就是必然的。而且不论私有财产的多寡，"消灭"二字，足以让公民人人自危，惶恐不可终日，不知明天还有没有饭吃，那么，资本的逃离、高端人才的流失，就是必然的结果。为什么财富与人才是流向美国而不是流向我国，这是我们值得反思的。

高压强行禁止拥有私产，不但不能真正解决任何问题，而且会使每一个公民的"人人自危"的情绪蔓延，因而百弊丛生，从而加速国家的衰亡。

是什么，在中华人民共和国因"一大二公"（毛泽东主张的：一是人民公社的规模大，二是人民公社的公有彻底）而出现的饿死人以千万计的"三年经济困难时期"挽救了中国？就是在刘少奇、邓小平主持之下，将少量的"自留地"的**使用权**归于农民"**私有**"；是什么，让中国的经济彻底好转，终于让中国人不再饿肚子，就是邓公将全部耕地的**使用权**归农民"**私有**"（承包），并让大量的人力资源从捆绑在"人民公社"的土地上从事效率极为低下的繁重劳动中解脱出来，成为了中国现代化建设的生猛大军，→简简单单的措施"**土地使用权私有**"，就"**挽狂澜于既倒，扶大厦之将倾**"，你说"**私有**"二字，神奇呢、是神奇呢、还是神奇呢？

中国古代先贤，对此早有高论（智慧）。

孟子曰："若民，则无恒产，因无恒心。苟无恒心，放辟邪侈，无不为己。乃陷于罪，然后从而刑之，是罔民也。焉有仁人在位，罔民而可为也？故明君制民之产，必使仰足以事父母，俯足以畜妻子，乐岁终身饱，凶年免于死亡，然后驱而之善，故民之从之也轻。"

——用现代汉语翻译出来的意思就是：至于老百姓，没有固定的产业（不知明天有没有饭吃），因而就没有长久不变的向善之心。如果没有长久不变的向善之心，就会不服从约束、犯上作乱，就没有什么是不敢做的了。这样就是陷人们于犯罪的境地，然后再处罚他们。哪有仁爱的君主掌权，却可以做这种陷害人民的事呢？所以，英明的君主让老百姓拥有自己的产业，一定使他们上能赡养父母，下能养活妻子儿女。年成好时能丰衣足食，年成不好时也不至于饿死。这样之后，再督促他们做好事，因而老百姓弃恶从善也就容易得多了。

其实，马克思用他自身的行为，告诉了我们正确的答案。马克思在他嫁女儿的时候，事先就委托了律师去调查未来女婿的财产状况。一个希望自己的女婿拥有私产的人，是一个真正主张消灭私有制的人吗？

——我们要走出一个误区：毛泽东思想就是毛泽东一个人的思想，把它等同于毛泽东的选集和红色语录本，以及毛泽东晚年的那些有诸多错误的"最高指示"。

对毛泽东思想正确的理解，我们认为应该是：全体真正的中国共产党人建国、治国理念的总和，《五四宪法》才是唯一的"毛泽东思想"的集中的代表（虽然并非完美）。**所谓坚持毛泽东思想，就是坚持《五四宪法》的精神与宗旨。**

附带在此表明我们对于毛泽东个人评价所持的态度：不能将毛泽东的正确的建国理念和实践，与他的错误的治国理念与实践混为一谈。评价的标准是"实事求是"。看一个人，就是必须要遵循孔夫子"听其言而观其行"的标准。评价任何一个人，当然要听他是怎样说的，但更重要的是要看他是怎样做的。一个人怎样说，常常是真假难辨的，是不足为据的，是否是"挂羊头，卖狗肉"，还得看他的具体行为。即便是没什么文化的老百姓也懂得"嘴巴两块皮，边说边移"的常识；而一个人的具体的行为，则是板上钉钉的，对错自有公论的。是功，谁也抹杀不了，是过，谁也掩饰不了。

不能用毛泽东主席的建国之功掩盖其治国之错，特别是不能用其建国之功来掩盖其大搞个人崇拜，裹挟一部分人肆意践踏他人人格、剥夺他人生命与财产之过；也不能用其治国之错抹杀其建国之功。中、晚年，毛泽东既是人治的施虐者，同时也是人治余毒的受害者。

毛泽东的错误对于后继的党的最高领导者来说，具有重要的借鉴意义：

民主、法治建设的紧迫性和重要性，因他建国后政治上的人治实践而更为凸显……

一切权力属于人民，公平、自由、民主，等等能代表"毛泽东思想"精髓的《五四宪法》中的思想，现在都被我们继承下来了，在党的十八大上提出的社会主义核心价值中得到了充分的体现。它已深入人心，不可逆转。虽然真正从纸上落到实处，还任重而道远，但我们有了明确的目标，凭中国人的智慧，把它落在实处，难道还会遥远吗？

特别值得一提的是，邓小平的"我是人民的儿子"，朱镕基的"鞠躬尽瘁，死而后已"，温家宝的"我为国家、人民倾注了我全部的热情、心血和精力，没有谋过私利。我敢于面对人民，面对历史"，与习近平的"我将无我，不负人民"，等等，与《五四宪法》中的"努力为人民服务"思想，都是一脉相承的，也是与中国传统的知识精英的家国情怀一脉相承的。

同样，像对待马克思主义一样，对于已被实践证明为错误的毛泽东的相关理论，当然也应理直气壮地予以摒弃。事实上，这方面以邓小平为首的真正的中国共产党人已经做了大量卓有成效的工作。

坚持真理、修正谬误，永远在路上！

需要强调的是：邓小平在任何时候都未对中国的优秀传统思想有过否定，说过不需要坚持和继承诸如"实事求是""大一统""中央集权"，以及"先天下之忧而忧，后天下之乐而乐""与人为善""天道酬勤""积善之家，必有余庆；积不善之家，必有余殃"等等。

——对古今中外的优秀文明成果，批判性地继承和发展，也永远在路上！

对于西方文明是如此的，对待马列主义、毛泽东思想也如此。

——立法建议

在宪法框架内限时成立置于中央政治局领导下的"中国共产党政治、经济改革咨询委员会"，简称【党咨委】。

其规模与建制、遴选方式与【国咨委】大体相同。原则是人民认可，阳光选举（二轮差额选举），不得私相授受。

党咨委的职责为：

1. 以"实事求是、相对公平、与人为善"为基准，补充修订党章。

研讨、制定"党民一体"的具体实施方案——应包括：

"旧宽新严"，即老党员稳定不动的办法（我们认为，目前最好是将老党员归于"中国{人民}共产党顾问委员会"管辖）；新党员严格按照修订、充实后的新党章的标准执行。

既然我们是中华民族的优秀代表，是中华人民共和国法定的、唯一不变的执政党，是人民利益、财富的守卫者，是人民委托的权力的代管者，那么，如果有谁想要成为中国{人民}共产党的新党员，通过国家阳光行政平台予以公示，"经二轮差额直选当选为人民代表"的方式予以认可，就是必须的……

你的入党{参选}动机、人生诉求、家庭政治背景与财务状况、知识储备与执行能力、沟通能力、你将如何努力为人民服务、你的财富观、是否具有"心忧天下"的家国情怀，以及是否善于学习不断进步等等，都要进行公示，以便让人民放心地将权力和财富委托给你。

简单地说，作为中国{人民}共产党的党员{人民代表}，你必须是：人民认可的、足够优秀的、具有智慧的、有执行力的、胸怀天下的、坦荡无私的民族精英！

——我们在此要着重强调的是：既然中国{人民}共产党的党员是人民认可的中华民族的精英，那么体量就不可能、不应该太过庞大。体量过于庞大，其"先进"的含金量就会被稀释，就会给人以诟病的借口。

党员数量，应以全国管理所需之人民代表为基数，再根据实际需要，小幅上调，大概与党的八大时的党员数量基本持平即可（人口总数的1%），所以中国人民共产党的党员，即人民代表的数量，以不超过一千五百万为宜。

中国{人民}共产党顾问委员会由老党员组成，老党员一旦当选为人民代表，就天然地转为中国{人民}共产党的新党员。这样就能够让那些有德、有才、有能的、愿意努力为人民服务的、具有家国情怀的老党员积极参选，为国家、人民再立新功。

针对当下党内存在的其他不公平、不民主、不合理的问题，逐一疏理、研讨、公示，待解决方案成熟后，提交中央委员会批准实施。

在此，我们还想谈一谈目前立法的紧迫性与重点。

现在，有一种大家都熟视无睹的怪象：没有具体标准、没有具体内容的、抽象的改革口号似乎人人都在喊，但却很少有人去注意我们究竟做了、还应该做哪些有具体目标的、实质性的、有具体内容的改革。

邓公的"谁不改革，就叫他下台"这句话，在他老人家去世后，实际上是没有问责人的，换一种说法，就是没有问责机制的，改革与否，改什么、不改什么，实际上是让实权领导者"自由裁量"——要想从根本上解决这个问题，就必须在中国实行真正的民主法治。——所谓"不改革"，就是对于我国政治、经济制度中存在的弊病不予以纠正→这是我们目前最为紧迫的立法的首要重点。只有像邓小平那样，从口头转向实干，从务虚转向务实，中国才能持续向好发展。所谓"实干兴邦"，此之谓耶！

首先，就是要把实现"党民一体"的内容纳入宪法，就是中国执政党的党员（中国人民共产党的党员），必须由人民直接选举（二轮差额直选）产生，这才符合党章"代表最广大人民利益"之精神，这才能使"中国共产党的领导是中国人民自己的选择"这句话符合事实，这才能使我们不用弄那么多花哨的主义、理论，从而使我国人民和我们的国际友人从"中国共产党究竟是一个什么样的政党"的迷阵中脱困而出，从而实现我国国内的"自洽"与国际友人的"外洽"。这样中国才能真正从人治走向法治，才能使中国共产党走出由党的最高领导者的个人思想水平与道德修养来决定党的性质的困境，从而获得中国人民与国际友人的充分信任。

请不要大惊小怪，只要稍微推敲，就会发现事情的真相。如果时间老人再给毛泽东几年的机会，让他将那些与他意见相左的元勋们收拾殆尽，把江青与毛远新之流成功地扶持上马，真正地控制了军队、武警、中央保卫局，中国必定在比朝鲜模式更糟糕的道路上越走越远，而邓小平本人以及后邓小平时代的领导者们是没有翻盘的机会的。党的宗旨因最高领导者不同而异，不断内斗的海量历史事实，我们就不在此赘述了。所有的中国百姓，大家对此其实都是心知肚明的，但如果中国人人都为私利盘算，尊奉"难得糊涂"而顾左右而言他，那么，中国稳定的、持续的公平、和谐也就无从谈起。

——我们对邓公提出的"四个坚持"的观点，是从邓小平的拨乱反正的治国实践中总结出来的，并非是我们的"新观点"。我们所做的仅仅是运用"实事求是的方法"，对邓小平先生的思想进行了提炼、归纳、总结而已！

——我们认为，实事求是的方法，其验证模式 X=Z+F=D，是具有使用价值的。使"人类人文生态学"科学化的唯一途径，只能是**"实事求是"→求眞、求恰、求佳！**

锦囊 {07}" 治大国如烹小鲜 "

一屋不扫，何以"扫天下"；小区不治，何以治大国？

"扫天下"之"扫"，此处理解为"保持清明"，即保持公平、和谐；"一屋"，指代"家庭"；"小区"即公民居住地的社区，为政府管理的基层单位；"天下"，就是全社会（全国、全世界）。

——社区"大治"（达于公平、和谐），是实现全社会公平、和谐的基础。社区的管理，不仅仅是维护正常的社会秩序，还是实现社会公平正义的前卫。社区的直接管理者，就是基层社会**"公平正义的守护者"**。

社区治理，是政治改革、阳光行政，建立公平、和谐社会的第一突破口。

——对当下种种不和谐事件层出不穷，因而不得不花费大量人力、物力"维稳"的现象进行仔细分析后就不难发现，其主要原因之一，就是社区（村）服务、管理缺位造成的。

假设全国九百多万平方公里内的每一个社区的服务、管理都状态**良好**，还会发生那么多问题吗？什么啃老、网瘾、吸毒、什么违法经营、黑恶势力、寻衅滋事、上访、阻断交通、游行示威等等等等，都会失去滋生的土壤。

社区的管理者，是国家为人民服务的、对社会进行管理的最基础、最直接实施者，社区的服务、管理水准怎样，直接决定着全社会是否公平、和谐、稳定。

我们对老子的**"治大国，如烹小鲜"**的"无为而治"的诠释，追加另一种"有为而治"的解读：**治理好一个大国，就像煎小鱼那般简单。→** 只要做到**"治小区，如治大国"**，**"大国"**庶几善矣！

不少人都在感叹中国太大、人口太多，普遍太穷，素质偏低，不可能治理得像新加坡那样好→但很多人不了解：李光耀领导新加坡人民建国时，新加坡当时的国民的大多数都是贫穷的、素质低下的文盲。如果我国每一个社区 { 村 } 的服务、管理者，都是通过优中选优的二轮差额直选的方式由老百姓直接选举出来的，都是像李光耀、李显龙那样的智者、贤者、能者，都是具有浓郁的家国情怀的人，所有社区的管理、服务者，都将全国约七十万个左右社区 { 村 } 中的每一个小小的最基层治理单元都当成一个"大国"来服务、管理，都具有"国家主席"、"国务院总理"般的思维高度，那就会必然地产生一个结果：全国所有社区 { 村 } 的服务、管理就**没有最好，只有更好**。面对这样的结果，你还会觉得服务、管理好中国这样的泱泱大国难吗？！→此为笔者对**"治大国，如烹小鲜"**的理解→**大**，从来就是由**小**构成的，"烹小鲜"是需要主动出击的→每一个**"小"**都好了，**"大"**焉有不好之理。

　　唉，不好意思，笔者完美主义者的**"想得美"**的毛病又犯了→没办法，老祖宗曾子就是老想着要**"止于至善"**，良有以也。

　　"完美主义"是人类进步的源泉。一个人、一个家庭、一个民族、一个国家，是需要具有"完美主义精神"才能使自身变得更加美好的。所谓"工匠精神"，其核心就是精益求精地追求"完美"，更通俗的说法就是"认真与坚持"的"不屈不挠"之精神，也就是人们常挂在口头的"敬业精神"。不论是科学巨人、政治伟人、经济达人、音乐大师、绘画巨匠、车钳刨牛人、农牧渔行家，等等的各行业之翘楚，都是不懈追求"完美"的结果。如果一个人没有对"完美"的坚守，哪怕你当个服务员也是会屡受差评而生存维艰。→"想得美"，没有什么不好的，想都不敢想，怎么能够"止于至善"呢？古人云"求其上，得其中；求其中，得其下；求其下，则下之下矣"，说的就是"完美主义"对于人类的重要性。→爱因斯坦说："想象力比知识更重要"，由此可以得出"想得美"是人类进步的源泉的结论。如果一个国家、一个民族是由"差不多先生"、"将就夫人"们组成的，那么，这个民族、国家是没有什么前途的。

　　诸如骗子村，乞丐村等等，都是社区服务、管理缺位的结果。什么赌博、造假、吸毒、网瘾、凌弱、拐卖人口、违法持枪、入室抢劫强奸 { 如李红孙刚灭门案 }、啃老、超消、不孝、上访，等等，皆为社区的服务和管理缺位的结果。

　　社区的管理、服务，是一个国家最基础、最直接，也即最重要的服务、管理单元。作为小区的管理、服务者，你的管辖、服务的区域之内，究竟有多少住宅、商铺，你不应该心中有数吗？你服务、管理的人员，房地产分别属于谁，证件是否真实、合法、有效，你不应该了如指掌，登记在册吗？小区每位居民何以为生，是富是贫，健康与否，经营什么，是懒是勤，是否遵纪守法，有何困难，有何纷争等等，你是不可以一问三不知的。甚至是家长里短，辖区里张贴了些什么广告之类的"鸡毛小事"，我们都应该了然于胸，特别是对那些具有恶意的流氓分子要加以严密的监管、矫正，真正做到防微杜渐、扶正纠偏、助困济弱永远在路上……从而有效避免因某一小区的管理、服务失职而影响整个社会的安定、和谐。

一个国家正如一个人一样，如果保证了人体的每一个基础细胞团都是健康的，那人还会生大病、国家还会出现大的动乱吗？

只要全国的每一个社区内的公民，都得到了高质量的服务和管理，即全国九百六十万平方公里内的每一位公民，都无死角地得到了优质的服务、扶助，以及良好的管理，那离天下大治还会远吗？

立法建议

1. 适当提高社区管理者的待遇，以求良好地落实职责。假如社区的直接的服务、管理者都是穷兮兮的，生活举步维艰，就不可能有稳定的队伍，不仅有辱国格，还会失去民心，其服务、管理效果就可想而知了，公平、和谐社会也就因此而无从谈起了。每位社区管理者都应有具体职责，除值班者外，都应多去一线调研，动态地掌握本辖区的实际具体状况而不是坐在办公室里喝茶、上网、看报。

2. 实行社区首脑的二轮差额直选、异地任职制

一是要以此为突破口，优中选优，遴选出国家的可用之才，解决官场的裙带之风。革除不分优劣，"老子当官，儿子、孙子接着当官"的乱象。→当然不是说不准现任官员的子女、孙子女参与竞争，而产生新的歧视。只要足够优秀，民众的眼光是雪亮的，出生贵贱，根本不会、也不应该纳入评判优劣的标准。

二是要彻底纠正"社区管理不那么重要"这种极为有害的错误观念，只弄一些老头大妈去糊弄糊弄就完了的大错特错的做法。→基层的服务与管理，就是"刀刃"，是必须用最好的"好钢"的。

——我们常说的"与时俱进",是要有具体行动的,而不仅仅是停留在口头上说说而已。

青年是国家的未来,基层干部是国家中、高级管理者摇篮。国家应搭建国家从社区到中央的各级阳光行政平台(电视频道、网站等),在中国{人民}共产党顾问委员会的主持下,根据全国社区的需要量,按各县区人口数量分配遴选名额到各县的基层社区,面向全社会,挑选出最优秀的、有"以天下为己任"的家国情怀的、愿意努力为人民服务的青年才俊,在国家阳光行政平台{电视频道、网站}上,以中国全国人大新拟定的《选举法》和中国{人民}共产党新修订的新党章为标准,予以全面的、不短于三个月的公示,自由竞争、参选,以二轮差额直选举的方式{如有需要,还可实施多轮投票},即先选举出候选人,再正式选举当选者(二轮差额直选)。第一轮选举正式候选人:得票最高的三倍于实际当选者的参选者,即成为正式候选人,第二轮选举正式当选人:得票高者且得票过半者,即成为正式当选者→天然的中华人民共和国之社区级人民代表,天然的中国{人民}共产党之正式党员、国家雇员,拟享受正科职待遇,以抽签的方式派往全国各异地城乡社区担任社区首脑,使之成为中国政治、经济改革和"党民一体化"的突破尖兵,以消除各种违背事实求是、相对公平原则的乱象→首先,由新当选的社区首脑负责,以建设公平、和谐社会为目的,在全国所有基层社区,主持**"阳光行政平台"**的有效运行。

——需要补充说明的是,为了避免不合格的人选在直选中胜出,由此给国家与人民造成不必要的损失,在新的《选举法》中,必须对有投票权的选举者广泛宣传,让广大投票的公民明白,他们手中的选票关系着中华民族的未来,以保证把"品、学、能"皆佳且具有家国情怀的优秀者选出来管理国家、为民服务→并广泛宣传,使所有参选公民明白,不合格的当选者将会造成怎样的危害;并规定:对于那些对选举法的基本内容不了解的参选公民,即那些不知道应该将选票投给谁的选民,选举委员会有对其进行强制培训的权力,使其明白他们手中的选票对于国家,对于人民,以及对于他们自身的重要性。这样才会使能者、贤者上位得到较好的保障。也就是说,要尽可能地保证将真正的具有家国情怀的民族精英选举出来为国家与人民效力,这才不违直选的初衷→当然,最终保障相对公平得以真正成为中国人文生态的主旋律,单靠民主是不足够的,只有民主与法治两手都硬,中国大陆的人文生态才会持续向好发展。

要让中国广大公民明白，只有以相对公平为基础，才能建成中国人民渴望的贫富共赢的**共和社会**，而真正能够实现相对公平的方式，就只有**阳光的民主法治**→如果在中国真正实施民主法治→"二轮差额直选"就是必然的选择。

而且还应规定，在确定正式候选人的首轮选举与确定正式当选人的第二轮选举之间，必须有不短于 30 天的公示、酝酿时间。

另外，必须以法定的形式明确：参加选举，是中华人民共和国公民作为国家主人翁的法定职责。这是由**《中华人民共和国宪法》"一切权力属于人民"**的明确规定所限定的，如无正当理由不得弃权，以保证当选者的质量。对于各种选举作弊者，依法予以严惩。

3. 搭建社区与公检法、尚善委（文中相关部分有详细论证）联动平台，落实职责与措施，尽可能将问题在社区内消化。解决"官民争议"，应由社区首脑牵头，协助法院调解、审定，而不是由政府官员出面处理。→政府官员不能既当运动员又当裁判员……严格地说，社区的服务、管理者不能算是"官员"，而是社区的"家长"，是所有社区居民利益的代言人与保护者，是"官民沟通"的高效桥梁……

4. 社区设社督、社统、社监，同为社区"三首同权"的轮值"首脑"。→具体内容参见《基层架构——社会防癌稳定器》。

锦囊 {08} 人文生态学基本常识的解析与普及

所谓"人文生态"，就是"与自然生态对应的、包括政治、经济、军事、法律、道德、宗教、风俗、习惯、等等在内的、人类生活于其中的社会状态的总和"，与"社会人文环境"大致同义，但"人文生态"更为生动、准确。

政治经济学，是人文生态的主干，已被"专家"们有意无意地浓妆艳抹的女人，失去了她本来的面目。无论是善意的无知，或恶意的忽悠，其唯一的结果，就是让真相离普通人越来越远了。

那种玩弄概念、术语之恶习，是该纠正纠正了。

如果你对什么是"资本"有兴趣，穷尽所有方法去搜寻，那你就会得出一个诡异的结论：它不过是人们"辛辛苦苦"涂抹出来的"白骨精"，具有诸多面孔，使人根本摸不着头脑。

"资本"的定义居然可以多达几十种，而且至今仍然莫衷一是。

"资本"因何而不能准确定义，难道我们不该问一个为什么？是弱智，还是怕别人知道真相？

——我们以为，当前的任务，一是删繁就简，让政治经济学的基本原理清晰明白，回归常识的范畴；二是鼓励人民用自己的大脑思考问题，而不是被动地、一味地听别人怎么说。

国家应组织实事求是的、真正的专家内行，编撰《中国简明政治经济学》，并将基本常识加以普及。因为这可以为政治、经济改革提供一般人都能理解的法理基础，从而保证政治、经济改革的方向明确，少走弯路，而且具有广泛的群众基础。

□我们在此以澄清"资本"的原貌的方式来具体例示我们的意图：

资本的本质是：客观自然存在的、人类通过劳动进行再生获取的、能够维持人类生存发展的**物质资源和人力资源**，可简称为"**资源**"→从本质上来说，"**人力资源**"也仅仅是"**物质资源的高级形式**"。"**资源**"，是不以人存、不以人亡的"**自在之物**"。→**资本**，仅仅是政治经济学家对"**资源**"的别称。

"**资源**"，涵盖了所有人类生存、发展所需的必要物力与人力。**资源**，是对客观存在的、可以维系人类生存发展的物质的抽象概括→它本身是无意识的，它与人类所谓的先进、落后、野蛮、文明没有任何必然的关系。→关于**资本{资源}**一旦被动地参与了人类的经济再生产与商业经营活动，因此就有了种种善恶属性的诸多观点，都是不成立的→其根本错误在于，将本无意识的**资源**，强行赋予根本不存在的主观能动性，让它为人类的种种恶行负责，这是一种显而易见的**无中生有式的甩锅诡辩术**，是不值一驳的。

我们认为，所谓的剥削，应当用"财富分享非相对公平"来予以替换，简称"**非平**"，这样才能让人们更清楚地了解到事物的本质。

在以人治为核心的人文生态之中，"非平"{剥削}，源于人性的恶；换种说法，"非平"{剥削}出于强者的恶意操弄；具体地说，"非平"{剥削}之所以发生，就是由于强者没有受到相对公平原则的制约，有权调配物质资本和人力资本的有权者{官}与物质资本的拥有者{商}二者凭借自身的强势地位，人为地压低了人力资本的价值。"物以稀为贵，物以多为贱"的市场定价机制为富者越富、穷者越穷披上了一件"合法但不合理的外衣"。→这其中的道理就是，人力资本与物质资本根本就不是一个量级的存在→人力资本价值是不能简单地依照"物以稀为贵，物以多为贱"的市场规律来"定价"的→人力资源不论多寡，其价值都是应该保持相对的"恒定"，这才是符合相对公平原则的→通俗的说法就是："不能因为人多了，人就贱了"。所有事务中，人是最为宝贵的存在→"所有的事情都是人干出来的，人是人类社会发展的决定性的因素"。物质资源{资本}，是自在的死物，谁占有多少，是强者操弄的结果。操弄的强者为此付出的，仅仅是由自身非法{非相对公平}获得的强势地位所产生的效能而已。而人力资本是具有主观能动性的"活物"，是人们是否能够获得新的生存资料{财富}的决定性因素。发达国家现已对政治强人所能获取的财富有了较为完备限制，但对于物质资本强人所拥有的物质资本与劳动者所拥有的人力资本之间，究竟各自应当占取怎样的比例才是相对公平的，截至目前为止，仍然没有一个科学的论证→这是当下人文生态学科学化面临的一个急需突破的重大课题→建议：由联合国人权委员会组织有关专业人士集中攻关，以求早日得出科学的结论，并据此发布崭新的人权宣言。→如果人们没有相应的生存资料｛财富｝，就没法生存→财富的分享是否相对公平，就是人权最核心的问题，而独立之人格、自由之精神等等的人权，都是建立在此基础之上的！

　　→由于科技水平不断提高，人们为生存所需要付出的必要劳动时间已经大为缩短。科技水平越高，个人必要劳动时间就越短，这是一个必然的趋势。→依照经济学的理论，人类的消费力是有相对的极限的，生产力大于消费力是总的趋势，生产力的剩余、闲置是一种必然，现代的经济危机，主要表现为相对的生产力过剩，但这并不意味着人力资本就贬值了，人就不"宝贵"了→只是个人每周所需的工作时间越来越短了而已。人们之所以努力工作，是为了生活得更加舒坦，而不是为了劳动而劳动，所以当代劳动者缩短劳动时间也能获得足以维持自身生存的生存资料｛钱财｝，不管从哪个角度来说，都是顺理成章的。国家执政者的一个天然职责，就是让人人拥有适当的工作岗来获取自身所需的生活资料。→生存权是人的最基本的权利，所谓的"独立之人格，自由之思想"，都是建立在每位公民的生存权得到充分保障的基础之上，才能够真正实现的。→要解决这个问题，其实并不复杂。只要根据国家自身的发达程度的具体状况，就可计算出该国个人所需的必要劳动的具体时间。本着相对公平的原则，如无特殊理由，一般是不能允许"多劳"的，目的就是为了保障每个公民都拥有的神圣的、天然不可剥夺的劳动｛获取生存资料｝权力，→这正如鱼儿天然就有权在自己出生的河中觅食，羊儿天然就有权在自己出生的草原上啃草一样。当下各国所渲染的失业恐慌，完全是各国执政者处置失当所造成的结果。→"中国海外留学归来的精英太多了，由于与我国的发达程度不匹而找不到合适的工作岗位"，纯粹就是一个伪命题。→与此相反的事实真相是，我国不论是高端人才还是低端人才，不是太多了，而是太少了→只是我们处置不当而已→我国需要干的事情太多了，人们却找不到工作，这是一个显然悖论→当然还有一个更重要的原因：在我国的人文生态中还存在着的种种急需改良的、"不实事求是的、不相对公平的弊端"。

　　再补充说明几点：一是，可以采用轮休制度来解决零星工作时间所带来的不便；二是，要使工作任务明确具体，以保障劳动的有效性；三是，要做出刚性规定，既不能多劳也不能少劳→多劳者必然会挤占他人天然拥有劳动时间，挤占他人的生存空间，这是不相对公平的。也不能少劳，少劳者必然会占取他人的劳动果实，这也是与相对公平的原则相悖的。→根据此种原理规范出来人文生态，全社会的每个个体，就会各安其位，共同组成**共和社会**。从理论上来说，**共和社会**是不会产生躺平与内卷的，换言之，就是既没有失业之生存艰难的人，也没有不劳而获的寄生虫→注意，这并不会影响人们在休闲期内灵活岗外兼职。也就是说，国家立法保证的劳动权是为了保障每个公民个体的基本生存权，换言之，就是保障每个公民个体每月、每年都能够通过必要的劳动，领到能够"衣食无忧"的一份基本工资，同时也鼓励人们改善、提高生活质量的积极性，在法定基本岗位以外通过灵活就业来"挣外快"。四是，对于那些能力强大的人，在在自己所享有的法定劳动时间之内所做出的超额贡献，也要根据相对公平的原则，制定出明确的规定，以奖金的形式予以奖励，以鼓励他们对社会做出更大的贡献。→当然这种奖励是必须事先予以公示的。

除了资本以外，还应该包括以下主要内容：

（列举数条，以作抛砖引玉）

1.什么是政治？

最简练的概括就是：掌权。

掌权的途径：人治专制国家的权力，主要是通过控制国家武装力量而产生；民主法治的国家的权力，主要通过全民直选授权而产生。

掌权的目的：掌控财富﹛资源﹜分配权。

我们因此而认同：洛克的**"专制权力只是战争状态的延续"**的观点。→使用武装力量来维持权力的拥有，不就是对无权者的战争么。→从本质上来说，人治专制者，就是运用枪杆子迫使自己的统治对象下跪、屈服、投降，接受自己的奴役的人，人治专制者与他治下"人民"的利益，是天然对立的，即便是在所谓的相互相安无事的"和平时期"，也不过是就是"战争的相持阶段"罢了。

——我国应当明确：

谁应该掌权，怎样掌权；谁应该控制武装力量，怎样控制武装力量；民主制度与依法治国的必要性；谁应该掌控财富分配权，如何掌控……人民民主政体的具体含义及具体落实办法→最重要的是，要态度鲜明地确认：授权者与掌权者二者之间的关系，是利益与共的伴生关系、地位对等的合作者→只有符合这种关系的法律、道德、习俗，才是正义的→这是之所以必须实施以相对公平为核心的、律法为王的民主法治制度的基础。

权力的内涵，是基于**特定的**人文生态而形成的某个具体的人对于人力资源与物质资源的支配规则。基于人皆趋利的基本人性，对人对物的支配规则{权力}，只有符合相对公平的原则，即在不伤害他人利益的前提之下，权力{支配规则}才是稳定可持续的、有益于人类自身发展的良权{良规}，反之，则是有害于人类自身发展的恶权{恶规}。→人性本善恶{世界上还有比人更坏的东西吗？世界上还有比人更优秀的存在吗？}，而民主法治、阳光行政，则是实现相对公平，抑制人的恶性、保护人的善性，形成良权{良规}的必要手段。→权力{对人对物的支配规则}的形成，丛林法则时代，基于某个体、某群团之武力值的强弱，文明法则时代，则基于全体公民的共识所形成的以宪法为首的法律。

2. 什么是经济？

最简练的概括就是：发财（创造物质财富、满足人类的生活需求）。

——明确：

所谓发财，就是创造财富。

财富从何而来→天然资源{财富}是有限的，通过劳动进行"**再生产**"来获取人类生存发展所需的生存资源，是主要的途径。

"暴富"的原理——不合理、不公平地占有其他劳动者创造的除用于保障自身基本生存之外的多余财富{资源}。

在古代奴隶社会、农耕人治帝王社会中——在丛林法则盛行之时，主要表现为直接强抢他人财富——那块好地我要了，你不给，我就把你赶走，甚至把你杀掉；你要把多少收成交给我，不然就如韩愈说的那样："民不交丝麻棉帛者，杀！"。

现代尚不完备（不相对公平）的工商契约社会中，主要为间接强制，通过不公平的交易规则和分配法令，占有他人的劳动成果。

天然资源占有，如石油国家；稀缺性溢值，如独有技艺等等为特殊情况，不是一般客观存在范式……

特别提示，经济学是人文生态学的一个分支，也是需要科学化且必须科学化的，否则就会造成内耗与浪费，更为重要的是，非科学的经济弊端，会造成种种的社会不公。→所谓的"观念经济学"，也应当改为**"智慧经济学"**，才更加符合社科的基本原理→实事求是、相对公平等等。观念只是一个不含是非善恶褒贬的中性词，而智慧，则是一个以真实、公平、正义等等为前提的褒义词。

3.什么是生产力？

最简练的概括就是：欲望、工具与人文生态。

——明确：

人们求生的欲望（本能）、生活得更舒服的欲望，是社会生产能得以进行的原始动力。

简言之就是：欲望是第一生产力。

只要合理欲望得到法定的认可、保障、鼓励，所获取的财富有相对公平的分配规则，人们就会找出万千种方法来满足自己的正当欲望，第一生产力就会强劲、持续增长。

人类社会，离开了"欲望"这个第一生产力，一切都无从谈起。

科学技术是不可或缺的第二生产力。

科学技术的本质，对于社会生产来说，就是高效率获取财富的工具、方法。邓公说科学技术是第一生产力，是针对当时中国科技十分落后的状况，必须予以着重、优先解决而提出来的，这里的"第一"，应理解为"优先、着重解决"的意思，是完全自洽的。因为离开人的欲望这个第一生产力，第二生产力（科技）就会成为无根之木，是没有任何意义的。

欲望，是生产原始动力的问题，科技｛工具、方法｝，是生产效率的问题。

是否拥有充分保障人的正当欲望的政治、经济制度，有没有相对公平的分配规则，是生产力是否能得到充分释放的关键：

劳动与获利是否剥离（人民公社曾有惨痛教训），劳动成果分配是否相对公平（公平不是绝对平均主义），交易规则是否合理，是否多劳多得、能者多得，私有、公有合法财产是否神圣不可侵犯，资本是否在相对公平的原则之内运行，是否奖勤罚懒，是否惩恶扬善，等等……即社会政治、经济制度，道德、风俗习惯等等所形成的人文生态，就是第三生产力。

我们的观点是：凭中国人的智慧，只要有完善以相对公平为核心的人文生态（第三生产力），合理、正当的欲望（第一生产力）才能得到应有的、切实的保护。只要在此基础上，坚持改革开放，虚心学习，潜心专研，高科技{第二生产力}就必然会在华夏大地野蛮生长。

——其实，广义的生产力，不仅仅包括人的欲望（第一生产力）和劳动工具、方式方法（第二生产力），还包括以财富分配为核心的人文环境，也就是说，政治、经济制度，实际上是第三生产力，其优劣（是否实事求是、是否与人为善、是否相对公平、是否尊重基本人性）对于人们创造财富同样具有决定性的影响。这就是必须在进行经济改革的同时，还必须进行政治改革的原因，否则，生产力就不可能得到充分、长足的发展。如果在一个国家中，**"生产力的三个组成部分"**能够和谐共生，那这个国家的发达就是必然的结果。

这样，我们就能很清晰地让普通百姓理解政治与经济的本质：经济就是获取生活资料，政治就是分配生活资料。也就用不着用繁杂的"这主义、那理论"来忽悠人民了。只要抓住"实事求是、相对公平"这个纲，让权力与资本在相对公平的制约下运行，一切社会问题都会豁然而解，整个人文生态也就会自然而然地井然有序、和谐温馨、生气勃勃，社会也就自然而然地**"共和"**了。

这也并非是什么新观点，而仅仅是邓小平关于中国究竟应该走怎样的道路这个问题的简明总结。这也就使我们明白了他老人家为什么不喜欢弄这主义、那理论的原因。如果将中国历史上的儒家圣人归为"思儒"的话（其观点主要体现在思想上），那邓公就是中国迄今为止最伟大的"行儒"（其思想、观念主要体现在行动上，尽可能地纠正了毛泽东的种种"不公平"。我们建议，拟封邓公为**"施圣"**→此处"施"的意义为：实施、推行。）邓公是足以与华盛顿媲美的，他们二者都是旷世伟人。

我们从改革开放四十年以来的治国实践中得出了这样的结论："以邓小平为首的中华人民共和国的第一代公民，是中国有史以来最为伟大的英杰群团"。这也就决定了"后邓小平时代"中国道路的必然走向——从"严重不公"的深渊中脱困而出的中华民族，是绝不会愿意再走回头路的→邓小平的预言：香港的制度，五十年以后，就**没有必要变了→中国统一，走向共和，是一定会成为现实的！**

4. 相对公平→共和社会的二级法规

一级法则"实事求是"乃万法之母，是适用于自然生态与人文生态的基本法则｛相对于"第一原理"来说，"基本"更准确｝；而相对公平则是适用于人文生态的基本法则。

判断一个国家的社会制度是否优良的的标准，不是公有制、私有制；不是资本主义、社会主义；不是君主立宪制、总统议会制；也不是酋长制、政教合一制、家族制，等等，而是是否**受到了"相对公平原则的制约"**→之所以如此，在于相对公平是受人皆趋利这个基本人性限定的**"天然之道"**。只有所有公民都能够实现自身利的益最大化，社会才能**共和**。而**"实现所有公民利益最大化"**的唯一方式，就只能遵循"相对公平"的原则，这才能使每位公民的正当利益不会受到伤害，使**"人皆趋利的正向基本人性"**得到良好的保护。用数学定理来比拟，**相对公平就是实现每位公民利益最大化的最大公约数**。从科学｛客观本我范式｝层面来说，相对公平就是人类持续向好发展的**定理**。如果你是以星空中的星辰身份来看待滚滚红尘，**人皆趋利**，就是人这个自在之物的**本我属性→故我如此且必须如此**→人皆趋利是否得了到保护，就是无所谓的事；但如果你是人类中的一员，**你的、他的合于相对公平原则｛不伤害他人｝的趋利行为**，是否得到了切实有效的保护，就是人类社会能否共和的"要事"！→而唯有**相对公平**，才能为"人皆趋利"提供最有效、最可行、最佳的保护！

我们反复强调：**对于人类来说，"天道"体现在人类的身上，就是本我如此且必须如此的正向基本人性。因此伤害他人权益，即违背相对公平的原则，就是反人类、反社会的"违天逆行"。**

→关于"相对公平"的科研成果，是必须纳入宪法，细化相关律令，并强力推行的。

5. 关于货币 { 钱 }

虽然我们不具有**金融学**的专业知识，但我们还是想罗嗦几句，我们的思辨，有无价值不敢自断，只能算是抛砖引玉之举。

金融，抽象地说，就是**涉及货币 { 钱 } 的活动**。是活动，就有标准→**共和**社会的**金融**标准，就只有一个→ "实事求是 { 真、恰、佳 }、相对公平 { 不得伤害他人利益 }"。

货币 { 钱 }，就是人类社会一定区域内的权威机构发行的，人们共同认可的，具有购买 { 兑现 } 与面额相符的各种实物与各种服务的效能的**通用凭证**，是人们方便地交易与储财的**通用工具**。

如果货币 { 钱 } 的权威发行机构，不依据市场交易与储蓄的实际需要量来增发货币 { 钱 }，钱 { 货币 } 就会贬值。遵循实事求是、相对公平的原则，是货币平稳运行的必要条件之一。

由于现代社会制度的相对完善，现代的货币 { 钱 }，已经不需要像古代那样，需要直接用金、银等实物来为货币 { 钱 } 保值的→货币 { 钱 } 的信用，源自发行机构 { 国家政权或巨型财团 } 对财富的调配能量。只要货币 { 钱 } 的发行者严格地依据自身的实力、准确地依照实际的交易需求、有效可控的生产 { 创业 } 需求 { 总体上来说 }，以及储财的需要量 { 额度 } 来发行货币；货币 { 钱 } 流通范围内的人们都杜绝了 "**超消**"，都受到 "不得超过自身创造财富的效能" 这个消费原则的制约 { 创业也属于消费 }，这才符合 "实事求是" 这个天然原则→换言之，只要国家、集团、个人都杜绝了**无限举债 { 超消 } 的恶行** { 国家或集团滥印货币、滥发债券、滥借滥贷，是危害最大的 "**超消**" →其本质是 "抢、盗、骗" }，货币 { 钱 } 就能够保持相对持久的信用与保值。反之，如果滥发 { 滥印 } 货币 { 钱 }，货币 { 钱 } 就会崩盘，信用必然随之消失，货币 { 钱 } 的购买力 { 兑现效能 } 也就会随之无限地接近于零→这其间的原因是：滥发货币 { 虚拟货币 } 的发行，并未增加人类现存财富的存量，从根本上来说，只是在货币这个奶酪缸中注水而已，只能使奶酪的味儿越加寡淡罢了。→中国大陆发行 "超长期、不计入赤字的国债"，如果说这不是锚定了中国大陆民众的那一百多万亿的个人存款、不是印钞，这是很难使人信服的。→美元霸权，不仅仅是以强凌弱那么简单：美元之所以坚挺，其主要原因，在于美国政府是没有印钞的权力的、美国政府想要用钱或举债，不经国会审核批准，是绝无可能的！

从稍微长远的角度来说，全世界的货币统一是必然的趋势→这是全世界的整个人类对于相对公平的需求、对**共和社会**的向往决定的。一旦人类的人文生态学实现了科学化，联合国就会必然地成为具有权威和效能的公平正义的化身，就可设立联合国银行，以相对公平为原则来制定发行货币的规则，发行全球统一的货币来替代各国现存的货币，这样就可以杜绝强势群团**以非公平的"货币手段"**来薅羊毛了。

6. 人性本善恶　大道向善

人类自身也是自然的组成部分之一。严格地说，人类的人文生态学就是**生物学的一个分支**→从理论上来说，必然是存在着一种**最适合人类生存发展的最佳客观范式**的。因此，人类**人文生态学像其他自然科学一样，是能够且必须科学化的**。

几千年前中国古先贤所说的"道、大道、天道、天理"，就是所有事物自身原本存在的、且最适合人类生存发展的最佳客观范式。不论是万事万物自身存在的模样，还是最适合人类的人文生态之特定客观范式，都是原本存在的"自在之物"，是只能发现而不能创造的。也就是说，人类是只能适应自然的。如果自然科学没有较大的发现成果，或者人文科学不能发现人类的最佳人文生态模式，人类都是不能够真正到达幸福的彼岸的。人文科学不仅仅是"第三生产力"，而且还是人类战胜邪恶的最具威力的武器。

所谓人类文明史，就是人类的善性与人类的恶性的较量史，这是以人类生产力水平、人类的认知水平为基础的一个人之善性渐增，人之恶性渐减的过程。实事求是、相对公平、与人为善，尊重人性这些原理，是人类和谐相处的基石，也是人类文明的必然趋势，因为这是不以人的意志而转移的自然客观存在范式。如果人类不能完成人类人文生态学的科学化，人类也就不可能实现弃恶向善的自我救赎→一味地怙恶不悛，在内斗中自取灭亡就是必然的结果。→**"与人为善"的内核就是相对公平**，从理论上来说，**"相对公平、与人为善"**，就不是人类的主观观点，而是人皆不得违背的**"客观科学原理"**。

只有人类的生产力水平达到了能保障每一成员基本衣食无忧，人类才可能摆脱野蛮的控制，由丛林法则转向文明法则，建成相对公平的**共和社会**——而我们则幸运地处于这一伟大的拐点之上！

我们之所以认为孔夫子与华盛顿一样，是人类历史上最伟大的先哲，就是因为他们一个是仁政（善政）的竭力倡导者，一个是仁政的强力推行者，都是顺历史潮流（人间正道）而动的旷世伟人。

"大道向善"，其实就是一**科学个常识**：在任何形态的社会中，你一旦为恶（违背相对公平），必然会伤害到他人的利益，也就必然会招致他人的反抗﹛反噬﹜。

叔本华曾经说过："如果干坏事不会受到惩罚，那么，人人都想干坏事。"

有人说："现在的人变坏了"，这其中隐含了一个不成立的前提，那就是："以前的人是好人"。事实就是，人性的恶，从人类出现之始就一直存在，坏人从来就层出不穷的，而不是现在的人才变坏了。

但是，为恶又不会受到惩罚的假设，永远都是不成立的。

因为恶者在，伤害就恒在，反抗就无时无处不在。为恶者，最终必然会受到相应的惩罚、反噬。

哪怕你有再多的保镖，最终还是无济于事，因为那些被伤害者会在暗处时时处处永不停息地盯着你……

最后，在经历数千年无数血淋淋的教训之后，具有趋利避害智慧的人类就只剩下唯一的选择：与人为善（公平）、和谐共处。这个过程虽然漫长，但人类社会向善的趋势却是不可逆的。这不是因为人类的本性有多么善良，而是外在强制与自身趋利的必然结果。也就是孔子所说的"己所不欲，勿施于人"，其内核就是遵从相对公平。→丛林（野蛮）社会与文明社会本质区别，就在于是否遵从相对公平这个天道。

当然有恶人生前得到"善终"的不少实例，但其最终命运就是在历史教科书中成为反面小丑，他们的最大价值，就是成为人类必须弃恶向善（从不公平走向公平）的反面教材。

需要特别提出来的是：虽然人类弃恶向善，是人类历史发展的必然趋势，但不等于我们就可以无所作为，而坐等"大善"（公平）从天而降。执政者与精英们作为社会的行政管理者与思想引领者，对于依据科学原理，加强他律{制定法规}来加快人们弃恶向善的进程，是具有不可推脱的天然责任的。

好逸恶劳、贪图享乐，自私自利的排他性、掠夺性，即所谓的"丛林法则"，是人类生与俱来的劣性（兽性）。而绝大多数人并不具有王阳明那样的自律能力，可以靠"悟道"，仅凭自生的修养，即"自律"而成为圣人。曾子的"吾日三省吾身"，孟子的"吾善养吾浩然之气"，都不是寻常之人可以学得来的，更遑论孔夫子的"三军可夺帅也，匹夫不可夺志也"了。王守仁的心学理论就是儒家圣人曾子的**"日三省吾身"**的翻版，其缺陷，就是阳明先生太过强调自身的自我修养而忽视国、家的强力干预的必要性，换句话说，就是必须要有相应的、具体的国家法律、家规民约。自律，必不可少，**他律，也不可一日缺位**。这是"人人可得而为圣人"的先决条件。即便是现代民主法治制度较为完善的美国，在"他律"这一点上，也是有不少漏洞的。

客观上，人类的精神家园是实际存在的。→我们反复强调："大道向善"，并非是由于人自身的本性有多么地善良，而是源于人类千万年来的活生生的生活经历所形成的本能应激反应而衍生出来的"潜意识"的认知升华→只有不伤害他人的利益{与人为善}，才不会遭受反噬{报复}，自身才有可能过上真正的幸福温馨的生活，才可能使自己的精神真正地获得安宁。→这就是之所以哪怕是那些文盲父母，甚至是那些恶贯满盈的罪犯，都愿意、希望自己的子女做一个好人的底层基石："好人一生平安"，诚不欺也！→以相对公平为前提的惩恶扬善，天然就是**现代共和社会**的铁律！！

在美国，不管白人、黑人，还是其他任何族裔，其实就只有一个标准的称谓，那就是美国人，美国公民。在美国，不劳动者不得食，也应是每一个公民行为的底线。这儿没有什么种族歧视，只有相对公平与否，这儿也无涉自由与否，因为不管是谁，都只有做好事的自由，而从来就没有什么损人利己，干坏事的自由：别人的劳动果实凭什么要与你分享，别人凭什么养着你？白人想要不劳而获，就会成为过街老鼠，人人喊打，黑人要想不劳而获，难道就可以网开一面而区别对待？幸福生活，永远只应该属于遵纪守法的各行各业的各个层级的体力、脑力劳动者，公平合法的投资者，因为他们才是财富的真正的创造者，这与人的肤色、族裔是毫无关系的。美国公民，同样是只能以实事求是、与人为善、相对公平、尊重人性的基准来办事，也就是要以尊重事实、勤劳、善良、公平、和谐为人生之基本态度，才能赢得未来。如果一味地纠缠过去特定（必然）历史所产生的黑人与白人之间的恩怨情仇，撕逼不止，而不去继承、发扬伟大的华盛顿总统、林肯总统所倡导的并躬身践行的与人为善、互相宽容的智慧，美国人民就永远不可能完成美国人民的内部和解（自治），遂使乱象丛生、国无宁日，民主灯塔的光芒，必将因此而日渐暗淡。

最后，我们想强调的是：不论是美国黑人与白人之间、还是巴勒斯坦与以色列之间、伊斯兰教的逊尼派与什叶派之间、抑或是"基督教"的天主教、东正教与新教之间，如果不放下历史的恩怨，不能够以"相对公平"为基准来终结恩怨、达成和解而和谐共处，而是一味继续缠斗，那么，整个世界，将永无宁日，必将在日复一日地"在内斗中走向灭亡"。所以，我们认为，联合国应当将世界各国组织起来，形成"与人为善"的共识，以实事求是、相对公平、尊重人性为基准，研讨出消弭仇恨的具体办法来，通过诚恳的协商达成各矛盾方的谅解，逐一签署谅解协议，让人类得以放下"历史恩怨"这个沉重的包袱，尽早完成人类的自我救赎，开创**共和新局面——在人类人文生态学科学化的基础上，在相对公平前提下的和解**，是人类回归精神家园，达到幸福彼岸唯一途径。

惩恶扬善，应是世界新秩序的唯一准则。实事求是、相对公平、与人为善尊重人性、民主法治、阳光行政、必要差别、动态纠偏等等人文生态学中的**"基本定理"**，都是应当逐一予以**科学论证**而成为人类行为的共同是非标准，否则的话，人类是不可能达成共识的→达不成共识，人类就永远不能进入共同和谐相处的**"共和时代"**。

补充一句，使"曾经的欺人者不得继续为恶，曾经的被欺者也不得以曾经被欺而为恶"成为刚硬的法规，这是解决问题唯一可行的"相对公平"地消除、清零、终结历史恩怨的方式→**因为永远不可能出现"矛盾双方各自干的坏事、好事完全相等的状况"！**→"不论过去怎样，从现在起，人人都只有干好事的自由，而没有干坏事的自由"这样的理念成为了人们的共识与行为准则，才能够使人类的历史恩怨清零，人类才有可能顺利地踏上建设公平、和谐的新的**共和秩序**的征程。

我们反复强调的基本观点就是："相对公平是人类实现自洽的唯一途经"。无论是什么形态的国家，只要秉持相对公平这个行为准则来自查自纠，都可"殊途同归"，成为理想的家园。即使是比较极端的"政教合一"、个人专制的国家，如果能进行全民大讨论，凡事都问一问"这公平还是不公平？"，并采取实际行动，将所有不相对公平的东西予以清除，同样也是可以成为人类宜居的乐园的。

马克思预言资本主义必然灭亡的预言之所以未能成立，我们认为有两点是值得商榷的。

一是，关于资本。

马克思在这个问题上，犯了"张冠李戴"的错误。

举例来说：

一个农民（也属产业工人的一类），辛苦一年，将收获的粮食保存在仓库里，强盗跑来把粮食抢了，还以残忍的方式把农民杀了。马克思从这个故事里得出的结论是，"粮食（财富）是血淋淋刽子手"，这是十分荒唐、幼稚的低级错误，是典型的"指鹿为马"。这违背了中国的古老智慧，将"怀璧其罪"合法化，但"璧"（财富）又何罪之有呢？

资本（财富），明明是不法资本家掠夺他人劳动成果的工具，马克思却说，如果有百分之三百的利润，"资本"就敢犯任何罪行，甚至冒被绞死的危险。财富（资本）是可以"绞死"的吗？明明是人性的恶与不公平的"交易规则"相结合的结果，马克思的逻辑错误如此明显，资本有罪的谬论居然可以大行其道，真是很令人费解的。这是典型的偷换概念，强行甩锅。这正如强盗抢劫杀人，马克思这个"法官"却魔幻般地判决强盗使用的刀枪、棍棒有罪，我们始终不明白，如此聪明的卡尔·马克思，缘何会犯如此低级的错误？请问：没有自我意识的"资本"（财富），究竟是如何"预谋"犯罪的？它的犯罪证据何在？

人类获取的物质财富（资本）本身是中性的，只有多少之分，有用途之异，而无善恶之别、只有价值高低之分，而无先进、落后之说，这是一个简明的常识。

物质资本的本质，就是人类除维持生存以外凭辛勤的劳动所积攒下来的财富与大自然赠予的天然财富的总和，它本身是中性的，没有所谓的好与坏、善与恶。

不管由于种种不同的社会制度，资本（财富，下同）分配，因历史的种种原因，如何地公平或不公平，不管它掌握在谁的手中，一个国家的资本 { 物力人力 } 总存量，事实上总是客观、实际存在的。而这些"资本"都必然地、毫无例外地是可以被用来发展生产、改善民生的。

从这个意义上说，所有国家都是天然不能出离于"资本主义国家"这个范畴的。

资本由国家掌控，或由财团、个人掌控，都不是评价一个社会好坏的标准，新产生的财富分配是否相对公平，才是评价一个社会好坏的唯一本标准。

一个国家的好坏，绝不是以别人给它冠以什么样的称呼，或自己给自己安上什么样的名称来作为评判标准的。

只要有相对公平这个基准，健全的法规且执行、督查到位，任何国家的国企和民企都可以是发展良好的，并可实现国家、人民以及富人与穷人之间的互利共赢的局面的——我们认为，国企的最佳管理模式，是在国资委（人民代表）监督下的、目标明确的公开招标，委托职业经理人进行专业管理的"托管模式"。

我国大中型国企、民企应普遍推行由职业经理人管理的托管制度和常驻人民代表（国资委）督查的制度，小型国企、民企、个体经营，应推行由所在地（常驻地）社区人民代表督查的制度。

只要监管到位，国家的（人民的）财富就不会有流失的"黑洞"。不管是国企或民企以及个人所获得的利益，国家都可以且应该通过税收等政策予以公平、合理的调节。因为任何人或团体，如果不借力于特定时空和外人、外物所组成的平台（公共资源），你是永远也不可能"暴富"的。所以"分享与感恩"不仅仅是道德的要求，而且应该是法定的强制。"羊毛出在羊身上"，难道"羊"们就不可以分一杯羹吗？尽量控制、保持财富分享的"终端公平"，是国家的天然职责。从这个角度看问题，"民企"同样是可以为国为民创造财富的，因而"民企"也就有了"准国企"的性质，这就是"民富则国强"的依据。

人民代表督查制，其宗旨是保护企业，而绝不是控制、干扰企业。目的是保护企业的长盛不衰，因此只是督察是否合法经营、依法纳税，而不管具体经营。

无论是国企或民企，都不能对人民代表的督察，怀有被动、消极的被监督的心态，而是要积极地配合。因为监督就是一种保护企业最有效的"正向管理"，可保护企业的"长治久安"而不至于走上违法的"邪路"，从而使企业得到持续健康的发展，最终也就使企业的根本利益进入了安全的"保险箱"，从而也使"老板"与员工可以持续地发财。→也就不可能发生私企"恒大"、"碧桂园"的暴雷事件，以及出现国企"三桶油"得垄断之巨利而居然会亏损的咄咄怪事了。

从普遍的共识来看，评价一个社会的好坏，就是以公民在国家总财富中所占的分配比例为标准，公民占的比例越大，这个社会就越好；反之，就越差。如果还要增加一个标准，那就只能是：公民是否实际上掌控了决定国家财富分配比例的权力。

如当下的北欧诸国与伊朗、朝鲜等国家，究竟怎样的称呼才与其真实的国情相符，是很值得推敲的——都需要改良，区别仅仅在于：有的国家不公平问题比较多，有的国家不公平的问题比较少而已，因此有的国家改良的难度相对来说要大一些，有的国家改良的难度相对来说要小一些罢了。

财富（资本），自身是不会**自动地**产生剩余财富（价值）的，换句话，就是"钱"自身是不能生"钱"的，只有依附于劳动者的劳动才会产生新的孳息｛利息｝。资本，不过是人们发展生产的工具（支撑）之一罢了，不公平的社会分配制度和不公平的交易规则，才是血淋淋的。

资本，本是一个中性词，资本既可以在善人手中（相对公平的社会制度中）为大众造福，也可以在恶人手中（不相对公平的社会制度中）行盘剥之实，我们最应该做的只是"惩恶扬善"（实现相对公平）罢了，而不是其他的种种不得要领的"乱折腾"。

让资本（财富）替人类的财富分配制度的不公无辜地买单，其实是张冠李戴，不得要领。

既然财富（资本）是进行生产的必要"工具"（支撑），我们也不应该拒绝支付一定的"租金"（利息），这才符合相对公平的原则，这才有利于社会生产的良性、持续发展，但"利率"（租金）一定要控制在公平合理范围之内→普及关于资源｛资本｝的科学知识→物质资源｛资本｝的掌控者与人力资源｛资本｝的拥有者的关系，是地位对等的、不可或缺的伴生者，通俗地说，劳资双方是地位平等的合作者，而绝不是马克思理论中所描述那样的"劳资之间是你死我活的敌人"→凡是那些能够持续长盛不衰的企业、财团，都是有意无意地遵循了相对公平的原则的，劳资双方的利益分享相对较为公平的→国家以法律的形式确认劳资双方双方的平等合作地位，劳资双方皆不得违背相对公平的原则，这是形成贫富双赢的和谐人文生态的前提。

二是，关于人性。

马克思在这个问题上犯了机械论的错误。

将人类当作了一成不变、没有主观能动性的"物件"，抹杀人类趋利避害的"动能"，有意或无意地屏蔽了人类"立地成佛"的主观智慧，强大的扶正纠偏、自我救赎的能力。

不论是把实行"资本主义"的现代西方发达国家的人们，还是把实行"社会主义"的中国人，看成是毫无扶正纠偏能力的傻子，是明知损人不利己却一条道走向死亡而不知转弯的蠢猪，这都不过是纯粹的自欺欺人的意淫罢了，只能凸显其自身的愚昧无知。

人是具有智慧的，是具有主观能动性的"动物"，而不是机械死板的"物件"。人性本善恶，生来具有掠夺性，但人又具有社会性，其行为必然受到他人的制约，使那些为恶者不可长久持续地为恶；同时，人是智慧生物，有权衡利弊的能力→趋利避害的本能加智慧，使人具有校正自身行为的能力。人类最终必将明白：与人为善，相对公平、和谐相处，才是利人利己的可持续的长久之计。这是常识，更是客观存在范式，即中国古先贤所说的**"大道之行也，天下为公"**，是不以人类主观意志为转移的必然结果。从这个意义上来说，"共产主义"，即中国古先贤理想中的"天下大同"，是必然会实现的——因而"共产主义"（天下大同——人类公平、和谐相处），就绝不仅仅是"空想"。因此，我们认为，一切弃恶向善者，都是值得赞扬的"共产主义者"｛升华为**共和主义者**，似更准确｝；一切怙恶不悛者，都是应该共同讨伐的人类公敌。这才是我们坚持"共产主义理想"（公平、和谐的"天下大同"→**共和主义理想**）最根本的理论基础。以此对社会制度和人的思想、行为，进行以公平为准绳的"改良、修正"，则是实现"共产主义"（天下大同→**共和**）的必由之路。从某种意义上说，孔子、华盛顿、邓小平、穆希卡等等为代表的"弃恶向善"之人，他们都是真正的"共产主义"（天下大同：公平、和谐→**共和**）的先驱与践行者；而整天喊打喊杀、搞残酷斗争者，从来就是人类的公敌。当然，这并不包括那些对怙恶不悛的人类公敌予以反杀的志士仁人，因为这些英雄是人类光明磊落的人间正道（与人为善）的正当防卫者，是人类"弃恶向善"的忠实捍卫者，是人类永远景仰、崇敬的英雄。——从这个人意义上来说，共产主义（天下大同→**共和**）的理想并不崇高，也并不远大，她就在我们的身边，就在我们每个人的具体的弃恶向善的行为之中——如果所有的人都是乐于助人的坚持实事求是、相对公平，尊重人性的与人为善者，那不就是实现了共产主义社会（天下大同→**共和**）的理想了吗？

——现代科技井喷，资本（资源、财富）的急剧膨胀，是人类的福音，为人类弃恶向善奠定了物质基础。随着人类智慧的不断升华，科技水平必然水涨船高，创造财富的效率必定疯涨，那么，我们离理想社会还会远吗……**共和之春**真的要降临了吗？

这与什么君主立宪、资本主义、社会主义、政教合一等等的"虚名"无关，只与人类社会本身的自然客观存在范式有关，简言之，只与善、恶有关，也就是只与人类是否实事求是、相对公平、与人为善、尊重人性的和谐共处有关。因为只要坚持与践行实事求是、与人为善，坚持相对公平、尊重人性、和谐共处的原则，名义上各种不同社会制度国家，就都能殊途同归，达于人们心目中的"理想状态"（公平、和谐）的。这个问题，表面上看起来纷繁复杂，似乎无从下手，但从本质上来说，方法简单而唯一：就是**以为己的私心与为国、为民的公心**，各个国家各自把自己政治、经济制度中的不相对公平的、不实事求是的、不与人为善的、不尊重人性的种种恶行逐一清理出来，进行切切实实地"修正、改良"就行了。在"众口难调"的借口下退缩，显露的是执政者的平庸、无能；使国民"皆大欢喜"，彰显的是执政者的智慧、博大！

人，天然就是一种最爱自己的动物，但一个人，如果懂得了伤害他人，就是在为自己挖坑，维护他人利益，就是最佳的利己，那他就成了一个"达人"。

在此附带评述马克思关于共产主义的"各取所需"、"绝对公平"。

各取所需、绝对公平，显然是都谎言。……

道理也十分简单，就是一个人人都懂的常识：人的天赋，从来就是生而不同的，因而人的能力从来就是有强弱的，所处的环境从来就是有优劣的，优质的物品从来就是相对稀缺的，所以相对的贫富与相对的物资稀缺就是人类社会永恒的常态，因此"各取所需"，只不过是从来没有出现过，也永远不可能出现的臆想罢了。绝对公平，是很容易证伪的，因为这明显就是一个"画饼"。合于事实的，且具有可行性的，只能是相对公平，这是一个不用证明的简明常识。

这也是马克思所提倡的"共产主义"远不如中国古先贤提倡的"天下大同"（**共和**→公平、和谐，与人为善）先进（更可行、更符合人性、更符合社会发展的客观存在范式，即更公平、合理）的原因。

说点我们自身的主观感受：我们总觉得马克思是生活中的弱者，如果没有其妻子家的帮衬与朋友的资助，他是很难维持其家庭的基本生活的，他的实际生活水平，除了有个贵族出生的妻子外，不比一般工薪者高多少。这是他产生脱离事实的、一厢情愿的、下意识的，近乎于幼稚的主观臆想的主要原因。不然就不足以解释，为什么马克思如此聪明的人，竟然会产生诸如"各取所需、绝对公平、残酷斗争、血腥专政、资本血腥"等等仇富的荒唐的想法。他所画的"画饼"，误人误己，最终伤及无辜，给近代世界人民留下了难以言喻的痛。

我们认为，这与反不反"马克思主义"无关，只与是否"实事求是"有关，只与讲不讲"道理"有关"，实事求是"不是我们中国共产党人一贯提倡的么？我们有什么理由要实行"双标"呢？→我们似乎"没说错"也不行，而我们造就的政治偶像真的说错了也必须坚持？

还是那句老话，就像邓小平那样，不管是谁说的，我们仍然坚持"坚持正确的，反对错误的"，"实事求是"才是唯一的标准。我们仍然要坚持马克思学说中那些"正确的部分"。西方不少国家，特别是北欧诸国正是这样干的：

他们口头声称反对马克思的"社会主义",实际上却在"资本主义"的大饼上,猛撒"社会主义的"调料(相对公平的贫富共赢),令其"资本主义"的味道大变,真是让人们分不清他们到底是"资本主义社会"呢,还是"社会主义社会"了!

透过现象看本质,应该是一个正常人的基本素养。

关于资本,我们的理解是这样的:

资本是人类赖以生存、且可以改善自身生存质量的人力、物力之总和,它包含两大类。

一、物质资本

人类生存必须的现存物质财富{物能}的总和:

1. 大自然的赠予:阳光、空气、水、土地、动植物、矿藏等等。

2. 劳动者积攒下来财富:粮、棉、油、牲畜、房屋、道路,劳动工具、交通工具等等。

二、人力资本

1. 体力劳动

体力劳动是人类创造(获取)财富的最原始的、最基础的动能,不管是何等先进、高端的工具,高级方法,都离不开人力的具体操作。

2. 脑力劳动

脑力劳动是人类创造(获取)财富的高级动能,脑力劳动所发明(发现)的高端的工具和方式方法,可以几倍、几十倍,成百倍,甚至成千倍地提高人类获取财富的能力。所谓"精神财富",是脑力劳动的结晶,并非只是"精神"而已,而是实实在在可以变现的财富,是高级形式的人力资本。因为广义的生产力还包括良好的人文环境,不论是科学技术结晶还是科学的人文思想,都是可以给获取财富提供强大的助力,大大地改善人类的生活质量的。

——人类近、现代工商契约社会中最大的不公就是:物质"资本"在财富分配中所占比例太大,而人力资本在财富分配中所占的比例太小,这是有违相对公平这个社会和谐的基准的,这是必须立法予以规范的。

我们并非是要对"资本"进行管控，而是要对那些凭借自身掌握的资本进行违法活动的违法者（不公平行为的实施者）予以管控。

投入物质资本的老板们，动则身价上亿、上十亿、上百亿、甚至上千亿、万亿；而投入人力资本，直接创造财富的劳动者则在生存线上苦苦挣扎的怪相产生的根源就在于此。

制定怎样的较为公平的分配规则来消除如此怪诞的不公，实现相对公平，是值得经济学家和政治家、法学家与人文生态学家们慎重推敲的……

需要慎重申明的是：我们的意思绝不是老板不可以发财，而是认为必须要有较为公平的分享规则，既能使老板们致富，又能使员工们小康，还能使国家富强，即"贫富共赢"。要明确认定：近、现代的"资本家"们对于当今人类物质财富的急剧膨胀是居功至伟的，不仅仅是行政人员、科技人员和劳动人民才有功劳。如果断绝了老板们的发财梦，就会使有限的物质资本得不到充分有效地利用，这必将严重阻碍社会经济的发展——损害投资者的合法利益，同样是不相对公平的，也是不利于社会和谐发展的。

但是当下，有些"老板"凭所投入的物质资本所占的分配比例是否是太夸张了一点呢？

最后特别强调，我们所说的物质资本，是指实物与货币、支票、股票等等票面额度所代表的实有财富，而不包含"虚拟资本"。通过"金融市场"炒出来的虚拟资本，其本质就是"空手道"的骗钱术或寅吃卯粮的画饼，对于世界的正常经济秩序是一个巨大的威胁与隐患——我国各公司穷尽所能地争相上市，这中间难道没有猫腻？只要用实事求是的方法连续发问，就能发现其中的真相。我们建议联合国和各成员国，应成立专门的研究机构对"虚拟资本"予以规范、限制，以使其只能发挥其对经济发展正向的促进作用，防范其对经济发展的破坏作用。人类不仅要以相对公平为原则，对实有资本（财富）进行管控，使其无害运行，更要对"虚拟资本"（零实有财富）加以严管——尊重市场经济的客观存在范式，绝不等于可以允许坏人作恶——也就是要以实事求是、相对公平的原则来规范经济活动中不公平的（不公是社会矛盾的根源）、不切实际的（不量入为出过度超消是难以为继的、过分欲望是需要控制的）行为。

资本运行亦有"道"，即资本运行也是存在着最有利于人类经济活动的最恰、最佳的客观存在范式的——我们是否可以根据实事求是、相对公平、与人为善三原则的规定，设计出一个数学模型，利用大数据、云计算来帮助人类寻找出资本最佳的运行范式？——也就是在理论上证明：资本运行是可控的，经济危机并非是必然发生的！

关于宗教

有神论产生于人类蒙昧时期的愚昧。→不能解释太阳、月亮，于是就想象出了太阳神、月神；不能理解风雨雷电，于是又想象出了众神。山有山神，河有河神，海有海神，这可以归为自然崇拜。

世界上现存的几大宗教，其本质是对人类"先知"，即大善者与大智者的偶像崇拜，是丛林法则盛行期间的必然产物。比如基督教的耶稣，佛教的释迦牟尼，伊斯兰教的默罕默德，道教的老子等等→宗教信仰的产生，本质还是源于民众的认知低下。

在绝大多数人为文盲的古代，不产生自然崇拜、宗教崇拜才是怪事，而在古代，产生迷信、崇拜才是合情合理的事情。

随着科技的发展、生产力的发展、教育的普及，人们的认知水平普遍提高，当文化传承和教育功能从宗教中逐步剥离，宗教的衰微就是必然趋势。

宗教各派，为生存计，拼命故弄玄虚，神秘其事，虽然穿着劝善的外衣，却莫可奈何地逐步堕落成为牟利的工具，收取"香火钱"成了宗教从业者的主要目标→万事皆可，但不交"香火钱"、不上供，那是万万不行的。当然有少许像梵蒂冈教皇拥有大宗庙产者，也许会稍好一点。

我们一直在怀疑"舍利子"（佛骨）是别有用心者的造假。现在火化了成千上万的人，没听说过烧出什么晶莹剔透的东西来，这是由于人体是由有机物构成而决定的。谁能证明法门寺出土的"舍利子"就是释迦牟尼真身的佛骨？令人蹊跷的是：为什么就没有人想到要去检验"舍利子"的物质成分呢？→以现代科学技术的能量，揭示人们有意无意赋予舍利子身上的的神秘，可以说是轻而易举的事情→而笔者可以肯定地说，尸体能否烧出舍利子，与僧人生前的修为高低是没有什么关系的，而只会与特定的尸体本身所含的具体元素，以及具体的焚烧方式方法、添加物、时长、温度等等有关连。

最后，我们要强调的是，对待宗教问题，与对待其他的人类文化遗产一样，也必须坚持"取其精华，去其糟粕"的态度。对于宗教中那些使人趋善、有利于人与人之间公平、和谐相处的精华部分，无疑是应该发扬光大的；而对于宗教中那些欺骗、愚弄人民的糟粕，是必须坚决予以抛弃的。

关于世界观

人，是地球上的一种具有主观能动性的动物，是自身天赋与所处的自然生态和人文生态相融合而产生的"智慧生物"。→自然生态与人文生态的优劣，决定着人类的未来。→此处的"智慧"，广义来说，既包含人类对自身特有的认知、思辨能力的运用过程，也包含人类自身认知、思辨的"正向"成果，还包括对人类自身认知、思辨成果的提纯、运用与传承。→此处"正向"的特定含义为，于人于己皆有益无害的真善美；其反面是于人于己皆有害无益的假恶丑。

人类自身及万物的存在，就是客观物质的运动、变化形态呈现在人类感知面前的样子。如果不是由于人类智慧的存在，其自身本来就无大无小、无头无尾、无东无西、无前无后，无善无恶，无美无丑等等的"意识"的。→所谓的万事万物都是人类主观上为了便于辨别客观事物而赋予客观现实存在的种种概念。由此可以推论出所谓的上帝是不可能存在的，至多可以说，直至当代，客观物质运动的范式还未被人类完全解密而已。

人自身以外的客观存在，是一个不以人的主观意志为转移的物质世界。人类所处的物质世界，自有其尚未被人类完全认知的特定的存在、运行（运动）方式。包括无机物在特定的条件下形成有机物，产生了"生命"，进而产生动物和具有智慧的人类，也不过是客观物质运动的一种"高级"形态罢了。空间，就是物质存在与运动的场所，属于大小、远近的范畴；时间，就是物质运动过程的起始、先后、长短的"标尺"，属于先后、长短的时长范畴。

对于客观宇宙，由于人类智慧产生的时间太短，还有无数的未解之谜：太阳系、银河系究竟是怎样产生的，又是什么样的力量维持其相对的稳定、平衡？"混沌问题"如果无解，又怎样解释宇宙的存在呢？宇宙是无穷大，还是有限大？如果是有限大，边界又是什么样子、边界以外又是什么样的存在？难道是真空？"真空"以外又是什么？物质是有限小或是无限小？如果是有限小，就必然会产生一个悖论，因为一个客观存在的东西，无论再小，从理论上来说，都是可以分割的。无限分割下去，将会得到什么样的结果？（二律背反是否成立？）生命、人类究竟是怎样产生的？

诸如此类几乎无限的谜团，对于稚嫩的、认知有限的人类来说，**最终只能获得"有限解"这一点是确定的无疑的**→**只解决人类自身能力范围之内的、有利于人类持续向好发展的哪些问题，就是人类世界观中的终极智慧！**→百万、千万光年之外的事务，对于人类来说，是没有什么实际的意义的。

虽然人类太过稚嫩，面对的问题太过复杂，但我们没有理由妄自菲薄。既然自然界的物质运动，因种种尚不清楚的机缘巧合，产生了具有高度智慧的人类，我们就不能辜负大自然赠予给人类的既珍贵而又神圣的"**慧根**"→认知、思辨的能力！

由于人类具有了智慧，不仅具有了强大的自我救赎的能力，拥有了扶正纠偏的可能，这必将逐步增强人类对客观世界和自身命运的把控能力。当数百吨的飞机腾空而起，新闻画面秒传世界之时，瞬间将一座山峰炸平之际，当凶恶的鼠疫、天花等疾病被扑灭之时，人类的确有傲娇的理由。从某种意义上来说，人类本身就是宇宙之神！

宇宙中是否还有像人类一样的智慧生物，截至目前，仍然还是一个"假说"。我们当然希望有，有多个更好，那人类就有了更多分享智慧的机会，而且，当太阳系衰老的时候，人类也就有了搬迁的可能。但我们自身的本能感觉是"**没有**"，因为人类生存的条件太过"苛刻"→宜居地球的出现，实属"偶然中的偶然中的偶然中的偶然……"。虽然整个宇宙中像太阳系这样的基础恒星系的量数，庞大到如地球上所有沙粒的总数那么多，但我们人类想要从中找到一个适合人类生存的行星，也是玄之又玄的。因为有一个前提是不可能突破的，那就是，人类要寻找的这个行星，不能远于地球人所能达到距离。只要远于这个距离，对地球人来说，就是毫无意义的。因此，我们人类的天文学家们，实在是任重而道远啊！！

"智慧"是人类傲视万物的资本。善待万物、善待同类（同时也是善待自身），是人类永垂不朽的前提。

人（我）是什么？人，就是客观物质，依据一定的客观存在范式而进行的特定的运动过程。生死，就是这个过程的始终，它是由特定的客观存在范式限定的，是不以人的主观意志为转移的，因此，坦然面对是唯一的选择。倘若将来的某一天，人们一旦彻底将"人"的这种高级、复杂的"特定的物质运动形式"的机理完全弄明白了，人类就将获得永生。→用通俗的语言来说：人，就是自然生态的产物。→人的生理进化，是由人的能量补充的充足度与丰富度决定的；人的精神进步，决定于人对于自身，以及对于自身所处的自然生态与人文生态的认知程度。→换言之，人的精神进步，是由人适应自身所处的自然生态与人文生态的能力的强弱决定的。

人的特点是什么？人的最根本的特征就是具有认知、思辨的能力。细说就是人具有获取智慧（精神传承）的能力，就是具有认知客观外界的能力，具有思辨的能力，因而能够分辨是非、利弊，从而获取对自身最为有利的应对万事万物的最佳客观处置范式。并因此进而在不违背客观存在范式的前提下，对客观外界具有一定的、逐步增强的把控能力。

人生的意义是什么？就是要最大限度地凸显自身的特征：智慧→增强思辨能力，获取更多的智慧，增强把控事物的能力。也就是要勤于学习，勤于思索，努力增强认知、提高把控客观外界（自然界、人类社会）的能力，以保障自身的良好的、可持续的发展。中国俗语"养子不教如养驴，养女不教如养猪"，体现的就是这个意思——所谓"教"，就是教人学习与思考，如果人不学习、不思考，就与猪、驴一样的动物无异。作为一个人，就应该把人类的智慧结晶，一代接一代地继承下来，传承下去，以便不断改善人类自身的生存状况。所以，人不努力学习、不勤于思考，是违背自然之道的。法国先贤笛卡尔对此有简洁而生动的表达："我思故我在"→也就是说，人如果**不具备思辨的能力**，也就"人将不人"了。

注意：仅仅将笛卡尔的"我思故我在"中的"思"，仅仅理解为客观上不可否定的"客观存在"是不完整、不全面的。因为只承认"认知、思辨的能力"是客观存在，但如果我们不能将这个"客观存在"用于改善人类自身的生存状态，那么，这个"客观存在"对于人类来说，就是毫无意义的。我们的意思是，承认人的认知思辨能力的主体存在是没有疑问的，但更重要的是人类对于自身的认知思辨能力的运用。

白乐天有诗云："有花堪折直须折，莫待无花空折枝"→"及时行乐"当然也是一种人生选择，但你必须首先获取"行乐"的财富（物质支撑）。获取财富，也是离不开认知和思辨的，而且还必须在不损害他人利益的前提下才能得以顺利实现。不然，你就麻烦多多了，其结果很可能是"遭罪"而不是"行乐"了。"人无远虑，必有近忧"的中国常识，是我们应当牢记的，这儿所谓的"虑"，就是认知与思辨。

有人说，"人活着的意义就是活着本身"，虽然有一定的合理性、唯一性，但我们仍然认为，这是是相当偏颇的。如果人类不勤于认知和思辨，人类恐怕早已灭绝。因为人类如果不认知、不思辨，人类就既不会养殖、耕种，也没有医药，更没有现代工业，也不可能开采矿产。其结果不是饿死、病死、就是"穷死"；如果人类不认知、不思辨、也就不可能改善、提升自身的人文生态来修正自身的恶行（兽性），其结果就是游手好闲，偷抢必为常态，内斗不止，互相残杀，最终，不是"懒死"，就是内斗战死。在此等生存条件下，即便你有再强烈的"活着"的意愿，你还活得了吗？

我们中华民族，作为世界上最先踏入高贵门槛的人类→中国唐宋时代的谦谦君子在吟诗作画、风花雪月之时，黎民百姓在清明上河图中溜达之际，欧洲人还在野蛮的宗教黑暗之中苟延残踹。

我们爱中国，爱中国人民；我们爱世界，爱世界人民，并愿意尽我们微薄之力，使中国和世界变得更加美好。对自然，他人、对生命、对劳动、对知识和财富，永远保持尊重乃至于敬畏，实事求是、学而不厌、与人为善、秉持公平、尊重人性，珍爱生命，这就是我们对我们所处的这个世界的基本态度。

现代相当一部分男人普遍"矮化"而显得猥琐，只知追求钱、权、色的主要原因，就是相当多的人丧失了他们自身精神上的追求，也就是丧失了正常人应当具有的"我思"的能力，其境界偏低，就势属必然。

即便有人认为射日的后羿与盗火的普罗米修斯是无意义的、天真的、幼稚的，甚至是愚蠢的"中二少年的美梦"，我们还是义无反顾地愿意成为像他们那样的殉道者。

人是需要"仰望星空"，才能成就完美人生的。我们认为，人的思想境界的高低与财富的多寡、地位的贵贱是没有必然的关系的。我们所理解的"仰望星空"的意义，就是：人应当将大自然赋予人类的珍宝："认知、思辨的天赋"发挥到极致，才不会辜负上天的赐予，否则就有"暴殄天物"之嫌。如果一个人善于"仰望星空"，能够将自己的思绪附着在星空中那不死不灭的"时空老人"的眼中再来观察、认知、思辨我们自身所处的这个"滚滚红尘"，那么，这个人的思想境界，虽然不一定会达到珠峰之鹰那样的的高度，但至少是不会成为"井底之蛙"的。

　　每个人都是特定的自然生态、特定的人文生态所产生的特定的"智慧生物"。从严格意义上与基本逻辑来说，将不具备认知、思辨、纠错等能力{智慧}的"人"称之为人，是有瑕疵的→我们的祖先老早就把那些丧失天良的、害人而又不利己的东西斥之为禽兽，把那些懒于认知、惰于思辨的家伙，斥之为"如猪如驴"。→人与动物的根本区别，就在于有没有智慧，因此与"实事求是思维模式"相关的具体内容（求真、求恰、求佳），应当成为全球所有国家宪法中的"必有的核心条款"。

　　虽然，人是生而不同的，存在着诸多的差异的，但在人格上，人是生而平等的，分辨人的高贵与下贱的唯一标准，就是心中有没有"实事求是、相对公平"的人生准则→区分善良与邪恶的最根本的标准，从本质上来说，就是有没有相对公平的人生基准{利己而不损人，即古先贤推崇的"取之有道→，此处的"道"，即俗语所谓的"良心"，其内核就是相对公平的为人基准。一个人具有相对公平的人生准则{良心}，就绝不会损人利己、损公肥私，从而成为谦谦君子就势属必然→当然，这是需要相对公平的人文生态的支撑才是成立的，否则就会小人辈出。对于那些质问"良心值几个钱？"的卑鄙者来说，在中国宪法中是需要旗帜鲜明地予以强制启蒙、规范的：有没有相对公平的为人基准{有没有良心}，是卑鄙者与高尚者唯一的分水岭。一个国家如果不能形成相对公平的人文生态，那就不可能建成和谐社会，这个国家的人民就不可能形成合力，丧失与世界诸强一争高下的能力也就是必然的结果。

中美关系{关于中美共同合作组建《人类人文生态学科学化工作委员会》的思辨}

　　改善中美关系的最终出路，在于两国**人文生态科学化**前提下的"善恶、是非认知的趋同"。→如果仅仅寄希望于两国领导人之间不分是非、不辨善恶的妥协来改善两国的关系，这必然是不稳定的，也注定是不可持续的！→是与非、善与恶，从来就是格格不入，两不相容的。

我们是不认同世界上存在着不分善恶、不辨是非的"意识形态之争的"。→"实事求是、相对公平"，是拨开"意识形态"之争迷雾的阳光。意识形态之争，其争论的焦点，就是判断人们的行为"是善、是恶;是对、是错"的标准。→人的基本人性是没有什么区别的，因此，对于人类来说，是不可能同时存在着二者皆成立的两种不同的评价是非、善恶的标准的。→人类人文生态学科学化的目的，就是要使"评判人类行为的标准成为真理，使其成为天然的权威，从而终结丛林法则，**走向共和**"。

我们对于美国、中国两个大国的基本认知就是：中国与美国都是那种在自己的本土之上，**除了自己能够打败自己以外再无敌手的超然存在**。也就是说，不论是美国还是中国，只要坚持相对公平，实现了本国内部的自洽，同时坚持了实事求是，自身就不会不犯**颠覆性的错误**而顺应"大道向善"的历史潮流而动，二者都必将是不败的传奇。二者和，则是全球之福;二者怼，则为世界之灾。

美国人与中国人中的一部分人对两国关系的"**莫名焦躁、动作变形**"，都是"自寻烦恼"式的**自虐**。因为基于丛林法则的"**两强必掐**"的"**阶段性真理**"，已显属必被抛弃的落后文化，而"**合作共赢**"才是符合"大道向善"历史潮流的"**永恒真理**"。

所谓"**不犯颠覆性的错误**"，就是不干和实事求是原则相悖的事情;不干与相对公平原则相悖的事情;不干和与人为善原则相悖的事情;不干与**尊重人性相悖的事情**;当然也不干**与其他的以真善美为宗旨的公序良俗相悖的事情**。

坚持**实事求是的原则**，就是不论处理任何事情，都秉持"求真、求恰、求佳"的精神，这就相对地保证了人类能够获取**对人类自身最为有利的客观处置范式**，从而使是人类尽可能少地干错事。坚持相对公平的原则，就是人类在处理任何事情的时候，都以"**不得伤害他人利益**"为前提，这是人类现代文明中公平正义的基石:民主、法治、平等、阳光、尊严、人格、和谐等等，都是"**相对公平这个核心的外化形式**"。**与人为善**，其实就是"**相对公平的高尚化、贵**

族化形态"，是人类达于完美和谐的必由之路，是"大道向善"的历史潮流所制约的必然选择，这是人类必须实现内部和解、自洽的根本性的理论基础，否则人类必将在内斗中走向灭亡。坚持**尊重人性的原则**，就是尊重大自然赋予人类的那些无害的、生物性的、本我的特性。任何脱离人的本我属性{天性}去处理"**人间之事**"，就是"有百害而无一利"的"瞎折腾"，就是"违天逆行"，人类的幸福、和谐也就无从谈起。

美国这个三百年来在工商时代创造了无数辉煌的"新"贵族和中国这个曾经在农耕时代创造了无数辉煌、近四十年来强劲崛起的老贵族之间的矛盾，其解决的唯一方案，只能是"实事求是、相对公平、与人为善、尊重人性、和谐共赢"。因为实事求是、相对公平、与人为善、尊重人性、和谐共赢是人间"大道"，是人类发展的必由之路，是客观存在的特定范式。而"逆天行事"的结果，必然是"内斗"不止，自取灭亡。→中美两国的执政者，以其智力，应该是足以认识到"**两强必戳**"的论调，完全是基于不讲是非善恶、只讲拳头大小的丛林法则而得出的推论，显属逆历史潮流的反动。→**只要中美两国，以实现内部和解、自治为目的，各自对自身的人文生态中的弊端持动态纠偏的态度，二者在相对公平的原则之内分享利益、分担责任，中美两国之间就没有什么不能谈，也没有什么谈不拢的→倘如此，则中美幸甚、世界幸甚！**

"新"贵族美国，积三百年来强劲发展之势，实力处于世界之巅，是不可能轰然崩塌的。即便是中国的普通老百姓，大多都是知道"瘦死的骆驼比马大"这个俗语的。

况且，美国这个新贵族，是西方智慧的集大成者，事实上就是**欧洲精神传承**的一块"飞地"，继承了几千年来的西方智慧的精华，汇聚了当今全世界大部分的顶尖人才，为维护世界和平、发展世界经济，曾经做出了巨大贡献与牺牲。我们不能以其立国不到三百年，就说美国没有底蕴、没有文化，这也显得太肤浅了。如果照此类推，新中国立国还不足百年，那不是就更没有底蕴、没有文化了吗？

中国这个老贵族，积数千年东方文明之智慧，一旦回归正确航向，强劲崛起就势属必然。

中美两国，对"是非善恶"的认知，是能够且必须形成共识的→任何不遵循"**摆事实、讲道理这个绝对真理**"的行为，都是基于丛林法则的流氓行径，都是对人类人文生态的破坏。→在"**依据人类人文生态学的科学规则、定理来规范自身的行为**"这一点上，中美双方"**求同存异**"是不成立的，因为这是与"相对公平规则"相悖的。→这正如 1+1 只能 =2 一样，是不能 =3 的。

因此要加强两国政要与民间人士的互访、交流，深入、真实地互相了解，目的就是要向美国人民还原一个真实的中国，要向中国人民还原一个真实的美国。中国应该大量邀请美国有影响力的人物来华调研，尤其是那些因不了解而敌视中国的政要来深入了解中国政府究竟已经为人民办了多少实实在在的好事，中国人民的生活得到了怎样的改善→更重要的是要让美国人民了解中国还将为中人民办怎样、怎样的好事。当然我们中国仍然还有不足之处，但我们也不怕别人知道我们的缺点，因为我们正在不断地进行改革，正在不遗余力地使中国变得更加美好。同理，美国也应当大量邀请中国政要与民间人士到美国调研，深入了解美国，以求增进互信。当然美国也并非尽善尽美，美国存在的问题，同样是需要与时俱进地进行改革的，这样才能使美国变得更加美好。中美之间，只有深入了解，才可能产生共同语言，才有可能互相理解，产生互信，进而在实事求是、相对公平、与人为善、尊重人性的基础上弃恶趋善，两强**共和**、互利共赢。

两国交流的关键人物之一，就是双方的大使，建议双方派遣经验丰富的副国级以上的实权人物担任，他不能是只知一味刚硬的鹰派人物，而是要让柔中带刚、或刚中带柔的智贤者来担任这个重要的职位。

中美两国都是优秀民族，都聪明绝顶，而且都体量巨大，谁也不是等闲之辈。军事上或有强弱之分，但谁也别想在对方的本土之上征服谁，连"惨胜"都绝无可能｛这儿的"胜"，定义为征服｝。合作则互惠互利，大家相对公平地共同发财，皆大欢喜，世界将变得更加美好、有序。撕逼、互掐则双输，杀敌三千，自损三千，兔死狐悲，世界将变得更加槽糕、无序。

美国在对华关系上，从来就是有其自身利益的考量的，因而常有打压中国之举动，也属"正常现象"。而美国优先从来就不是问题的问题，这是无可厚非的。如果有哪个国家的外交是首先、完全考虑别国的利益的，那就违背了人的基本人性，其所谓的"好"，必定是别有用心的"伪善"。→当然，

自身利益的考量，只有限定在相对公平的原则 { 不得伤害他人利益 } 之内，才是符合公平正义的。

客观事实就是：美国在中国抗日战争中，以及中国共产党处于弱势之时，美国都是曾经帮过大忙的。中华人民共和国建国之初，美国也是一心想与新中国建交的。更不用说从清末开始接纳中国留学生，在中国举办燕大等一系列高校，为中国培养了许多高端人才，特别是改革开放四十年来，美国对中国经济发展的促进和高端人才的培养，都是有目共睹的：中国改革开放以来获得的巨大进步，当然有中国"举国体制"和人民努力这个内因，但以美国为首的西方科技、资本对中国的强力加持，相对宽松的国际环境这些外因也是居功至伟的。——中国人是实实在在地分享了西方科技发展的红利的。同时中国人民也不能忘记美国平息中苏之争而引发的"核危机"的善意，以及卡特总统在中国惩罚越南时，打电话告诫苏联"不要介入中越之争"的善举。

中国人民，向来是尊崇"投我以桃，报之以李"的祖训的，从来就不是一个忘恩负义的民族。就算是"网红教授"郑强同志引以为傲的化学专业知识，不也是以美国为首的"西学东渐"的结果吗？我们当然是极其推崇郑强教授的爱国情怀的——自己的祖国都不爱的人，何谈爱整个世界。不是该不该教自己的学生真本事的问题，而是要首先教会学生怎样做人的问题。大学生中的那种唯利是图的种种怪象，凸显了"家国情怀"培育的紧迫性。应当组织力量，编写大量生动丰富的教材，以求用润物细无声的方式，涵养出大量具有家国情怀的真正的精英→当然，家国情怀的形成，是以良好的人文生态为基础的。但在科技方面，我们中国人决不能自我膨胀、夜郎自大，以至于忘记了谁强谁弱的基本现实，弄混了究竟谁在向谁学习的基本常识，以至于"厉害了，中国！"成了某些人的"口头禅"。（**可能需要在此预先要用"与人为善、实事求是，投桃报李、礼尚往来，这些都绝不是崇洋媚外、卑躬屈膝"来堵住那些"喷子"们的嘴——邓公与美国交好，他是不是汉奸？**）。

当下中国的经济下滑，当然有美国人对于中国的强势崛起太过敏感而产生了打压中国经济的冲动这个表象，而根本原因是中美的治国理念存在巨大的差异→执政者接受公民授权为公民服务，接受公民的批评与监督而权力有限；与执政者自我授权统治公民，宣称为人民服务，不接受公民的批评与监督而权力无限。此种差异，不仅仅是美国希望我们改良，更是中国人民的迫切愿望→"美国的民主法治也存在诸多的问题，因而美国没有资格对我们指手画脚"：中国官方这种甩锅手法是中国华民族不能接受的→自己有病，因为另外的病人指指点点，我们自己就不治病了吗？→中美双方各自努力"抗疫"，共同交流治病的经验、方式，不香吗？→中美两强携手，这是全球人类人文生态科学化的希望之所在→人类的美好生活、精神家园的回归，是需要有具体的实际行动的：建议中美两国各自选派 30 名人类人文生态科学化方面的专业人士，并吸纳世界各国此方面的优秀人才，**尽快**共同组成 100 人的常设的"**人类人文生态科学化工作委员会**"，办公地点设于联合国总部之内，以方便随时提交联合国大会进行讨论而在全世界形成共识，经费由中美两国均摊，当然也欢迎富人、富国踊跃捐赠，力争在两三年之内，在人类先贤的成果的基础之上，去伪存真、发扬光大，基本完成人类人文生态的科学化，并持续动态扶正纠偏，为人类跨入**共和时代**，长期持续地提供必要的理论支撑。→倘如此，则美国幸甚、中国幸甚、人类幸甚！

表象还是要作出说明的，但根本原因则必须予以改良才能化解双方的分歧，进而使中国、美国的经济持续向好：人治专制使中国普通公民根本没有任何实际的政治权力，这是对外经济受挫的根本原因；党政二元、党群二元、官民二元、城乡二元、国企民企二元。则是我国国内经济不景气的根本原因。而中国的精英人才与民间资本大肆流向美国的根本原因也在于此。中国的政治体制改良势在必行，不要将自身的"使中国变得更加美好"的职责推诿给外人，即便世界上从来就没有出现过美国这个国家，我们难道不是同样地要使中国变更的更加美好而进行改良吗？→东欧诸国可以转弯向好，甚至越南、古巴也可以转弯向好，如此聪慧的中华民族，我曾经如此辉煌过的堂堂大中国又为什么会不行呢？

→纵观中国几千年的农牧帝国的历史，从来就没有向外扩张、殖民、称霸的先例，一贯坚持让利的"怀柔"政策，与他国友好交往的历史例证确凿无疑。近现代，中国也从未有故意与美国对着干的举动，对其他发达的、不发达的，穷的、富的、远的、近的世界各国，中国从来都是友好相处的。

首先，美国在抗日战争时期几乎是无条件地帮过中国的大忙，不仅仅帮助过民国政府，也帮过中国共产党，而且美国也没侵占过中国领土，还是清末唯一反对瓜分中国的西方列强。所以从中国自身的利益和中国与美国的历史渊源来说，中国人被苏联、朝鲜利用，跑到朝鲜去为别人与美国为首的联合国军拼命，是没有什么说得过去的正当理由的。而苏联"帮"中国，那纯粹是将中国当成附庸国来对待，不仅仅对中国有领土、利益诉求，而且还必须在政治上对苏联各种服从。中国之所以在建国伊始，国家一穷二白、百废待兴之际，出兵"抗美援朝"，实在是迫于无奈，心不甘情不愿地当了一次苏联的免费打手！连中国共产党都是"共产国际"（苏联）派人来协助成立的，中国共产党属于"共产国际第三支部（远东支部）"，受苏联的影响，势所难免。当时迫于斯大林的强势、苏军的淫威，建国之初，相比于苏联来说既穷且弱的新中国，从本质上来说，是在苏军（斯大林）的刺刀逼迫之下赤膊上阵的，以举国之力，用"人海战术"为苏联（斯大林）的称霸进了"枉死城"。后来苏联逼迫中国偿还"抗美援朝"之军火债，间接加剧了中国的"三年自然灾害"，导致饿死了上千万人。→中国被苏联、朝鲜弄去当打手，不仅没有领到应得"工资"，反而是莫名其妙地因此而欠下了一屁股的债不说，还牺牲了数以十万计的中国子弟兵的性命！新中国建国之初，国力衰弱，即便想与美国建交，身边躺着一头凶猛的北极熊，由于自身没有足够的实力，也是不敢乱说、乱动的——万一斯大林一怒之下，再加上败走台湾的，正在磨刀霍霍的、意欲"光复大陆"的蒋介石挑唆与利诱，他转而支持蒋介石领导的国民党咋办？况且斯大林原本是看好蒋介石领导的中国国民党政府的，认为国民党是中国的中坚力量，是要求中国共产党配合中国国民党的，并在1945年经斯大林亲自签字，是与中国国民政府签订有《中苏友好同盟条约》的。《中苏友好同盟条约》与后来1949年周恩来签字的《中苏友好条约》相比，在《中苏友好条约》的附件中，中方在诸多方面是做了重大让步的，而且斯大林并未亲自签字。由于苏联方面与沙皇俄国一样，一贯对中国既有政治、经济诉求，又有领土诉求，极不公平，这就为后来的中苏交恶埋下了种子。我们当然没有想要将过去的历史推翻重来，改变既成历史既成事实的意思，只是为了以此说明当时"苏强我弱"的事实。鉴于种种现实状况，在1949年，当时中国大陆谁也不敢不经斯大林的同意，就擅自与美国交朋友的，当时贫弱的中国，也真的是承受不起斯大林的怒火的。中国总体来说是无辜的受害者，明明是美苏两强硬生生地在朝鲜半岛上弄出了一个"三八线",苏联的斯大林支持朝鲜的金日成带头挑事,却让事先持反对意见的,当时积贫积弱的新中国来担主责,为强国之争流血、破财,不亦冤乎!→其实这是斯大林一石二鸟之谋算:强邀中国出兵朝鲜,一是,可以帮助苏联抵挡联合国军{中国大陆当时没有联合国席位,不受制于联合国},从而苏联就避免了与美国为首的联合国军的直接冲突。二是,强制中国参战,"帮自己杀人",其实就是胁迫中国上交"投名状",削弱中国以便于控制,从而将中国牢牢地绑在自己的战车上,为其称霸、扩张效力{当时,中国共产党在诸多方面,完全是被迫地满足了斯大林的无理要求的。→至于金日成的成败与中国人的存亡,是不在斯大林的考量之中的}。→唯一值得庆幸的是,新中国人民面对世界头号强国美国为首的联合国军队,最终因悍不畏死之决绝,才趟过了尸山血海,赢得了属于自己的尊严。

1950年6月25日朝鲜战争爆发以前,金日成于1950年3月30日到4月25日在苏联"访问"了近一个月,与斯大林秘密商议武力打过三八线,统一朝鲜半岛,获得了斯大林的支持{或者说是出于斯大林的授意去试探美国的反应}。而时至朝鲜战争爆发前夜,中国一直都是不支持金日成武力南进的,军队将领都是反对出兵朝鲜的。金日成将事情弄得不可收拾的时候,不请求支持他南进的强大的苏联出兵,而请求不支持他南进的当时远弱于苏联的中国出兵,这是很耐人寻味的,这其中还有诸多的未解之谜。诸如中国究竟为什么会出兵的、中国究竟是谁坚持出兵的,等等。但有一点可以确认,金日成首先感激、巴结、听从的是苏联而不是中国。二战日本投降以前,朝鲜属于日本殖民地,因而朝鲜人与日本人有类似看法一点也不奇怪:那就是,中国是弱国,日本是输给了美国与苏联,而不是输给了中国,苏联才是朝鲜值得依附的强国→{二战结束以后,朝鲜从来就是苏联{俄罗斯的}的附庸,而绝不是中国的附庸,朝鲜金家王朝的种种政治表演,就可以找到合理的解释了}。

说:"美国想以朝鲜为跳板入侵中国大陆"的说辞,已被美国解密解的史实所证伪:正是由于美国无意入侵中国大陆,美国总统杜鲁门才因此而解除了违抗命令,私自公开声称"要入侵中国大陆"的美国鹰派将军麦克阿瑟的联合国军司令的职务,并迫使他在美国国会公开认错。

根据俄罗斯解密朝战密件:在金日成发动战争以前,斯大林与金日成早就商量好了"拉中国下水"的预案，中国大陆纯粹是被苏联与朝鲜算计的"背锅侠"。

【附旁证材料一篇，至于真伪，读者自有判断：

——志愿军出兵朝鲜70周年{2020年10月}之际，中央军视濒道邀请开国上将、最后一任志愿军司令员杨勇之子做一个访谈节目，被其拒绝。后来他发帖说：

"死伤一百多万人，扶持了一个世袭的法西斯政权，耽误了我国三年的经济发展，有什么好纪念的？

我说此话，绝不是否定我父亲，正如太行大哥｛刘太行，刘伯承长子｝说的，我们的父亲都是杰出的军事专业干部，不懂政治，也不屑于参与政治。纳粹德国早已被定义为灭绝人性的邪恶政权，但你不能否认隆美尔、古德里安、曼施坦因这些优秀的德国军事家的军事才能的。再说，晚年的毛已经承认，我们上了斯大林的当了｛这是有据可查的｝。再给大家提供两个事实，金家掌权后曾经两次平毁志愿军烈士的墓地；其二，我在08年参观过平壤的"祖国解放战争纪念馆"，面积达一万多平方米的纪念馆只给志愿军留下不足二百平方米的小屋，还不准朝鲜人参观，只有中国人参观时才可以进去看一下。其他的馆都是无中生有的吹嘘老金的功绩，怎么拯救了中国，怎么保卫了社会主义阵营，无耻之极。扶植了这样一个忘恩负义的国家，值吗？"】

后来的"抗美援越"，也是诸多历史原因综合作用的结果，是是非非，不是几句话能说得清楚的，中、美、越三方的亲历者仍在，这儿就不一一详说了（资料不解密，我们也说不清楚。现在知道的仅仅是，中国为此付出了200亿美元的代价，换算下来，相当于现在的5万多亿人民币。）。

由于上世纪60年代末中苏交恶，从毛泽东主席与美国官方恢复联系以后，中美关系才有所改善。特别是上世纪70年代末自邓小平先生主政后加强与美国的合作，主导中国改革开放以来，在中国现代化突飞猛进的同时，美国也因此得到了长足的发展，获利巨大。即便是学术交流，美国也并非是绝对吃亏的一方。过去，以吴健雄先生等人为首的中国大量的优秀留学生，都为美国做出了突出的贡献。现在，仅在"硅谷"，就有来自中国清华大学、北京大学等高等学府的数万顶尖学子，服务于美国，而又有多少美国顶尖学子在为中国服务呢？

虽然由于中国人急于摆脱落后、贫穷，其中有个别的人操作不规范，不讲诚信，有的时候动作变形，甚至因急功近利，有意违规，但这绝不是中美交往的主流。林子大了，什么鸟儿都有，害群之马不仅中国有，美国也有，这是一点也不值得大惊小怪的。总体上来看，中美还是互利双赢的。

美国究竟在中国赚了多少钱，这是有据可查的。况且，美国与中国的交易，难道每一笔都是美国人吃亏，美国人从来就没有占过中国人的便宜？这也是有据可查的。中国的顶尖人才在美国为美国究竟做了多大的贡献，这还是有据可查的。

我们绝没有为少数中国人违规操作、不讲诚信辩护的意思，我们承诺纠正，不仅因为这是错误的，不公平的，更因为纠正错误，是有利于中美双方长久互利共赢的好事，我们中国又何乐而不为呢？

至于以美国为首的西方国家说中国的专制意味浓厚，人治强于法治，这是与中国几千年的帝王专制传统和文化传承有着千丝万缕的、剪不断理还乱的联系的。人治影响之深远、之厚重，如果不是深谙中国历史的人，是不能够完全理解的。但中国现在的宪法，与美国的宪法精神的基本面（民主法治），不是已经大致趋同了吗。一个传承了数千年的古老帝国的管理方式和人与人之间的相处模式，从人治专转为真正的民主法治，宪法条款从纸面上落到实处，从强权为尊到律法为王，从不公平到相对公平，从与人为恶到与人为善，即由丛林法则（不公、野蛮）转向文明法则（公平、和善），必然是有一个循序渐进的过程的，是需要一个酝酿过程来达成共识的。首先是要找到适合中国国情、中国人上下认可、可行性强、易于操作的治国共识与具体的实施方案。而这个共识与方案，因为是要在中国实施，必定是"中华为本，西方为辅"的，其核心标准只能是实事求是的，是适合中国国情、相对公平、与人为善、尊重人性、贫富共赢的，而绝不是那些使人摸不着头脑的这主义或那理论。自邓小平先生主政以来，及其以后的中国共产党的历届领导人，从来都是承诺进行政治、经济改革、提倡民主法治的，而不是反对政治、经济改革、拒绝民主法治的。→当下的中国执政者习近平先生，在反腐、民主法治、政治体制改良、脱贫等等方面也是有明确肯定的表态的。美国朋友在这一点上，是否是稍显急躁了一点呢？我们这不是违心地替中国共产党说好话，或者为中国共产党辩护，只是从"实事求是"的角度，实话实说而已。一个十四亿人的泱泱大国，如果在改革中急于求成地冒进，国家管理上就有可能出现纰漏，倘若因此而发生撕裂式的、不可控的动乱，中国滔天的滚滚难民潮，无论涌向世界的何方，那都将是全人类的灾难。我们认为，这种结果，也绝不是美国人民所希望的。"欲速则不达"的中国智慧是值得牢记的。如果中国的人文生态的改良，不采取有序、和平、依法推进的方式，就很有可能将好事办成坏事，不仅到时候是谁也承担不起这个责任，而且很可能会再次损失中国实施真正民主的良机。当然，这绝不是为了拖着不改革，仅仅是停留在"口头改革"的托辞→中国的确是需要尽快地、尽可能地，而又稳妥地将**"以实现去人治的、在中国真正实施民主法治为目标的改革措施"**落实在实际行动上的→我们实施具有中国特色的真民主，不是为了迎合谁、讨好谁、怕了谁，而是中华民族顺应社会发展的客观存在范式（大道向善）的自我需要，是为了中国十四亿人的福祉，也是有利于整个人类社会的良好发展的。

　　□**总之，中国要想真正处理好中美关系，击穿"两强必掐"的歪论，寄希望于别人发善心是行不通的，而只能靠我们自己，遵循"大道向善"的历史潮流，运用科学的治国理念，完成我国人文生态的改良，让公平正义之风沐浴神州大地→实施比美国更彻底的民主、比美国还完善的法治，真正地走向共和，从而成为世界人民真正佩服、尊重的国家，我们就必将成为世界上朋友最多的国家→届时，我们还会担忧有人会打压我们吗？→处理好国与国之间的关系，与年轻人谈恋爱是同理的：关键在于双方自身是否可爱，而不在于对方爱不爱你；只要你自身足够可爱，你就根本用不着担心别人爱不爱你。**

插入：关于"真民主"的思辨

　　这儿涉及到了真民主，我们认为有必要予以具体的说明。

　　我们认为中国特色的真民主，就是实施符合实事求是、相对公平、与人为善、尊重人性、必要差别、民主法治、阳光行政、动态纠偏这些原则的，国家政府由人民直接授权的国家行政制度。人民的概念为：中华人民共和国全体守法公民的总和。→《宪法》规定："**一切权力属于人民**"，将全体公民自身所让渡给政府的权力置于全体公民自身的实际监督之下，这是中国特色民主制度的最大特色，否则就不是真民主——这也决定了**二轮差额直选制**的必然性。阳光二轮差额直选，决定、保障了优中选优，使贤者、智者、能者治国成为现实。由真正民选的民族精英依据人民认同的的治国理念来治国，是当今中国与时俱进的不二选择。→实事求是、相对公平、与人为善、尊重人性、必要差别、民主法治、阳光行政、动态纠偏等原则，可有效防范强人专制、军人干政、民粹主义等等危机的发生。

回转：中美关系

至于世界老大、老二之争，在现实生活中，是毫无意义的。事实上，中国就是"百年老二"的地位，也就是徒有虚名地披了一张 GDP 总量世界第二的皮，仅占美国 GDP 的三分之二，人均下来，是很穷的｛美国人均 GDP 已超过 7 万美元；中国人均 GDP 为 1.3 万美元｝。因为美国只有三亿多人，中国足足多出了十一亿人要养活，而不论是美国的矿产资源还是耕地资源，都比中国丰富得太多。如果算人均 GDP 的话，中国处于世界七十位左右，**中国的老二地位，其实是"名不副实"的**。李克强总理说，中国还有六亿人，每月收入只有 1000 元（人民币），只相当于大约 140 美元。面对如此穷的中国人，美国人有什么值得焦虑的呢？即便有一天，中国 GDP 总量超过美国，那又怎样呢？如果算人均的话，那就需要超过美国 GDP 总量的五倍以上，才能与美国并驾齐驱。也许，这也并非绝无可能，但一定是猴年马月以后的事情了，这对于现实生活中的美国人来说，可以说是毫无意义的。

当然，我们必须承认一个基本事实：中国比四十年以前，确实是好多了。在中国人民的艰苦奋斗中，在以美国为首的世界强国的友好支持下，能够凭自身的力量，解决十四亿人的基本温饱问题，而没有给世界各友好国家添什么大的麻烦，进而成长为世界安全的重要稳定力量、经济发展的重要促进力量，这无疑是一个有益于整个世界的伟大的成就。

爱好和平的、向往公平和谐的古老中国得以初步复兴→这不仅对中国有利，也不仅对美国有利，对整个人类来说，都是有百益而无一害的。

总之，**在坚持公平正义、惩恶扬善的前提之下**，中美双方都必须尊重对手，必须认同各自合理的利益考量，认同、尊重各自的价值理念和行为方式→

当然，蓄意为恶者除外。

中美关系弄成现在这样的几乎对立状况，我认为中美双方的国家执政者，都或多或少地负有不可推脱的责任。

虽然，表面上看起来，中美之间的问题是出在中美老大老二地位之争：中方由于实力的增强，不再承认二战以来美国作为世界秩序的主要建立者和维护者的地位，而美国则认为中方是在觊觎美国老大的地位，因而才导致中美之间纷争不断→这种观点是不成立的，因为不论是中方或美方，特别是基于人均实力来说，双方都是很清楚地知道这样一个简单的事实：根本就不存在所谓的"老大老二之争"，因为双方根本就不是一个量级的对手。事实上，最应该为中美关系不良负主要责任的是我国以人治为核心的人文生态→只要我国的人文生态是以人治为核心的，不论是谁来当美国总统，中美关系都不可能得到根本性的好转的→因为人治专制与美国的主流思想是格格不入的。《论语》曰："道不同，不相为谋"；志不同，不相为友。中国两千多年以前的古先贤，老早就把这个道理讲得清清楚楚了，这与世界是否是足够大是没有什么关系的，但这与中华民族是否能够真正成为地球村的一面民主法治的旗帜却是决定性的。

我们认为，中美双方在涉及对方在意的、敏感的政治、经济、军事、体制、价值观念等等的言论和行动的时候，是否秉持实事求是的态度，是否坚持相对公平的基准，是否抱有与人为善的诚意，是否在事先进行了诚恳、有效的沟通、交流？特别是在突发事件的当口，双方是否进行了必要的紧急磋商，等等，这些都是双方能否友好相处的前提。

中美双方，不管是谁，一味地妄自尊大、我行我素，不顾对方的利益和感受，贸然在对方不知情的状况下采取行动，中美关系只会越来越糟，这必将损害中美两国人民的根本利益。所谓的国家领导者，不就是本国人民委托的专职与他国进行交流、沟通，为本国人民谋利益的吗？又有什么是不能沟通、不能谈判的呢？在这一点上，我们应该向美国总统卡特和中国最高执政邓小平学学：邓小平他老先生在1979年出手惩罚越南的挑衅以前，就受卡特的"邀请"而对美国进行了长达九天的"友好的国事访问"，中美之间进行了积极有效的沟通，增进了友谊，并在诸多问题上形成了共识，是中美携手共赢的典范。

二是双方的国家执政与精英，在如何对待中美关系方面，是否对各自国家的民情、舆论做了善意的、实事求是的正向的引导，也是中美是否能够友好相处的关键。

中国不要一见美国在亚洲有点什么军事行动，或是对中国有点什么批评，中国人就群情激愤，大喊大叫什么"美帝国主义亡我之心不死"、"干涉我国内政"等等不切实际的口号，动不动就发布"严正声明"、"强烈抗议"，进而实施种种对抗行为。完全忘记了历史和现实中，美国人民和政府对中国的善意和巨大的帮助。也忘记了毛泽东主席在 1945 年关于"美国是民主的保护神，人民的朋友，专制者的敌人"的夸赞。中国执政者在中美双边关系方面，对民众进行合于事实的、正向的引导，不被那些**作们**绑架，还"任重而道远"。

美国一小部分人的"傲慢与偏见"是需要克服的。作为总统的奥巴马先生居然说出："如果让中国人都过上美国人这样的生活，那么将是世界的灾难"这样的话来，说明美国确实存在一批**智慧未开**而盲目自大的人：**一是**，他们并不真正了解自己的祖国→美国人凭借人类的智慧所获得的强大生产力，单凭美国一国之力，就完全可以养活半个世界；二是，他们对中国是一知半解的，既不能理解中国何以会在当代四十年间强势崛起，也不了解中国人在农牧帝国时代曾经创造了何等的辉煌；三是，奥巴马先生对世界资源的有限性的担忧是不成立的，他还没有真正理解人类智慧的威力，爆炸式井喷的现代科技，对于解决人类所面对诸种难题，可以说是游刃有余的。→他们的这种思潮的病根就在于**智慧未开**。→人之所以为人，就在于具有威力无限的智慧。夸张地说，就是"智慧所向，万物臣服"。用俗语来说，就是"办法总比问题多"。→而美国人民与中国人民都是充满智慧的人民，不管是从历史的角度，还是从现实的角度来说，人类的前途都是光明的！**四是**，美国对中国是否能够从人治专制转向民主法治应持乐观的态度：民主法治早已成为中国大陆的宪法宗旨、主流价值观，如果有任何人、以任何形式公然为人治专制正名，都是必将被中国人民抛弃的→因为人治专制从根本上来说，就是与"公平正义"对立的政治制度，必然会损害到中国所有人的利益→而中国，从来就是一个只重现世利益的世俗国家→基于此，我们才有了**"在中国，民主法治必胜"**的论断！

——因此，不论是美国人民还是中国人民，莫名焦躁、杞人忧天都是毫无依据的。→两国人民在公平正义的旗帜的护卫下，携手并进奔向美好的未来，才不会辜负咱们中美两国的伟大使命！

美国不能一见中国经济快速发展，或中国在国外有点什么行动，亦或是中国内部，中国知识界有人与政界有些争论，美国人就不顾事实地发布诸如"中国想取代美国"、"中国专制、没有人权"等等严重损害中美双边关系的言论，进而实施种种打压中国的措施。完全忘记了：中华民族"与人为善"的基本底色；美国人因中国的发展而获取的巨大利益；中国"人治渐弱、法治渐强、人权状况大为改善"的基本事实；不尊重中国大陆统一台湾的基本底线，不理解中国十四亿人要生存的焦虑，不理解积贫积弱的泱泱中华"稳定为先"的基本国策，等等。这些都是美国执政者和精英们应该多多向美国民众宣传的。

从理论上来说，"零和博弈"是不可持续的。美国人你不可能永远"美国优先"，总是多占多得，而不允许"中国优先"或"欧洲优先"。同时，中国人或美国人，都不能够"耍流氓"→得了好处概不认账。不论是美国还是中国，让别人总是吃亏，那谁还会陪你玩呢？把别人总是当成傻子，最终吃亏的还是自己。

虽然，中美过去双方都互有盈亏，这是磨合中的必然现象，大可不必"莫名惊诧"，中美双边关系，总体来说，合作才能共赢，也就是"正和博弈"，即 1+1>2，双方都得利，才是首选。

双方都要实事求是，平等相处，尊重对方，既承认"美国优先"，也承认"中国优先"。这样中美关系才会持续向好发展。卡特先生与邓小平先生，克林顿先生与朱镕基先生，为我们展示了中美交往的高超行为艺术和博大的胸怀，是合作共赢的典范。

如果中美任何一方的少数人，不"实事求是"，对别国没有起码的尊重，傲慢自大、一意孤行、蛮不讲理、蓄意为恶，使得中美关系彻底破裂，甚至大打出手，必然会祸及两国人民，甚至因此引发世界性的灾难，那他们将会成为历史的罪人。

至于那些少数的竭力唱衰美国的少数中国人和竭力唱衰中国的少数美国人，动不动就嚷嚷什么"美国惊呆了！""美国衰落了！""中国趴下了！""中国怂了！"，等等→作为正常人，对于这些人，是不用理会的，也是不屑于理睬的：因为这些不过是弱智者的想入非非的主观意淫罢了。东西方两个集数千年智慧的顶尖大国，天才、能人无数，难道会像尔等白痴那样找不出能够实现两国友好相处、互利共赢的办法？你说别人衰落了，别人就如中了魔法一样，就真的衰落了？你说别人趴下了，别人就会乖乖地趴下？这就是典型的"痴人说梦"！→不要攻击我们用语严厉，因为这些人纯粹是胡说八道，姑且不说他们具有挑拨是非、鼓动中美仇视的恶意，起码这种行为，也太不"实事求是"了吧！——中美两个顶尖大国（虽然中国显弱于美国），现在即便还不是，但将来必定是引领全世界奔向公平、和谐社会新纪元的领头羊，这不仅仅是由两国的宪法宗旨和国家体量决定的，更是受"大道向善"的社会发展的客观存在范式制约的，是绝不会以人的主观意志为转移的！

美国一少部分人见不得中国好，中国一摊上点什么事，他们就幸灾乐祸，高兴得不得了；中国一少部分人见不得美国好，美国一摊上点什么事，他们也幸灾乐祸，高兴得不得了→这些都是些什么样的人啊？这是值得每个中国人和每个美国人反思的。要根本性地解决这个问题，还是要使每个人都具有"相对公平的思维基准"、实事求是的思维模式，让民众都秉持与人为善的人生态度，才会使中美关系回归正常，才有可能使人类社会达到**共和**。

中美两国，应当在充分深入的沟通协商之后，在联合国大会上提出建议：经所有成员国充分酝酿后，签署相关条约，成立一个全球性的以"实事求是、相对公平、与人为善、尊重人性为宗旨的国际尚善俱乐部"，每个成员国承诺自己的国家政府对内对外都秉持实事求是、相对公平、与人为善、尊重人性的准则行事，即承诺清理自己的国家所有对内、对外的不实事求是、不相对公平、不与人为善、不尊重人性的丑规陋习，使"实事求是、相对公平、与人为善、尊重人性、必要差别、民主法治、阳光行政、动态纠偏"的治国理念成为本国法律的基石。

我们在此推出两个新词"中作"与"美作"，以便中美两国在解决问题时，能够"言简意赅、用辞准确"。这儿的"作"，就是"不作死就不会死"中的"作"，就是不实事求是、不相对公平、缺乏善意等等的非理性行为的总和。这些"作们"只热衷于"挑事、捣乱、抹黑"，他们对究竟怎样才能使中美友好相处、互利共赢是毫不关心的。这些人既不能代表中国人民和中国政府，也不能代表美国人民和美国政府。我们相信，大多数的中国人民和大多数的美国人民都是爱好和平的，是"与人为善的"，都是向往公平、和谐的，是乐见中美两国友好相处、互利共赢的，这是基于人性（趋利避害）的判断。即便是俄罗斯、伊朗、古巴、朝鲜等国与美国之所以形成互相严重对立的态势，其主要责任在于美国与这些国家中的"作们"的"作死"，而绝不是美国与这些国家的人民所乐见的，因为这些行为违背了人的基本人性——趋利避害。难道美国与这些国家的人民都是神经病患者，具有受虐倾向，而不向往平安吗？——当事双方完全可以秉持诚意，心平气和地、实事求是地摆事实，讲道理，讨论某事究竟是公平呢，还是不公平的呢；究竟是实事求是呢，还是不实事求是呢？一次谈不好，各自反思后再谈，直到达成共识——这不正是任何国家执政的主要职责之一吗？→"不战而屈人之兵"是有前提的：必须站在公平正义的的旗帜之下。

这样，中美关系倘若出现了什么问题的时候，我们就可以做到不笼统地指责中国政府和中国人民、不笼统地指责美国政府和美国人民而伤及无辜。因为这不合于一个基本事实——中美两国人民都是"好人"占大多数的，是乐于友好相处的。这样，我们就可以"实事求是"地、有针对性地仅仅只是指责那些故意挑事、有意无意地损害中美两国人民利益的"作们"，而不会损害到中美两国人民之间的友谊。

我们绝不能被"世界老大与老二必定互掐"这种显属挑拨的"歪论"所蛊惑，而迷失了自己的理智。别人是弱智，如果我们竟然还被弱智者的愚蠢绑架，甚至被别有用心的恶人左右，那我们自己成了什么呢→？这使笔者还真的感到困惑，居然找不出一个合适的、不带贬义的中性词来表述，唯有"**傀儡**"还差强人意，但又有"大不敬"之嫌，还有望于诸公不吝指正。

中国作为具有相当实力的大国，国内那些掌握真实信息较少、智慧未开的普通百姓，吼一吼"厉害了我国"、"美帝亡我之心不死"等等，这没有什么可以讶异的，只要用实事求是的观念去引导就行了。但作为中国政府中央喉舌的央视，也惯用贬义词来论说美国的是是非非，这就很使人讶异了，难道这就是中国最高执政者的立场？实事求是地使用中性词不行吗？说美国支持乌克兰不好吗？为什么非得说美国拱火乌克兰？我们认为中央宣传部的舆情工作在此方面，是有重大失误的→民间由于认知的限制，产生几只**战狼**，是正常的，也是坏不了国家大事的；但如果中央的新闻喉舌、国家的外交机构中也都是些为国家、人民招灾惹祸的战狼，中美关系的前景就绝不会是乐观的。

"拱火"，的说法成不成立，首先要明辨是非，如果以美国为首的西方国家是站在非正义一方，**"拱火"**就是成立的。如果明知以美国为首的西方国家是站在正义的一方，还是诬称对方是**"拱火"**，就是在挑衅人间的公平正义。→依据但丁的见解：如果在矛盾双方某一方显属不公的情形之下，仍然保持所谓的**中立**，其实就是对邪恶的支持。→在面对大是大非问题时的暧昧，其结果一定是"里外不是人"，将矛盾双方都得罪了，而受到双方的鄙视。→俄罗斯不会由于中国为她输血救命而感谢中国，因为从俄罗斯悍然入侵乌克兰的那一刻，其天然的结局就是战败→**逆历史潮流｛客观存在的特定范式｝而动，公然挑衅人间的公平正义，那就是与｛包括俄罗斯人民在内的｝天下所有人为敌！**→事后，以美国为首的发达国家埋怨中国为俄罗斯输血，俄罗斯埋怨中国不为朋友两肋插刀，就是必然结果。→**任何国家，不论对内对外，永远都站在公平正义的一方，才可能朋友遍天下，永远立于不败之地！→中国政府当下的外交套路：凡是美国支持的，我们就反对，凡是与美国关系恶劣的独裁国家｛组织｝，我们就与之打得火热，这难道不应当反思反思→这符合中国人民的利益吗？**

——不分是非善恶，在国际上到处去"警告"、"奉劝"，只不过是掩耳盗铃的自嗨罢了，是不能解决任何问题的，唯一的结果就是彰显自身的虚弱与愚蠢。美国与西欧为首的发达国家为什么会铁了心地与中国对着干，究竟是社么原因造成了这种结果，中国行政当局，难道不需要给中国人民一个实事求是的说法？

中国一少部分人这种**以立场而不以是非来论事的行为**是极其有害的，如果不予以纠正，我国就根本不可能与任何发达国家从根本上搞好关系。放眼世界，我国还有几个有实力的真正的友好国家？对于中美相处来说，中国的**作们**之所以必用贬义词，是因他们绕过去、绕过来都可以给美国扣上不同的罪名：美国对中国干了错事、坏事，肆意贬责当然是理直气壮；如果美国对中国干了正事、好事，也还是必遭贬损贬，因为在他们看来，美国在其中必定包藏了险恶的狼子野心，是为了"亡我"的铺垫……种种贬损说辞层出不穷，总结起来就是一句话："美国是世界上一切坏事的总根源"→你们如此地**作死**，美国人还愿意与中国人真心实意地交朋友吗？原因就在于一部分争强斗狠的中国人没有与人为善、实事求、相对公平的思维模式，也没有想过怎样才能与以美国为首的发达国家真正改善关系从而使中国加富强；换种说法，就是，他们既没**有心忧中华的家国情怀，也没有化敌为友的本事**！我们的中国的国家执政者，应当强势出面，旗帜鲜明地对这种不良思潮予以正向的引导。

美国有的人非理性地贬损我们中国，老百姓怼一怼一点也不奇怪，但作为中国高级外交官员也动不动就发飙，请问，我大中华传承了几千年的"浩然正气"安在？有一句俗语问得好："狗咬了你，你也要咬回去吗"？真正的强者，是有"泰山崩于前而色不变"的定力的，是不可能被言语上的不恭所激怒的，因为我们肩负着国家的使命与老百姓期望。

对方说法有错误，我们只需说；你的说法是不符合事实的，我们是不认同的→然后陈述事实与理由，再声明自己的立场就行了，哪里用得撂什么狠话呢？我们中国这样一个大国的外交官，是必须由"具有实事求是、相对公平的思维模式的、具有恢弘气度的人"来担任，才能与世界各国搞好外交关系——这样的人绝不会在听见美国人说："用实力说话"的时候，出于骨子里的自卑，不知所云，就只知发怒、遮羞、耍横→"你没有资格"！而是真诚地微笑而言曰："先生您说的太对了，从综合人均实力来说，您们美国老大哥的实力稳居世界第一，而我们中国的人均实力排在世界七十余位。你们的人均耕地达17亩，而我国人均耕地只有1.3亩，其他资源人均也动则就是我国的数倍，高科技、军事实力也是我们仰望的存在，事实上我们两国根本不是一个量级的存在！→但是，作为远远落后于美国人的中国人，恐怕还是有摆事实、讲道理、论是非的余地吧？"然后从容沉稳地侃侃而谈，不卑不亢陈述我们的理由与立场。这种沟通、交流的方式难道不是有利于中美双方人民的首选？实事求是地承认别人比自己强，并不是什么丢人的事，与认怂、服软无关，只有无底线、无原则地退让才是不可取的。例如，美国是支持两岸和平统一的，我们也是主张和平统一的；我们是主张民主法治的，美国也是支持我们实施民主法治的，但如果我们既不能实现邓公两岸和平统一的愿望，又不能完成邓公设计的政治体制改革，实施真正的民主法治，从而与世界各发达国家友好相处，那就只能怪我们自己无能，而不是仅仅一味地迁怒于人。→如果一个大国的外交官不能冷静地接受别人比自身更强的基本事实，连**"顺接不逆接"**的基本沟通技巧也不具备，这是有负于人民的重托的→能够坦然承认自身弱小，能够清醒地认识到自身的不足，这才是真正的强者风范。→中国人是具有辉煌历史的贵族，是没有自卑的理由与资格的，但近现代我们确实落后于西方发达国家这个特定的事实，无论你怎么遮掩也是遮掩不了的，又何必枉费心机呢→在实**"事求是、相对公平、与人为善"**的旗帜指引之下，真诚地与各发达国家友好交往，不卑不亢地奋起直追，才是中国的唯一坦途！

——最后，有必要强调的是：中国人需要明白的是，面对中国的强势崛起，美国打压、遏制中国，势属必然，而美国打压我们并非是绝对的坏事。因为这可以更加清楚地凸显我们自身的弱点（政治、经济、科技等等短板与少数人的蓄意违规），这为我们的改革与真正的崛起指明了方向。只要我们克服了焦躁的心态，尊重我们比发达国家后发了一二百年的史实，认清别人比我们强的客观事实，我们有各种短板是太正常不过的事情了，以平常心处之就行了。我们应当牢记邓公"发展才是硬道理"的教诲，坚持改革开放，踏踏实实地埋头苦干，虚心学习，努力地提升自身的实力，补上我们自己的短板，改正我们自己的错误（正人先正己），这才是我们的当务之急。而不要太过在意别人打压而忘了我们自己应该干什么。因为不管任何国家，任何卑躬屈膝、摇尾乞怜、坚持错误，都是不可能赢得尊严与未来的，只有你自己与时俱进、弃恶扬善、埋头苦干，使自己真正强大了，且"与人为善"了，才会赢得世界的尊重。

总之，中美两个世界顶级大国，无论从哪个角度来说，都应该成为利益共享的朋友、相对公平的倡导者、惩恶扬善的同盟军，而绝不应该成为针锋相对的敌人，这才符合中美两国人民的根本利益，这也才符合维护全世界的和平与繁荣的大国担当。

——我们在此还要对发达国家打压我们的事实真相补充几句：

中国与发达国家相处，是有相处之"道"的，也就是说中国与发达国家相处是有特定的最佳、最可行、效果最好、最能被双方接受，即符合实事求是、相对公平、与人为善原则的客观存在范式的。只要互相着实事求是的态度、与人为善的诚意、相对公平的原则，就没有什么问题是不能谈，也没有什么事情是谈不拢、谈不好的。这儿有一个前提条件，就是双方都不能不依照上面的三个原则行事，应知错即改，不能不讲道理地"耍无赖"。否则，就会"杀敌八百，自损三千"，造成不可收拾的混乱局面，从而使自身遭受重大损失。

发达国家打压我们中国有诸多原因，比如意识形态差异说、文化差异说、体制差异说，中国人诚信不足说、外国偏见说，等等，这些都是原因之一，但这些都不是主要原因。特别强调，我们认为这些不是主要原因，并不是说这些存在的问题就不需要切实予以解决了。

主要原因是中国人太过聪明，不管什么内容，也不论难易，只要有老师、样品，基本都可在短时间内搞定。中国人学习、模仿的能力之强，已经到了令人恐怖的地步，西方发达国家焉能不怕？因为中国人此种超强的学习能力，是天然具有攻击性的——这与冷兵器时代那些力大无穷、钢筋铁骨、武功高强的战神无异，是足以使发达国家遭受巨大的利益损失的。比如，中国的两弹一星、"北斗"卫星系统、空间站、高铁、盾构机等等，无一不是活生生的例子，这怎能不使人忌惮呢？——利益、以及利益的安全性才是问题的根本！——除了谈利益分享与利益保障之外，你与发达国家的人交流，无论你说什么，也不论你是说得来如何的天花乱坠，许下什么样的承诺，他们也是不会有兴趣的，当然也就不可能解决任何问题了。处于中国的立场来说，利益与利益安全同样是第一位的，除了利益与利益保障之外，不论发达国家说得如何地动听，如何地威势赫赫，也是不可能使中国改变立场的——因为这关乎十四亿中国人的生死，中国政府是不可能也不能在双方"互利共赢"这个问题上让步的，这与发达国家的政府在此问题上同样是不愿、也不能让步一样，因为这关乎他们本国人民的切身利益——这就是中美之争的真相：**→人皆趋利，亘古不变！**

在这个问题上，我们同样还是只能够互相都坚持实事求是、相对公平、与人为善这三个原则，要有换位思考的态度与能力，关键是要有解决问题的诚意，才能消除他们的忌惮与戒备之心。我们有了这样的思想基础，才会理解他们的行为，找出适当可行的方法，与外国友人达成共识，实现利益共享，从根本上化解矛盾，与他们和谐相处，互利共赢。

我们的具体观点是：

要想真正与美国为首的发达国家成为朋友，让他们对中国开放高端科技壁垒，就要本着相对公平的原则，诚实坦荡地与发达国家达成具体的利益分享方式，并以国家法律的形式予以确定。→在中国实行真民主真法治，是中国公民的普遍诉求，这就需要有一套具体详实的保障制度→**人治之法定**是不足以令人信服的，因为这仅仅只是国家执政者个人的承诺，存在着诸多的不确定性；**法治之法定**才可能确保兑现，因为这是全体中国公民的承诺→只有实施真正的法治，中国首脑才能在国际上获得真正的、应有的话语权——这不仅仅是发达国家需要的，同时更是中国政府自身取信于民，实现全民和解，进而**走向共和**所迫切需要的。

同时，我们不应该放弃我们超强的学习能力这个优势，而是要充分发扬这个优势，更加谦虚、努力地学习，为中国、为人类创造出更多的财富与价值，为人类弃恶趋善，从"丛林法则"（野蛮法则）转向"文明法则"奠定坚实的物质基础，从而为迎来"**共和之春**"作出应有的贡献。

总之，我们认为，对于高端技术产品，根据相对公平的原则与"人皆趋利"的基本人性，我们应该在互利共赢这个关键问题上大做文章，着眼长远，双方都采取适当可行的让利方略：比如，买方承诺若干年内不仿造，卖方承诺届时交付整套完整技术，使双方都有利可图｛卖方可以获取有保障的实实在在的利益，买方也节约了大量的仿造经费｝，当事国双方以**民主国家法律**的形式予以确认。只要发达国家的人民证实、确认了中国的高速发展，对他们**绝对肯定**是大有好处的，中国是一定不会干那种"教会了徒弟，饿死了师傅"之类的犯众怒的事情的，那么，诸多的冲突就会迎刃而解。——舍此我们认为都是头痛医脚的、损人不利己的愚蠢之举，是不能从根本上解决问题的，因为那些都是与相对公平背道而驰的。"道不同，不相为谋""酒逢知己千杯少，话不投机半句多"等等的中国智慧，是每一个中国人都是应该铭记的。

——谁都不愿意别人比自己强，这是基本的人性之一（其实就是"人皆趋利"的另一种表达）；但如果别的某人或别的某国的强大，对于自己是**有保证的、绝对肯定大有好处**的话，那么，在此基础上，如果双方都能够坚持实事求是、相对公平、与人为善的原则的前提下，就一定能够达成合作，进而成为利益与共的盟友。

要根据实事求是、相对公平的原则行事，因此双方就不会不顾实际事实地只看见对方的恶而忘掉对方的善，也不会只顾自己的利益而不顾他人的利益，双方也就不可能产生剧烈的冲突，而可以心平气和地、甚至是心情愉悦地研讨如何共同"发财",乃至于双方坐下来,喝上一杯香喷喷得咖啡,温馨地畅叙友谊。——由于双方都有了实事求是的思维模式,双方就知道应该怎样做,才是正确的、有益的",也就没有什么问题是不能解决的了。

只要根据与人为善的原则行事,双方就能摒弃偏见,就会在"人类只有弃恶趋善才能完成人类的自我救赎,才能和谐共处,奔向幸福的彼岸"这一点上达成共识。而且,还可以在"不论现在双方实行的是什么样的政治、经济架构,只要以实事求是、相对公平、与人为善、尊重人性的原则自查、自纠,完善不足之处,皆可殊途同归,都能建成良善的公平和睦社会,实现各自的振兴"这一点上达成谅解而惺惺相惜,双方就会欣喜地坐下来品茗、品咖啡,不仅仅畅谈生财之道,论友情、道珍重,还有机会谈理想、说抱负、论情怀了。

世界之美中之美者,如是而已,不必惊诧——我们人类经过上百万年的艰苦卓绝的不懈奋斗与思索,我们这一代人才幸运地矗立于人类"寒冬将尽,暖春欲来"的史诗般的"拐点"之上,难道我们人类不应该珍惜如此难得的良机而奋发有为吗?!

总之,就是要在实事求是、相对公平、与人为善、尊重人性这四个基本原则的基础上,实现人与人之间、民族与民族之间、国家与国家之间的互信,达成共识,共同为建成人类向往的公平和谐的**共和社会**而努力奋斗!

——我们反复强调,我们中国进行去人治的政治改革,是我们中华民族的自我客观需要。我们当然应当吸取西方"民主"的那些有益无害的经验教训,并坦然接受西方文明的正面影响——我们生活在当今信息传播如此便捷的现实世界之中,而并非生活于"真空"之内。但我们要指出一个显而易见的事实:我们主张中国进行去人治化的改良所依据的法理与具体措施,绝大部分为中国常识,皆为笔者吸收中国先贤的智慧,独立思辨的结果,中国特色浓郁,并对西方现行民主制度中的弊病做了有效地规避,根本不存在所谓"迎合西方"的问题,而"跪舔",就更是无从说起了。在此举一个具体的例子:笔者关于"当今人类正处于从丛林法则转向文明法则(人类科技井喷成型,社会涤污趋善)的伟大拐点之上"的观点,形成于上世纪八十年代初。其诱发信息为:资本主义社会发生了生产过剩的危机,大量的粮食、牛奶等食物向大海中倾倒"——其诱发条件是:当时{上世纪七十年代}笔者还在山区乡下当知青，生活艰难。→于是自然而然地产生了"人类如此强大的生产能力，难道不应该是人类的福音吗？"的疑问，这不正是两千多年前古先贤心心念念的"仓廪实而知礼节，衣食足而知荣辱"吗？现在笔者将此问题的思辨结果在本文中加以运用，这是一个人的大脑对于客观事实的本能反应，还是"迎合西方"？读者必有定论。

总而言之，不管是美国实行针对中国的战略，还是中国实行针对美国的战略，都是不符合大道向善的历史潮流的，和解共赢才是我们人类的不二选择！

——那种**以丛林法则为理论基础的"两强并存，必然互斗"的歪论**是不值一驳的——人是"智慧生物"，是具有强大的自我校正的能力的，是很容易明白和谐相处、互利共赢，才是最有利于自身利益的客观最佳处置范式的；马克思的斗争哲学、列宁的暴力革命、斯大林的血腥专政给近代人类带来的诸多灾难，难到还不足以使我们清醒吗？

我们赞成这样的观点，不论是以美国为代表的发达国家，还是以中国为代表的尚不发达的国家，在处理国际关系时的基本方略，首先是尽可能地改良自身的人文生态状况，努力发展本国经济，尽可能地将"蛋糕"做大，改善本国人民的生存状况→"你若盛开，蝴蝶自来"，哪里用得着在处理国际关系时，劳精费神地去搞什么对抗呢？当然，对于那些怙恶不悛的反人类、反社会的邪恶者除外→**公平正义与邪恶野蛮从来就是势不两立的！**

关于人才与资本外流

最后，让我们来回答"为什么那么多的中国人才跑到美国去"的问题。

这个问题事关中国未来的发展，主要涉及两类人：1. 中国优秀的留学生；2. 中国富豪。

我们在此仅仅着重谈谈中国留学生的问题，因为如果在中国共产党的主导下，真正完成了邓公嘱托的**"政治体制改革的宏愿"**，我们相信，中国富豪绝大部分是舍不得出走的。

现在中国留学生前往美国而大量滞留，就本质来说，是美国与中国留学生"共同趋利"的结果——美国可以"挽留"大量的优秀人才，让他们宣誓，向美国效忠，终身为美国服务；而留学生们，则可以分享西方几百年来"发达"的红利，过上远优于中国国内的物质生活。

就美国最初接纳中国的官派留美幼童来说，美国人是具有帮助中国人的善意的，当时中国的留学人员，大部分都是具有强大我中华民族的抱负的。

笔者最优秀的几个学生，现在也生活在美国，这是"天下攘攘，皆为利往"的法则所致，分析分析，也是"无可厚非"的。

但此事我们还是觉得有值得商榷的余地的，那就是"相对公平"与否。中国作为母国，辛辛苦苦、花了大量人力物力培养出来的顶尖人才，在外国学成之后就见利忘义，甚至背叛自己的祖国，宣誓为别国效忠，连文盲都知道这是"不要脸"的羞羞丑行，难道"硕士、博士"还不明白这是背叛祖宗的"跪舔"？别的大道理我们就不说了，就算祖国对你的培养与你之间是一种"交易"，你这种转身就不认账的行径，不就是"耍流氓"么？难道作为一个中国人，为了一己私利，就可以一点公平正义都不讲了么！→**中国经济实力不强，人文生态不佳，作为国之精英来说，难道你没有一点点改良她的责任！？**

中国派遣留学生到西方发达国家学习先进的科学知识，本来的目的是为了让他们学成后归来，发展中国的科学技术，改良中国的人文生态，但当下的中国政府对此的疏于管理，使中国顶尖人才的大量流失愈演愈烈，这个问题已经到了非解决不可的地步了。

我们认为，只有从如下三个方面入手，才能从根本上解决问题。

一、本着"正人先正己"的原则——反思孔子"其身正，不令而行；其身不正，虽令不从"的智慧，中国政府应尽快实施"党民一体化"，完成"去人治"的政治、经济改革，→落实宪法宗旨，实施真正的民主法治，实行阳光行政，尽量减少中国政治、经济环境中的"不确定性"，最大限度地优化国内的人文生态，化公民不甘不愿的被动服从为衷心积极的主动呵护，从而使我国成为世界人才与财富的"虹吸中心"。这样，游子归来就会"趋之若鹜"，形成"赶都赶不走"的态势！

——这儿有一个十分简单明白的常识想与大家分享：世界上任何个人、任何民族、任何国家，或任何团体、任何组织，如果不受欢迎，遭到抵制，都应该首先依据实事求是、相对公平、与人为善、尊重人性的原则"自省"；是不是什么地方出了问题？采取有则改之，无则加勉的态度，这才有可能使问题得到圆满地解决，从而建立互信，实现共赢；而不是拒不"自省"，坚持错误，一味地指责别人，这种行为是不能解决任何问题的，反而会造成自身更大的损失。

——有不少人对"中国能否实施真民主"持悲观态度，这不是实事求是的态度，或者说是没有真正理解实事求是的本质的，换言之，就是没有真正明白"真善美"之巨大威力的。

基于实事求是的法则与人皆趋利的基本人性可知：中国执政者既然可以从十几亿中国人中脱颖而出，其为知识精英，人之翘楚，自无疑问。既然一般中国知识分子都懂得，纠偏弃错、拨乱反正好处多多，坚持错误、拒不改正损失巨大，如果说中国执政者反而不明白这个常识，这是根本不成立的。既然一般中国知识分子都能说清楚在中国当下实行人治之害与实行民主之利，如果说中国执政者不知人治之弊与实施民主之利，那也是根本不成立的——中国知识精英身上是天然具有家国情怀的基因的，这是中华文明之所以不死不灭的主流思想传承，只要我们激荡我大中华"为天地立心，为生民立命，为往圣继绝学，为万世开太平"之"浩然正气"，神州大地就会"江山如画，云蒸霞蔚"！

要想在中国实行真民主，还是要依靠实事求是。一是，中国人治传承厚重，惯性巨大，转向不易，稍有不慎，极有可能酿成大祸，这是中国执政者必然要考量的，况且还有苏联土崩瓦解的鲜活实例近在眼前，试问，谁能担得起"断送中华人民共和国"的罪责？二是，在中国真正实行民主，正如"大姑娘上轿"一样，是破天荒的头一回，用棍棒刀枪威胁，强拉硬拽，新娘子有谁会愿意上轿呢？要想娶到"新娘"，这是有一个必然的过程的：先得有媒人的说和，迎娶新娘有些什么什么样的好处，如果不娶，又有些什么什么样的损失；新娘嫁新郎有些什么什么样的好处，如果不嫁，又有些什么什么样的损失，然后获得新郎、新娘的认可，进而获得双方长辈的同意，并获得世人的普遍认同，这样才不会在新娘上轿时发生意外，以至于出现悔婚、逃婚、闹婚、抢婚等等不可控的事件。这儿的新娘可理解为"真民主"，新郎可理解为国家与民族，长辈可理解为执政者，媒人可理解为知识精英，世人可理解为人民。——只要中国人以求真务实（实事求是）的态度，脚踏实地、认认真真、稳稳妥妥

地走好迎娶新娘 { 实施真民主 } 的每一步，只要不是仅仅停留在口头上空喊"美丽的姑娘，我爱你"，而是采取切切实实的具体行动，中国人就不愁将美丽的新娘（真民主）娶回家！——至于什么是中国特色的"真民主"，请参阅笔者在本文中的相关论述。

中国政府在实现真民主以后，与西方发达国家协商，达成相对公平、互利共赢的协议，就会诸事顺遂→志同道合的朋友之间，是不可能产生根本性的分歧的。

一个十四亿人的大国，对本国的公民外出留学者放任不管，无条件地放任他们任意作为，让其自生自灭，也是一种严重的渎职。

中国留学生如欲加入他国国籍，应由留学生本人向中国有关管理部门堂堂正正地提出申请，陈述理由，获得中国政府的批准，其数量不得超过留学生总量的三分之一。中国滞留国外留学生应与中国政府签订相应的协议，在其擅长的领域内，如果祖国需要帮助的时候，具有无条件的不遗余力地为祖国效力的职责与义务（此事还应由中国政府出面与当事国达成协议，签署正式文本）。这样处理，对于中国和西方各发达国家以及我国在外留学人员三方才是相对公平的。

西方发达国家对我国留学生的培养也是"厥功至伟"的，理应分享一部分高端人才，"有权"提出相应的分享办法。而中国留学生应当反思的是，"做人"是有一定的是非标准的：祖国对你们的一味纵容，使你们陷入"忘恩负义"的泥淖，负罪感纠缠终生，从而使你们生活质量（心态方面）大幅下降，从而失去做一个堂堂正正的"大写的人"的机会，绝不是对你们的真正爱护，我们认为这是对你们的极不负责任，甚至可以说是一种"漠视"：并不关心你们是否能"化茧成蝶"，获得终生幸福，这也是中国人在外国受气的原因之一。有宽容、有保护、且有期望，才是真正的关心与爱护。这正如母子关系一样，倘若一个母亲，根本不关心自己流落海外的游子的生存状态，那就绝不是真的母爱。

我们建议中国在实事求是、相对公平、与人为善尊重人性的前提下有条件地承认双重国籍（有条件是指：只能成为两国友谊的促进者，而不能成为两国友谊的破坏者），才是实事求是的态度。因为随着科技的发展，交通与通讯愈加便捷，国与国之间的交流也日益频繁，其间有人爱上一个"外国人"，那是再平常不过的事情。这正如张家儿子做了李家的上门女婿，他还是张家的崽，李家的女儿做了张家媳妇，她还是李家的囡一样。嫁出去的女，并非是"泼出去的水"，仍然是父母的心肝宝贝。羁旅异乡的游子，从来就是父母日夜不息的牵挂，倚门守望的双亲，又何曾不是他乡游子心绪难平的念想？这才符合现实生活的真实。

我们在处理"国籍"这个问题时，也应该"因事制宜"、与时俱进，而不是僵化死板、"墨守成规"→拒不承认双重国籍。有条件承认双重国籍显然是好处多多，利大于弊，利国利民的。不但可以改善两国的双边关系，让自己的游子不至于背上莫须有的叛国的骂名，还可以使那些热衷于挑事的"作们"不再有道德绑架他人、挑起仇恨的借口，等等，我们在此就不再罗嗦了。

总之，我们仍然坚持"背离人性地去管理社会，必然是会出幺蛾子的"这个观点，因为这是一个简明的常识：生活中从来就没有出现过对自己的出门在外的游子喊打喊杀的母亲，而只有妈妈对游子无穷无尽的牵挂！现实中也没有无缘无故的弑母弑父的子女，一个正常人出门在外，哪有不思念自己的亲人与故园的呢？家、国同理，有慈爱的母亲，就有孝顺的子女。"人心都是肉长的"，这是文盲母亲都懂的常识，换成时髦的话语，就是"没有无缘无故的爱，也没有无缘无故的恨"，换成老祖宗的话语，就是"君以国士待我，我必国士报之"。基于人性的判断，一个慈爱的母亲，收获的必定是子女无穷无尽的爱，而绝不会是恨。不要用少数"逆子"的特例来诡辩，因为那绝不是"海外游子"的主流。

我们认为，一个国家的政府，其最基本的职责就是守护本国公民的福祉，保持社会的相对公平与国家的正常秩序。只有具备了设身处地的共情的能力、悲悯苍生的宽容胸怀，我们才能朋友遍天下，从而赢得衷心的拥戴与尊敬，而不至于"四面树敌"、"亲痛仇快"而忙于"救火"。

就连张国焘那样的"大叛徒"，"人民公敌"蒋介石（我们认为那都是"内斗"的恶果），当时中国大陆政府都有条件地同意他们回归，"大军阀"李宗仁回国后，事实上也受到了高规格的优待，我们又有何种理由去苛责流落海外的芸芸众生呢？

对美国的"友情分析与建议"

既然说到了美国，我们就借机站在朋友的立场，冒昧在此对如何解决美国的枪击案件多发、种族矛盾相对突出的问题，做点"友情分析与建议"：

完善全国社区以相对公平为目标的基层社区服务与管理，是解决美国诸多问题的最佳客观范式。换言之，美国纳税人通过直接、间接授权所选举出来的执政者，对于全国所有社区的服务与管理，以相对公平为目标的改良、优化，是执政者的神圣职责，这是由美国的宪法精神决定的。或者说，完善人与人之间和谐相处的人文生态，是美国执政者的天然职责。

1.有人说，美国禁枪难以进行，主要是由于"军火财团"的阻挠，以及美国"枪文化"的惯性所致，我们认为这是片面的，没有抓住问题的关键。

美国人之所以难以割舍"持枪情节"，是安全感不足的表现，是出于对自身的财富安全与人身安全的担忧。如果美国的每一个公民的财产安全与人身安全不能得到确定的保障，"禁枪"就难以实行。

一个真正的现代民主法治的文明国家，个人自身的财产安全与人身安全的保卫职能，为了节约经济成本，达到更高效能、获得较好结果，杜绝不确定的"擦枪走火"的隐患，天然是将公民个人"保卫自身安全"的诉求，统一让渡为政府职能的，而不应该是每个人自为堡垒来保证自己的财产与人身安全的→当然这是在公民必须具有"谁不尽责，就让他下台"的权力为前提的情形之下才是成立的。

所以，我们认为美国枪击案频发，禁枪难以实行，美国基层社区管理不善、不力，使个人的生命财产与人格尊严存在诸多的不确定性，才是问题丛生的根本原因。→如果美国九百多万平方公里内的所有基层社区都管理、服务良好，十分安全，井然有序，每位公民都安全感满满，那么，"广泛持枪"，这个丛林（野蛮）法则社会的遗留问题，必将迎刃而解。

2.由于美国种种特定的历史原因，使美国成为多人种、多民族的国家。除了欧裔以外，非裔、亚裔、拉美裔的体量也都不小。之所以各种族之间会有种种矛盾，就在于"人人平等"这个美国宪法宗旨并没有真正、完全地落在实处。美国以完善全国所有社区的服务、管理为突破口的整体人文生态的改良，同样是任重而道远的。→美国政体的顶层设计相对来说是较完善的，但仍然是有不小的改良空间的。→美国的基层架构服务、管理效能偏弱、效果不佳，如不对此予以高度的重视，予以切实地优化，是不可能实现美国公民的内部自治的。

一个简单的常识：世界各种族之间相互融合的历史大潮势不可阻挡。→若干万年以后，例如五百万年之后，如果你还想寻找一个**纯种**的人，那将会是一件极其困难的事情。→美国各种族之间的冲突，并非是难以、不能调和的，而在于我们能不能够真正以相对公平为准绳来规范全体美国公民的行为。这不是能不能的问题，而是强势群团愿不愿跨入**共和社会**的问题。→当然，这也是在美国人文生态学科学化的前提下才是成立的。→只有人文生态学的科学化，才能够产生令人心悦诚服的、人人自觉遵守的刚规。→如果世界上有什么东西能够对人类霸气十足地说："顺我者昌，逆我者亡！"那就只有"实事求是、相对公平"了。

——至于如何做到基层社区"大治"，可参照本文中有关部分的专门详细论证，就不在此重复了。

我们知道，我们的认知并不比别人高明，有我们这样认知的人，不论是在美国，还是在中国，以及在其他各国，都是大有人在的。只是美国与中国一样，有很多事情并非是不明白其中的是非，也不是找不出解决问题的法理与适当的具体方法，而是在于有关的强势群团是否愿意放下自身的利益考量，具有为自己、为国家的人民大众赢得未来的担当。

我们以上的思路是否恰当可行，还有望于诸公的指正、补充。

锦囊 {09} 相对公平，是我国经济持续向好的定海神针

坚持运用相对公平的原理为我国的经济活动保驾护航，我们将无往而不胜。

国企与民企

——民企的财富是有社会财富的性质的→这是"民富则国强"的底层逻辑。成功的民企企业家个人的消费力是有限的，他们实际的消费，在他们所积攒的财富中所占的比例是非常小的。只要国家能够控制住奢靡的风气和控制资本在相对公平的原则之内运营，民企就会为国家和人民创造出丰厚的财富。

——国企与民企之争，实际上是一个**伪命题→只关注形式而不关注内容的、与实事求是原则相悖的谬误**。国家应该以国企为主，还是以民企为主的问题，就是所谓的"不成问题的问题"。无谓地争论下去，永远不会有输赢，也毫无意义。

□刺激民营经济的繁荣，不需要什么"花活"，只要依据相对公平的原则，破除"**国企、民企二元**"地位，给国企、民企同等的"**国民待遇**"，在市场中自由竞争，国企、民企就都会自然而然地生机勃勃，一片繁荣。这正如解决农民问题也不需要这扶持、那帮助的"**花活**"一样，只要依据相对公平的原则，让农民与市民享受到**同等的"国民待遇"**，农民哪里还有那么多的生存之忧呢？→**说反哺农业，是不准确的，因为农民天然就是与其他国民一样，具有不可剥夺的、同等的生存权的。→同样地，说向民企倾斜，同样是不准确的，因为民企天然就是与国企一样，具有不可剥夺的、同等的生存权的。**

因为中国一旦依照宪法"一切权力属于人民"的规定，完成了实质性的、去人治的政治、经济改革，国企的财权就会回归于由二轮差额直选的人民代表

所组成的"国资委",国企就真正成为了全体公民自己共有的企业→它当然应该发展壮大,与民企公平竞争,共同为人民谋利。如果不进行去人治的改革,人民就没有真正掌控国家财富的分配权与处置权,国企是否属于人民,取决于国家最高执政者的意志,是具有很大的"或然性"的,因为最高执政是否是人民的"公仆",取决于他的思想水平、道德修养、自控能力等等,其"不确定性"是显而易见的,这与帝王时代的皇上是否"爱民如子"的偶然性是一样的,二者并无本质的区别。所以,要想真正解决国企与民企的关系问题,前提是解决国企的归属问题,也就是首先要完成去人治的政治改革,还"财权"于民→只有人民二轮差额直选的人民代表组成的国资委才具有对国家财产的处置权。

——某种东西,究竟属不属于某人,不是口头上宣称它属于谁谁谁就能够决定的,而是由某人对于某种东西是否具有处置权、掌控权来决定的。如果人民对"国家财富"并不拥有处置权、掌控权,那么,不论口头上将"一切权力属于人民"的口号喊得多么响亮,这对于人民来说,都是毫无意义的。

完成去人治的改革以后,剩下的问题,就只有国资委(由人民代表→人民共产党党员组成)如何聘请优秀的职业经理,委派内行的人民代表督察,完善国企的管理与监督的问题。我们要警惕"凡是公有的就必然管不好的"谬论,其本质就是否定中华民族的管理智慧。奥地利就是国企为主的发达国家,荷兰国企的体量也不小,他们是怎样管理好公有财富的,是大有考察的价值的,而南非又是怎样管糟了的,也是值得探讨的。

我们认为国企职工与国家(人民这个老板)之间的公平合理的利益分配方案才是我们应该着重关注的焦点。国资委应由人民代表组成,直接监管国企收支,且收支两条线不得交叉是要害之一。这是防止人民这个"老板"被架空的关键。

民企的合法合规地发展壮大,永远对全民有利,国家永远应当不遗余力地加以扶持。

民间的百年世家、财团,多多益善。

民富则国富,因为国家可以通过公平合理的税收立法,对利益进行合理地再分配,既保障民企的合法利益,使其保持旺盛的生命力,又可保障国家(人民)利益的持续增长。

国家（人民）公有财富神圣不可侵犯，民企（个人）的私有财富同样神圣不可侵犯。

对国企中那些侵吞国家财产和不法经营的民企和个人的非法行为，要立法规范（完善管理制度、阳光公开，严打贪腐、偷税就是侵吞国家财产，伪劣就是谋财害命），对不法分子予以严厉打击，对害群之马一撸到底，该罚的罚、该关的关、该杀的杀。对大赦令公开发布后的顶风作案者一律从严、不得宽恕。

财富分配不公，是危害社会和谐最主要的根源，也是人治社会生存的内因和表征，因而必须立法予以限制，当然最好是根除滋生不相对公平的土壤。→只要对政治、经济法规与公民的具体行为，不断地运用"实事求是、相对公平"这把尺子予以动态"校正"，一发现不公的问题就随时予以"修正"，尽可能地使"不公"的指数无限地接近于零，实现相对的公平，达于和谐的"贫富共赢"。

为长治久安计，为社会公平、和谐计，对害群之马，自《大赦令》发布后之怙恶不悛者，必须予以严惩。

举例来说：

以国民年平均劳动收入为标准（假定为五万元人民币）：贪腐、非法获利满五万元者，除退赃以外，判一年；满十万元者，除退赃以外，判两年……满一百五十万元者。除退赃以外，判无期，不得减刑到二十年以下……满两百万元以上者，视为剥夺了他人整整一生的劳动果实，其恶劣程度比杀人更甚，因为还具有变相奴役他人终生的性质，除退赃以外，死刑，立即实行！

其目的就是要让诚实的劳动者与投资者扬眉吐气，堂堂正正地发家致富，追求自己的幸福生活；使那些奸猾之徒永远没有生存的空间，你既然敢于伤害他人（为恶），甚至侵吞别的公民个体一辈子的劳动所得，那你就必须为此付出相应的代价……从而为上善之国打下坚实的基础。

不存在该不该扶持国企或民企的问题，而只有怎样同等地扶持好国企和民企的问题。

我们在此用养蚕打个比方：

国家（人民），就是养蚕的主人；养蚕的簸箕，就是市场；国企、民企，就是养在同一个"簸箕"中的蚕。

养蚕的主人当然会竭尽所能为所有的蚕们提供同样的优质桑叶，同样小心翼翼地为他们防病挡灾，因为这些蚕们吐的蚕丝是一样的，都是能够让国家（人民）这个主人发财的→只要不是傻子，哪一个养蚕人会厚此薄彼呢？

这儿的"同样的优质桑叶"，就是公平、合理（合于客观存在范式）的经济运行规则——平等自由竞争。

例如，资源归国家（人民）所有，不管是国企或民企，一律公开、阳光地竞买、竞租，不得无偿占有。

国家资金，不管是国企或民企，只能有条件地借贷，不得无偿划拨。

市场准入、经营范围、优惠、补贴等等，都享受同等待遇。

对国企和民企的职工收入，应出台相应法规，在必要差别的前提下，使其大致相等。

国企经理和民营企业家的收益，应通过相应的政策、法规予以调控，使其处于一个相对公平合理的水平→在宏观上，坚持运用"基尼系数"{相对公平}动态纠偏。

其他种种优惠措施，不分国企、民企，皆享受同等待遇……

既然民企可以破产，国企也就同样可以破产。既然那些经营不善或落伍的国企不能为国家、人民创收，我们凭什么用人民的财富去填那些无底洞呢？国家没有义务去养那些懒而无能的人。当然，不论国企、民企，国家都要有破产后的善后措施→出于和谐与公平，必要时，国家都具有扶助企业转行、职工转岗的职责，而不是在获利、收税时眉开眼笑，出了问题就甩手不管了。

国家的资金、财产的无偿划拨，只能适用于基本民生、教育、医疗、国防、科研……

——总之，国企和民企和谐共存，公平竞争，才是发展中国经济的正途，这同样也属于"普适价值"。随意进行国企私有化，不切实际地主张消灭私有制，二者都会造成中国的灾难。公有、私有，并不是问题的关键。核心问题是，不论是公有财产还是私有财产，都要保障其神圣不可侵犯，游戏规则一定要资源共享、税费、利率等不能单方面实行国企垄断，要公平交易，公平竞争，要一视同仁，不能厚此薄彼，也就是必须保持经济活动的相对公平。只有这样，才能盘活国企，激励民企，中国的经济才有可能平稳、持续繁荣。

国有企业是有其存在的合理性和必要性的，特别是一些关乎国计民生，军工、环保等等相对不那么赚钱的关键行业。谁说"公有"的国有企业就是管不好的？认为管不好的人，实际上就是承认自己的平庸。办法总比问题多，而且还可不断修正。中华民族是最优秀的民族之一，凭中国人的智慧，难道会拿不出管好国企、使其保持活力的办法和措施？→这就如说"人是逮不着偷油的老鼠"一样地可笑。关键在于，是不是出于公心，想不想把它管好，而根本不存在管不管得好的问题。管好国企与管好私企的性质是一样的，如果认定中国人管不好国企，那么中国人也就不可能管好私企，照此推论，就会得出"中国人根本就管理不好任何企业"这样的荒谬结论。

只有在相对公平的前提下的自由竞争，经济才会充满活力，民企同样有存在的合理性和必要性。那种打压、歧视民企，甚至要消灭私有经济的观念（这是对第一生产力的毁灭性的破坏），如果真的实行，那将是中国的噩梦。而盲目照搬西方一部份国家，将国企全部私有化，同样会使中国经济整体失衡，重演苏联的不归路，使中国经济遭受重创。但不搞国企私有化，并不等于我们不用公平竞争的方式来激活国企，就可以让国企的从业者们"躺平"，舒舒服服地坐吃国家政策偏斜的红利了→不论是出于国际竞争如此激烈的实际境况，还是出于相对公平的原则，中国人谁都没有躺平的权利。

总之，实事求是、相对公平、与人为善、尊重人性的原则，不仅仅是中国特色的社会主义的政治内核，同样也是中国特色的社会主义的经济内核。中国特色的社会主义是不可以任意解释的，是必须要有特定的、明确的原则与标准的。实事求是，就是必须按照最佳客观处置范式行事；相对公平，则是自由、民主的法理基础，同时也是强势者与弱势者和谐相处的前提；与人为善｛本质上是相对公平原则的升华｝，则是人类实现互利共赢、完成自我救赎的唯一出路；尊重人性，就是要肯定、保护那些于人于己有利无害的本我冲动，使我们的法规具有强劲的民意基础。

——另外，附带再说一说与经济相关的具体问题

A. 关于股市

股市，并非像那些故弄玄虚的"金融专家"们所说的那样复杂→他们舌灿莲花、天花乱坠，但听了半天，却常常使人不知所云。

股市，其实就是国家允许的一种"合法的民间集资"的凭证（债券）的交易市场。股票，与其说是股权凭证，还不如说它是"债券"来得准确。能不能像"国债"那样，较好地保障出借人连本带利收回资金，应是股市规则制订的基本准则，以便使股市与银行的借贷类似，发挥"金融"的"正向效能"，促进实业的繁荣，并保证出资人资金的"相对安全"，这才符合"相对公平"的准则，"股市"因此才可能持续、平稳、高效运转。

当下中国的股市，被集资的普通老百姓（散户）显然处于弱势地位。他们对集资者（上市公司的控制者）的诚信、实力、经营的业务、被集资金的使用状况等等，都知之甚少。自己的些许辛苦钱，很容易被人胡乱挥霍，甚至被人卷款而逃，使弱势的"散户"手中的股票（借条）因而成为废纸。

——中国 A 股运行了几十年，成交了上万万亿，仍然老是在 3000 点左右徘徊，这正常吗？——一个诚实的，不炒、不投机（不见利就抛）的投资者将钱投入股市，让其增值，对于中国股市来说，就是一个笑话。如果一个股市只有投机者获利，诚实的投资者总是吃亏，难道我们国家的管理者不应该强硬出手予以规范，使股市回归公平正义？

我们认为，最关键的是要有人代管老百姓｛弱势者｝"被集的资金"（借出的钱），也就是说，钱是不能直接交到"集资者"的手中的。对于股民以购买股票的形式所出借的资金，股市的运营者｛收税获利者｝要做到实质性的、具体的监管。原则上，资金是只能流向实业的正常营运，而不得流向风险投机的"虚"的。绝不能让"融资"者有挥霍、高风险投机和卷款而逃的机会。

我们认为，上市公司在股市所"融"的资金，应该由具有赔付实力的国资委或国家银行出面进行代管。→其法理基础，就是相对公平。→获利与承担责任，二者孤立地存在，是与相对公平的原则相悖的→这是中国股市始终没能走上正轨的根本原因。

如果管理不善，股民遭受了非公平的损失，是要追究股市营运者个人的渎职责任的，法定是必须按一定比例赔付的→营运股市的成本，不仅仅只包含股市的管理费用，还应当在税收收入中，预留适当额度来建立"赔偿基金"。国家通过股市收取了不少的交易税，就有责任和义务保证投资者（出借人）资金的相对安全。只要真心想管好，难道会想不出办法来对付那些奸猾之徒？→股市管理的从业者也许会抱怨："这也太为难我们了吧！"→股市管理确实是高难度的"活儿"，但你作为专业的管理者，"难度大"不是你躺平、渎职的借口→你是高薪的专业人士，过硬的管理能力与高度的责任心与战胜邪恶的勇气，就是必备的入职基本要求→"没有金刚钻"，就别揽这个"瓷器活"；没有高度的责任心与战胜非法获利者之浩然正气，你还是选择那些难度较小的工作岗位为宜。→这不是为难，而是坚持实事求是、坚持相对公平、倡行浩然正气，为**走向共和**而战→你们是经济战线上的**共和国卫士**！

其实，现在的中国"股市"与赌场的本质大致一样，管理这个赌场的"老板"（国家）是永远的获利者，与发行"彩票"的性质是近似的。因此，国家监督股市这个"赌场"的每个参与者，保证游戏的公平，预防、打击种种"出老千"的行为，就是义不容辞的职责。

国家，即人民，是不能容忍股市这个大赌场以"虚拟"筹码的肆意扩张来"薅羊毛"的。具体来说，比如某股市，入场的资金实际上只有100亿，但赌场的操盘者，即那些所谓的"金融家"们，却可以通过各种各样的花样弄出1000亿，甚至更多的"虚拟"筹码来，让股民们（实际出借人）大赌而特赌，直至那些出借人输掉他们的最后一个铜板，甚至负债累累，跳楼完事。组织力量，揭露股市（或者叫"金融市场"）这个大赌场的各种"出老千的手法"，是国家股市管理者不可推卸的职责。任何一个国家的所谓金融市场的活动范围，只能是为经济实体提供助力，而绝不能容许其破坏经济实体的发展的。

只要国家这个在股市获利的管理者，手持"公平"这个"法器"，随时像猎豹捕食的时候一样，紧盯每一个"赌客"、每一个"赌场"工作人员，堵住所有"出老千"的漏洞，那么，大大小小的股市投资者，就不会那么担心自己出借的资金的"相对安全"了，这是股市繁荣且持续健康运行的必备条件。→投资有预估风险是正常的，但投资具有不可知的、危及身家性命的巨大危险，就是不正常的了→借钱出去，不仅血本无归，而且还因找不到被告负责而丢掉了卿卿性命→这其间必定是存在着有违相对公平原则的"猫腻"的。

我们认为，经济学家的主要职责之一，就是要把金融活动中的"猫腻"逐一予以清理，使不法之徒没有可乘之机。

国家的股市管理机构，必须对高杠杆、做多、做空等等作出明确的规范，把种种不公平的漏洞尽可能地堵住，对违规者予以重罚，这样股市才可能健康运行，为我国的经济发展提供正向的助力。

美国对股市的监管，以及对垄断企业（托拉斯）的控制，在保障相对公平方面，是有不少成功的经验的，是很有参考价值的。

立法建议：

首先，要明确股市的作用与目的，使其成为阳光公开的储蓄、理财（投资）、融资的平台，真正起到繁荣经济，增加国民收入的积极作用。

其次，动态监管股市运行，随时查漏补缺，以实事求是、相对公平、与人为善、阳光公开为准绳，制定详尽的规则。动态公开每一个融资企业的真实、具体、详尽的资料以及资金使用报告，这是邀约股民"入股"必不可少的前提，杜绝弄虚作假、赌博、投机等歪风邪气。

其三，国家股市监管机构必须定时发布风险评估报告，国家银行与国资委必须成为股市资金的托管责任人。股民投资非相对公平的损失，国家必须以不低于70%的比列予以赔付。其法理基础是，批准某企业进入股市融资的是你，收交易税的是你，你就负有不可推托的责任，不能只行使权力，只分享利益，而不负相应的责任。国家有赚有赔，只要能保证总体不亏、为繁荣经济提供了助力就行。

以相对公平原则为规范，保持股市的平稳运行、有序增长是客观存在最佳范式→惟其如此，才是与国家"为经济发展提供正向助力"而设置股市的初衷相吻合的。→如果不能为国家的经济发展提供正向的助力，甚至让不法分子借此扰乱、破坏中国经济的发展，中国股市就应当"清零重建"！

其四，未尽事宜……

B. 关于房地产｛地租｝

中国房价如此虚高的原因，在于住房的"稀缺"。

房价的虚高，与以此引发的房地产投机，二恶相交，成了中国经济潜在的最大隐患。不管是个人、小企业、大公司、巨型财团，谁都想在房地产中捞一把，最后的结果会怎样呢？

钢材、水泥、木材等建材，建筑人力、建筑机械、建筑技术等等，我们都不缺。"稀缺"的只是建筑用地。

由于有水稻界的袁隆平，以及小麦界的"麦隆平"，玉米界的"玉隆平"，红薯界的"红隆平"，马铃薯界的"马隆平"等一大批农业科技工作者的存在，粮食单位面积的产量已经翻番，以后产量必然更高。这意味着，从理论上来说，住宅用地事实上是"不稀缺的"→如果中国现在拿出更多一些的土地来建住房，对于粮食安全来说，也是没有什么大问题的。事实上，农村是存在有大量弃耕耕地的。

所以，总体来说，中国建筑用地的"稀缺"是根本不存在的伪命题→所谓稀缺，纯属政府人为操弄的结果。供求关系"失衡"，中国老百姓承受如此虚高的房价，几代人共为房奴的现实，纯粹是人为的结果→地方政府实行的"土地财政"，是主要原因之一。

国家应以税收的方式来正大光明地来征收国家行政管理所"必需"的费用，这是公平而合理的；而不是用"土地财政"方式将老百姓的财产收缴无遗。国家和地方政府的财政债务问题，只能以合于相对公平的种种方式来对中国的"经济活动"予以规范，诸如阳光行政、发展经济、提高效率、开源节流、量力而行、打击腐败、惩罚浪费、限制"政绩式扩张与冒进"、杜绝"讲排场、挣面子"的形象工程等等。行政管理经费，以合理必要的税收形式，予以解决，从而让地方政府摆脱对于"土地财政"{地租经济}的依赖。而不是像现在这样，用人为维持"虚高房价"的方式，将负担转嫁给老百姓。因为"土地财政"是不可持续的→不论是土地的数量，还是住宅用地的买家都是有限的，所以，全国统筹，以税收的方式来解决国家财政资金的来源和地方政府债务问题，就是必由之路。

从理论上来说，国家公民的住宅用地就是基本民生问题，就是应该"白菜价"，甚至免费发放。中国的土地是属于国家所有的，因此"每一个中国人，生而有其地{宅基}的使用权"就是成立的。这是中国公民的基本的天然人权之一。因此放开住房建筑用地的限制，提供充足的住房建筑用地，你想买多少就有多少，是完全可以的。人为住宅用地的稀缺性一旦消失，并规定不得向无房者收取住宅用地费用，我们就看你房价还会不会虚高，那些投机分子还投机不投机。→当然，所有国家公民，都只能享受一份免费的宅基用地的使用权，在某地享受了免费的宅基地的使用权，其他地方的宅基地的免费使用权自然消失。

一方面，出于公平、和谐，不仅对房地产，国家对各种投机，花样百出的"炒"，都有必要出台相应的税收政策。对住宅用地供给的法规，应依据相对公平的原则予以适当的调整（中国公民一旦出生，就天然拥有属于自己的那一份免费住宅用地的使用权）。

另一方面，房地产作为我国的支柱产业，牵一发而动全身，是不允许"大起"的，但同时也是不能够"大落"的。房地产的"大起"，隐患太多、风险太大，是不可持续的；而房地产的"大落"，必定使中国经济陷于"相对萧条"，同样是不可持续的。这就决定了我们的调控方针的温和性，表现在房价上就是，房价呈现温和的涨跌，就是有涨有跌，总趋势是逐步降温、下跌的，但不能像过山车那样大起大落。

我们认为，倘如此，"房地产泡沫"这个中国经济的巨大隐患，就会"药到病除"。这必定会引导中国经济"去虚趋实"，把中国的实业真正做大做强，而不是像现在这样，人们整天就是想着怎样投机捞钱而无心于干实业。

现在的房价，为什么国家调控总是不起作用，关键就是"资本"的持有者，看准了中国政府对于"土地财政"｛地租经济｝的依赖，吃定中国政府绝对不会对房价"痛下杀手"，所以才敢于在"房地产"中肆无忌惮、有恃无恐地疯狂炒作。倘若中国政府没有了对土地财政的依赖，以中国"举国体制"之威，一声令下，谁还敢"炒房"？房价下跌而回归正轨，就是分分钟的事。对于那些顶风炒作的奸猾者，只要国家没有了投鼠忌器的顾虑，国家为了公平与和谐，就会堂堂正正地雷霆出击，动用千万种方式、方法来收拾那些"爆炒"的投机者，以保护正常投资者与消费者的正当利益。

最后需要说明的是，一部分优质城市，特别是其核心区块，由于其客观有限的容量，其局部住房用地的稀缺性是不可能消失的。在其衰落以前，根据"人往高处走"（趋利）的人性，其虹吸作用是巨大的，其稀缺性溢值必然就会长期存在。住在这些顶尖城市核心区块的人，与还想挤进去的人，对此必须有清醒的认识，而不能用"非实事求是的态度"来抱怨这些优质区块的"房价虚高"。当然也不能不实事求是地排除金融资本过剩而引发的正常"通胀"而一厢情愿地希望房地产"大跌"——你的收入比原来已经涨了若干倍了，而又希望住房的价格不相应、适当上涨，这显然是不现实的。

国家还应向中、小城市倾斜，大力发展其经济实力，平衡、调整各个大型央企、省企、民企、外企的布局，不能让其一味地"挤"在大城市，要有计划地促进中、小城市的经济发展，提高中、小城市的教育、医疗等等人居环境的档次。全国、全省一盘棋，兼顾统筹，应是平抑全国房价的良方。唯有这样，中国的"城市化"才可能具有持续性和可行性。反之，全国民众都"理直气壮"地拼命向特大城市挤→"你有向往美好生活的意愿，我为什么不能有"？如此乱象，何谈全国良性的城市化？

总之，要根除房地产的乱象，就要采取切实有效的措施。

1、保障住房用地的充足供给；2、大、中、小城市的经济发展布局统筹兼顾，并适当向中、小城市倾斜；3、制定低价{免费}供地法规来对"土地财政"说"不"；4、针对多房者{超出居住需要者}制定相应的税收累进政策，并限制高租金的出现，5、减少"空置"律，节约土地资源。→国家银行应支持购买二手房，不鼓励租房。促使多余的二手房大量进入市场，实现共享。国家应根据实际情况，为低端二手房的购买者提供适当的"内部装修、外部翻新、强制加装电梯"等等的补贴。

我国有不少城市，明明有大量的空置房，却还在大量建房，这是很不正常的。这些措施的目的就是要确保我国住房够住就好，防止大量空置房的出现，避免我国有限资源的浪费。房价也就会自然而然地回归正常了。

至于有所谓的"专家"们，为高房价辩护，居然煞有介事地声称，随时都可以自由交易的住房，虽有"商品房之名"，但不属于商品，是资产，所以不受供求关系的制约，因此政府调控也就不起作用。这纯属谬论，不值一驳。如若不服，你让我们来主持制定国家的有关房地产的法规，保你无话可说。调整的方法看似复杂，其实很简单：就是摆脱国家财政对于房地产的依赖→只要国家预算已出，就知道需要征多少税了。以全民相对公平地负担为准则，少入者少交，多入者多交，究竟收多少税，以国家预算为准就行了。这样，"房地产"就再也不可能一家独大，以至于到了绑架国家经济的疯狂地步。

日本、阿根廷等国因"爆炒"房地产而"破产"的惨烈结局，是我们不得不防的。一个国家的经济领域，如果投机成风，是必定会出大乱子的。

为了从根本上解决问题，应将经济相对落后地区的财政债务统一打包给中国人民银行，等到实现全国财政统筹后再统一通过税收来处理，以此实现"财政支出全国统筹"→这才符合相对公平的原则：不能只要求全国各地在行政、区域、资源等方面实行举国体制，在经济成果分享上却不实行"举国体制"｛统收统支｝。→另外，从法理上来说，国家机构不经人民授权，是无权以滥印纸币的形式来薅百姓的羊毛的，滥印钞票稀释｛贬值｝百姓财富的本质，与抢劫是没有什么区别的→中国大陆民国末期货币贬值到成为废纸的惨象，是值得全体公民反思的。为了使那些经济相对落后地方的省长、省委书记，县长、县委书记们，从一上台就为"发工资"而发愁的现状得以扭转，从老是被逼着卖地搞钱的恶性循环中解脱出来，以使这些地区的干部能够有精力切实开展有效的工作，因地制宜地，在能力范围之内适当地发展本地经济。中央、省区不能平均向地方下达经济发展指标，同时也要坚决控制地方不顾自身的实力而大肆举债扩张——以此杜绝那种地方领导谁的借钱能力强，谁的借钱胆子大，谁就受益的怪事——钱借得多，表面上的"发展"当然好看一些，就有了所谓的"政绩"，于是受到提拔而一走了之，巨大的债务窟窿不再有担责的责任人，如此恶性循环，地方财政的窟窿越捅越大，却找不到相应的责任人——财政全国统筹因此而成为目前必须优先解决的问题→全国财政不统筹，是违背相对公平原则的，是不可持续的→中央大肆外援而成为世界头号外援大国而不为自己国内的地方政府的行政支出兜底，显然是有违相对公平原则的。

经济发展也是需要全国、全省统筹的。发展工商业与农业等等行业，并非是每一个地方都适合全面上马的，分工协作，是现代社会的大趋势。一个地方究竟适合发展什么，要有全局的考量，不能一味地迁就地方急于"发财"的意愿，而是要统筹规划，采取最合理的方案，某地适合发展什么就干什么，这是需要实事求是的规划与科学论证的——比如现在各地的地方政府，不管适不适合发展工商业都大肆招商引资，搞所谓的"经济开发"，就是违背事实求的原则的，是很难通过实事求是的验证的。→地方有此心态和此等行事方式，财政支出没有实行真正的全国统筹，也是决定性的原因之一。

——要实现全国统筹，就要讲清楚统筹的法理——相对公平。

我国的"举国体制"，政治上、领土上的高度统一，就是必然的要求。→但仅仅政治、领土的统一是不够的。从理论上来说，"大一统"之所以成立，必定还包含：中央一碗水端平，即中央必须调控国家所有组成人员分享利益的相对公平，否则，说中国大陆人是一个国家的人，就是不成立的。→家、国同理，只要想想家庭成员天然是"同锅吃饭"的，其理自明。→秦朝崩塌的最根本的原因，就在于严重背离了相对公平的原则。→相对公平，是受人皆趋利的基本人性{天理、天道}所制约**自然法则**。与人为善，是相对公平在道德层面的升华；仁爱，是相对公平在智慧层面的升华；仁政，则是相对公平在治国层面的升华。→国家权威有道、无道的评判标准，只能是国家权威是否坚守了相对公平。

发达地区要统一思想认识：首先，中国是一个不可分割的一个整体，全国各地的经济地位与政治地位，是必须一视同仁的。

发达地区的"发达"，不过是中央政策倾斜、"薅羊毛"、自身努力三者综合的结果。要衷心地认识到：这并非是发达地区的人自己有多么的能干、多么的了不起。应怀有感恩之心，明白自己具有不可推卸之"反哺"职责，应积极配合而绝不能变着花样、以各种借口来抗拒全国统筹（这是极不公平的）。试想，中央没有"让一部分人先富起来"的政策，而是坚持以发展贫困地区为首要任务，即以还历史旧账为第一要务，既不允许你独占优势资源（人才、政策支撑、财政倾斜、原材料优先等等），也不允许你以"低进贵出"的方式赚兄弟省份的钱，那你还有什么可以拿出来得瑟的呢？北京、上海是较长历史不公积淀的结果，深圳在国家支撑这点上就更为显性凸显。北京是全中国人民的北京，不仅仅是北京人的北京；作为"商都"的上海是全中国人民的上海，不仅仅是上海人的上海；邓小平"在南海边上画了一个圈"，那是给所有中国人画的圈，不仅仅是给现在居住在深圳这个圈里的人画的圈→珠三角、长三角，都是属于全中国人民的。中央政策的初心，从来就是为了共同富裕，最终的目的，从来就不是拉大贫富差距，不是吗？——让一部分人先富起来，应该是让"千里马"（有才能者）富起来，而不应该是让有权力的人、占据优势资源的人（垄断者）富起来，这才符合相对公平的原则，这样中国的经济、科技才会具有活力，对此如果没有相应的详尽的具体法规，先富带后富就是一句空话。

为了使道理更为明白、清楚、易懂，请看我们的假设：中西部，长三角、珠三角，都是中国之领土；中西部的人，长三角、珠三角的人，都是同权之中国公民。→以相对公平原则来论事，中央是可以下令二地居民之间进行轮换的："中西部的居民们，你们在条件差的地方住得太久了，请你们也到好地方去住一住；长三角、珠三角的居民们，你们在好地方住得太久了，请你们也到条件差的地方去住一住。"→我们当然不是真的要清算历史的不公而"重起炉灶"，而只是证明全国财政统筹的合理性。→当时"合法"的历史结果是不能够推倒重来的，那是历史虚无主义者的乱折腾，但对于历史不公进行适当的、可行的补救，也是顺理成章的。

不发达地区也要统一认识，自己的落后，不仅仅是历史上的不公造成的，自身努力不够也是重要原因之一。要努力脚踏实地、因地制宜地发展本地经济（这当然需要中央和各省的统筹规划，以免造成恶性竞争而浪费资源）。要勤俭节约，不要有攀比之心，决不能盲目擅自扩张，再欠新债。不能有等、靠、要的消极思想（这也是不公平的，别人无养你的义务），要有自力更生、发奋图强的精神，要有尽量少给国家拖后腿、添麻烦的觉悟。

需要说明的是，并非是中国政府掌握了房地产的土地供给的垄断权，就可以将商品房的土地价格无限拔高→住房问题，是属于基本的民生问题，从理论上来说，政府是不能将公民天然拥有的**"宅基权"**，拿来**"赚钱"**的。→我国的"土地财政"现行运行模式，从基准上来说，是属于**"违宪行为"**。因为根据"居者有其屋"的常识，我们认为，每个中华人民共和国的每一位公民都是天然、无偿地拥有属于自己的那一份住宅用地的**"宅基权"**的。也就是说住房问题，与吃饭问题一样，都是属于基本的民生问题——新加坡的组屋制度是有参考价值的。因此不论是为了相对的公平，还是为了保持实业的繁荣，抑或是为了国家长治久安、百姓安居乐业，国家都有义务、有职责将住房供地的价格适当地降下来。并且，对此要有详细的、明确的、可行的法律规定。

——其实，保持房价的稳定，实现稳中有降，并非如有的人想象的那么困难、复杂。只要国家真正认可了老百姓"居者有其屋"的基本权利，把房地产真正当成非赢利的民生工程来做，政府自身不从中获利，也不允许资本从中获取暴利，房价问题就可以迎刃而解。

改开以来的土地财政与土地金融，虽然在法理上存在致命的缺陷，但在在中国经济的腾飞过程中，曾经发挥过难以替代的助推作用，现在仍然还在发挥它的余热。但一个显而易见的事实是，现行土地财政与土地金融的使命已基本完成，或者说土地财政与土地金融的潜力已基本挖掘完了，是时候回归到发展实体经济的正途上来了，这样才能保证中国经济持续良好的发展。

解决房地产问题的法理基础，与其他的"国事"一样，不外乎"公平"（相对公平）、"客观"（实事求是）二词！

C. 关于计划经济和市场经济

关于究竟是实行计划经济还是市场经济的争论，仍然是个伪命题。

因为任何一个经济发展良好的国家，都必然是"计划经济"和"市场经济"和谐并存的产物。

市场经济，就是保障经济活动的自主权，从而激发、保障经济活动在相对公平原则下的有序自由竞争，使一个国家的经济保持活力；计划经济，就是保障一个国家的经济活动平稳、有序、健康、高效地发展。

谁说资本主义国家的经济活动就只讲市场经济的自由，是没有计划的蛮干？那么你怎么解释发达资本主义国家的经济规划和各大企业的策划满天飞的现实？日本、美国等国家对农业大肆补贴，那难道不是一种积极主动的"计划"？

谁说社会主义国家就只能拥有计划经济，而不应该有市场经济，就应该限制各企业的经营自主权？宠养国企、压制民企，甚至要消灭私有经济，这样蛮干的唯一的结果，只会是经济发展疲软，失去活力。不保护"市场"，无异于自杀的愚蠢行为。

我们认为，无论是计划的限制、管理，或是市场的开放、自由，标准只有一个，那就是，是否对国民经济的良好有序发展有利，即是否合于经济发展的客观存在范式，是否能使国家、人民，雇员、企业家，在相对公平的原则内实现共赢。

对于经济发展来说，自由开放固然重要，计划有序同等重要，缺一不可，不可偏废。该计划的还得计划，该自由的还得自由。在经济活动"自由"的同时，"计划"也不可一日缺席，无序恶性竞争给我们造成的浪费灾难难道还不足以使我们警醒吗？"谋定而后动"与"生机盎然"，都是经济良好发展的必备条件。换句话来说，就是：任何发展良好的经济形态，从来就是"看不见的手"（市场价格的制约）与"看得见的手"（国家调控）两手并用的，是缺一不可的。"看不见的手"本质上就是鼓励人的趋利行为，什么能获利，什么就会蓬勃发展，这主要属于第一生产力（欲望）的范畴，只要不越过"相对公平"这条红线，就应当竭力保护。"看得见的手"，本质上的目的，就是要使经济活动必须符合人类整体利益（相对公平）、经济发展必须符合人类社会"大道向善"的客观存在范式，不能让经济个体之间殊死缠斗、恶性竞争，造成不必要的内耗。本质上，经济调控措施与政治制度改良一样，主要属于第三生产力｛人文生态｝的范畴，就是不允许一部分人欺压另一部分人，以保持经济活动的公平有序，保护人的趋利欲望，从而实现经济的持续繁荣。

——不论是市场对价格的调控这只手，还是国家权力对与经济活动的调控这只手，对于经济的运行，都不是万能的。要做到**"两手"**之间完美结合的经济调控的科学化，还任重而道远→**经济学是人文生态学的主干之一，天然就是必须科学化而为人类的经济活动护航的**→只有坚持实事求是的原则｛**以实效为标的，持续地动态纠偏，无限地趋近于眞恰佳**｝、坚守相对公平的原则｛**以公平→不得伤害他人利益为所有经济活动与法规的中轴线**｝才有可能寻找到经济运行的"道"——关于经济活动的客观存在的特定范式——即从经济运行的各个方面与各个层级连续发问，逐一分析、综合，才可能寻找到"最有利于人类的、最适合的、最恰当的、最有效的经济运行的客观存在范式"。我们认为我国应为此设立专门的研究机构，成为国咨委、党咨委的一个局，聘用一批有真才实学、实践经验丰富、踏实而不浮夸且有家国情怀的经济界的高端人才，本着实事求是、相对公平、尊重人性的标准，清理我国经济活动中的那些不实事求是的、不相对公平的、与人性相悖的、不合于经济发展的**客观存在范式｛实事求是：眞恰佳｝**的弊端，为我国的经济持续繁荣保驾护航→这样，在我们面对种种纷繁的的关于人类经济活动的这主义、那理论的时候，才能洞若观火，拨云见日，始终在经济发展的的正确道路上迅猛前行！

我们认为，现代国家政府的一个重要功能，就是监控全国、全世界的经济运行的实时动态，及时发布利好、利差的经济"舆情"。也就是说要给全国、全球的经济把脉，及时发布本国经济是否存在某种风险与不足，以便使各企业能够及时规避各种风险。从某种意义上来说，这比掌握政治"舆情"重要得多。因为如果全国各从业者都完整地了解了经济运行的"舆情"，各行业就会因此减少损失、提高效率，规避"无用功"，从而能够尽可能地向好发展。经济发展好了，国家和人民的钱包都鼓了起来，政治上的问题解决起来就会轻松得多。一个国家的蛋糕真正做大了，就根本不愁找不到较好的"分蛋糕的方法"。

说到底，解决经济问题，还是一个"相对公平"、"与人为善"、尊重人性和"实事求是"的问题。换句话来说，就是要兼顾自身与他人的利益，也就是要相对公平、要依照客观存在范式 { 实事求是 } 来办事。只要根据这个标准，对经济政策、经济活动等等，逐一予以甄别、研判，还有什么问题不能解决的呢？

D. 关于金融市场

上文已对股市表达了我们的看法，在此不再赘述。

这儿的"金融市场"，特指银行、基金的借贷活动，包含他们出售的各种"理财产品"。

照施一公教授的说法，他很遗憾，因为他的大多数的优秀毕业生，都进入了"金融行业"。为什么大多数的优秀人才，都削尖脑袋往"金融行业"里钻呢？难道不应该引起我们本能的警觉："天下攘攘，皆为利往"，"金融行业"里面是不是有什么猫腻呢？

答案显然是肯定的，就是有猫腻。

付出同等的辛劳和智慧，为什么"金融行业"的从业人员的收入，要比其他行业的从业人员的收入要高出若干倍呢？

这种状况显属不公，这个"猫腻"就是不当得利，就是违背相对公平。国家理应出台相应法规予以调节。

还有就是，那些"高杠杆"的"理财产品"（债券），本质上就是弱势群体膏脂的收刮器，具有对赌的性质。通俗一点地说，大约就是赌那些资不抵债、高负债率的"公司"，会不会在偿还、兑现其承诺的高利率的债券之前破产。而弱势群体所掌握的资源和信息相当有限，无任何操控能力，什么时候该买进，什么时候该脱手，完全是懵的，根本不是强势财阀的对手。总体上来说，"散户"最终只能成为输家，自己用真金白银购买的所谓"理财产品"，相当部分都会成为"垃圾"，这就是投机商之所以会"发财"的秘密。这正如开赌场一样，庄家永远是赢家，不然是维持不下去的，因为赌场老板又不在是做慈善。我国的"金融圈"内有钱可圈、有羊可宰，这极易引发强势财团的投机之风。这里面的"猫腻"还是不当得利。

这种状况，对中国经济的良性发展，对中国老百姓，有百害而无一利，有利的只是那些资本大鳄，这是显属不公的，其本质就是"官商勾结"圈钱→权力机关默认非相对公平的诸多弊端的存在；而实操者则利用这些弊端大肆"薅羊毛"。这是我们必须以相对公平的原则为基准，对我国的金融生态予以改良的底层逻辑。宁肯损失一些税收，国家也应该出台相关规定予以适当限制。这既可保障我国经济的平稳运行，又可保护老百姓，使他们不至于"血本无归"，还可较好地防范世界性的"金融危机"对我国经济的冲击。

金融市场的正途，是储蓄和正常的、有条件的借贷。这应该主要由正规银行来经办。其功能和作用是协助人们理财，帮助实体经济个体解决临时的资金短缺，为中国经济发展提供正向的助力，而不是听任其成为"赌场"。

总之，对金融市场加强管理，限制投机、赌博的歪风邪气，引导资本"避虚趋实"，是利国利民的必然选择。这是我国的**社会共和**的基本保障之一。

国资委应加强金融市场的监管，制定相应的法规，金融市场所产生的"利润"，主要应该归国家（全民）所有，而不应该主要归"资本"的持有者所有（投资者当然不是无利可图，而是要有一个合理的比例），当然也不应该主要归"金融从业人员"所有，这样才是公平、合理的。这样也就不会出现"大部分优秀人才都拼命地往金融行业里面钻"的怪相了。这正如大型国企一样，它的利润主要归国家（人民）所有，而不是主要归大型国企的从业人员所有，这才是公平、合理的。

任何投机暴利，都不是公平交易的结果，都在国家整改之列。要善于发现那些交易规则的漏洞，及时加以整改。保持相对公平，是任何良善社会执政者的天然职责。

只要真正想管，并且认真、踏实地管，制定出完善的相关法规，并随时加以修正，难道我们还斗不过那些浑水摸鱼的奸猾之徒吗？

总之，那些诸如房地产、金融、互联网、大型国企、影视等等强势行当的收入"略高"，是可以接受的，但若干倍地"虚高"，则不可容忍，因为这不符合相对公平的原则。他们利用这些平台，钻经济制度不完善的"空子"，大割"羊毛"，动则身家亿万，这是显属不公的，国家这个社会公平的恒定器，对此就不能熟视无睹，就不能"不作为"。这与打击贪腐者一样，从维护社会公平的角度来看，二者并无本质的区别。经济制度的缺陷，与政治制度的缺陷一样，都会造成巨大的社会不公。我们不能像美国一样，对资本的持有者的肆意横行采取半推半就的态度，从这个角度来说，美国的确是货真价实的资本家肆虐的"资本主义"社会→之所以用"半推半就"来描述美国对"资本"的态势，是因为在事实上，美国对资本大鳄是有诸多的管控措施的，也是有不小的成就与成功的经验的，但美国要做到与相对公平原则的完美契合，还任重而道远。

需要说明的是，我们绝没有要"打土豪，分田地"的意思，也没有要剥夺资本家的"资本"的打算。而是恰恰相反，我们主张大力扶持私有民企。原因只有一个，没有民富，就没有国强。民间的世家、财团，对于一个国家来说，永远是多多益善的。所以我们对守法的民企要大力保护，小心扶持，使之能持续健康的发展。只有"暴富"才是有失公平的。国家应通过累进税等形式予以调节，使"老板"们可以堂堂正正地发财，而国家（人民）也可获利。这样经济运行才可持续健康发展。总之，不论是政治或经济，法规制订的标准只有一个，那就是"相对公平"与"实事求是"。

E. 关于学术腐败

学术腐败，是一种复合型的犯罪，既有政治制度不健全引发的以权谋私，也有经济制度不健全引发的诸多弊端。不论是损公肥私，还是损人利己，在当下中国的学术界，都问题重重。这种情形，对我国的科研伟业可以说是造成了致命的伤害，已到了非整治不可的时候了。不然的话，**走向共和**将会成为一句空话。

我们的目的主要并非是要清算谁，而是要总结教训，把制度漏洞补上，为我国的科研伟业保驾护航。

首先，我们认为，要解决学术腐败的最有效的根本方法，就是以相对公平之原则来规范科研行为，让学术界的学术活动处于阳光之下。具体的方法是在国家阳光行政平台上开设"科技"板块，使以权谋私者和弄虚作假者无处遁形。凡是涉及科研经费的项目，都应在阳光行政平台上公开竞争，不得私相授受。

其次，鉴于科研对于现代国家举足轻重的地位，我们认为，应该将国家科委升至副国级。科委"三首"的任免应纳入国家大选，在具有专业背景的全国人大委员中以二轮差额直选的方式竞争产生。

科学界，要杜绝外行领导内行的官僚，就是要将诸如施一公、饶毅、万俊人、等等有家国情怀的科学（社会学也是科学）内行，同时具有行政管理能力的科学志士仁人选出来成为国家的副首，党的副主席，为中国的科研伟业保驾护航，让他们的理念得到广泛的传播，这比他们仅仅教好一个学科，办好一个学校，管好一个学院的意义重要得多。这样，"科委"就会与政府形成良性互动，政府把控国家终端的相对公平，保障人民的生命、财产安全，保护人民对美好生活的向往（第一生产力）；科委保障科技活动的公平、有序的竞争（提供论文阳光发表平台）。科委的一个重要职能是保障科技人员的切身利益和人格尊严，以及言论自由与人身、财产的绝对安全。→对于科技短板，要具有与大国相匹配的超前意识和职责担当，要有针对性地、有计划地建立若干科研中心，大量吸纳国内精英、海归俊杰，以及他国科技精英，形成门类齐全、体量超大的科研团队，打破那种只顾眼前利益的"头痛医头、脚痛医脚"的短视行为和小格局，以求与世界第一人口大国应有的担当相符，为人类的科技发展作出我们应有的贡献。我们认为并不存在"中国的高端教育与中国的现实需求不匹配"的问题，而是对科技发展决策不当的问题。从本质上来说，国与国之间的比拼，不就是人才的比拼吗？如果达到加拿大的水平，中国就会有八九百个诺奖获得者，中国的科技实力将达到何种恐怖的水平？即便是到达日本的水平，中国也会有两三百个诺奖获得者。事实上，中国的高端人才是太少了，而绝不是"太多了"，中国高端人才大量外流，博士去争城管岗位，并无合理性，因此我们绝不能听之任之，无所作为。对于滞留海外的人才，应该与相关国家协商，达成相对公平的、相关参与培养者都能分享其成果、各方方都能接受的协议。"科技是第二生产力（之所以说"第一"，只表明邓公认为科技需要优先发展的）"，所谓"优先"，不是仅仅在口头上说说就完了，而是要有大国的担当与气魄，要有强有力的实际行动，强力提高中国的科研水平，就要大幅加大科研经费的投入，要敢于扩大科研人员的体量，以求与"中华民族是一个优秀的民族"相符。经费不足，可以发国债、设彩票、行募捐、拉赞助，必要时，还可设"科技赤字"。总之，科技强国是要有强有力的具体规划与具体行动的，坚持几十年，必有大成。要大力支持、奖励实干的、有效的科技创新活动，严惩弄虚作假、追名逐利的投机分子。要有意识地解决基础科研人员的后顾之忧，以使科技（第二生产力）创新活动充满勃勃生机，因为人才从来就是呈金字塔型的，没有数量足够的基础群团的支撑，也就没有了所谓的高端人才。当然，这些也是需要有详细可行的法规来予以保障的，而不仅仅是在口头上说说而已！

第三，国资委的组成人员，应由二轮差额直选出来的具有家国情怀的人民代表构成。对于每个科研项目的经费进行专人专责的阳光追踪督查，其目的一方面是杜绝经费的流失，另一方面是补上实际所需科研经费的缺口。

第四，要杜绝"唯论文论"等形式主义的东西。所谓论文，只能是创新思路的提出和科研成果的总结报告等等，而不是为写论文而写论文拼凑出来的、没有任何"干货"的"天下一大抄"。这些形式主义的东西，不仅造成了人力、物力的极大浪费，而结果有不少都是"无用功"，其副作用的破坏力不容小觑。其结果是学士、硕士、博士学位，授了一巴拉子，数量成了"世界第一"，遂使抄袭、拼凑、作假之风盛行。难道我们不应该反思反思、研究研究：究竟是出了怎样的问题，是不是每个大学生都必须要写论文？大学教育已成普及教育，人人写论文的必要性何在？老北大、清华的一些著名教授，根本就没有什么"正经"的学历，何来论文？我们又该具体怎样做，采取哪些措施，才能使我国的科研充满活力，回归真枪实弹的实干，以便尽快赶上西方诸强？"科委"的主要职责之一，就是要研讨并切实解决这些问题。

最终目的，在科学领域，就是要使奸猾者失去生存土壤，使形式主义者销声匿迹，使有家国情怀的、具有实干精神的科研志士扬眉吐气，从而有一个愉悦的心态，安心地、高效地进行科技攻关，为祖国和人民再创辉煌。

附带再说一说学术界论资排辈的现象。这儿的"资"，如果是指比谁的科研能力强，科研成果大，且目的是富国强民，复兴中华，不计私利，那么，"论资"就绝对是正确的；这儿的"资"，如果是指比谁的资格老、权力大、人缘好，"假大空"的论文多，那么，"论资"就绝对是错误的。注重实效，注重实力，而不注重那些虚浮的东西，才应该是最根本的标准。

所以，院士、学科带头人等等的评定，应在国家阳光行政平台的科技板块进行公开竞争，以实力说话，（当然可以写论文，但必须以阐明取得了怎样的自己的独创成果为限，如果是自己学习的总结、所见所闻的描述，那就免了，因为那不是"论文"，只不过是他人知识的复述罢了），以便形成科研领域生气勃勃的局面，从而获取实际的成果。"科坛"，从来就是"后生可畏"的，公平、阳光是科坛繁荣的基石，讲权力大、拼资格老绝不是科技发展的正途。

我们仅仅只是提出了大致的设想，其实此事是相当复杂的，还有待真正的专家、内行们本着"真实、公平、阳光、实效"的原则，进行仔细的研讨，制定出切实可行的方案来。

我们认为，中华民族是一个勤劳的、具有高度智慧的、同时又具有实干精神的伟大的民族，只要我们秉持相对公平的立场、实事求是的态度，真正想要解决科技界的问题，集全民之智慧，我们一定能找出使中国科学基础研究、科技创新活动最具活力的办法来，并且要以立法的形式予以确认，形成共识，并根据实际情况，随时进行修正、补充、完善。

需要特别强调的是，解决科技领域内存在的问题并非如有些人想象的那么难，这与解决政治、经济领域内，以及教育界、医疗界、文艺界、体育界等等的问题一样，只要我们用"公平"、实效（合于事物发展的客观存在范式，即实事求是）这两把"梳子"对存在的问题进行认真的梳理，逐一予以切实解决，那么我国科技界就会自然而然地充满勃勃生机。

总之，要把我国的事情办好，要真正实现共同富裕，**走向共和**，在科技界，同样是离不开相对公平、实事求是、与人为善、尊重人性、必要差别、民主法治、阳光行政、动态纠偏的这个治国理念的。

另外，国家财政对科技的投入额度，要以法律的形式予以确定。现代基础科学研究，我们原本远远落后于美国等发达国家，从法理上来说，我们的投入就应该大大地高于美国才是正常的，这样才能支撑门类齐全的一大批科研人员进行卓有成效的科研活动，才有可能取得突破性的成果，才有可能拥有真正属于我们自己的优势。与本来就领先于我们的发达国家相比，如果我们科技投入反而更少，那中国与发达国家的科技比拼，就是一盘必输的死棋——别人更优秀而且还更重视、更努力、更舍得投入，被别人"卡脖子"，就势必会成为常态。

关于中国的富杰

我们的基本观点是：中国人中，好人｛含愿意成为好人者｝总是比坏人｛含愿意成为坏人者｝的人多，低贱者中是这样，中层者中也是这样，富贵者中还是这样→这是由人皆趋利的基本人性决定的。对于生产力的发展、社会制度的完善来说，低贱者有贡献，中层者有贡献，富贵者也有贡献。这儿就出现了人类必须回答的问题："就个体一般而言，低贱者、中层者、富贵者这三者之中，谁的贡献更大"？如果你站在无利益纠葛的第四方的立场，即实事求是的立场来回答这个问题，你甚至都不用思考、论证，单凭本能就会知道答案："富贵者贡献更大"！→这是由于富贵者所掌控的资源与人脉都大大高于其他人而决定的。因此，盲目地、不分是非地仇富、仇官都是违背事实求是的原则的，也是违背相对公平原则的。所以，没有特定的语境而断言"富人有罪、官员有罪"，都是似是而非的谬论，只会扰乱人的正常思维，撕裂社会；反之，没有特定的前提条件下，盲目地、非实事求是地媚富媚贵，也只会搅乱人们的思想，破坏社会的**共和**。

正能量的富贵者，是值得所有的人尊重的。这种观点与"这主义、那思想"无关，只与实事求是，即摆事实、讲道理有关。

邓小平说："社会主义与资本主义不同的特点，就是共同富裕，不搞两极分化"。他还说："如果导致两极分化，改革就算失败了"。我们认为应当在"分化"的前面添上**异常**二字作为限定词，才与实事求是与相对公平的原则相符。相对的贫富分化，从人类诞生之初到现在以至于永远，始终是与人类共生的，如果某天没有了这种正常的贫富分化，人类也就灭亡了。

【我们根据现在世界发达国家的现实，发现产生两极异常分化的原因，主要在于财富分配制度是否相对公平，而不在于是否是名义上的社会主义或是否是名义上的资本主义。因为任何一个国家，在是姓"社"还是姓"资"的这个问题上，是没有所谓的"纯色之猫"的。但邓公的"共同富裕，不搞两极{异常}分化"，无疑是世界所有良善社会的"普适标准"。也就是说，是否两极异常分化，主要是与财富分配是否相对公平有关，而与"主义"关系不大。】

中国当下贫富差距巨大，要想缩小贫富差距，实现相对的公平，关于中国富豪就是一个绕不开的话题。

汉语中有富豪一词，泛指特别有钱的富翁。汉语中还有豪杰一词，泛指特别出众的"能人"。

但仔细分析一下，豪与杰，二者之间是有很大的区别的。

"豪"的本意，是指野猪，演变为泛指强大，它是一个中性词，既可以组成豪放、豪爽、英豪等等褒义词，也可以组成豪强、土豪、豪绅等等贬义词。

"杰"的本意，指万人之选，也就是万里挑一者，是指在能力与品格两方面都是出类拔萃的人物，它是一个纯粹的褒义词。

根据以上的定义，富豪中，其实是可以分为两大类的，那就是富杰与土豪，那么中国需要的究竟是怎样的富豪就不言自明了：是富杰呢，还是土豪？答案显然是前者而不是后者！

我们在此给富杰下的定义是：富有而杰出的人。富有，就是拥有巨额财富；杰出，就是具有以家国情怀为主的各种优良品质。他们是勤劳苦干，品德、才能与胆识兼具的佼佼者，且幸运地捕获致富机遇者的总称，是社会进步的中坚力量之一。他们具有实事求是、相对公平的思维模式，他们敬畏、爱惜财富，也就是具有敬畏大自然的赐予、爱惜他人与自己的劳动果实的思想基准；具有努力为国为民谋利益、乐于奉献的家国情怀；具有与人为善的中华传统美德；具有同情弱者的悲悯之心；以"劳动光荣、公平、和谐、诚实"为自己的信仰（人生准则）……用曹德旺先生的话来说，**富杰**就应该是具有这样家国情怀情怀的人："国家因为有你而强大，社会因为有你而进步，人民因为有你而富足"！

土豪的定义，用富杰的定义的反衬可知：土豪由于各种机缘（实为各式各样对公共资源的占取，以及对不完善的财富分配法规的利用）而拥有了巨额财富，但他们不爱惜、敬畏财富，豪奢为其主要标志（办个婚礼，动辄上亿，等等）；他们不具有努力为国为民谋利益的家国情怀，最为关心的是自己如何如何地爽快、"潇洒"；他们没有与人为善的中华传统美德，总是寻找可乘之机来获取暴利，以满足他们自身的私欲；他们没有同情弱者的悲悯之心，他们的心语是："我还没有爽够呢，让我帮助你们，没门儿"；他们沉溺于物欲之中，什么与人为善、勤劳、公平、和谐、诚实等等人生信条，与他们是不沾边的，……因而，我们纵然是绞尽脑汁，也没法证明土豪的存在，对于人类社会是有益的。

简单地说，富杰就是"德、财皆具者"；富豪就是"有财无德者"。二者致富的目的不同，富杰富而为众，土豪富而为己，二者的境界是不可同日而语的。

所以，对于中国、对于世界来说，富杰是多多益善的，土豪则是"少少益善"的，这是一个简单明白的常识。

据上，中国在现实生活中，就应该：一方面大张旗鼓地支持、表彰富杰们，而另一方面尽可能地减少土豪们产生的土壤。

对于中国的富杰们来说，虽然他们"不缺钱"，金钱奖励的实际意义不大，主要是一种荣誉象征，但对于做出重大贡献者，还是应当给予适当的物质奖励的→当然，更重要的是，要衷心尊敬他们，在提高他们的政治待遇的同时，予以精神上的褒奖。

既然保家卫国、除暴安良的军中英杰可以授衔，那么，我们认为，那些为国为民积累了大量财富且乐于奉献的各界富杰们，为人民的美好生活做出了巨大的经济贡献，同样是"国士"、是民族楷模、是人民英雄，对他们来说，就有**"封爵"**的充分理由。

将中国古代的"公爵、侯爵、伯爵、子爵、男爵"五个等级的爵位，授予当代的中国富杰（当然还应该特授给那些对于中国经济增长贡献巨大的国际友人），是对富杰们的最高端的精神褒扬形式。我们认为，这是非常不错的"古为今用"。既有厚重的中国文化传承，特色鲜明，还可借此重塑中国人的"贵族精神"。我们认为这对于完善"中国特色社会主义"，是大有裨益的。

我们中国应出台《爵位法》，其中应包含获得爵位的条件：富杰的定义，爵位的申请、推荐、评议，财富的额度等等；接受爵位时的宣誓；还应包含奖惩制度；政治待遇等等……

对于财富额度和政治待遇，我们在此谈一些不成熟的看法。

关于财富额度，以中国当下人民币的实际购买力和中国当下人均实际收入来计算，我们初步认为（此处仅为我们私下的假设，具体额度的高低，是大有研讨的空间的）：

个人财富的增长，每年税后达到十万元以上、一百万元以下的纯增长，且个人所拥有的企业的税收达到一千万元以上的富杰们，就可以授予男爵的称号；个人财富的增长，每年税后达到二十万元以上、一百五十万元以下的纯增长，且个人所拥有的企业的税收达到一亿元以上的富杰们，就可以授予子爵的称号；个人财富的增长，每年税后达到三十万元以上、二百万元以下的纯增长，且个人所拥有的企业的税收达到十亿元以上的富杰们，就可以授予伯爵的称号；个人财富的增长，每年税后达到四十万元以上、二百五十万元以下的纯增长，且个人所拥有的企业的税收达到一百亿元以上的富杰们，就可以授予侯爵的称号；个人财富的增长，每年税后达到五十万元以上，三百万元以下的纯增长，且个人所拥有的企业的税收达到一千亿元以上的富杰们，就可以授予公爵的称号。

我们之所以在"个人私有财产神圣不可侵犯"的前提下，设计封爵的富杰们税后的个人财富的年度纯增长的额度，最高限定在每年三百万元，最低限定在十万元，目的就是要让富杰们的个人财富稳定、温和地增长。不杀鸡取卵、竭泽而渔，使富杰们不仅能安稳地品味"富裕人生"，又限制了个人财富颠覆性地暴涨，使富杰们免于陷入"贪得无厌、盘剥他人"之类的泥潭而被他人诟病。而且，"财富暴涨"，对于富杰们的现实生活来说，也是没有什么实际的个人意义的，国家能否绝对保证他们的安稳，对他们来说才是至关重要的→以相对公平的原则来对富杰的财富增长做出适当的限制，我们认为并非是对富杰打压，而是一种强有力的保护→因为只有这样才可以使富杰们的企业长盛不衰，成为百年世家，乃至千年财团。

在此预先做一个"防喷"声明：很可能有人认为，我们把企业家的财富增长幅度压得太低了，会影响企业家的投资积极性。→我们认为：稳定、可持续的增长，对于企业家来说才是具有实际意义的，似慢实快，50 年可达十倍，100 可达百倍，150 年可达千倍，200 年可达万倍；暴涨、不稳定的增长是不可持续的，对于企业家来说，是祸非福，不知哪一天就垮掉归零了，甚至债台高筑，跳楼完事。

——需要特别强调的是，我们所主张的这种富人的税收征收方式，是有特定的计算标准的，这个标准就是"基尼系数为 0.3"。如果基尼系数小于 0.25 或者大于 0.35 的时候，对富人税收就应该调低或调高，否则就不足以保持社会的公平与活力——这才是实事求是的态度——贫富需要有必要的差距，同样是和谐社会必要前提！这与中国智慧"过犹不及"同理——贫富差距既不能过大，也不能过小。

需要补充说明的是，看富杰们贡献大小，也不能只看财富贡献的多少，还要看其从事行当和本人的具体行为对国家、人民的社会意义。如果他的目标是富国强民，不在于挣大钱，而是直接让利于国，让利于民，你怎么能纯粹地以他向国家和人民贡献了多少税收为标准呢？因此，经济地位处于中、下层之中的那些"足为世范"的楷模，同样也应该封爵。"贵族"，不仅仅贵在财富上贡献得多，更核心的是精神的美好。授爵的初衷，是为了涵养中国人的"浩然正气"，终极目的，就是要让中国成为贵族遍野的绅士之国。

为了表示对"贵族"的尊崇，减小"贵族"的等级认同的差别，可在所有爵位前面加上表示头等意思的限定词来表示"他们都是好样的"，都对祖国贡献巨大，他们都是受国家和人民无上尊崇的，但"善"，是唯一不可缺少的核心限定词。比如，一等尚善男，简称某某男爵，无上从善子，简称某某子爵，顶级崇善伯，简称某某伯爵，终极尊善侯，简称某某侯爵，上上善善公，简称某某公爵。还可根据其本身特点，加上诸如忠勇、果敢、富民、强国、护国、安民、镇恶之类的前缀。

爵位不仅仅授予在生者，还可以在本人逝世后予以追封，封爵者的所有子女都能分别世袭，以求发扬光大我中华"与人为善"的"浩然正气"，逐步使所有中国人，都成为足以傲世的"贵族"。

我们认为，务实求真、善良与公平，是处理现代中国人际关系唯一的基本内核。既然是中华的内核，那么我们无论对"善"进行怎样的褒扬，都是利国利民的。

保护富有者并适当限制富有者财富的增长额度，完全是出于公平合理、保持经济的活力的需要（其理由为：无利可图，经济必定枯萎；利益过当，事涉盘剥），也是对富杰强有力的保护，从而彻底否定掉"为富不仁、资本有罪"等等歪论。这样，富杰们生活富裕、舒适而心安理得（因正当利益得到良好的保护，急于暴富的心态就会自然消失，也就不会产生逃离祖国的念头），受人尊敬；处中下层的"困顿者"们也利益均沾，心平气顺，从而获得"穷而贵、穷而尊"的良好心态。这样，必然就会贫富共赢，贫富皆其乐融融。果如是，中国**走向共和**，谁还阻挡得了呢？这其中的理由，就是"认定实事求是、相对公平、与人为善、尊重人性"为治国良策，本文中多有阐述，在此就不再罗嗦了。

关于政治待遇，我们认为：爵位获得者，把自己获得的财富的大部分都愉悦地奉献给了国家和人民，显属精英无疑，其政治待遇应不低于省级人大代表为宜，从而得到国家的充分保护，以保障我国经济的持续繁荣。

资本型富豪、技能型富豪，通过市场获取**超高**溢值虽然"合理合法"，但却不合于相对公平。"物以稀为贵"是合理合法的，而且这个"贵"还是必须的，不然就不能平衡市场的供需矛盾，但由此而产生的超高溢值，财富以亿元、十亿元，甚至以百亿元、千亿元的额度暴涨，这就有违于相对公平了→因此，国家必须制定像相应的累进税制度来维护国家公民之间的相对公平。

比如，你发明了能治愈癌症、艾滋病的新药，大受欢迎的食品、饮料，或是提供了其他特别的工业、农业产品，抑或是搭建了更便捷的大型服务平台等等，这些或因"物以稀为贵"、或因"受众超大"，都是能产生超高溢值的。这是合理合法的，是市场和谐运营的必须，且其主导者获取较高的收益，也是合情合理的。但超高部分却是不合于相对公平的，国家是必须予以调节的。因为真正能产生财富的是人的劳动，仅凭个人的劳动是不足以产生巨额财富的。

超高溢值来自于外人外物所组成的公共资源平台的加持。任何人如果离开这个"外人外物所组成的公共资源平台",哪怕你有通天之能,你也就什么也不是了,你还发哪门子的财呢?人们常常所说的机会、运气,就其本质上来说,就是一种特殊的公共资源。所谓机会、运气好,其实就是抢先占取了公共资源而已。例如,李白的诗句"九天开出一成都,万户千门入画图。"堪称瑰奇、酣畅。但这些字词、成都的繁华,都是客观存在的,都是公共资源,李白只不过抢先将它们做了适当的利用罢了。如果这些公共资源已被他人占用,即便是李白这样的大诗人,也只能是"眼前有景道不得,崔颢题诗在上头"了!我们这里没有否定个人才能的意思,我们认同"机会总是留给有准备的人"的常识。同理,任何一种"发明创造",都是一种客观存在的发现、利用而已,而任何一种"客观存在",都是大自然与先贤赐予人类的礼物,都是属于公共资源,只不过是你首先"发现并利用"而已。而公共资源是不能被个人独享的,这也是一个简单的常识。专利之所以有期限,就是这个道理,其"发现"的难易程度、付出精力的多少,决定了专利期限的长短→专利不能长期属于个人,正是相对公平原则的生动运用。

个人才能与个人所拥有的资本,当然重要,是干实业者获得成功的必备条件之一,但仅凭一己之力,不管你是如何努力、如何辛劳,离开了外部的公共资源平台的加持,都是不足以获取巨额财富的。因此,任何人独享巨额财富,都是有悖于相对公平这个原则的。

至于那些靠玩弄虚拟的金融"技巧"而大发横财的所谓"金融从业人员",把持大宗国有资产的从业人员,利用垄断等不公平的经济运行法规的人员,他们占有巨额财富,就不是有失公平那么简单的问题了:不仅仅是"投机",而且涉嫌欺诈、豪夺。金融家们玩的"猫腻"花样百出,我们不是此方面的"专家",就不在此在班门弄斧了。对此有兴趣的内行们,可以对这些"猫腻"予以一一揭秘,以便于我们今后防范于未然,免受其害。这正如那些像刘谦一样的魔术师那样,居然可以从一个瓶子中倒出将近十样不同的饮料,而拆掉那个瓶子的外包装,仅仅只是一个不大的玻璃杯而已,使人一脸懵逼,真假莫辨,但常识告诉我们,这中间一定是玩了某种"猫腻"的,虽然大部分人不懂,但内行是可以轻而易举地揭穿其中的骗术的。国家对于经济活动,是负有不可推卸的监管职责的,因为任何"自由",都是以不得伤害他人利益为前提的。盗贼偷别人口袋里的钱，不管盗贼们玩弄什么样的"魔幻、华丽"的花招，都掩盖不了偷盗的事实，这是一个简明易懂的常识。而国有资产的管理，只有"国资委的组成人员是由二轮差额直选的人民代表组成，直管收支"，国家（人民）才不会被架空，这才能彻底解决问题。家国同理，人民没有财权，这正如一个私企老板，管不了自己的"钱包"一样，那是十分荒唐的，这是小学生都懂得的常识。

附带再重复啰嗦一句：特殊技能与巨额资本（财富）都是中性词，技能本无罪，资本亦然，关键是掌握在什么样的人手中，处于什么样的人文生态（社会制度）之中。

我们认为，拥有超级技能的技能型"富杰"们（大师们），为国为民做出了巨大的贡献，为了公平，也为了激励"大师辈出"，国家应以一次性金钱奖励的方式，让他们的"超级技能"变现，使他们成为事实上的财富型富杰，一是向英雄致敬，二是以便于国家统一执行税收的相关法规→国家这样做是稳赚不赔的：奖励出了大笔奖金，看似亏了，事实上却是培育了一个稳定的税源→而税源，则是国家收入的唯一来源。

至于奖惩，我们认为，真正具有家国情怀的成功者，特别是封爵者，绝大部分都是爱惜羽毛、荣誉至上的，是自律的典范。因此，在对富杰们进行精神表彰的同时，对富杰中那些优异者，每年都应以退税的方式予以物质上的表彰，这实际上是对中华民族的国魂"奋发向上、与人为善、家国情怀"的褒扬，是提升中国人的"浩然正气"的必要措施。之所以要制定惩罚的条款，那是为了防止那些"假冒伪劣"者混入富杰的行列，是引导人们向善的必不可少的他律，是中华民族对猥琐的"小人之气"说"不"的公开宣言！

最后，需要说明的是，我们粗略所定的对富杰征税的具体比例，只是举例说明我们的观点，当然是很不成熟的。究竟应该是怎样的征税比例，还有待有关专家依据相对公平的原则予以论证。但我们认为，一定要符合以下两个原则：1.必须要让各行各业的佼佼者能够致富，并保证他们的财富神圣不可侵犯，以符合多劳多得、能者多得的原则，使人们的"发财"欲望（第一生产力）得到充分的保护，让"富人"们舒适而自豪，因而能够"安居乐业"，不生"移民"之心，乐于成为人们生活的标杆。2.一定是"温和致富"，而不是暴富，以符合相对公平的原则，以利于实现中华民族的内部的自洽。这两个原则的终极目的，就是要有效地保证贫富公民之间的终端公平（相对公平），从而使中国平稳地**走向共和**。

在此，我们认为有必要对中国当下浓郁的"仇富思潮"做一点分析，为从根本上实现"**贫富共赢**"提供法理基础，从而完成贫富之间的和解。

在历史和现实中，为富不仁者当然有，但基于人性的判断和无数鲜活的实例，都可以认定这样一个常识：在受相对公平原则制约的良好的人文生态中，为富不仁者（土豪）绝不是富人中的主流，"为富有仁者"（富杰）才是富人中的主流。现在一些人被马克思张冠李戴的"资本有罪论"带偏了，连莫言这样的智者也未能免于中招，用少数的土豪奢华的实例来以偏概全地认为"富人是有罪的"，绝口不谈富人对社会的巨大贡献，根本忘记了富人也是"缴税阶层"→而且是缴税阶层的绝对主力军，以偏概全强行地将"富人有罪"贴上了"正能量"的标签而大行其道，将"仇富思潮"推向了极端，严重地撕裂社会，成了建成公平、和谐社会的巨大障碍。穷人中也有穷凶极恶之徒，我们难道就可以"以偏概全"地推定"穷人有罪"吗？答案显然是否定的。所有中国人都应该用实事求是的思维模式来武装自己，对诡辩者的"双标、甩锅、以偏概全、偷换感念、时空挪移、强行结论"等等惯用伎俩有一个清醒的认识，我们才能更好地看清事物的本质，找出解决问题的正确方法。

新中国一个记忆犹新、"痛定思痛"的事实是值得所有中国人反思的：即便你真的打了土豪，分了田地，你又富了一年，还是两年？不是照样受穷吗？没有相对公平的政治、经济制度，是根本不能解决任何问题的。

我们仍然坚持我们的老观点，"人性本善恶、大道向善"，即好人总比坏人多，不然的话，人类早就灭绝了。穷人中有坏人，富人中也有坏人，但坏人总是少数、非主流，这才符合事实的真相。

我们应当做的是以相对公平为标尺，改良我们的人文生态，具体的做法就是尊重历史，以大赦令的形式固化既成的利益分配，拒绝"削高就低"（打土豪，分田地），实行"补低就高"之国策，这样我们才能走出一再、反复撕裂社会的泥潭，达于"**共和**"。（可参照本文相关部分较详细的论证）。

——在此特别提醒：在制定税收制度时，对于经营者来说，只能以营收的多少来征税，而不是以个人拥有的财富多少来征税，这才是相对公平的，才是可以使民间财团、世家得以持续发展的，成为国家稳固的税源。如果以拥有财富的多少来征税，也是一种变相的"打土豪"，这会使体量较小经济个体失去成长空间，体量大的经济个体，就会逐步消亡。这也是"吃大锅饭"的变种，本质上还是"绝对公平"思潮在作祟，这对于经济活力来说，无异于是"灭顶之灾"。营收中用于扩大再生产和科研部分，应采取"轻税"方针，与用于分配部分区别开来。目的就是要给中国企业（无论公有、私有）做大做强留有足够的空间，让中国经济保持勃勃的生机。

我们在此想表达的意思是：在处理经济问题时，一定要多反问、研讨几次"这究竟符不符合经济发展的客观存在范式｛实事求是｝？""这究竟符不符合相对公平的原则？"并随时予以纠正。也就是要多问问，"这是否会对第一、第二、第三生产力造成危害？"

比如，根据"不劳动者不得食"的原则，任何人都没有"躺平"的资格是显而易见的，别人凭什么养着你？根据人的社会属性，成年人的亲生父母，也属于别人，父母法定没有在你成年后再养你的责任。根据不尽相应职责，就没有相应的权力的原则，个税起征点是不宜提高的，你不对国家管理、运行所需的经费出力，你凭什么享受国家的服务？低收入者少出是适当的，即便少到只是象征性的也是可以的，但少出变成不出，这就不符合"相对公平"的原则了，这不仅对勤者与能者来说，是不公平的，这对于公民责任意识的形成、杜绝"躺平"也是非常不利的。不论出于什么原因，一部分人只享受服务而不出力，还是值得商榷的。对于如此等等的社会万象，都是应当以实事求是、相对公平为基准多问几个"为什么"的。

简单地说，第三生产力的优劣，就是第一、第二生产力的生存环境的优劣。"与人为善（惩恶扬善）、相对公平、实事求是（遵循客观存在范式、合于人性）"，此三者，对于人类经济活动来说，就犹如阳光、空气、水三者对于生命一样，有之则生，无之则死！

关于中国的"区区"

人类社会产生贫富两极异常分化，是人类社会特定历史发展时期的必然结果，是受当时的生产力水平与对社会的认知水平制约的，是不能以当下的生产力水平与当下的对社会的认知水平为基准来追责的，即不能使用"时空挪移"的伎俩。用不公平的手段来实现公平，就是"伪公平"，这是一个逻辑学的基本常识。

本质上，还得从人的善性与人的恶性说起。

我们早就说过，所谓人类社会的历史，就是善与恶的较量史，就是人的善性与人的恶性的较量史，就是"丛林（野蛮）法则"与"文明法则"的较量史。

当人类具有了初步智慧以后，就成了地球上动物界唯一的王者，其他物种就由竞争对手变成了人类可以随时取用的一种自然资源。

但由于古代生活资料的匮乏，智慧的低下，所以人类贪婪、掠夺、残忍等等的原始恶性一直长期持续。既然丛林中没有了对手，人类就将兽性的恶在同类的身上释放，把人类社会当成了"丛林"，硬生生地将弱肉强食的丛林法则，变成了"弱人强食"的社会法则。这种人类同类相残，"同类相食"的怪象，本质上来说，是反人类、反社会的，是不符合"自然之道"的，这是人类特定的愚昧（认知低下）发展时期的特定产物，是显属必被淘汰的"落后"文化。

"江山"，混沌之初就自然存在，本是属于一个国家（地区）所有居民**公有**的生存资源。在丛林法则时代，所谓"打江山"，就是比谁的拳头大、枪炮多（钱多也是拳头大的一种），为了抢占财物和地盘，要么是把你杀掉，要么是把你留下来，作为奴役的对象，要么是把你赶到穷乡僻壤而自生自灭。这就是贫富分化的根源——化公为私，说轻一点，就是多占多拿。

所有游戏规则都由拳头最大的王者来制定。古代中国省长称为"州牧"，统治者就是把老百姓当成羊来放养，目的就是为了"薅羊毛"。帝王在政治上将人分成三六九等，享受不同的待遇，目的是为了裹挟一部分人来帮助自己持续地、更稳定地"薅羊毛"。在经济活动中，制定不公平的交易规则，目的还是为了"薅羊毛"。区别只是在于，有的时候"薅"得轻一些，有的时候"薅"得狠一些。总结人类的既往史，只不过是一个"薅"字而已。

现在所谓的"偶像崇拜""权力崇拜"与"金钱崇拜"，从本质上来说，就是对"丛林法则"的崇拜。换种说法，就是对"野蛮"、兽性的崇拜。这是强权人治的历史余毒在当代中国人身上的顽强呈现——所谓"百足之虫，死而不僵"，斯之谓耶？→人性的恶，是不会自行退出历史舞台的→**这是相对公平的他律必须成为现代社会的钢规铁律的底层逻辑，否则人类是不可能建成和谐社会的。**

在当代，在人类社会实行丛林（野蛮）法则基础已经衰微，实行"文明法则"的基础已经产生。"与人为恶"转向"与人为善"是人类社会发展的必然。人类公平、富裕、和谐的**共和之春**已经显示出它那迷人的嫩绿。

在古代，因为智慧低下、物资匮乏、自然灾害等等原因，特别危急的时候，人类曾经"易子而食"，使人类社会自然而然地选择了"丛林法则"。在当代，生产力水平与认知水平都已得到了极大的提升，丛林（野蛮）法则已经失去其合理存在的法理基础，成了"落后"的负面文化，其衰微已呈不可逆之势。

如今，1. 人类的智慧已经发生了质的飞跃。这，应该感谢我们人类的先贤们的不懈努力。我们现在已经知道，与人为善是人类社会的唯一出路，"与人为恶"是自寻死路。2. 现在的生产力在现代科技的加持下，得到了极大的提高，使人类获取物质财富的能力暴涨，满足全体人类基本生存需求已经完全不是问题。3. 至于人口暴涨，由于已经拥有了成熟的控制生育的智慧，也不再成为威胁，面对其他自然灾害、疾病等等对人类构成威胁，人类的应对能力也已经大为增强。

据上，现在是我们，遵循人类发展的自然之道，弃恶向善，还掉"与人为恶"的历史旧债，实现财富分配的相对公平，完成人类的自身的内部自治，摒弃丛林法则，实施文明法则，建成公平、和谐、共同富裕的**共和社会**的时候了。

在中国当下，还历史旧债的方法，绝不是不尊重历史，搞什么"打土豪、分田地"，人为地制造出新的、撕裂社会的尖锐矛盾。也就是不再能使用"削高就低"那一套预后不良的、不具实施性的极具破坏性的愚蠢办法，而是要研究出一套"补低就高"的方法出来，让历史恩怨清零，实现相对的贫富共赢，达成中华民族的彻底和解。

目前在中国，处于人均收入以下的，主要是农民（当然有极少数已经富起来了）和少数城市贫民，他们是牺牲得最多的（当然有少数是因懒、病、赌、毒致贫的），这是还旧债的重中之重。我们在这里用"区区"来称呼他们，也算是旧词新用吧。

中国古有谦辞"区区在下"，属于"同义叠用"，区区，就是小、低下的意思。区区在下的意思就是：{谦虚地说}"我在您下面，我不如您"，以表达对别人的尊敬。

"区区"与"在下"也可单用，"区区"是"在下"的近义词。"区区"就是"在下"的意思，"在下"就是"区区"的意思。我们这儿使用的"区区"的特定含义：特指中国现在收入在人均收入以下的人们。

至于为什么不直接用"在下"，我们认为"在下"太直白，稍微有些贬义，并少了点儿"文艺范儿"，也缺少想象空间，外延太清晰。至于草根、屌丝、穷人、贫民、底层等等备选词，我们认为都不如"区区"（在下）这么文雅、中性，而且其他的备选词都自带贬义。

要彻底解决中国**区区**们的脱贫问题，首先要开展全民的"相对公平、勤劳、和解、实事求是、与人为善"的大讨论，这些是任何良善社会的基本标准，这种"良善社会"名称，我们认为，称为"**共和社会**"最为准确，其释义为"人类共同和谐生活的社会"，即"完成了人类内部自治的社会"。**富杰**们要有相对公平的思维方式，**区区**们要有勤劳的底线，总体目标是全民实事求是、相对公平、与人为善，和谐共处。

为了保障**区区**们的利益，国家元首要实行二轮差额直选，以保证人民对于财富分配的最终决定权。中华民族的复兴，需要**富杰**们和**区区**们的共同努力才有实现的可能。中华民族是一个整体概念，中华复兴，绝不仅仅是中国少数富贵者的复兴。国家要制定对财富资本予以公平管控的法规，让财富资本这个再生产的工具低下它那傲慢的头，让其没有得瑟、蹦跶的机会，将其副作用控制在可以容忍的范围之内。任何"有钱"的大哥也不能凭借"财富资本"肆无忌惮地薅**区区**们的"羊毛"，让财富资本与行政权力一样，将其限定在公平、阳光、与人为善的范围内活动。因历史的原因和现行的政治、经济制度尚不完善的原因而成为既得利益者的那些人，即那些掌控大量财富资本的富豪与行政高官，大赦令下达后，如不与人为善，继续为恶，必将成为人民共和国的公敌。温和地发财可以，暴富绝不容许，占小便宜可以，想盘剥、压榨，没门！在这样以实事求是、相对公平、与人为善、和谐共赢为核心的"文明法则"之下，中国经济才可能持续地、良性地发展。这样才可以实现贫富共赢，实现相对的公平。

我们有一个思路，看能否在世界上率先彻底解决失业的问题，以便堵死**区区**们体量扩大，特别是赤贫者再生的可能——"授之以鱼，不如授之以渔"，用财物去帮助区区，不如为区区们提供一个可以持续获得必要生存资源的岗位。

随着生产力的提高，简单劳动力的需求逐步减少是不可逆的，失业看似成了一个无解的死结。但任何一个良善的社会形态（共和社会），都必定是以惩恶扬善为基本准则的，同时也应保障所有公民的天然不可剥夺的基本人权→劳动权，通过劳动获取生存资料的权力。既然与人为善是人类社会发展的康庄大道，那么，"惩恶扬善"，修筑人类康庄大道的这个"伟业"，就是一个永远都不会嫌人多的"行当"，从事"惩恶扬善"的从业人员，用"多多益善"来形容，是再恰当不过的了。**人类自然生态的恶劣与人性的邪恶，对于人类来说，都是属于需要改良的"恶"**→人类惩恶扬善的"伟业"，即改善自然生态与人文生态的这个行当，其就业容量，可以说是无限的。**区区**们在这个伟业中是大有可为的，都是能找到自己的职位的，为人类明天更加美好而奋斗，是怎么也不会"失业"的。

虽然我们不能够像发达国家那样实行高福利，但我国并不缺乏实行"**基本福利**"的经济实力→我国动则外援若干亿美元就是明证。

之所以能够实施全民就业（消灭失业）的措施，是因为现代生产力已经达到了足以保障全民基本温饱的水平，之所以有那么多生活艰难的人，仅仅是因为没有一个相对公平的财富分配的规则而已。——失业，是违背相对公平原则的产物（不包括因懒惰而产生的懒汉的贫穷）——人生而具有通过劳动获取生活资料来养活自己的"生存权"，这应该是不用证明的、天然的"基本人权"——保障全民就业，应是现代国家的基本职责之一。→要想解决失业问题，明白一个基本的事实是极其重要的：现代科技的发展，使人获取生存资料的能力暴涨，产能过剩已然成为常态。也就是说，从长远的角度来看，也许人们一周仅仅需要工作两三天就行了，人们是不必像"996"那样拼命的。如果还有失业的人员，人们为什么不可以实施每周只工作两天、一天，甚至只工作半天呢？工作时间的长短，完全是由人们获取生存资料所需的时间决定的。当下这种在职者拼命加班，失业者却难以获得劳动岗位的怪象，是由于不相对公平的社会制度的弊端造成的。社会的进步、科技的发展，只应该使人们生活得更加舒坦，而不是使人们生活得更加艰难，这是一个常识，或者说是一个基本的逻辑推论。有了这个基本的逻辑推论，我们就可以运用相对公平的原则，对现存的人文生态进行系统的改良，最终使人类真正跨入"**共和社会**"。

关于设立官民合作平台"尚善委"的思辨

建议国家成立一个"**尚善委**"｛国家保持人文生态与自然生态宜居工作委员会，简称"尚善委"｝，省、地、县设"尚善局"，统一由中央直管。"尚善委（部）"之"三首"为准国级，纳入大选，在全国人大委员中以二轮差额直选的方式竞争产生，以保障中国的自然生态宜居与人文生态事实上的公平、阳光为目标，换句话来说，就是保障人与自然和谐共存，人与人和谐相处。

为了充分保障公民的权利，尚善委之三首，应当拥有经"尚善委三首联席会议"取得共识后，有权**叫停、搁置待议**同级政府的某项人事任免、某项财政支出、某项军警行动的法定权力。→同时，尚善委也是大选、公决的实际责任人，这样，就可以保障治国理念、治国制度、执政官员这三者的确立，既不是官方主导的，也不是民间主导的，而是"**官民共识**"→这是由于尚善委的本质属性"**官民合作平台**"决定的。

→为了简洁地阐明"尚善委"与政府之间的关系，我们在此打个比方→中华人民共和国就是一个巨大的楼盘：中央政府，就是整个楼盘全体业主选择、聘用的物业管理总公司，是整个楼盘的服务者，下面的 A、B、C、D……N 的各区的物业管理分公司，是各小区业主选择、聘用的服务者；尚善委，则是所有业主保障自身利益与权力的全员组织平台→每一位业主，皆为有组织的、有实权的整个楼盘管理、服务工作的督察官。中央尚善委，就是整个楼盘的全体业主选举产生的业主委员会，各区的尚善委，是各区的全体业主选举产生的业主委员会。→如果一个楼盘没有成立业主委员会，不论业主再多，也是**无组织**的乌合之众、一盘散沙，是不足以与**有组织**的物业管理公司抗衡的，无组织业主个体也是不具有与物业管理公司**合作的实力**的。

　　成立尚善委的目的就是，由接受授权的政府一方与授权的公民一方，双方共同组建一个**平等合作**的工作平台，使每位公民都具有与行政官员对等的合法身份→人文生态与自然生态之督察官，从而使每位公民都能够依法对自身所处的人文生态与自然生态，自由、便捷地行使督察权。{一般民众之所以会沦为乌合之众，成为一盘散沙，最主要的原因，就是由于他们因无组织、无行使权力的正当身份而丧失了他们对自身所处的人文生态的督察权}→换言之就是，基于《宪法》中"中华人民共和国的一切权力属于人民"之规定，每位中国公民，都天然具有"尚善委督察官"的身份，都具有天然神圣不可剥夺、不可侵犯的，对国家的自然生态与人文生态进行督察的权力。尚善委不仅仅是一个民意机构或慈善机构，如果发现问题，它的所有成员{督察官}，都天然具有神圣不可剥夺的建议整改、发起弹劾、提起诉讼、提请公决、提请解散政府重新大选、组织和平有序的抗议示威等等的权力，哪怕是普通农夫、农妇、打工仔、打工妹，甚至是那些"互助者"们，也天然是神圣不可侵犯的中华人民共和国的人文生态的实权督察官。→最终形成人人抑恶、人人尚善的局面，从而使中华民族真正跨入和谐相处的"共和"时代。→这是由凝聚着全体中国人民的民意的中华人民"共和"国的国名所决定的。→中国人民向往"大同"，人人都能够和谐地共同生活的理想，已经持续了几千年了，当下客观条件已然成熟，我们又有什么理由不使之"美梦成真"呢！

　　成立"尚善委"的另一目的，是建立一个保证官民双方在推动、推行中国人文生态改良的时候，皆不得使用暴力的官民合作的保障机构→从本质上来说，官民双方的身份都是重叠的：官方，是由公民组成的，是亦官亦民的；公民，是国家主人翁，也是亦官亦民的。→在中国人文生态改良之初期，尚善委未建立以前，中国公民中那些有德、有志、有能者，可提前结社，代行"尚善委"之职责→当然，最后能否获得公民的授权，成为"尚善委"的正式负责人，还得经过全民二轮直选、大选的确认。

　　{为防止阴谋论者的攻击，笔者在此插入申明：本人放弃当选权，永不为官，永不因此获利，稿酬全捐。→当然笔者自身并非是什么"高大上、伟光正"，而是有自身的利益考量的，那就是一心一意地想把自己的思辨结果传播开来，使中国人尽快形成科学的治国共识，使中国尽快地强大起来，在本世纪中后期**走向共和**→利他就是最有效的利己，只是笔者的利己的方式更着眼于长

远罢了！}

也许有人会说，中国人，人人都过上舒心的日子，这是不可能的！但是，我们是坚信"大道向善"的历史潮流{客观范式}的乐观完美主义者，对人类抑恶扬善、弃错纠偏、求真务实的智慧心存敬畏，相信：不论高低贵贱，人人终将明白，"与人为善"才是最有效的利己方式，而"与人为恶"从来就是害人不利己的傻事，结果不外乎成为孤家寡人，生活在惶恐之中而不能自拔，不得善终，成为人类历史上的小丑。我们认为，凭尚善委的功效，中国的人文生态、自然生态必会持续地良好，第一生产力、第二生产力、第三生产力必然将会持续地朝气蓬勃，财富必然会急剧增长，人们干错事、干坏事的机率必定会逐步无限地接近于零。贪腐与浪费公帑、损人利己等等不相对公平、不与人为善的丑恶现象必然会成为过街老鼠，遁于无形。倘若中华民族真的下定了彻底改良那些对己对人皆不利的人文生态与自然生态的决心，并切实地落在实处，中国人人就都将会过上舒心的日子。届时，你还能言之凿凿地说这是不可能的吗？你还能将此种基于历史事实与当下现实的、实事求是地分析问题与解决问题的举措污之为"空想、妄想"吗？

同时，尚善委也是高效的官民矛盾的危机管理平台，可以有效地避免西方民主国家所存在的"无序示威"的弊端。→凡是示威，尚善委皆为第一责任人，法院为第二责任人→具体措施，参见"宪法广场"。

发扬国家有事，匹夫有责的传承，全民"有钱出钱，无钱出力"的优良中国传统与智慧，形成"促进公平，必然有我"、"与人为善，人人有责"、"美化生态，家家有份"、"责任与利益共担共享"的新风尚，并出台相关立法，使之成为每个公民的法定职责，以此去除中国平民百姓"乌合之众"的标签，改善其普遍缺乏国家主人翁意识的现状。让"各人自扫门前雪，莫管他人瓦上霜"成为历史，对"事不关己，高高挂起"的陋习说不，让全体人民都明白**"对一个人的不公，就是对所有人的威胁"**这句话中所包含的道理，并从而担负起自己对自身所处的人文生态与自然生态所具有的天然监护职责，这才符合我国"人民是国家的主人"的宪法精神。

再强调一次，有怎样的人文生态，就会养育出怎样的人。"上有所好，下必甚焉"，执政者的所作所为，对于国民的认知与行为的影响常常是决定性的。→乌合之众的产生，乌合之众自身当然有不可推卸的次要责任，**但主要责任不在于乌合之众，而在于执政者的渎职→没有对国家的人文生态中所存在的弊端予以清理**。→凡事都必然是存在有**"客观最佳处置范式"**的，将国家方方面面的事情，在尊重现实的前提之下，尽可能地处置得完美，这是执政者的基本职责。→**"为人民谋福祉"**，绝不能只是一句空泛的口号，是需要有一套符合真善美的具体而详尽的治国理论体系的。→老是抱着那一套以人治专制为核心的**"邯郸学步的垃圾"**不放，中国是没有什么美好前途可言的。→让人感到十分不解的是：**基于西方人马克思的斗争哲学为核心而产生的红色专制，怎么就堂而皇之地成为了东方大国"中国特色社会主义"的最根本的特色，这其中是运用了怎样的神仙逻辑，才推论出了此等让我们这些凡夫俗子难以理解的结论？？**

尚善委，是西方发达国家"工会"与"议会"的 6G 升华版，不仅仅是中国官民共建**共和社会**的合作平台，保护公民自身权益的权力机构，由于有了民众自身认可的具有家国情怀的精英令人信服的引导，同时也是中国国家公民自身提升人文生态的认知水平、增强自身的理性、克服自身情绪化盲动的最有力的启蒙平台→尚善委所拥有的媒体，其性质是属于亦官亦民的综合媒体｛既是人民自身诉求的喉舌，也是官方正当施政的代言人｝，在共建中华民族的精神家园，使中国全体公民逐步"贵族化"等等方面，其作用是不可替代的。

言归正传，国家公民当"甩手掌柜"，就是不合格、不称职的"国家主人"。根据"不尽相应职责者就无相应权利"的常识，你就无权享受"国家主人翁"的待遇。当国家有事、有问题、有困难，需要"主人"履职的时候，你就"高高挂起"、袖手旁观，甚至出言讥讽；在分享利益的时候，你就跳将出来，大讲特讲你的"主人"的权利，普天之下，有这样的"只享受权利，不负相应责任"的好事吗？这也是一种普遍存在，人们却"熟视无睹"的、贻害无穷的"不公平"，这个问题不解决，中国人的内部自洽也是不可能实现的。

"事不关己，高高挂起"的"猥琐之气"的本质，就是自私自利，没有家国天下的"浩然正气"，而且也是不公平的、违宪的。这种由不履行自己应尽的职责、爱占小便宜、不团结而长于内斗、袖手旁观、幸灾乐祸、肆意侵犯公共利益而不知羞耻、偷奸耍滑等等表象构成的"猥琐之气"，使中国人常常成为一盘散沙，这就是中国人常常被西方发达国家的人蔑视甚至欺辱的根本原因。这是我们每位一个中国人都应该进行反思的。

"使中国变得更加美好，是中华人民共和国每一个公民义不容辞的职责"这个简单明白的常识，什么时候深入人心，并认真地付诸行动，切实地履行自己的职责了，那时，每一个中国人就都会成为具有"浩然正气"的、有担当的、有独立意志的"贵族"，从而事实上成为国家的真正主人。届时，哪怕是一个普普通通的中国公民，在国外的任何角落，即使你独自一人面对万千强敌，因为你是伟大的泱泱中华人民共和国的真正的"主人"，是不折不扣的"王者"，谁还再有欺负你的胆量呢？谁还再有蔑视你的底气呢！

培养中国人民的担当精神，也就是"家国情怀"，祛除只顾小家、不顾国家的"猥琐"的"小家子气"，是尚善委的核心任务之一，要以法定的形式强制规范、启蒙。

我们这儿所说的"美化生态"中的"生态"，当然包括自然生态与人文生态。生态优良与否，与所有中国人的利益都是息息相关的。→尚善委的就业容量显然就分成了改良自然生态与改良人文生态两大块。

插入：改良人文生态与自然生态的事业，其就业量是无限大的

改良人文生态的就业容量可以说是无限大的。改良自然生态的就业容量虽然不是无限大的，但也只能用庞大来表述。→不仅能满足所有人的就业需求，疏解"中国的行政开支过大，分流困难的困境"，而且还为落实新的治国理念、新的治国体制奠定了坚实的基础。

人文生态的改良的督察平台的就业量是无底的。在此举例来说说自然生态的改良：

我国淡水入海量为二万四千亿立方米。如此丰沛的淡水资源 {当然是以不被污染为前提的}，决定了将我国建成旱涝保收的花园之国并非梦想，这对于改良我国广袤的中西部的小气候将成为现实。如果能够**经过科学论证以后**，在青藏高原、四川盆地的北部为南来的湿气切出几条走廊，再加上利用各条河流所蕴藏的发电能力，根据需要湿气的多少予以助推，其效果必然将是更为令人惊诧的。现代的科技水平，让南来湿气北上，让淡水从河流的中下游依

据实际需要的线路"倒流"、已不是什么难事。自然生态改良与人文生态改良所需的人员，全国所有的适龄就业人员全部都顶上去，可能都还远远不够。但人员不够的问题，可以用首先满足人文生态改良方面的用人的基本需要，而在自然生态改良方面，将所需改良的任务，分成若干小目标，逐步予以实施，能完成多少就完成多少的方式逐步地、不间断地予以解决。→我们认为，足够的灌溉用水，是种植业稳产、丰产的基础保障之一。→以种植业来为我国的能源自给自足保底，是有较充分的科学依据的。因而高质量的灌溉用水导流设施的建设，是比高铁、高速建设对中国经济具有更为重要的基础作用的。

根据有关资料显示，目前我国灌溉用水的缺口为 300 亿立方米，我国淡水入海量为二万四千亿立方米以上。如果截留五分之一的河水，回流到全国各地需要的地方，总量就可达到五千亿立方米，即便再增加若干亿亩耕地，也是完全能够保障我国种植业的灌溉需要的。→采取"丰水期多，枯水期少"的方式截留五分之一的河水，笔者窃以为应该不会对相关地区的自然生态产生很大的影响。→当然，这还是需要相关的专业人士依据科学来予以论证的。

需要补充说明的是，从长远的视角来看，利用我国的淡水资源、南来湿气＋喷灌等高科技技术的运用，将神州大地建成一个处处碧波荡漾、草长莺飞、绿荫遍地的绿色王国，不仅仅可以保障、丰富我国的食物供给，而且还可以通过种植业来奠定我国的永不枯竭的**可再生**的、**足够**的**能源基础**{动植物油、植物淀粉等生物能源，即便暂时还不能直接用作发动机的燃料，但却是可以转化成电能的}→除了我国自有的不可再生能源天然气、石油、煤炭、核能以外{地热是不可轻易开发的，恐将缩短地球的寿命，使它在人类还未发现新的宜居星球前就已坍塌}，再加上可再生的水能、太阳能、风能、潮汐能，等等，完全实现我国能源的自给自足就不再是梦想。而我国丰富的煤炭资源，最好留作子孙后代在煤炭**利用技术**完善后的应急备选项。我们启动如此浩大的工程，并非只是为了消化产能过剩、解决就业、改善我国的空气质量、改良我国局部气候、消灭沙尘、以及提升视觉美感那么简单→而是因为，尚善委担负的职责，不仅能够优化中国的自然生态，从根本上解决我国能源不足这个难题，而且能够优化我国的人文生态，实现全体人民的内部自洽，最终实现**共和**{全体人民共同**和**谐生活}。→这是中华民族可持续向好发展的唯一保障模式。

　　据上，在我国的改良人文生态和自然生态领域内，就业岗位几乎可以说是无限的，所以我国根本就不应该存在所谓的失业问题，反而是"缺员严重"的问题。

　　由于笔者系四川人，特别在此说说四川盆地的"成渝经济圈"。

　　四川盆地是名副其实的中国心脏，是中国地理版图的中心。→用圆规以成都附近为圆心作圆，就能够将中国现有领土完整囊括。→四川盆地，这个中国腹心地带，四周皆有崇山峻岭屏蔽，易守难攻，抗日战争时期就曾经让日本侵略者望蜀兴叹、铩羽而归。

　　→四川盆地，土地肥沃、气候宜居宜耕。一万九千平方公里的川西平原名满天下，但成就天府之国物产丰饶美名的根基却是包含岷江中下游东则，沱江中下游、嘉陵江中下游、华蓥山脉西则约七万平方公里的浅丘地带{川中丘陵}的宜耕地，当然还包括华蓥山脉东则、渠江中下游为主的川东约九万平方公里的深丘地带{川东丘陵}的宜耕地。→四川盆地内人力资源巨大，人口过亿，自然资源丰厚，自古至今，杰出人物层出不穷。

　　现在四川盆地航空发达、水运便利，公路网、铁路网基本全覆盖，已然是"蜀道易，易于游平川"。

　　四川盆地人文历史厚重，是中华文明摇篮的重要组成部分，自然景观与人文胜地众多，从总体综合水准来看，堪称全国之冠。海外闻名的中国菜，其实就是中国以川菜为首的几大菜系→中国西南的川菜以辣麻著称，其实川菜花样繁多、门类齐全，除麻辣以外的其他风味的菜品也同属上乘，这才使川菜冠绝天下。

　　综上，从长远来说，成渝经济圈势必成为中国腹心地区的经济发展的领头羊，成都市、重庆市，这两个盆地南北的特大枢纽城市，成为世界一流大都市也就势属必然。

　　重庆市，四川盆地南枢纽，古称渝州，古巴国首府、战时陪都、三线建设重镇，坐拥长江、嘉陵江水运、水利之便，是世界最著名依山傍水的特大傍水山城，其自然天赋与人文际遇，皆为不可复制的特例，清代崇州籍举人何明礼诗云："烟火参差家百万，波涛上下浪三千"，真可谓犹如天助，尽得重庆市上下错落、繁华无边、浑然天成之山水都会之神韵；成都市，四川盆地北枢纽，古蜀国首府、天府核心、三线建设重点，九朝故都，中华文明的摇篮之一，幸拥岷江、沱江水运、水利之便，沃野千里，是世界最著名的群山拱卫、众水环绕之盆地平原腹心特大枢纽城市，北背岷山、西依邛崃，东望巴山，南吞龙泉山为内山而遥瞰长江，自古以来就是西南行政、商贸中心，其恢弘之气度，无匹之繁华，唯有李太白诗句"九天开出一成都，万户千门入画图"，才聊可涵盖其神韵之一、二也！→四川盆地南枢纽重庆、北枢纽成都，各具特色，各自的重要性皆不可取代，没有必要也不可能分出什么高低来，各自做好自己，各自因地制宜、顺势发展就好。

特别建议：

在重庆、成都各自大力发展商贸，工业、高科技产业的基础之上，为了将四川盆地打造成中国不可或缺的农业基地，除了继续发扬都江堰从岷江"低地顺流式"分水灌溉工程的优势之外，还应全力打造从三峡库区"天上倒流式"分水的水利灌溉工程网络，这才能够使广袤的四川盆地的宜耕地真正成为"水旱从人"的中国支柱性粮仓。→除了全面规划修建高质量、全覆盖人工分水导流网络以外，还应在分水通道沿途修建若干"大型"水库来留滞天然降水，不仅可以保障灌溉用水的不时之需，还可收获大量的水产品。→不要怕水库的泥沙淤塞，若干年弃用后再择址新建相应的水库→弃用后的水库，就是一个不小的、平整而又肥沃的粮仓。→倘如此，成渝经济圈必将绿色良性、可持续地健康发展，四川盆地人力资源东南飞的态势必将扭转。→中国中西部其余省区，皆可依此规划，逐步改造成宜居宜耕之地。果如此，则成都幸甚，重庆幸甚，中国幸甚！

回转：关于设立官民合作平台"尚善委"的思辨

国咨委、党咨委、**尚善委**，都是我国专事"挑错、改错"的专门的政府机构，其思维模式必须是**实事求是 + 眞善美**的。国咨委、党咨委重在发现、收集问题，研讨、论证改良措施，而尚善委则重在具体良策的实施、监督，轮班动态不间歇、无死角地主动积极地"尚善抑恶"。

尚善委（部）的下辖人员，是全国适龄具有工作能力者的总和。就目的、参与者两个侧面来说，就是"**全民尚善**"。成为尚善委的工作人员，并非是躺着吃国家的救济，每位**工作人员**，都是有具体的岗位与任务的，每季度、每年，是必须有具体、简明的述职报告的——这种设计理论基础就是：人类的恶性已经横冲直闯了千万年了，致使人为灾难、人为惨剧反复不断上演，无数血淋淋的史实，足以使我们认定：人类只有弃恶向善、利己且利他，人类才会有美好的未来。

设想，以全国以九等经济收入为标准，中中、中上、上下、上中、上上五等属于中产与富杰范畴，以出钱（购买尚善彩票）请人代替自己履职为主，为法定之尚善委必须购买尚善彩票的建档**志愿者**；中下、下上、下中、下下四等属**区区**范畴，以出力的方式履职为主，为法定之尚善委自愿购买尚善彩票的建档**志愿者**。所有"失业者"，以出力的方式履职为主{当然偶尔也是可以自愿买一两注尚善彩票来作贡献的}，一律为尚善委之建档的实际履职的兼职或专职**工作者**，兼职者领取适当的补助，专职者领取不低于全省（全国）人均收入的工资。

插言：关于我国人文生态中现存的种种弊端及其改良路径的思辨

【继圣插言：由白方礼、江诗信二位老先生的尽善尽美而触发的：

关于我国人文生态中现存的种种弊端及其改良思路的思辨

□中国老百姓→中华民族的主体群团，是世界上最纯良的公民，如果我们中华人民共和国的执政者与民族精英，不能使他们过上公平、富裕、安康的幸福生活，那我们就是有罪的！

天津的白方礼先生实为"位卑未敢忘国忧"之典范，其**区区**之功德，足以封侯——卑微了一辈子，但却勤劳向上了一辈子，尽职尽责了一辈子，与人为善了一辈子，他就是中华民族主体群团实际生活的缩影，这就是中华民族之所以伟大的根本原因！→这几句话可改编谱曲为歌，传唱天涯，以表达我们油然而生的共情与发自肺腑的敬意！我们就是要为卑微的伟大者树碑立传、歌功颂德，并用以教导我们的子孙，以免他们动不动就为了自己的些微私利而患上所谓的"抑郁病"，成为不可救药的"懦虫"。

另外，还有武汉本不富裕的、并无直接责任的"希望老人"江诗信老先生，对他所遇见的哪些凄苦的失学儿童，竭尽全力给予了救助，他老人家还因为被骗子骗去了7000元的救助款而愧疚得来自杀身亡。→这样的圣贤般的人物，当然也是应当封爵的。

当我们在感慨一个圣人般好人不幸去世的同时，一个疑问始终萦绕在心头挥之不去：那些对此负有直接责任的党的各级领导中的部分领导们、那些同样负有不可推卸的救助义务的各级人民政府的官员中的部分官员们，何以能够对此熟视无睹而泰然处之呢？他们不应当比白方礼、江诗信们为此而十倍、百倍地焦虑不安吗？甚而有的落马官员为自己鸣不平："中国大部分官员都在贪，何以专门和我过不去？"虽然此话显得有些夸张，但由于"苍蝇"、"老虎"不断大量落马的例证，中国官场贪腐普遍存在的事实是谁也否认不了的：那些贪腐的钱，"三公"浪费的钱，搞面子工程捞政绩的钱，动则上亿，那能够救助多少困顿者啊！中国的大部份的人还是很穷的，即便首都北京市的农民的养老金也仅仅只有每月180元{见人民法院的判决}→贪腐普遍存在而且屡禁不绝，我们又是从哪儿来的自信？相当一部分的官员们对人民这个国家的真正主人毫无尊重，对于人民所创造、所积累的公帑也毫无敬畏，大肆挥霍、贪墨、权钱交换。人民所生、人民所养、人民所装备的人民子弟兵子只有人民赋权的人民政府的军事长官才拥有指挥权{用毛泽东自己的话来说就是：**"党无非是个社团组织，怎么能代表国家？"**→可以由此合于逻辑地推论出：**"党是不能代表中华人民共和国公民指挥中华人民共和国的国家军队的"**，而**军队国家化**才是符合中华人民共和国宪法宗旨的→我国《宪法》规定："一切权力属于人民"，"一切权力"当然包括了军权，这是明白无误的。→我们没有要追究谁的错误的意思，因为开国元勋们以及共和国的新生代，都是在人治专制思想占统治地位的人文环生态中，在红色斯大林血腥专制的强力影响之下成长起来的，若要追究责任的话，全中国包括笔者在内的所有人都是难辞其咎的。同时，"追究"只能使中华民族撕裂、对立，反而会使中国的状况更糟。→但是，不追究过去的错误，绝不等同于现在我们可以允许继续不与时俱进、不改正错误，不挽回损失，任何国家的执政者，如果坚持人治这个根本性的错误，就将会毁掉国家的未来。→"往者不可谏，来者犹可追"，只要我们现在能够**及时纠正、及时止损**，那就"善莫大焉"了！违背邓公的外交方略而猛怼那些不认同中国人治制度的富有的发达国家、向不分是非的穷弱之国大肆撒发中国人民的血汗钱，遂使中国人民坐失强援，葬送邓公改革开放所形成的大好国际氛围。将自身高高置于除自身以外的所有中国公民之上，连**最高权力机构"全**

国人大"都已更深程度地蜕变为被利用的玩偶→虽然人治专制与民主法治的优劣已然清清楚楚、明明白白，但却仍然寻找各种借口、托词，顽固地坚持不进行利国利民、利己利人的去人治化的改良，等等这些，是否是**更符合事实的真相呢**？这还是曾经许诺的"社会主义吗"？→在人治专制的基础之上，居然可以建成"具有中国特色的社会主义"，还可以实现"全过程民主"→这究竟是些什么样"理论专家"想出来的公然违宪的馊主意？这正如声称要建高楼大厦一样，→所选中的地基却完全是一滩无底的烂泥，这不是忽悠人吗？一个国家，如果坚持以丛林法则作为治国的核心理念，它就是前现代国家→中国的这些歪专家们，看似他们是在竭力地为执政者们排忧，实则是在向中国执政者们"下毒"，执政者如果不能够识破这种"**谋财害命的伎俩**"，这对于人民、国家、实权执政者本身，都是十分危险的。→这种满脸诌媚、恭顺，但却十分凶险的小人，其目的就是谋财，为了他们自己的私利，从来就是无所不用其极的。他们是可以事后畅欢的，因为责任都是你执政者的→我小人又怎么了，我们又没有下令这样做、那样干的权力，我们又有什们责任呢？小人们哪会管你什么国家、人民和执政者的死活呢？→说这些小人，不是中华民族的敌对势力所收买的卧底，这是很难令人认同的→事实上，他们成年累月所干的事情，就是在摧毁先贤们所确立的我国《宪法》的核心宗旨，就是在颠覆我国的治国理念，就是在败坏我政府、我党的信誉与形象，就是在为我国八方树敌，总之就是欲将中华民族毁之而后快！→中国人又不是傻瓜，在这些一心为私的无底线的"卧底专家"们疯狂的胡说八道的反复轰炸之后，已然警觉，纷纷从"现场"撤离，无奈让其自嗨自乐→现在究竟还有多少非现任官员的中国人还在看中国的新闻联播？→因为不用看就已经事先知道，不外乎大肆地"歌颂"中国如何如何地美好，竭力地"揭示"发达国家如何如何地差劲。→他们这些人所弄出来的这一巴拉子的假大空的东西，他们自己信吗？

我们有一个难解的疑问是：既然改良中国的以人治为核心的现存的人文生态，不仅仅利民利国，对执政者来说，更是利好连连，甚至还能成就自身的伟大，为什我们的并无生存忧虑的执政者们就是下不了进行去人治的改良的决心呢？→本来执政者们自己能够体面地过上坦坦荡荡的幸福生活，而为什么非要选择过这种随时随地都需要谨小慎微地"维稳"的、近乎于战战兢兢全面设防的日子呢？

不要因为我们说了点事实与真相而就大发雷霆，这是没有必要的。摆在那儿的事实，是不会因为某些人已经生气了，存在的事实们就会乖乖地自动消失了。也不要怀疑我们对于中国当今执政者的一贯善意，我对中国自改革开放以来的最高执政者是有大量的正面肯定的，并且对他们是充满着衷心的期望的！只要不对我们的见解断章取义，自然就能够心平气和地明辨是非利弊。我们丝毫没有针对谁的意愿，因为那样只会让中国的事情变得更糟。→我们只是希望能够皆大欢喜地解决掉当下中国存在的那些于国于民有害的弊端。不提出问题、不分析问题，不正视问题，我们又怎能解决问题呢？→所有的中国人对中国当下存在的种种弊端，都是不同程度地负有自身不可推脱的责任的。→我们只不过是不想苟且地做一个不负责任的中国人罢了。

人类从来就是在不断地思辨、解决自身所面临各式各样的难题中才得以进步的，如果一个民族、一个国家，如果对自身所面临的难题不思辨、不解决，那么，这个民族、国家，是不可能有光明的未来的。→强者的终极使命是帮助自己的国家变得更好，从而使自身处于良好的人文生态之中：一个民族、一个国家的真正精英、强者，不是由一个人赚了多少钱，获得了多大的权力来评判的，只有那些为自己的民族、自己的国家付出得最多的人，才是民族之魂、国家之灵。正如俗语所云："舍得之间见人格"！→动物世界的常态：不论是狮王、猴王，还是狼王，每当族群遭遇危险之时，王者总是不计自身得失而迎难而上的，即便是血染疆场，也是抵死不退的。→一个国家的执政者，在"真善美的基础"之上，让全体国民形成良好的治国共识，是国家执政者的天职。一个民族是不能没有以真善美为核心的民族共识的，一个国家是不能没有以真善美为基础的国家意志的。

我们思辨的结论是，中国的人文生态的改良，当下已经成为了中国所有事务中急需解决的头等大事，而我们的国家执政者，理所当然地就是尖兵，天然应该是战斗在中国人文生态改良的"烽火连天"的前沿的！→中华民族的伟大复兴，绝不仅仅是一部分有权、有钱的中国人的复兴，而是不论贵贱贫富，包括每一位中国公民在内的整个在中华民族的复兴！华夏神州自古而在，不是谁谁打下来的，中国是十四亿中华儿女的天然母国，也是所有海外华人共同的故国，中国，绝不是属于某个群团组织中的少数权贵的中国！任何不是以野蛮的丛林法则来治国的现代国家，执政者想怎么干，就能够怎么干，于理于法都是不成立的！

归来吧，我大中华的护国利刃！→实事求是、相对公平、与人为善、尊重人性、必要差别、民主法治、阳光行政、动态纠偏！】

回转：关于设立官民合作平台"尚善委"的思辨

以实名购买尚善彩票的方式来筹集尚善委专职工作者的薪资所需的资金，如有缺口，国家拨款补充其不足部分，也就是说，国家要为此兜底。上五等属于中产与富杰的范畴，分别规定出尚善彩票**必须购买**的最低金额（宜为动态调整，额度需慎之又慎，再三酝酿，以不影响正常生活为准，此乃事关共同富裕、举国和谐之基本国策之一），多购不限，但必须以不得影响自身的正常生活为原则。下四等属于区区范畴，**自愿购买**，但也必须以不得影响自身正常的生活为前提。【继圣插言：本人作为四川省中教一级退休教师，收入自估为中中水平，若国家实行该项{设立尚善委}措施，本人承诺每年购买不低于一万元（人民币）的尚善彩票。】

为国为民出钱出力，是无上光荣的事情，尚善彩票当然应当实行实名制。尚善彩票实行实名制目的有三。一是记载积极履职者的功劳，二是便于清查消极履职者的情况，三是可以有效地杜绝赌徒式的彩民，以保证人们购买尚善彩票时，不会因此影响到自身的正常生活而产生新的不和谐的隐患。

尚善彩票的幸运中奖者，也不应小心翼翼地保密，而是应当大张旗鼓地宣扬。不仅有国家公、检、法为其后盾，而且还有广大的尚善委的志愿者和工作者的随时随地的守护，我们又何怕之有？好人怕坏人这种咄咄怪事，本质上就是"正气不张""正不胜邪"的表现，是反人类、反社会的逆流。今后如果有人竟敢对这些与人为善、为国为民做贡献的中奖者不利，想"打秋风"，甚至偷抢的话，这些害群之马，必定是会把牢底坐穿的，情节严重者，定叫尔等人头落地。对"为恶者"的姑息，就是对"为善者"的残忍。我们就是要以此来旗帜鲜明地张扬"恶有恶报，善有善报"的人间正道。彻底扭转"正不胜邪"的歪风，这是"尚善委（部）"的天然职责。

一个民族、一个国家的"人文生态"不是以公平正义为核心，而是假大空盛行，好人怕坏人，那么，这个民族、这个国家是没有什么前途的。对于中国这样的泱泱大国来说，就更是如此。执政者凭借强权｛国家机器｝，不断地公然违宪，还不准国家公民对此有任何的质疑，这是极不正常的。如果此种状况现在还不能够得到及时地纠正，中华民族的前途真是堪忧啊！

尚善委所有的志愿者、工作者，不仅仅是共和国自然生态的保护者，更是中华人民共和国人文生态的卫士。志愿者在本人时间、精力允许的情况下，随时可以申请亲自参与尚善委的实际日常工作与督察行动。如有紧急状况，尚善委有权依据宪法征召志愿者执行紧急任务。

还应设立奖励基金，每年对尚善委的志愿者、工作者中做出突出贡献的先进分子予以适当的物质奖励。

这样，全国任何角落的自然生态、人文生态都有大量的尚善委的志愿者、工作者轮班睁大眼睛随时随地不懈不休地盯着，因为那是他们的职责与工作，是有问责制的。好（善）的，要大张旗鼓地予以表彰，坏（恶）的，当然要予以曝光，进行整改、处罚。

这样不仅仅可以实现**相对的贫富共赢**，使区区的体量缩小，让赤贫者成为历史，在中国事实上消灭失业者、流浪汉和乞丐，还可以使与人为善之风盛行，使阳光行政具有最广泛的群众基础，进而达到中国古先贤梦寐以求的"天下大治"（天下大同→走向共和）。我们很希望让"发动群众""群策群力""人人为我，我为人人"（孟子："爱人者，人恒爱之"）的中国智慧发出绚烂的光芒。

我们之所以说，是要实现"**相对的贫富共赢**"，是因为"人间本具贫富，恰似潮涨潮消"（蜀鄙樵）→人的能力是有强弱的，每个人的贡献是有大小的，**绝对的平均也是一种不公平**。绝对的财富公平从来就没有出现过，也是永远不可能出现的。特别是区区们对此要有清醒的认知。

果如是，贪官污吏就会无处藏身，沽名钓誉者就会再无市场，假冒伪劣则无处遁形，懒、赌、毒消失殆尽，欺诈、偷抢人人喊打，不公、欺压、巧取、豪夺、污染、破坏等等假丑恶就会逐步成为历史的记忆……人文生态将和乐而温馨，自然山水就会更加明媚而多娇……这样，我们的祖国，就会成为万国艳羡的"上善之国"，中华民族就会完成伟大的自我救赎与升华。

——最后再强调一下设立尚善委（部）的法理基础。

尚善委，就是国家官方与民间的**以"尚善"为目的**的合作平台。如果一个国家的人文生态不良，其持续向好是决无可能的。

家、国同理。如果一个家长，不能为自己的每个家庭成员分配适当的岗位，这个家长显然是不称职的；如果一个国家执政者，不能相对公平地为每一位公民提供为国效力的岗位，这个执政者也是不合格的。

根据现有的人类关于自身社会发展的思辨成果，我们已经知道，富杰之所以成为富杰，区区之所以成为区区，除了自身的能力的大小和努力程度的强弱这个次要成因之外，主要成因是"人文生态"的优劣（是否相对公平），或者说是社会环境的好坏（是否相对公平）。区区们，也就是那些贫苦的农民、城市贫民，当然不是因为所谓的"觉悟高"而主动地跑到穷乡僻壤去谋生的，那些"下岗"者，也绝不是由于"品德好"而主动"让贤"的。富豪们，也就是那些所谓的"发了财的成功人士"，不外乎凭借所占取的强势的政治、经济地位，合法地或者非法地获取了远超自身实际贡献以外的社会财富，其本质就是"强取或不等价交换"。实际上，"不等价交换"也是"强取"的一种形式，因为所有的交易规则，都是执政者制定或默许的，这些都违背了和谐社会的基本内核——相对公平。

从目前区区们，富豪们的主要成因来看，既不符合相对公平的原则，也不符合中国人一以贯之的核心价值观"与人为善"（己所不欲，勿施于人）。

为了中华民族的伟大复兴，建成公平和谐、贫富共赢的美好社会，无论是中国的富杰、中产、还是区区们，都对"美化"中国的自然环境与"人文环境"负有不可推卸的责任。国家成立"尚善委（部）"，目的就是要把人民（国家的主人翁们）"一个都不少"地、有效地组织起来，形成举民体制（既凝民力、又凝民心），脚踏实地、强有力地改良中国的"人文环境"与自然环境，就是要顺水推舟地真正完成人类有史以来最伟大的"仁政"——实现相对公平，达于人与人和谐共处的**共和社会**（全体公民，共同、和谐生活之社会）！

"顺天者昌"，此之谓耶？中华民族一旦登上"和谐号高铁"，循着用"实事求是、与人为善、相对公平、尊重人性、民主法治、阳光行政、必要差别、动态纠偏"为主要材料铺成的轨道前进，我们必将"风驰电掣"，无往而不胜！

关于"吃瓜群众"的思辨

最后附带说一说所谓的"吃瓜群众"。

现在中国公民之中，特别是生活压力大的人群里面，的确有不少人没有形成实事求是的思维模式，他们心智未开，知识面狭窄，在政治、经济等方面，常常一知半解，缺乏起码的常识，没有独立思考的能力，因而对许多问题、现象，缺乏正确的是非观念，因此常常不恰当地"瞎起哄"。网络上将这些人称为"吃瓜群众"。

出现这种现象，当然有"吃瓜群众"自身学习、自我提高不够努力的原因，但这绝不是这种现象产生的主要原因。

要求成年累月地在生存线上苦苦挣扎的、常常为生计发愁的劳苦大众，花大大量的精力去学习、自我提高，确实是有点不近情理、勉为其难了。

"吃瓜群众"产生的主要原因，一是国家执政者和精英们对他们的启蒙教育的缺失造成的，另一方面是，没有为这些让渡权力的普通公民，搭建属于他们的权力兑现平台。我们的国家，是人民当家的人民共和国，那么，对于政界、经济界的精英与社会各界的其他翘楚来说，导民趋善、开启民智，让人民具备明辨是非善恶的能力，就不再只是义务，而是不可推卸的、神圣的法定职责；国家执政是人民让渡的权力的接受者，为让渡权力的普通公民，搭建便于他们对于国家权力的督察的活动平台｛如"尚善委"之类｝，就是国家执政的天然职责。

对于历史原因造成的弱势群体，我们同情、悲悯、帮扶都忙不过来，又有何种理由去责难他们呢？

正确的措施，除了建立**向善委**之外。显然是由国家负责组织力量，补上"启蒙"所欠的旧账。

俗语云："扶贫先扶志"。而"志"要立起来，是一定要让人们首先对于国家、社会、政治、经济、人生、责任、权力等等基本问题，具有正确、明白的基本认知，也就是首先要具有一般的"常识"，这样"志"才会有立起来的可能，才可能重塑他们的自信，涵养出他们的"浩然正气"。

需要特别强调的是，启蒙"传道"，这是实事求是的、极为严肃的，乃至神圣的国家大事。决不能再像过去的某些"专家"那样，用一套又一套的假、大、空的歪理去忽悠百姓，而是要说真话、传"真知"。历史经验告诉我们，中国老百姓聪明着呢，如果你拿假、大、空的东西去忽悠他们，他们就会本能地以"打瞌睡"来对付你；如果你向他们传授"真经"，说真话、讲人话，他们就会自然而然地聚精会神、洗耳恭听。→因为老百姓真正想要听的不是什么"远大的、崇高的理想"，而是共和国宪法规定的"现在、目前、而今、眼下"的"**共和**"（共同公平、和谐地生活）。因为事实上人们唯一的可能，就是活在"当下"，而决不可能活于"远大"之中——不知道画饼充饥、望梅止渴是"忽悠"伎俩的人毕竟是少数傻子，这不需要多高的文化水平，只要有人的本能就足够了。"中华人民共和国"的释义，只能是："中华民族的全体成员，不论贫富、地位高低，都能与人为善地、相对公平地共同和谐生活的国家"→让中国人民共享"**共和**"的红利，这才是脚踏实地的、真正的能够通往共产主义（天下大同→**共和**）的康庄大道。邓小平等党的最高领导人，已为此做了大量卓有成效的工作，老百姓心里是倍儿清的。所谓不忘初心，老百姓心中的质朴的理解：就是时时刻刻都不要忘了劳苦功高的劳动人民！而兑现"初心"的唯一出路，就是一以贯之地坚持实施"相对公平"。人民不能**事实上**当家作主、行政权力暗箱操作、贫富两极异常分化，就是典型的不公。

我们虽然不能确保我们的《华夏之春—走向共和》中的所有观点，就一定是"真经"，但因为我们自以为说的是真话、是实话、是人话，所以我们仍然认为，只要它经过具有真知灼见的内行的补充、修订，它应该是不失为目前中国最为适当的启蒙教材之一。至于《华夏之春—走向共和》究竟是否真的适合用于"启蒙"，是大可由同胞们研讨的。

——在教育、媒体领域，坚持、贯彻实事求是的原则应予以优先考虑。一旦人民普遍具有实事求是的思维模式，那些利用底层民众的不满情绪不断煽动撕裂的宵小就再无藏身之地，他们那些以偏概全、偷换概念、暗度陈仓、时空挪移、强行结论、有意歪曲、甩锅逃遁的种种伎俩也就在无用武之地了，从而使那些想以此沽名、获利者原形毕露。

插入：《柳暗花明又一村》→扶助弱者的呼告

为了说明我们为什么应该不遗余力地帮助中国区区中的主体——中国农

民，特附蜀鄙樵（曾耀华 字抚痕 号蜀鄙樵 又名曾继圣，宗圣公曾参七十四世裔孙）的诗文集《幽谷红杏花正妍》中的一篇旧文《柳暗花明又一村》于此（略有微调），希望能增强全体国人对此问题的共识。

《柳暗花明又一村》

悯农三首

其一

长城故宫颐和园，

皇家豪气冲云天。

可怜西吉农耕妇，

家财不值一饭钱。

其二

冬冒酷寒夏探汤，

日扎钢筋夜灌浆。

华屋万千平地起，

徒见他人入住忙。

其三

天涯游人多如麻，

华庭锦舍处处家。

众里寻他千百度，

不见山村种田娃。

新中国建国后所实行的"城乡二元制"，事实上使所有的城市人口，都成为了分享农村人口的剩余价值的一员，区别只在于分享的多与少而已。

如果你不曾在中国贫困山区长期实实在在地当过农民，那你就很难想象中国农民生活的艰辛。什么叫做吃苦耐劳，什么叫做任劳任怨，我以为只有中国的农民才当之无愧。虽然他们身上有伴随贫穷落后而产生的种种缺点，但仍无损于他们身上闪烁的光辉。

在抗日战争、解放战争和抗美援朝等多次战争中，动辄以百万计的伤亡人员中，大多数是农民；在"三年困难时期"，饿死的人以千万计，其中绝大多数也是农民。毫不夸张地说——**中华人民共和国**是用中国农民的血肉之躯筑成的！每念及此，不胜唏嘘。

【我们中国人永远都不能忘记那个湖南衡阳的普通的年轻女性的名字——刘桂阳。她是中华民族历史上最伟大的女性之一。由于她的舍命抗争，才使中国农民获得少许的自留地的使用权成为了现实，这才使大量饿死农民的荒唐悲剧得以终止。说她拯救了不知多少千万的中国农民性命，是一点也不夸张的。对于她这样一位史诗般的共和国巾帼英雄，共和国无论从哪个角度来说，都是欠她老人家一枚共和国勋章与一声诚恳的"对不起"的！→她就是在那个艰难的岁月中，良心犹存，敢于说真话的杰出代表，是中华民族"为生民立命"的宁折不弯的脊梁！→其坦荡磊落的气魄，即便是那些共和国的元勋、元帅们也是远远不及的！……唉，经百度提问获知，刘桂阳她老人家已经去世了……刘少奇被打倒后，刘桂阳被重新收监，在原判决的基础之上，追加了五年，一共服刑十年……依照我们粗浅的理解，共和国勋章的获得者，必定是为我中华民族建立了不世之功的俊杰，然而我们始终不大明白的是，从第一届到十三届全国人民代表大会的六十多年间，百分之一百地投赞成票的全国人大代表某同志，是以什么样的评价标准而在2019年获得共和国勋章的呢？？？……我想，"桂阳之屈"也许会成为一个中华民族万古不再适用的成语，因为，在中国的和平、无灾时期，三年之内饿死几千万人且无人对此负责的独特事件，大概率是不大可能重演的。】

有一首曾经很时髦的歌："时间都去哪儿了"？实际上我们真正应该扪心自问的是——农民种的粮食、蔬菜、水果都去哪儿了？农民养的猪牛羊、鸡鸭鱼都去哪儿了？难道是农民天然嘴贱，吃不惯鲜美的蔬果与鱼肉而十分高兴地送给有钱者、有权者们，让他们也体会体会难以下咽的苦涩？

建国伊始，国家一穷二白，国库基本上是空的。政府之所以能运转，国防能得以加强，工厂能够开工，学校能够开学，科研能够进行，文化活动能够开展等等，主要靠的是农业税（俗称"公粮"，即中国古代的"赋"），当时国家财政的大头，主要来自农民的无偿贡献。国家所征"公粮"，平均达到15.5%，加上地方政府自筹"公粮"部分，共达25%。有的地方"搭顺风车"摊派，还不止这个数。究竟国家征了多少"公粮"，应该是有据可查的，

这应该是共和国历史重要的组成部分。（此数据有待考证，但农民贡献"巨大"的事实是确定无疑的）

农民除了以"公粮"的形式直接为国家做贡献之外，还间接地以"剪刀差"（不公平的交易方式）的形式为国家财富的积累做出了巨大的贡献。说复杂了，农民朋友可能不大懂，简单地说，就是"不等价交换"，即"贱卖贵买"。比如，100斤米的价值是100元，交换一台标价为100元的电风扇，但电风扇的实际价值只有50元，两者之间的差价是50元。交易一次就贡献50元，交易两次，就贡献100元，卖得越多，买得越多，这个差价就越大。就如剪刀一样，张得越大，剪刀的两个刀尖之间的距离就越大，所以在经济学中，将这种不等价交换的情形称为"剪刀差"。

改革开放以来，农民还以"农民工"的剩余价值的形式做出了巨大贡献，使国家财富得以快速增长，并使一部分人先富起来。当然还有别的因素，如较恰当的政治、经济环境，科技进步等等，但"农民工"的贡献是显而易见的。同工不同酬，事实是，"农民工"更苦更累，但工资却更少。廉价劳动与产品之间的巨大差价，即马克思所说的"剩余价值"，在不知不觉中就贡献给国家和企业家们了。这个数字虽然很难统计出准确的结果，但必定只能用"巨大"来形容。

还有就是，农民**被**"国家福利分享缺失"，为国家减轻多少负担，根本不用计算就可以知道，那是一个"庞大"的天文数字。

除了那些在政治、经济、科技、国防、文化、教育以及医学等等方面作出过巨大贡献的精英之外，大多数"先富起来的人"，都应该反思这样一个问题："我为什么该富，农民为什么该穷"？认为我该富，农民该穷，即便有一千条理由，也只能是沙滩上的楼台，一遇真理的浪潮，就会轰然崩塌。一个简明而清晰事实就是——只是由于经济运行的法规不尽完善，财富分配的方式不尽公平等等弊端，才使农民、农民工和其他一线劳动者的财富，"合法"而不合理地，甚至是直接或间接违法地弄到你的口袋里去了而已，这直接动摇了良善和谐社会形态的基石——相对公平。

历史发展到了现在，中国农民，这个**中华人民共和国**的最大的原始股东，不应该再勤于入股而缺席分红了。

2006 年，随着中国农业税的取消，中国开天辟地、划时代地进入了"无赋时代"，这是一个破天荒的伟大成就。这使农民和追讨"公粮"的农村基层干部大大地松了一口气。中央已开始以"转移支付"的形式向贫穷落后的农村地区倾斜，开了一个很好的头。社会主义新农村的建设，应该再多投入一点，更加踏实地多多加以调研，为咱们的衣食父母多做一些注重实效的工作，早日建成富有诗情画意、幸福安康的新农村。借用陆游的诗句来形容这种新旧农村的巨变——也可以说是"新生"，那就是"山重水复疑无路，柳暗花明又一村"→果如是，中华民族真正的复兴，就离我们不远了。中华民族是个整体概念，绝不仅仅只包含中国少数的富人，所以，只有真正解决了中国农村的贫困问题，也就是只有解决了贫富共赢这个难题，以取消"城乡二元"的方式还掉了历史的旧账，我们才能称之为实现了"中华民族的伟大复兴"。邓公曾说："如果贫富两极｛异常｝分化了，我们的改革就失败了"。他老人家的意思就是：相对的（非绝对的）共同富裕才是中国特色的社会主义的本质特征。

2000 年左右，学校曾组织了即将退休的老教师到北京、海南旅游——虽然笔者出身于城市知识分子之家，但也许是因为我在青少年时期，曾经在山区农村整整生活了 20 年，骨子里，我就是一个农民——每当见到繁华之景象、富丽之建筑，总不由自主地想起我的农民同胞——那植根于乡野的勤劳勇敢、任劳任怨而又多灾多难的父老乡亲！

于是就有了这《悯农》三首。

简评：中华民族是包括所有中国公民在内的一个完整的概念。中华民族伟大复兴的短板是什么，我们就应该狠抓什么。评判中华民族是否已真正复兴，显然不是看中国中产与上流社会的生存状况，而主要是看中国收入人均不到两千元｛人民币｝以下的、将近十亿的**区区**们的生存状况。这就是我们在此插入本文的原因。

回转：关于"吃瓜群众"的思辨

我们想强调的是：相对的"贫富共赢"，并非是所谓的"劫富济贫"。因为这只与任何良善社会的基准"相对公平"有关，只与"大道向善"的社会发展的客观存在范式有关，而与什么什么"主义"无关。自由、民主、人格尊严等等的内核就是"相对公平"，而温馨美好的生活的前提就是"与人为善"。

财富只来源于自然的赐予和劳动。致富，应当鼓励和保护，但"暴富"必定是侵占公众利益的，是显属不公的。所以只应该坚持经由法定程序的、心平气和的"相对公平的分享"，即皆大欢喜的"共同富裕"（有一定差别的相对富裕，而不是绝对平均的"大锅饭"）；而不应该人为地、激进撕裂地"劫富济贫"，即暴烈残忍的"打家劫舍"。人类社会真正需要的是"改良、修正"，即"以善制恶"（以为善为目的而惩恶，即好人惩治坏人），而并不需要"革命、造反"，即"以恶制恶"（以为恶为目的而抗恶，即恶人互撕，狗咬狗）。

最后，我们对改善阶层固化谈一点不成熟的看法：

解决阶层固化问题，同样离不开"相对公平"这个核心原则。

阶层固化，"卑贱者的子女永远卑贱，富贵者的子女永远富贵"显而易见是不公平的，但并不能由此就否定"人生而不平等"的事实。如果在利益分配时采取无差别的方式，就会扼杀第一生产力，勤者与能者的能动性就会消失殆尽，社会也就会失去活力，这也是不公平的、不实事求是的。

我们要做的就是尽可能地实现相对公平，我们的思路是"优胜而劣不汰"，就是减小等级的差距、保持阶层与阶层之间流动与融合，这是许多发达国家的成功经验，我们理应借鉴。

根据我国的国情，基层公务员与高级公务员的待遇差距，蓝领工人与白领精英的收入差距应该控制在什么范围之内，名校毕业生与一般院校的毕业生的待遇的差别应控制在怎样的范围之内，（我们对于将当今农业从业人员排除在"工人阶级"之外是持反对意见的）农村农业从业人员与城市各个行业的从业人员的收入差距应控制在怎样的范围之内，是大有必要研讨的。对北欧诸国的薪资等差是大有必要予以借鉴的→这大概是能够回答**"为什么北欧诸国的人们，他们没有那么强的名校焦躁症呢？"**这个疑问的。

对于我国经济发达地区与经济不发达地区的人均收入的差距，究竟应控制在怎样的范围之内，是解决我国人口不均衡、不正常流动的根本措施，是我国城市化持续良性发展的基本保障→大一统的政治、经济的举国体制，在利益分享这个根本点上却不讲"举国体制"了，在理论上是不自洽的，是违背相对公平原则的，依照通常的说法，就是**"有违公平正义的"**。→**举家体制**与**举国体制**同理：家长说，我们是一家人哈，我们家财富是大家的哈，我们家的土地，好的孬的，都是是大家的哈，扛活的时候，苦活、甜活不要挑拣，都要努力哈，对外要步调一致哈，但在坐下来吃饭的时候，**干甜活**的大鱼大肉，干苦活的清汤寡水，这还是一家人吗？→据此可以推论出"这还是一个大一统的中国吗？"这样的疑问来→**全国财政统筹、城乡财政统筹，势在必行。**

我国是否是全国都应该一刀切地搞经济大开发，不同区域、不同地块，国家是否应该有一个统一的规划，根据实际情况，分成不同的功能区块，分别发挥各自的优势，再由国家来统一进行利益分配，实现相对公平，以免贫苦地区产生"莫名焦虑"与失落。

统一、公平的高考是保证阶层之间相互流通相当重要的一环，是保证社会活力的重要措施。好学校的招生名额只能向弱势地区倾斜，而不是像现在这样向发达地区倾斜（北大、复旦的本地考生入学比例，比外地考生高出四十倍以上）。至少要做到统一以高考成绩为标准来录取，而不是像现在这样，北京有些进北大的学生的成绩，在其他省份连一本的录取线都上不了——这是国家掌控终端公平的重要一环——首都是全中国人民的首都，北大也是全中国人民的北大。笔者从事了一辈子的教育工作，深知一个学校的优秀与否，是否有"大师"当然重要，但更重要的是在于它是否拥有"掐尖"的优势地位。换句话来说，一个优秀的学校，主要是由优秀的学生造就的。把优秀的学生"教"好，还不能算是好老师，能把一般的学生教好，那才是真正优秀的老师。"得天下英才而教之"，与其说是学生之幸，毋宁说是老师之幸，这就是孟子将"得天下英才而教之"归为君子三乐之一的原因。为了实现相对公平与均衡发展，充分调动人们的主观积极性，着实提高我国的高校实力，我国高考的录取方式与学校拨款方式是大有必要予以改进的。一是，经费差别太大，同是国家公立大学，在校学生同样是三、四万人的国立大学，凭什么有的国立"优质"大学每年的国拨经费是四五十亿，加上捐赠等收入，则高达一二百亿；有的相同规模国立一般｛二本｝大学国拨经费则只有十来亿，而又捐赠稀少？二是，招生显属不公。大家都是国家公立大学，为什么优生不能均衡分配，凭什么有的学校就可以**法定**肆意"掐尖"？这如何能造就遍地绿意盎然、百花齐放的春天？这又怎么能阻止人们不拼命地向北京、上海等地拥挤的冲动呢？我们不是有举国体制的优势么，卓有成就的大师，为什么就不能像高级官员的"轮省制"一样，根据国家实际需要实行"轮校巡回指导制"呢？（美国的现实是，最著名、最强悍大学，大多不在"中心城市"）"大师"是共和国的大师，而不是哪一个学校、哪一个地区的大师，而真正的大师，必定是具有家国情怀的，是心系苍生的"国士"，是绝不会有过分的利益诉求的（正当利益必须严加保护）。在生源与拨款等方面采取显属不公的方式，反过来说一般国立大学"不行"，这不仅违背了相对公平的原则，更是脱离了实事求是的基准。如有异议，大可一试：在保持现存录取方式与拨款方式不变的前提下，将我国所谓的国立985大学的教职员工与我国同等规模的国立一般大学（二本）的教职员工完整对换，然后追踪调研——我们相信是必有奇迹发生的→教学质量不降反升的概率极大→作为终身从教的笔者深知：天赋极高的优生真正需要的，只是做人的良善基准与治学的科学方法→特别是在信息传播发达的当今，尤其如此→这是可以从那些曾经**"带出过"**成就卓著的大咖学生的教授们那儿得到应证的→当然是必须以讲真话为前提的→那些学生主要是他们**"教出来"**的吗？→可能你会得到你意想不到的答案→只不过是适逢其会的地成了某某大咖学生的老师罢了→一学就会且乐于钻研的天才，谁是他的老师是不那么重要的；有没有良善的为人基准、能否获得足够的信息、有没有科学的治学方法，才是最重要的。同理，如果规定所有中学的学生一律就近入学，学校不得招收非本辖区的学生，拨款和收费与普通国立中学持平，那些牛气哄哄的国立重点中学与昂贵的私立中学，必将顿失光彩——原因就在于"巧妇难为无米之炊"——这儿的"米"，既包括优质的生源，也包括非公平的"黑利"！

　　以上仅仅是提出了一些不太成熟的思路，只能算是抛砖引玉，还有望于有关专业人士的指正与完善。

锦囊 {10} 关于中国社会架构的思辨

中国和谐社会的顶层架构……中国社会正确发展方向的稳定器、国家相对公平的保险阀。

仅仅是空喊**实事求是、与时俱进**的口号是不能解决任何问题的，也是不能满足中国的发展与进步的需要的，只有落实在具体行动上，才是真正的实事求是、与时俱进。

很多持悲观立场的人都在告诉笔者曰："你的建议不仅不会有任何作用，而且还非常危险"。但我是一个乐观主义者，我相信：公平正义的**共和**社会，才是人们向往、认同的的社会形态→因为，唯有此种人文生态才是与"人皆趋利"的基本人性 { 天道 } 相契合的→否则，人类是不可能实现内部自治的→因此正义战胜邪恶，就是不以人的意志为转移的人间大道→任何坚持丛林法则的、不以相对公平的原则来改良自身的人文生态的、坚持缠斗反对和解的行径，都是逆天而行，必然会使人为的灾难继续危害所有人的利益→只要我们坚持为我们自己、为民族、为国家排忧解难的一颗诚心，不伤害富贵者、中产者、贫贱者任何一方的利益，只为是他们和我们自身变得更好，基于人皆趋利的基本人性，可以推定必定是会有最广大的支持者的，因而危险系数是很小的→因为每个人从来就是在乎自身的利益的，人是必然能够明辨其间的是非利弊的。→笔者是不惮以最大的善意来推度具有高度智慧的中国人的，所有行为皆是维护所有中国公民的利益的，又焉有"无作用、有危险"之说呢？

中国国家顶层架构

1.（正国家级）设总督、总统、总监

三权并立、三首同权

三首同为全民二轮差额直选产生。

三首同为中国人民共产党中央委员会之同权轮值最高领袖。

无论其当选前是否为中国共产党的党员，当选后，即天然成为中国人民共产党党员。

——实行中国人民共产党一党独大，党民一家，二轮差额直选，这是时代的要求，是与时俱进的需要，同时也是党章宗旨的规定——中国共产党的领导是中国人民自己的选择。中国人民共产党党员和人民代表同为人民利益的代言人和守护者。只要足够优秀、人民认可，愿意努力为人民服务，一旦当选为人民代表，即为人民认可的天然中国人民共产党党员。中国人民共党党员，是中华民族的先锋队、精英，是直接由人民选举而产生的，可理解其为人民直接认可、授权的中华人民共和国权力、财富的守护者。

三首，同为全国人大的同权轮值领袖，同为同权轮值国家元首，同为三军同权常任总司令，同为"中央警卫局""国家安全局"同权常任首脑，同为国家元首联席会议之同权轮值主席，国家元首联席会议之会议桌法定为圆桌，三首共同协管国家事务。

国仪各行三分之一。

三首皆有一票否决权。

少数服从多数，不适用于"三权并立、三首同权"制。

需要时，三者皆具有召开国家元首联席会议之权力；有权力召开全国人大常委会、全国人大委员会、全国人大全体代表大会；三者皆有权召开中共中央政治局常委会、政治局委员会、中央委员会、党的全国代表大会、国咨委全体会议，党咨委全体会议，都具有要求这些会议对有关问题进行表决之权力。

三首皆具有提请全民公决之权力。

三首皆具有解散国家元首联席会议，提前进行大选之权力。每位公民皆有提起弹劾的权利。

三首可连选连任。

三首届满离职后，人民认可的国家元首的名誉不变，其国家元首之经济待遇毕生保留，并享有规定之建言权和咨询权。

总督分管党中央、人大、立法、人事、外交，中枢保卫局 { 直接隶属三首 }，并有权协管总统、总监分管之工作；

总统分管国务院各部、党咨委、科委，{ 其中，国防部下辖所有军队 }，并有权协管总督、总监分管之工作。

总监分管司法部 { 由法院、检察院、国安局组成，其中国安局下辖所有警察 }、国资委 { 护卫国家财富，督察国家税收、财政支出 }、尚善委，并有权协管总督、总统分管之工作。

注意：此乃大致分工，具体实施时，必须予以具体的完善。

国事活动，接待与出访等，三首轮流进行。

三首的工作电脑、工作手机，随时处于互联状态，所有出入信息自动储存、长期保存，不得删除。三首的工作秘书，有保存三首完整工作日志的职责。

全国人大、党中央机关、国家机关、武装部队等副国级、正部级单位的工作报告一式三份，同送三元首。

国家元首发布之命令，经三首以签字的形式确认后生效。

——具体一点来说：

总督的工作重心在党中央、人大，中央保卫局、国家人事局，国资委，主要把握社会制度问题，国家行政、军事机关雇员的任免、外交；组织选举、公决，法律的制定与修改……

总统的工作重心在行政、科技和部队，即国务院、科委、外交部、党咨委、国防部、以及文、体、医、教等部……

总监的工作重心在尚善委、国安局 { 下辖所有警察 }、司法部、法院、检察院、财政部，税务部。监察法律实施，依据司法实践提出修订方案，保全国家（人民）财产。严格实施收支互不交叉之国家财产管理制度……

财富为人民创造；军队为人民组成、供养；法律的制定与司法行为理应得到人民的认可。二轮差额直选的代行人民权力的"三首"：同为唯一的执政党中国人民共产党的天然主席，同为天然的国家元首，同为天然三军总司令，同为天然国家行政的执政官，同为天然国家财富的"大管家"，同为天然国家最高法院的"大法官"。

有人可能会觉得三首并立、三首同权，可能会发生争执、产生内耗。

我们觉得，只要元首们都是"我将无我，不负人民"的，足够优秀的，以人民的利益为利益的，不管有什么分歧，经过国家元首联席会议的沟通、协商，并可交由全国人大、中央委员会，以及国咨委和党咨委充分讨论，孰优孰劣，自可明辨是非，达成共识。→而且，三首并立还可以节省行政支出，因为副职可以相应减少，大量从政的党员 { 人民代表 } 的主要工作内容不再是管理人们思想的"务虚"，而是转而成为政府的具有具体职责的实职官员。

非紧急情况，分歧可搁置待议……

三权并立、三首同权的最大优势是：

一是可以有效地杜绝个人崇拜、一言堂，并可预防个人人治独裁的产生，从而将有效地保证国家最高决策层在民主法治这个大方向上不致发生重大闪失。

二是可以有效地互相监督，加强"他律"的力度，从而将有效地减少贪腐、失误的机率。

三是可以互相督促，有效地提高工作效率。

四是具有强大的随时补漏纠偏效力，即时相互制约的效能。

总而言之，我们认为，**二轮差额直选、三权并立、三首同权、阳光行政，是对"民主集中制"的最佳诠释，是舍此无二的最佳民主法治、阳光行政的"中央权威"运行模式。→只有人民才具有集中的权力 { 选择权 }，三权并立、三首同权、阳光行政，则是保障公权难以异化为私权的有效架构。→不并立、不同权的顶层权力架构，即中国大陆现行的所谓"民主集中制的集体领导"，在理论上，就是不成立的，在实践上，实际上就是"一把手集中制"，不仅仅在中国是失败的，在所有社会主义国家都是失败的→无一例外走进了人治专制的死胡同；西方民主国家的顶层权力架构，在民主与集权的无缝连接、权力的稳定性、权力的效能、克服内耗，等等方面，也是有待于改良的。**

我们在此要特别强调的是：1. 在二轮差额直选的选举中，除了人民具有以选票的的形式来行使**"集中的权力"**以外，其他的任何人都是没有所谓的"集中"的权力的→在候选人的选举与正式选举的过程中，唯一能决定是否候选、是否当选的唯一的依据，只能是参选人所获得的选票的多与少。2. 任何参加竞选者，都只能以**独立竞选者**的身份参选，不得以代表某党派的身份参与竞选→因为我们的大选，不仅仅在选人民代表，也在选执政党的成员。→所有的当选者都是只能依照中国宪法与中国唯一的法定执政党"**中国人民共产党**"的党章行事的。→而**中国人民共产党**这个这个唯一法定执政者的党章，是不能突破宪法的规定的。→因为没有经过大选的确认，任何人都不是执政党的党员，就不具备代表**中国人民共产党**的资格；任何人代表任何非执政党参选，该党也是不可能成为执政党的。→只有经过人民大选认定过的人，才可能成为中国法定的唯一执政党"**中国人民共产党**"的成员。→因此，代表某党派参选是无实际的意义的。→只有这样，才能实现"**党民一体**"→党即人民，人民即党；人民独大，人民认定的人民代表组成的执政党"**一党独大**"。→只有实现了"**党民一体化**"，才能与**中华人民共和国**的宪法宗旨"一切权力属于人民"相符。

　　□注意：**精英治国，是符合大道向善的历史潮流的。**

　　现代国家的执政集团，理所当然地应当由人民所认可的、具有家国情怀的精英所组成的精英集团来接受人民的授权而成为执政集团→在中国，这个执政集团被称为"中国人民共产党"。

　　→未被污名化的真正的"共产主义者"，其释义就只能是：认同国家财产属于全体公民共有，认为不仅国家财产神圣不可侵犯，公民私有财产同样地神圣不可侵犯，由人民选择，具有家国情怀，具有实事求是的思维方式，具有相对公平之意识，有才能且愿意为人民谋福祉的人→即主张并践行"共和 { 天下大同与共产主义之升华版 }"的人！

　　→唯有这样的人，才能成为中国执政集团"中国人民共产党"的成员。

　　→这才能够与中华人民共和国宪法宗旨和中国共产党党章宗旨相契合！

　　我们中国，不能再像现在这样，很多与当权者没有关系的、当权者不感兴趣的、不喜欢的优秀人才，在决定候选人的阶段，就被当权者"集中"掉了；而相当一部分并无真才实学，甚至参政议政能力很差的人，由于当权者很喜欢其"老实听话"，或因人情、利益连带关系而被"集中"上来了。其目的不外乎让他们为我所用——千篇一律地投"赞成"票。

　　总之，某参选个人，优秀或不优秀，是否能成为候选人，最后是否能正式当选,只能由人民的选票来决定,而绝不是由其他任何人的"集中"来决定。→二轮差额直选,就是通过优中选优的方式来保障执政者尽可能优秀的必要过程。

因此,必须实行"差额二轮直选制",即先选候选人,然后再正式选举当选人,以此来保证人民这个国家主人行使"集中"﹛选择﹜的权力。

实行差额二轮直选制的目的有二:一是保证人民行使宪法赋予的权力;而是保证优中选优,将品、学、能三者皆佳的真正的优秀者选出来代行人民所让渡的权力。

国家六级阳光行政平台中,选举、公决板块为常设板块,以保证随时可启用之状态。

官员真正由人民以二轮差额直接选举﹛基层、顶层﹜,或二轮差额间接选举﹛县级、省级官员,在同级人民代表选举产生),不仅仅可以杜绝裙带之风,同时也将权力真正地关进了"人民监督"这个笼子,还可以有效地减少官员之间的"争宠内斗之风"——因为除了努力将工作干好获得人民的信任、认可以外,就不再会存在竞相讨好那些可以给他们官职的"上级"的现象了,官员之间的裙带之风与争宠内斗,就自然而然地失去了产生的基础。

在自然科学中,三角形是最稳定的结构;在社会构架中,我们认为,三权并立、三首同权的"三角架构",不失为最稳定、效能最高、内耗最小、最清廉的社会结构。

我们所提倡的"三权并立、三首同权"的"三角架构"和西方的三权分立,是有本质的不同的。

西方的三权分立,其实是中国古代"三公"制的改良和延伸,其可取的先进之处是,把皇帝的权力还给了人民。

三权分立从本质上来说,三权是各自独立的三个点,虽有互相监督的作用,但相互制衡的能力偏弱,极易产生各行其是的弊端,因而时常产生巨大的内耗,严重阻碍社会的发展,引发各种不和谐事件,导致重大失误。

三权并立、三首同权的本质,三权各自是不独立的一个完整三角形,缺了一个边角,这个三角形就会"自动"散架而需重组,三个边角互相之间,皆具有决定性的制衡能力→只要你不听别人的建议，你手中的权力就会"自动"消失，因此就不可能产生各行其是的弊端，因而不会产生大的内耗，可以有效地减少不和谐事件的发生，因而可以保证社会的和谐发展，不容易发生重大失误。

在三权并立、三首同权的情况下，不管是总督、总统、或是总监，任何人所下的任何命令，没有其他二人的同意，都是不能够生效的，这不仅可以有效地阻止错误的发生，而且可以有效地杜绝"擅权"的发生。

三者之间根本没有撕逼的资本和机会，三者之间都是相互可以一拳致命的狠角儿→三者皆拥有独自决定举行公决、解散元首联席会议提前进行大选的权力→这样，三首就只有依据宪法，相互协作这一条唯一的道路可走。如果你想实现将国家治理得更好的政治抱负，你剩下的唯一的选择，就是与其他二者好好地沟通、协商，以理服人，争取他们的同意而已。→如有争议，可暂时搁置一周，待各自去经过实事求是的思辨后再议，三次搁置再议之后，如果仍然不能形成共识，则可交由国咨委、党咨委议定后上报参考意见，如仍然不能化解争执，则可交由全民公决，如果三首还是不能形成共识，三首各自皆有权解散元首联席会议，提前进行大选——最佳处置范式，是有且只有"唯一性"的。

三者之一，如果有谁想干贪腐之类的坏事，也是机会极少的。不论你运用权力办什么事，做什么决定，旁边随时都必然有两个具有与你一样的同等权力的人民的代言人在看着你，你就基本上没有"欺心于暗室"的机会。而且，行政处于阳光之下，即掌权者随时都处于人民及其委托者的监督之下，你根本无法独自掌控、决定你周围的上、中、下三级同事的任免、升迁，上下级之间就不会有"依附"关系，你也无权独自决定国家经费的收支，也不具有独自动用武装力量的可能。那么，谁还会因想利用你手中的权力来达到升迁、获利的目的而拍你的马屁、甚至行贿呢？或因为怕你"整人"而巴结你、帮助你、纵容你侵吞人民的财产呢？——人身依附（人治独裁的官僚集团的特征），将失去生存的土壤。

——另外，我们在此还想对阳光行政的必要性、紧迫性再多说几句。

一是，阳光行政绝不仅仅是派人到各处去捉拿贪官。如果没有官场的阳光透明，理论上来说，人民这个国家的真正主人就不能行使真正的、实质性的监督之权，所有"官员"都有"欺心于暗室"的诸多机会，就会如现在一样，贪官屡抓不绝。大大小小处理了官员几十万，不知还有多少，大有使人束手无策、莫可奈何之感。中央纪委巡视，与帝王时代的"八府巡按制"没有本质的区别。我们的意思绝不是说运用老祖宗的智慧来捉贪官不对，而是认为这是相当不错的"古为今用"的临时应急措施，因为贪官太多了，十分猖獗，若不采取非常的紧急措施，借用老祖宗的老办法来予以高压震慑，就大有"正不胜邪"之虞。我们的意思只是说，最终能从根本上解决贪腐问题的方法，唯有实施真正的民主法治、阳光行政，才能有效地遏制贪腐的产生。

二是，我们还应当反思的是，为什么抓出来的大大小小的贪官们，贪墨的钱财数量竟然会如此巨大，经常需要用千万，甚至要用亿来计算？那么，权力暗箱操作的黑洞究竟有多深？为什么这些贪官们，居然大部分是"共产党员"？他们的入党宣誓，不就成了戏耍人民的儿戏了吗？入党的人员是否过于庞杂、标准太低？或者说，先进性不足？怎样才能解决这个问题？我们认为，还是只有民主法治制度前提下的阳光行政，问题才可能得到真正的解决。

三是，主政者是否至少应负消极、不作为之责。因为共产党人的初心就是在中国实行真正的民主法治，让人民真正当家作主。主政者制定过哪些实施细则来保证人民对"公仆"的监督权、选举权、弹劾权？只要是真心"不违初心"，真正想要让人民实质上成为国家的主人、实行真民主真法治，实行阳光行政，凭中国人的智慧，难道会想不出具体的、可行的、预后良好的措施来？

四是，中国的广大的普通公民，是否至少也应负消极纵容之责。有谁曾正儿八经以书面的形式，通过行政途径，或走法律程序，要求中国执政当局，限时、限内容，制定、实施在中国实行真正民主、法治的细则、阳光行政的条款？因为大家都"各人自扫门前雪"，让宪法中"一切权力属于人民"这个最重要的条款，事实上成为了"似有实无"的一句空话。"天下兴亡，人人有责"，从理论上来说，作为中国公民（国家主人）中的一份子，面对任何不公，不论其是否是直接伤害到了你自身的权益，你都没有消极放任的权力！→单靠少数人去维护整个社会的公平正义，是不可能成功的→同时，这也是违背相对公平的原则的→我们是认可**"对一个人的不公，就是对所有人的不公"**这句西方格言的→我们不是简单地认可西方人，而是认可这句话中所包含的"**智**

慧"→如果容忍干坏事而不受任何惩罚，想干坏事的人就会得到鼓励，其结果必然是整个人类社会成为邪恶者的乐园！

五是，我们应该反思一下，王岐山、陈行甲等人，为什么会成为悲剧式的反腐英雄？

他们的悲剧在于，没能生活在中国真正民主、法治的阳光行政的时代，而只能不断辛劳地宰那些"贪腐之猪"。虽劳苦功高、英雄了得，却是"屡宰而不绝"；虽身怀一剑封喉之绝技，却根本没有机会对豢养"腐猪"者（制度缺陷：没有具体的实施细则）下手，只能够仰天浩叹，岂不悲哉！换一种说法就是，**如果中国的实权官员继续保持上级对下级官员的任免权，人民{公民}继续对实权官员的任免没有发言权**，那么，中国不管再处罚多少万的贪官，中国政坛也会一如既往地继续成为谎话连篇者的温床、溜须拍马者的乐园、以权谋私者的天堂——因为人治与腐败是连体的畸形儿。→三百年前的法国启蒙思想家孟德斯鸠就说过："**权力只会对权力的来源负责**"，如果中国不能从制度上实行**真正的民主法治**，中华民族是不可能跻身发达国家之列的。

有一种很奇怪的现象，中国官方在汇报他们又惩治了多少万贪官的时候，不以在自己的治下产生了那么多的贪官为耻，反而以逮了众多的贪官为荣。似乎是揪出的贪官越多，成绩就越大，进而以此邀功。最应该干的事情难道不是铲除贪腐之蛆滋生的粪坑，让阳光照进中国政坛吗？——怎样才能减少、消除贪官，很适合进行全民大讨论，从而让全国上下形成共识，最终归纳为若干刚性法规，使之成为中国生人文态健康的保护神。→我们迫切需要的并非是继续革命，而是切切实实的人文生态的改良→蛆虫当然要灭，但更重要的是密闭那些滋生蛆虫的污池。

我们的结论是，中国的以相对公平为目标的去人治的政治、经济改革势在必行，中国共产党的吐故纳新、与时俱进也势在必行，二者皆急如救火。因为不进行实质性的改革，就不足以迎接二十一世纪的严峻挑战——我们认为将来的一个世纪，将是人类有史以来，科技井喷成型、人文涤污趋善的最伟大的拐点，这是挑战，但更是我们奋起直追、后发先至的机会。中国，这个具有悠悠五千年连绵不断的灿烂文明的泱泱大国，中华民族，这个勤劳、善良、勇敢而又充满智慧的优秀民族，在这伟大的历史拐点上，为迎接**"共和之春"**

的降临，难道不应当激荡其浩然之正气，释放其迷人之魅力，显露其厚重之智慧，展示其孔武之雄姿吗？在农耕社会人治帝王专制时代，我们曾经建立过引领世界的伟业，在历史的车头驶入工商业社会民主法治时代之际，难道我们就不能再创引领世界之辉煌吗？

还有就是，饱经忧患的、最具家国情怀的共和国的第一代公民，行将老去。不管是"居庙堂之高"的执政者，一旦因年迈而退出政坛；还是"处江湖之远"的我们，一旦因体衰而陨落，那么，改变人治传统这个重如泰山的重担，又有谁的肩膀能扛得起呢？如果我们不因势利导，不奋发有为，因此而断送了**"共和之春"**（民主、法治、阳光、公平、和谐）降临的珍贵良机，我们这一代人，无论是于国于民于己，不仅仅会抱憾终生，而且是"罪无可恕"的。

时不我待，斯之谓耶？

【注："第一代公民"，1949—1978 年的亲历者，他们因历史的机缘而饱受磨难，必将成为中华有史以来最为耀眼的"俊杰"群团，他们是中华民族善恶博弈最为激烈的时代的见证者，是黑暗人治专制转向阳光民主法治的伟大拐点的亲历者。我们不揣冒昧地代表新中国的第一代公民而写作此文的主要目的，就是要在处于这个伟大历史"拐点"之上的"中华和谐号"的车头之上，植入"定向"的软件，使之能平稳地抵达**"共和站"**，完成中华民族的伟大复兴！】

基层架构，社会防癌的稳定器→民主、法治、公平、阳光的突破口，是"实事求是、相对公平、与人为善、尊重人性、阳光行政"等等得以落地生根的前锋。

社区（村）为中华人民共和国的最基层的行政管理机构和服务窗口，是泱泱中华公平、和谐、稳定、安康的基石。应做到九百六十万平方公里无死角，十四亿人**一个都不少**，皆分属不同社区，得到优质的服务与管理。（辖区范围应根据人口数量，管理难度作适当调整）

社区下辖的任何单位、家庭、个人，对于人民政府（二轮差额直选的）对社区的管理、服务，都应无条件开放和协助。政府、军队等实权机构的任职者，皆为中华人民共和国公民，任何人都不得以任何理由围起来自成"独立王国"，脱离国家基层社区的直接管辖，对于不服从管辖者，社区"三首"

有权根据宪法宗旨，对其提出免职建议。家、国同理：一个家庭的子女，在外干得不错，富了、贵了，难道"家长"就管不了？这个"家庭"还会和谐吗？

对于中国大陆存在大量的"城管、农管"，我们是不大能理解其设置的理由的。架构重叠，这很有点用纳税人的钱养闲人嫌疑。既然所有的社区{村}、街道{镇}都有相应的官员，还有警察局的派出所等执法机关，难道他们不应当为保持自己辖区内的正常秩序负责？

社区{村}的机构设置

设社督、社统、社监。

三首并立，三首同权。

同为社区轮值首脑。

——其待遇可根据辛劳程度，用一线补贴方式拉高，以稳定队伍，保障优质的服务与高效管理。三首看起来似乎很多，但可以减少相应的副职、工作人员，就可以克服机构臃肿的问题。

社区{村}的三首，同为辖区二轮差额直选的人民代表，同为中国{人民}共产党之天然党员，同为社区同权轮值首脑，同为辖区党委{支部}同权轮值一把手。

——社督、社统、社监的选拔，不分高低贵贱，自愿报名，在社区阳光行政平台自由竞争，由全体社区公民投票选举出"正式候选人"，经原生活地公示无异议后，并在拟任职社区予以公示（此乃获得人民认可的便捷有效方式），再经两地社区居民差额投票选举，得票高且过半者，即当选为拟任职社区之人大代表，天然的中国人民共产党党员。因为家国情怀为参选者的必备条件，所以基本上不会产生挑肥拣瘦、拈轻怕重的问题。人民二轮差额直选和异地任职，是杜绝官场近亲繁殖的最佳措施。→异地任职不是绝对的，最关键的还是选举法的制定。至于具体的任职地的调配，以所有的任职者全员参与的现场"抓阄"来决定，是符合相对公平原则的，也是杜绝争议的良法。

是否有努力为人民服务的家国情怀、是否具有吃苦耐劳的精神、是否品行端正、是否具有足够的知识储备、是否具有相应的咨政行政能力、是否有足够的沟通能力和执行能力、身体是否健康、是否无保留公开家庭政治经济背景，以及任职动机等等，应是考察、公示的重点，公示先后在原生活地和拟任职地进行……总之，当选者必须是足够优秀，足够先进，是具有家国情怀的，是真正值得人民托付的……

社督工作，重心在党委（党支部）、民意、选举、公决、立法建议、阳光行政平台的管理；并有权协管社统、社监分管之工作。

社统的工作，重心在居民、物业、服务、扶弱济困；并有权协管社督、社监之工作。

社监的工作，重心在安全、环保、司法修正建议、补漏纠偏、志愿者、动态管理（人员流动动态、先进事迹、违法预防）；并有权协管社督、社统之工作。

社区（村）的任何决定，需经三首确认同意后生效。社区三首的工作电脑、工作手机，随时处于并联状态，所有进出信息，不得删除。社区三首皆有一票否决权，具有解散社区三首联席会议，重新进行选举或公决的权力。

详细一点来说：

社督，要完全掌握辖区内所有党员的详细具体情况（性别、年龄、民族、联系方式、人生诉求、工作单位、岗位、能力、风评、家庭财产、固定资产、亲朋、社交圈……建档，除国家机密外皆可公开查询，把他们作为建设和谐社区的中坚力量；收集社区居民的种种建议和批评；负责社区阳光行政平台的管理，选举的报名、公示，负责组织选举和公决投票，根据实践提出相应的立法建议……

社统，要完全掌握辖区内所有居民的详细具体情况，性别、年龄、民族、联系方式、人生诉求、学习或工作单位、岗位、能力、风评、家庭财产、固定资产、亲朋、社交圈、生存状况……建档，除国家机密外皆可公开查询，社区居民是建设和谐社区的基本力量；要完全掌握辖区内有多少建筑物（房产），分别属于谁，其中有多少住宅，有多少经营性场所，各经营什么，如何经营，盈亏状况，服务主要体现为大力扶持正当经营，满足、保护辖区居民的正当合理需求，扶弱济困永远在路上……这样全国九百六十万平方公里之内所有社区中的不动产与资源都清晰可查、准确无误。再综合银行、股市、保险等金融机构的数据，以及工商、税务等管理部门的数据，就可以完整地掌握个人动产较为准确的状况。一旦国家各级阳光行政平台搭建完成，官员财产公布制度的实施也就水到渠成了……

社监，负责保证社会安全，事先防范、及时排除隐患，随时做好自然灾害和人为破坏的预案，落实临时入住人员报备制；环保、卫生无死角；纠偏主要体现在杜绝辖区内出现非法经营（如不开发票等偷税行为，哄抬物价、伪劣产品）、赌博、吸毒等等；杜绝所有家庭滋生懒汉，拒绝啃老和不孝，杜绝所有居民非量入为出式的消费（超消），无死角扶弱济困等等；尽可能壮大志愿者队伍，使各个需要督查、管理的问题都有人具体负责，以便将所有不和谐隐患消灭于萌芽之中。可适当减少"城管"的数量由社区统一组织的志愿者队伍协同尚善委、公安、城管、城建、卫生、安全、民政等部门，对城市进行无死角的人性化管理，社区三首皆为第一联系人……

特别举例来说明一下，社区的三首，是需要具有解决实际问题的能力的，如果连为无电梯的小高层楼房加装电梯﹛或改进型爬梯﹜这种利国利民的事情都处理不好，那么，社区的三首就是不合格的→因为这不过是**相对公平的原则**的的具体运用而已：只要大家都没有不公平的感觉，事情就好办了→注意，**相对公平与绝对公平**是两回事，就加装电梯这件具体的事情来说，与绝大多数的事情一样，是不可能做到绝对公平的，总是会有的人"**吃亏**"的，这是**客观存在的特定范式**，是不会以人的主观意志而改变的。我们社区的三首能够做的，就是以相对公平为原则，让获益者对吃亏者给与一定的补偿。对于那些获益者拒不补偿、吃亏者狮子大开口的种种胡搅蛮缠，在事情进行之前，就先要有明确的惩戒方案；对于那些与人为善，甘愿吃小亏的人，事情进行之前，也要有要有具体的褒扬措施。这样，就使那些不与人为善的、不讲相对公平的个体没有可乘之机；就让那些甘愿**吃小亏**的宽容者亏在明处，受到人们的普遍尊敬。社区三首，如此这般诚心服务，事情焉有不成之理呢？

需要专门说明一下的是：对于害人害己的赌博，我们要坚决予以打击，但不能矫枉过正。譬如四川人爱打麻将，只要是量入为出，有预算，那就是**正常的娱乐活动**，你就不能定性为赌博。纠偏的标准，应以是否伤害他人和国家利益，是否会让参与者自身陷于生存困境为基本标准，而不是仅仅依据数额来判断是否赌博→当然，不管从哪个角度来说，我们都是应该反对"**打大麻将**"

的，因为这不仅违背了娱乐的初衷，也是对财富的亵渎→对于财富的创造者所创造的财富，是理应心存敬畏的！

根据实践，提出相应的司法修定建议……

社督、社统、社监，三者同为社区与尚善委以及公、检、法联动的常任第一联系人。

人治与法治、专制与民主的明显可辨的特征：人治专制，"唯上是听"；民主法治，"唯下是从"。"上"在此处的释义为"主子"；"下"在此处的释义为"人民"。

以人体作比喻：

三权并立的顶层架构，犹如人体大脑，二轮差额直选、阳光行政，决定了它的思维方式，三首同权、一票否决制，限制了它的权力膨胀值，决定了它不可能在重大决策时出现严重失误。二轮差额直选、公决、弹劾、提前大选等措施，将能够有效地保证人民的最终决定﹛集中﹜权……

三权并立的基层架构，犹如人体的基本细胞团，它们将有效保证人体每个单一细胞的健康，从而消除了人体癌变的可能，因而社会基础必定十分稳固，具有良好的"抗癌变"的能力。所谓的"维稳"，也将随之而成为历史的记忆。

总之，社区的管理者，是必须由具有"实事求是、与人为善、相对公平、尊重人性"四原则为核心的思想修养的，责任心强且有实际执行能力与实干精神的，具有家国情怀的人来担任的——社区三首，不仅仅是人民委托的社区管理者，更是人民雇佣的社区服务者——抑恶扬善、扶弱济困，就是社区三首的基本职责。

其具体职责，就是对本社区全方位的管理与无死角的服务。这就要求社区三首必须对辖区内的自然资源的状况和土地的面积、自然、政治、经济的生态状况、不动产的归属、使用状况等等情况了然于心，并建立电子动态模型以备不时之需；对辖区内的所有常住居住者与流动居住者的身份、职业、思想修养、业务能力、健康状况、实际收入、财务状况等等情况了然于心，并建立电子动态模型以备不时之需。

只有这样，社区才有可能得到良好的管理与高质量的服务，从而使社区成为公平和谐的**共和社会**的坚实基础。

中层架构

设省（区）、县（市）两级，参照顶层和基层，由人民代表间接选举（二轮差额）督、统、监三首脑，在同级人民代表中竞争产生，共同协管辖区内的党政事务。

地（厅）级的政府办事处、人大办事处、党委办事处，为省（区）的派出机构；乡镇（街道）级的政府办事处、人大办事处、党委办事处，为县（市）的派出机构。

（地）厅级办事处之厅督、厅统、厅监，由省级人大代表、人大委员，在拟任职的上、中、下三级国家阳光行政平台自由竞争，由省级人大代表二轮差额选举产生（人大代表及委员，为中国人民共产党之天然党员），首轮选举得票高者，成为正式候选人，予以公示。第二轮正式选举中得票高且过半者，获得任职资格；（乡镇）街道办事处之街督、街统、街监，由县级人大代表、人大委员在拟任职的上、中、下三级国家阳光行政平台竞争担任，由县级人民代表无记名二轮差额选举产生，正式候选人在第二轮选举中得票高且过半者，获取任职资格。

国家各级非三首之新增雇员的任职、录用，应事先将岗位在下级、同级、上级三级国家阳光行政平台公示后，自由报名竞争，经考试合格后，得分高者依次获得备选资格，报上级批准后到职，如不批准，应由法院会同本人所属社区之三首予以裁决，以克服中国传统文化中的"维上意是瞻"的恶习（撤职亦通用此规则）。

——县、省（区）、国家三级政协，予以保留，国家为现存各政党提供办公、活动场所。各政党之宗旨，应是以全体人民之利益为利益。各政党在宪法范围内活动，为中国特色的和谐社会建设积极贡献自己的智慧和才能。积极参加人民代表的竞选，投入到国家事务的实际管理中去。一旦当选后，即天然成为中国人民共产党的党员，根据个人意愿，可保留或不保留原所属政党的党员身份。

搭建国家、省（区）、地（市）、县、镇（街道）、社区（村）六级三首直管的、常设的意见收集、政务公示、选举、公决的阳光行政平台（电视频道、网站等），拥有专属电视频道（拟定名为国家阳光行政频道）、网站（拟定名为国家阳光行政网站），以便国家公民选举、公决，随时咨询、建议、批评、举荐、自荐、监察、答辩、讲演……让人民可以自由、便捷地参加竞选、选举、公决，以及随时督查……

人民代表的产生

社区级人民代表，在社区居民内自由竞争，阳光行政平台提供竞选服务，由无记名、一人一票，差额二轮直选产生。第一轮选举正式候选人。正式候选人，经公示无异议后，进行第二轮直选，得票高且过半者当选。根据居民多寡，除已经是人民代表的社督、社统、社监三首以外，根据需要，可多至 N 名。人才汇聚之地，名额可适当增加，人才匮乏之地，名额可适当减少……

县级人民代表，在社区级人民代表内竞争，也应实行二轮差额选举制，由全县社区级人民代表无记名二轮差额间接选举产生……

省级人民代表，在县级人民代表内竞争，同样实行二轮差额选举制，由全省县级人民代表无记名二轮差额间接选举产生……

国家级人民代表，在省级人民代表内竞争，由全国省级人民代表无记名二轮差额间接选举产生……

县、省、国家三级人大委员、常委，在同级人民代表中竞争，由同级人民代表无记名二轮差额选举产生；县、省两级"三首"，在同级人大委员中竞争产生，由差额无记名投票方式决定。应实行二轮差额间接选举，初选"候选人"，然后正式选举。

实行 1:2 以上差额选举制，票高且过半者当选。得票如不过半，得票高的前若干名，可参加下一轮选举，直至得票过半当选为止。如经三轮选举后，仍无足够的当选者，可以用抓阄的方式从人才富裕之地予以协调补充。

"三首"、人民代表可连选连任。

各级人民代表为天然的中国人民共产党（执政党）党员。

——各级人民代表、党员、国家雇员之撤职、除名、解聘，皆由下向上走程序，在下级、同级、上级的阳光行政平台中公示一月后，报上级批准后生效。如有争议，应由同级法院会同本人所属社区的三首予以裁决。

国家任何级别任职人员之撤职、解聘，都首先向其所居住的社区（村）提出公示建议，允许本人在社区阳光行政平台和本人任职的同级的国家阳光行政平台上进行申述、辩解，以防止冤案的产生。社区级将批准或不批准的决定公示无异议后，经同级法院审定后，上报县（市）人大批准生；县（市）级将批准或不批准的决定公示后上报省（区）人大批准生效；省（区）级将批准或不批准决定上报全国人大批准生效；国家级将批准或不批准的意见报元首联席会议批准生效。→简言之：

县级以下人员，由县人大批准生效。

厅、县级人员由省人大批准生效。

省级人员由全国人大批准生效。

国家级人员，由元首联席会议批准生效。

国家元首之去留，由全国直选、公决、提前大选决定。

党员党内职务的解除，也是由下向上走程序，担任任何职位的党内人员，首先从所居住社区（村）党委（支部）开始，通过阳光行政平台，一律从低到高走程序……

——高级官员与低级官员，人格平等，互无任职、免职权力，再无"中央空降、省（区）直降"之说，这样就可有效消除官场上的人身依附，让"官大一级压死人"之弊病成为历史，让"官场"最大限度阳光透明，让私相授受的裙带之风无从刮起，使人民能真正地决定"官员"的去留，从而真正、切实行使国家主人的权力，而不再仅仅是名义上的国家主人。

让"一切权力属于人民"的宪法精神落地生根，开花结果，是我们的初衷。

——为最大限度地保障公民人身权利，任何公民在被批准拘留、逮捕、撤职时，行政、施法机关在执行前，必须向当事公民所居住的社区（村）报备，社区"三首"依据自身掌握的事实，有同意或不同意的权力。这样才能最大限度地保障司法公正。社区"三首"是人民直选的、法定的保障自己辖区内每个公民不受不公正待遇的第一责任人，是社区的天然"家长"，是老百姓真正意义上的"父母官"，更形象的说法，社区三首，就是老百姓的堤坝、掩体、防空洞、保险箱、安全阀。

阳光公开，三权并立，是防止公权腐败的最佳范式。

——为保障入职、升职的公平，必须阳光操作，实行"公推公选"，当权者和人事部门，在国家雇员岗位出缺的第一时间，**人员未定之前**，就必须在下级、同级、上级的国家阳光行政平台予以公示，明确报名条件。凡是符合条件的报名者（"心忧天下、情系苍生"为必备的条件），即可进入正式选任的行列，参加面试与笔试（公选）。

必须依据匿名笔试的成绩从高到低依次录用，如无令当事者信服的充分理由，不得越序录用。

为了保证相对公平，防止暗箱操作、引起争议，考试内容分为知识储备、能力（案例处置）两部分，各占50%，采取在"天眼"完全覆盖之下现场即时公开摇题，现场即时匿名公开阅卷；面试、体检**在笔试前**进行，只要行动、思维、表达正常，无明显影响工作的身体缺陷与疾病，即为合格。不得轻易判定不合格而取消笔试资格。面试、体检**不计分**，只判定合不合格。→面试结果、体检结果，与最终是否录取不发生因果关系｛笔试前已经合格｝，这样就可以堵住人为的"暗箱操作"。

相关人员都有同等的自由参与竞争的权利，都有同等的被推荐、被选举的权力。

绝不是如现在这样，先由有权者"指示"人事部门"内定"考察对象，并保留面试记分这个暗箱，只是在即将正式任职前才作形式上的公示——所谓的"组织部门的考察"，常常成为实现上级主要领导意图的手段与工具，谁的手伸得长，谁的亲信就提拔得多。这种用人制度如不加以改革，中国官场的清明是没有希望的。在此等社会生态之中，政府机关工作人员的个人幸福感排名垫底，也就一点也不奇怪了。

这种以当权者的意志为主的选任形式，是官场人身依附关系和裙带之风的温床，其结果是：被提拔者多半为有权者的亲属、"朋友"、"熟人"，以及当权者其它的各种利益的相关者。

提拔谁、不提拔谁，应由辖区的公民、下级、同级、上级，每人一票制的形式，由得票多少来决定，以求尽可能做到阳光公正，公平地保证有德者上、有才者上、有绩者上，即德、才、绩三者皆优者上；而绝不是由是否是与当权者"有关系"来决定。

哪怕是职务低至一个"村官"，也不是国家元首级别这样的"大官"可以任意指定或撤职的。哪怕是一名普通群众，也是可以对任何一级"官员"，通过相应的国家阳光行政平台，以尚善委属员→国家人文生态督察官之身分，提出升、降、免的建议。这样，人民就可以方便地行使国家主人对国家行政人员的监督权，随时通过相应的国家阳光行政平台，提出某"官员"的任职、升职、免职建议，且法定不得压而不议不决，否则就是违法，相关责任人将承担相应的责任……

预期效果

这样，"官"场内的人身依附（人治基础）将荡然无存，裙带之阴风也无从刮起，人们就不必小心翼翼地拍有权者的马屁了（谁说中国人天生就是奴性十足，生来就是媚态恶心的马屁精呢？制度使然罢了），政治清明就会因此近而可期……

【全国各事业单位，包括各级国家科研单位、各级国立学校、各级国立医院等等，事关国计民生，同时也是国家财政支出的大头。其是否阳光、高效运行，事涉国本。也应该参照"三首同权、三首并立"的精神，由有家国情怀的、有相关专业知识、能力的人大代表（人民共产党党员），将现有领导逐步予以替换｛要鼓励现任官员积极参选｝，将"尸位素餐"者逐步清除，使国家机关中混吃等死者没有生存的土壤。还应该派具有专业知识的常驻人民代表予以监管，这些都是大有必要进行研讨的。】

"官场健康"，由此可得到较充分的保障，办事效率可望大大提高，贪污腐败机率必将大幅下降，人民这个国家的主人，必将得到更优质的服务……

——我们认为，"三首并立、三首同权"的本质，是典型的"中国模式"，是对中国古代"三公制"的继承和发展，是完全符合中国人"大一统"和"中央集权"的传承和现实需求的！

中国古代的"文官制度"，是一个皇帝统辖三公，皇帝专断；我们提倡的"三首同权、三权并立"，也是一个"皇帝"（人民→全体公民），下辖"三公"（三首），皇帝{人民}专断。阳光行政，二轮差额直选和提前大选、公决，保证了人民才有最终决断权。其中的区别仅仅是把皇帝变成了人民。搭建常设的社区（村）、镇（街道）、县、地（市）、省（区）、国家六级阳光行政平台，用二轮差额直选和公决的方式，实现人民这个国家"天子"的权力。"三公"（三首），只是替人民"代行"管理国家的权力。"阳光行政"就是传统意义上的"上奏"，就是要让人民这个"天子"知道你要干什么、是怎么干的、结果如何、怎样发扬成绩、纠正错误等等。"三公"（三首）之间如果产生无法调和的争议，由人民这个"天子"用"公决、大选"来决断。

这儿需要特别提出来的是，要制定相应的防止多数人对少数人专制的具体措施。我们认为，主要的方法应该是：对于所表决的问题、对象，一定要保证酝酿的时间足够充分，特别是对有争议的问题，要保证足够的争辩时间，提供必要的争辩平台，还可实行二轮、三轮表决的方法，以求既保证最后表决结果的公正性，又保证其正确性→同时还可赋予公民对已生效法律条款有权提出修订的权力，等等。

另外，需要特别提出来的是，中央集权是一个中性词，它就好比齐天屠龙之剑一般，就是称手的利器{工具}，使用得当，益国益民，如果放任不管，就有可能被个人专制、人治独裁者掌控、利用，那就会造成巨大的灾难。

也就是说，我们必须为中央集权（举国体制）这个"高效工具"设计出一套既能发挥其高效的优势，又能克服其弊病的辅助制度来，让老祖宗留给我们的这个法宝焕发出它无限的勃勃生机。

上述内容，不仅要成为共识，而且要上升为任何公民都不能且不敢违背的具体法规，才有可能在中国建成真正相对公平的、贫富共赢的、民主法治的、阳光普照的、和煦温馨的**共和社会**。

锦囊 {11} 重塑治国理念、重塑人生信仰是中华民族走向共和的前提 { 附带： 欧美的宗教问题 }

一个是非不明、善恶不分、没有积极向上的人生信仰的民族是没有未来的。

中国当下人文生态中存在弊端，对于相当多的中国人来说，都是"一笔糊涂账"，心中并无清晰的辨善恶、论是非的标准。因此，重塑治国理念，更新人生信仰就成了中华民族走向共和的前提。

"往者不可谏，来者犹可追（论语）"的中国智慧是具有巨大的现实意义的。

我们对外援助已经用掉了多少多少亿，占财政支出的份额是多少，持被动支持的态度。因为钱已经被别人吞进肚子里，再也不可能吐出来了，纠缠无益。因为我们太过"大方"，养出了一些不断索取的，甚至还有"你中国就是该给我们钱用"的恩将仇报的无赖。古先贤"升米恩、斗米仇"、"救急不救穷"的教诲，仍然是具有极强的现实意义的。

依据实事求是、相对公平、与人为善这三个治国理念的核心原则来反思，就明白我国当下的外援举措，与这三个原则都是不太相符的，从而就可由此得到关于外援的最佳处置范式→世界上各国的贫穷落后并非因中华民族而起→无责任就无义务！因此，只要在别国发生重大的人道主义危机时给予了"力所能及"的帮助，我们就已经稳稳地站在了公平正义、与人为善的原则之上了。对于那些比我们还穷的国家，我们的主要援助方式，应当是针对性地派出人文生态与科技方面的专家进行调研，根据其具体的情况，给出改良第二生产力、第三生产力方面的建议，使之能够顺利地走上自立自强的道路；其次才是在经过严密科学论证、确保能够互利共赢的前提之下，力所能及地援建某些有偿项目，以帮助其得到较快的发展。外援中，任何不力所能及的、打肿脸来充胖子的乱作为，都是愚蠢的自杀行为→其唯一的结果就是；不可持续而害人，血尽人亡而害己。→力所能及、确保互利共赢，应当是我国外援活动中的钢规铁律，并且要堂堂正正地广而告之，使那些穷国明白；天上是不会掉馅饼的，别人是没有义务养着你的；唯有自立自强，才是有效的、可持续发展的唯一道路→而今天讨一口今天完的作为，试问，明天的那一口又在何处呢？→人自甘于落后，即便是神仙也是帮不了的！

鉴于现在我国官员中，不少的人在明知我国中西部存在大量穷困公民的情形之下，仍然对于原本不多的、可以用来为民纾困解难的国家财产，严重**缺乏敬畏之心**，而大肆贪墨、挥霍的状况，我们最关心的是，何时能够还权于民，出台立即生效的、国家（人民）财富的使用由人民这个真正的国家主人批准了能使用的审批制度。

因为无论怎样纠缠，"外援"的钱也是弄不回来的了，我们只能够着眼将来。过去的巨额外援，究竟是利大于弊，还是弊大于利，也未见有什么人，弄出过什么令人信服的可行性研究报告来，说来说去还是一笔糊涂账……

根本就没有所谓的理所当然的外援经费，那以百亿计的、千亿计的外援，都是从依然很穷的中国普通老百姓口袋里抠出来的血汗钱！

当下，中国的人均收入远远低于美国｛美国7万美元以上，中国往高上靠顶多才4万人民币，二者换算下来，中国人的人均收入大约是美国人的人均收入的十分之一｝，但我国的外援经费比美国还多，这是很不正常的。因此《**外援法**》的制定应尽快完成，以便于"**依法外援**"。→外援原本是帮助别人的善举，但外援一旦失控，成为了不顾本国底层人民的困苦的穷显摆，或是成为了实现少数人某种企图的手段，那这种所谓的外援，就是实实在在的恶行。

制定《外援法》同样必须以"实事求是、相对公平、与人为善、尊重人性、必要差别、民主法治、阳光行政、动态纠偏"这些基本原则为基础的。具体来说，对于外援的法理、目的、谁能决定外援的对象与额度、阳光公示等等方面都要有具体而详尽的规定。

获得别人尊重的方法绝不是撒钱，撒钱再多也是不可能"买来"真朋友的。

如果你是穷人，家人嗷嗷待哺，你却打肿脸来充胖子，大肆撒钱，不仅不会获得尊重，反而会被别人当成笑话，暗自嗤笑，把你看成傻子。老外之所以使劲儿地为你叫好，眉开眼笑、怪腔怪调地高歌献媚："没有共产党，就没有新中国"，只不过是为了让你傻傻地继续"大量出血"而已——轻易地就从中国的钱袋中捞取几百亿，真是太爽了。如果某国动不动就给我们中国人几百亿美元，我们也将十分乐意地高唱："没有某某某，就没有明天的太阳"！

一个人是否会获得别人尊重的最根本的原因是：你、以及你的家人是否真正富有、是否与人为善。如果你是家、国皆富，你就有强大的话语权，不管你抠与不抠，谁人又敢小觑你呢？我们当然不是说遇见重大人道主义危机时，我们也一毛不拔。对于外援来说，还是应该有一个举国上下认同的标准的，而不是由"掌权者"的意愿来行事。

这不是我们个人的观点，邓公对此早有敦敦告诫："千万不要去做穷国的首领。"{并主动裁撤了大部分的外援}→我们认为邓公这句话没有任何歧视别人的意思，一是，我国大部分人仍然很穷，二是，凡事都需要坚持**相对公平**"的原则才是可持续的。"救急不救穷"、"量力而行"的古老中国智慧，应是处理"外援"的准则——责任与义务从来就是不可分的，没有责任就没有义务。→我们从来就没有掠夺、侵略、殖民过别国，因此我们只对重大人道主义危机具有救助的义务，对他国的贫穷与落后，我们是没有任何**独自承担**的义务与能力的→最佳的方式并非是把那些贫穷国家的人"养起来"，而是帮助他们自强自立。"养起来"不仅不能解决问题，反而还会因此滋生出更多的问题。

中国的国家财富由全国劳动人民共同创造，神圣不可侵犯，任何人都应心存敬畏，是不能、也不敢随意动用的来送给别人的。→只要是由人民这个国家的正主所批准，外援再用得多一点也是没有任何问题的；只要是不被人民认可的，外援用得再少也是违法的。

——政治的首要目标是掌权，终极目的就是掌握国家财富的支配权。

我国宪法规定一切权力属于人民，这才是无数革命先烈流血牺牲的初心，将财权归还给人民，这是尊重宪法的底线之一。

需要反复说明的是，所谓"毛泽东思想"，是革命先烈的集体精神、意志的集中体现，《五四宪法》才是"毛泽东思想"的真正代表，正如1787年通过的《美利坚合众国宪法》是"华盛顿思想"的集中代表一样，包含了华盛顿和他的战友们的建国、治国理念。

在中国，只要去重庆渣滓洞、白公馆看看就明白：对于什么才是中国共产党人的初心，就一目了然了。

邓小平所提倡的"坚持毛泽东思想"，绝不是指坚持大权在握后蜕变为人治独裁者以后的毛泽东的那些错误百出的"红色语录本"、"最高指示"，要看毛泽东的"初心"，也只能看他的《论联合政府》中的那种平等、自由、民主的思想。就是由于建国前他当时的那种思想、初心，才使当时的农民、工人、城市普通市民、知识分子、士绅、民族资本家和老一代革命家们选择和他同舟共济，一起和黑暗势力拼命，为了中华民族光明美好的未来而不懈奋斗，不惜抛头颅、洒热血，最后才成功地建立了**中华人民共和国**。

我们的看法仍然是，所谓坚持"毛泽东思想"，就是坚持毛泽东思想中的**"正确的内容"**，具体而言，就是要坚持革命先烈的集体意志，也就是要坚持《五四宪法》的宪法精神！

如果人民不能对国家财富的支配、使用，行使同意或否决的权利，就是直接违宪、忘记初心。

现在官方常说，中国共产党的领导是中国人民自己的选择。→我们认为，这是合于建国以前的历史事实的。

在中国共产党与中国国民党争夺政权的惨烈斗争中，人民事实上就是选择了支持共产党，使共产党成功地夺取了政权。

但"中国共产党的领导是中国人民自己的选择"这句话的绝对正确性，是有历史时限的，也就是说，是有具体的时间限制的，其截止时间，显然是公元 1949 年 10 月 1 日。

我们的意思绝不是说，在共产党与时俱进、吐故纳新、纠偏扶正、勇于承担、锐意改革、重拾初心、将自身定位于人民之下的前提下，中国人民就不会再次衷心地选择共产党的领导了。

你不能说两千多年前的时候，中国历史性地选择了秦国统一中国，秦朝就理所当然地应该延续到现在。这是一个显而易见的简单常识问题。正如美国大选一样，究竟谁来执政，大选投票完毕，本轮选择就已结束。至于下届还支不支持你，还选不选你，就要看你干得好不好了。干得好，人民就会继续选择你，罗斯福就曾经连续四次当选；干得不好，甚至干糟了，很可能在大选未到之时，你就会被迫下台。

结论是，谁也没有剥夺中国人民选择和重新选择的权力，这是《中华人民共和国宪法》明示的宗旨，这是共产党革命先烈们神圣的遗愿。其实，邓小平提倡的：坚持共产党的领导，坚持社会主义，坚持人民主专政，坚持马列主义、毛泽东思想的核心，就是要坚持一切权力属于人民这个宪法宗旨，这是**中华人民共和国**之所以名正言顺的基石。

建国之前，人民之所以选择中国共产党，那是因为目睹了当时无数共产党先烈无私无畏的流血牺牲，目睹了共产党人那种"砍头不要紧、只要主义真"的浩然正气与决绝，那种"我以我血荐轩辕"的为人民谋幸福的崇高的家国情怀。而当时那些革命者中的精英，大部分并非出生于赤贫的工农家庭，而多半出身于士绅之家。红岩英烈中很多人为了革命，不仅捐献了大量金钱，而且牺牲了自己宝贵的生命。他们的初心是什么呢？除了建立以"一切权力属于人民"为核心的平等、民主、自由、富强、和谐的新中国之外，还有第二个选项么！他们的集体意志、精神，就是毛泽东《论联合政府》中所追求、许诺的新中国。他们的伟大之处、令人崇敬之人格，充塞于以心系苍生的家国情怀为支撑的、"可不为而为之"的浩然正气之中，令人肃然起敬！→因为他们作为当时社会的既得利益者，本可以较为舒坦地享受生活，用不着去干既舍财又舍命的"革命"。然而他们却为了自己"以天下为己任"的中国传统知识精英的信仰，携浩然正气，义无反顾地踏上了死大于生的征程。他们取得的成就是划时代的，用他们的鲜血、生命，将"一切权力属于人民"这一最重要的宗旨，破天荒地写进了新中国的第一部宪法，使中国人治独裁，至此再无任何合法性。

眞正的共产党革命英烈就是实证，有力地回击了那些污蔑中国人没有信仰的谬论。

一个人有没有信仰，是指其内心有没有自己信奉、坚持的，能够使自身与他人变得更加完美的**人生准则**。换言之，人有没有信仰，是指人的心灵有没有实在的、确定的寄托的地方。我们认为这才是信仰的正确定义。→而不是被少数的西方"大咖"牵着鼻子走，把"是否信神"作为有没有信仰的标准，这是很荒唐的。说中国人没有宗教信仰，我们是认可的。说中国人没有信仰，我们决不认同的，因为这不符合事实。

我们认为，只有以真善美为核心的人生准则，才配称为人的信仰。→因为只有依据以真善美为核心的人生准则，才能为人类的精神搭建起温馨安宁的家园，使"吾心安处是吾乡"成为现实。

各种花哨的这主义、那理论，是应该歇歇了，现在，是我们共同还原事物的本质，踏踏实实地干点有实际意义的事情的时候了。

中国从来就是一个"世俗"国家，所有的中国人的最大愿望，哪怕是罪犯，都无一例外地希望自己的孩子成为一个"好人"，即具有"与人为善"人生信念的人，这是华夏民族信仰的最有力的诠释。中国人不信"神"，而信自身，与其他民族相比，在信仰这一点上，无疑是更先进的。

所谓有信仰，不应该是指参加了某个宗教教派、信奉了某尊"神"，就有了"信仰"了，而只能说他们有了"宗教信仰"。恰恰相反的是，如果一个人加入了某个宗教教派、信奉了某尊"神"，他内心很可能就因为有了"宗教信仰"而丧失了自身的人生"信仰"，跌入了"虚无"的泥潭→因为现代科学已证实，所谓的"神"和救世主都是不存在的，能够挽救人类自身的，只有我们人类自己。而依照"大道向善"的客观存在范式办事，坚持实事求是、相对公平、与人为善、尊重人性、必要差别，民主法治、阳光行政、动态纠偏，才是人类自我救赎的唯一途径。→我们人类不信仰这些足以使人类得以自我救赎的自然法则、科学定理，难道应该去信仰那些从未给人类带来真实益处的虚无缥缈的神吗？→随着人类对于人类自身的认知的深入，以及人类对于人类自身所处的这个客观外界的认知的加深，人类的信仰，同样也是需要与时俱进、去伪存真、动态纠偏的！

所谓的宗教教派之争，从来就是披着宗教外衣的利益之争。→因此，化解宗教教派之争的唯一的可行方式，只能是以相对公平为基准的各自利益的最大化，舍此，所谓的宗教教派之间的矛盾，是不可能得到彻底的化解的。→宗教也是人类人文生态组成部分，本质上，宗教就是从人类愚昧时代沿袭下来的**习俗**，宗教当然也是属于改良的对象之一，同样也是需要取其精华、去其糟粕的。人是没有干坏事的自由的，打着宗教旗帜，依然没有伤害他人的权利。在这一点上，我们赞同中国大陆当下的做法，**将宗教事务纳入国家行政管辖范围**

之内，以防止别有用心的人利用宗教﹛习俗﹜来干坏事。→我们认为这是化解全世界宗教界的历史恩怨的最直接、最有效的方式。→当然，如果在真正的民主法治国家之内采取这样的措施效果更佳，因为真正的民主法制国家的政府是民意凝聚的结果，全体公民是不会反对政府对宗教进行有利于全体公民的正向管理的。→宗教不是独立于国家事务之外的独立王国，同样是需要受到以公平正义为核心的法律的规范的→之所以世界上有些人能够利用宗教来干坏事，很多时候都是由于国家没有制定《宗教法》而使宗教失控所致→**宗教是可以不受真善美的制约的**，无论从哪个角度来论证，都是不成立的，因为这是违背"相对公平"这个**自然法则**的。→发达国家接收移民的政策中存在着严重的缺陷，是造成诸多问题的根源→接受移民必须是**有条件的**，移民是必须遵守接受国的法律的，违法者必被遣返的，这是最低的底线→欧洲人在中世纪曾经长期生活在"**宗教黑暗**"之中，是有血的教训的→因此，加速包含宗教在内的政治生态的科学化，对于欧洲来说，已然迫在眉睫→从严格意义上来说，宗教事实上就是政治（人文生态）的分支，这就决定了宗教纳入国家行政管理的必然性！→宗教自由，同样必须是在不得伤害他人利益﹛相对公平﹜的前提下才是成立的。那些扯着宗教的大旗干坏事的人，并不是真正的宗教教徒，而是混入宗教团体的异教徒→对于宗教的各个派别的领袖来说，清理这些异教徒，就是天然的职责，否则，就会使自身所属教派的合法性荡然无存，成为人人喊打的过街老鼠。→单就宗教方面来说，西方发达国家，同样是需要进行"**刷新治国理念**"的改良的！→当下欧洲所发生的"**宗教危机**"，移民接受国的政府负有主要责任，那些被接受的移民的责任是次要的。→从理论上来说，民主国家的政府，是全民意志的体现者、全民授权的责任人。其主要职责就是保护选民不被伤害→任何人、以任何名义，都是不能与国家民意，国家权威抗衡的。→欧洲疏解当下**宗教危机**的最有效的方式，我们认为做两件事就行了：1、发布大赦令，既往不咎，以使恩怨清零、就此翻篇，为了止损、为了顺利地纠正过去的错误而免责，换言之，就是"**有教而诛、有恕而诛**"；2、制订《宗教法》，规范宗教行为，将宗教纳入国家行政管理，以保护宗教的正当活动，坚决打击那些假借宗教名义为恶的异教徒→因为伊斯兰教原本的宗旨，也是行善施仁的，真正的伊斯兰教的信徒，是不会允许那些别有用心的人，肆意地对伊斯兰教教义进行异化的；同时，伊斯兰教同样也是有"与时俱进、去伪存真"的时代需求的。

□宗教异化成为坏人反社的会工具，与政治邪说成为坏人危害他人的工具，其产生的根源都是由于人类人文生态学未能科学化而致使真善美不具有绝对的权威。→如果某种政治理论，不是维护人类的善性而是释放人类的恶性，那就是邪说；如果某个宗教教派，不是维护人类的善性而是释放人类的恶性，那就是邪教。→为了维护公平正义，对危害社会的邪说、邪教予以管控，是全世界所有国家执政者的天然职责。→宗教是人类人文生态的组成部分，随着人类人文生态学的科学化，将宗教纳入国家行政管辖之下，将是不可逆的必然趋势→人类的精神家园中，是容不下任何形式的异端邪说的。

有一种观点认为，宗教是可以解决道德范畴的问题的，但实际上，人们道德的好坏，还是人们的世俗人生信念（人生准则）与社会｛世俗｝法规在起作用（前提是在相对公平的人文生态之内，才能起正向的作用）。这就是为什么所有的宗教派别，都一定要披上慈悲和劝善外衣的原因。这也从侧面证明了中国人信仰的普适与先进。

需要进一步说明的是，所谓西方的"民主、平等、自由、人权、人格尊严"等等"普世价值"，就是用来调整人与人之间的相处模式的，其核心法理基础和内涵，就是"相对公平"｛可参照本文中相关较详尽的论述｝，这与我们主张的"完美独裁｛民主与集权的无缝有机联接、融合｝"追求的目标是一样的。所以，根本不能说什么是"西方"的，什么是"东方"的，而是东西方文明殊途同归、"有谋而合"，本质上，只不过是同一内容的不同的表述而已。实际的现实是，在实践上，由于特定历史的原因，中国从人治转向法治的步伐慢了那么一步而已。

虽然离中国人民真正实际上掌权，还有很远的路要走，但先烈们的"初心"已经写进了宪法，深入人心，已不可逆转。

（需要在此强调的是，"真正的共产党人"中，显然不包括那些仅仅徒有共产党员虚名的投机者，那些肆意草菅人命、大肆贪腐的蜕变者绝不是真正的共产党人，因为他们的的信仰实际上不过是基于丛林法则的钱权而已。他们已然沦为不分是非而只知逐利的禽兽不如的东西了）。

人的信仰，总体发展态势，必定是会与"大道向善"的历史潮流大体相吻合的，虽然时有偏离，但由于人皆趋利 { 人往高处走 } 的基本人性的制约，关于信仰的纠偏，就是不会以个人的主观意志为转移的必然。

——只有神仙才能够事先知道，毛泽东建国前的种种许诺是画饼，而不会去选择支持当时的中国共产党。连**黄炎培**这样的大智大贤者也不具有先见之明，就遑论其他人了。黄炎培先生是让中国人相信真民主在毛泽东手中而不在蒋介石手中的重要推手，他对于共产党最终夺取政权可以说是居功至伟的。但这并不妨碍毛泽东由建国前的极力拉拢，变为建国后的肆意批判，并亲自批准给黄家送来三顶右派帽子→黄先生之妻姚维钧女士和他的一个儿子，更是惨遭迫害，不堪凌辱，饮恨而亡。

中国共产党在建国后，由当初的减租减息，变成建国后大杀士绅并没收所有财产；从团结民族资本家到"公私合营"，剥夺其全部的私营资本；由优待"敌军"俘虏变成大杀身份低微的"反革命"；甚至苛待为中国作出了不朽贡献的我军战俘、国军抗日老兵——两千年前的"李陵之冤"竟然在人民共和国建国后再现。{ 有必要普及一下，中华人民共和国国旗上的五个五角星，分别代表的是：中国共产党、工人阶级、农民阶级、城市小资产阶级、民族资产阶级。}

电影《英雄儿女》中抗美援朝的英雄"王成"的原型蒋庆泉，喊出了那句气壮山河的"向我开炮！"，就因为曾在被炸晕后被动地当过战俘，竟然几十年都不敢对任何人说自己是援朝战争的英雄，连老婆孩子都不知道。当垂老之年时他被当年的老战友找到的时候，涕泗滂沱，哭得来像个幼童一样。

当年，血战金门的我英勇的中国人民解放军二十八军九千多位将士中，侥幸生还的三千余位"战俘"，回国后也被一律开除党籍、军籍，赶回老家种地，有相当一部分人还被戴上了叛徒的帽子，入狱服刑。这三千余人在文革中统统受到批判，而且无一不祸及子孙，整体无辜沦为政治贱民，致使他们的后代大多因"政审"不合格而失去了许多可以改善自身生活条件的机会。→即使当时我被俘的将士中，有少数的人真的"交代"了自己所知的军事"秘密"，我军又有什么损失呢？难道我方的指挥员是不知根据具体情况的变化而调整军事部署的傻子？我军战俘那不是求生的正当的、正常的行为吗？只要愿意回归，他们就无愧于共和国英雄的称号！我们最应该做的事情，就是道歉、补偿，并在共和国的英雄谱中，庄重地逐一写下他们的名字。

王铭章，国民革命军抗日名将，122 师中将｛殉国后追封为上将｝师长，1938 年三月中旬，为了替我国军队在台儿庄围歼日寇赢得必要的时间与空间，率区区三千疲惫之师、劣装之旅，以"有敌无我，有我无敌！"、"城存我存，城亡我亡！"的大无畏气魄，在孤城藤县死守不退，与日寇号称"铁军"的矶谷廉介中将师团长率领的，配有 70 门大炮、50 辆坦克、20 多架飞机的敌第十师团等日寇华北方面军共三万余人血战四天四夜，歼灭日寇 2000 余名，直至全师壮烈殉国！当时毛泽东等中共领导人还联名送了挽联："奋战守孤城，视死如归，是**革命军人**本色；决心歼强敌，以身殉国，为中华民族争光"。

王铭章将军的遗孀，叶亚华女士，本是用其夫的抚恤金兴办学校的大善人，是川大的才女，但在新中国成立后却遭到了苛待，被无端扣上了五大"罪名"，在即将死于非命之时，被迫辗转逃亡，受尽磨难，最后母子落得来在澳门沿街举牌乞讨——牌上写的字是：我是抗日名将王铭章上将遗孀……

新中国在上世纪五、六十年代，用人民公社的形式收缴许诺分给农民的土地，用公私合营的形式消灭所有私有经济实体的一切生机。

官民之间不平等，城乡之间不平等，党群之间也不平等；人无迁徙之自由，亦无选择工作之自由，也无言论之自由，个人私有财产被全部剥夺，甚至人身安全也无保障，更遑论"当家作主"了。

知识分子不能说自己的意见，轻者给你扣上右派分子的帽子，或就地监督改造，或直接抓起来强制劳改，而不需要走任何法律程序；重则扣上现行反革命分子的帽子，直接逮来枪毙，甚至还要家属出子弹费，而且无一例外地祸及子孙，使他们全部沦为政治贱民。挑动一部分人来欺压另一部分人，遂使中华民族整体撕裂，是非混淆，远离实事求是、相对公平、与人为善、尊重人性之"人间正道"。

不仅知识分子不能提意见，连普通的、没什么文化的老百姓，谁要是胆敢说毛泽东的不是，毫无例外地将立即以"现行反革命罪"论处，能够不被"立即执行"，就算是不幸之中的万幸了。

甚至党内高官、开国元勋，也是不能提意见的。贵为开国元勋、战功赫赫的共和国元帅、时任国防部长彭德怀，最后也因给毛泽东提意见被整死了。战功卓著的林彪元帅也被吓得来仓皇出逃，死于非命。

宪法中的民主（一切权力属于人民），在蜕变后的毛泽东的眼里，就是一纸空文。他建国后事实上的种种具体、实际行为，完整地诠释了他后期的思想：朕即国家，我就是中国共产党，我就是社会主义，我就是革命的主宰，不论是谁，只要反对我的意见，就是反中国，就是反党反社会主义，就是反革命。实际上就是任何人都不能违背他的意志，谁违背就整谁。连顾准这样真正的优秀共产党人，党内难得的才子，也被开除党籍，两次被戴上右派分子的帽子，被人肆意打骂，强制劳动，被整得来妻死子散，在他临死之际，想见见自己的几个子女，也因为其子女们患上了"恐怖综合症"而没能如愿。

我们之所以在此提到顾准先生，主要基于以下两点：一是，他是一位真正的共产党人。→出生贫苦，凭自身的努力，不到二十岁的小小年纪，已成上海滩的高级白领，月入数百大洋，在那个社会可说是前途一片光明，从个人利益来说，凭他的才华，充满了无限的可能。→但他却为了救国救民的家国情怀，毅然选择了加入共产党，投身革命。其家国情怀，真配得上"一片冰心在玉壶"的赞誉。二是，光明磊落，具有传统知识分子的浩然正气，为坚持真理，虽九死而不悔，其高贵人格，足为世范。

两千多年前的孔子就具有了"听其言而观其行"的智慧。判断一个人只能看他的具体、实际的行为，而不能只是听他口头上怎样说，这也是一个基本常识。

面对如此等等的违背以实事求是、相对公平为核心的治国理念的事实，我们还能问心无愧地、笼统地、不分时段地说，中国共产党的领导是中国人民自己的选择么？

为了人民、国家、中国共产党三者的兴旺发达，和谐共赢，中国共产党应当坚持实事求是、相对公平、与人为善、尊重人性、必要差别、民主法治、阳光行政、动态纠偏等等社会良则，总结经验教训、闻过则喜、从善如流、吐故纳新、与时俱进，进行不违初心的去人治的政治、经济改革，难道不是最佳选项？坚持中国共产党的领导，不就是坚持继承中国共产党的革命先烈的遗志、初心，切实建成平等、自由、民主、和谐、富强的新中国么！

一个简单的常识就是，党不等于国家，国家领袖也不等于国家，党的领袖也不等于党。

世界上任何字典、词典，都没有关于某国领导人等于某国的诠释：特朗普不等于美国，马克龙也不等于法国……批评国家领导人绝不应该受到任何形式的限制、追究，而且是应该得到真心为国为民的执政当局的鼓励的→唯有如此，错误才有可能得到及时地纠正，才有可能真正地将中国的事情办好→中国的**公仆**成天在提防人民这个真正的国家的主人，成天不是敏感这个，就是敏感那个，规定中国人民这个国家的主人，这不准说，那不准做，这还是革命先烈们当初所希望建立的新中国吗？→红岩英烈江姐的儿子**彭云**滞留美国不归，良有以也！

【究竟什么是国家，请参阅陈独秀和章士钊在法庭上的辩护辞→ "一个不是人民选举出来的政府，有什么脸面代表这个国家？爱这样的国家，就是对祖国的背叛" ——摘自 1946 年大连大众书店出版的《毛选》】

然而此事在当下之中国却有点蹊跷，如果中国公民有谁敢于在公开场合指出党和国家领导人的错误，发点牢骚，哪怕你百分之百地实事求是，就很可能：轻者被构陷为妄议中央，重者被冠以危害国家安全罪或颠覆国家之重罪，陷于永无翻身之日的绝境。

人民还是宪法规定的国家主人和神圣的共和国公民么？这与革命先烈的理想、初心也差得太远了点吧！

中国曾经的众多国家领袖，都或离职、或死亡了，中国亡了么！中国共产党的历届领袖也或离职、或死亡了，中国共产党亡了么！

善意的批评，从某种意义上来说，是人世间的第一正能量。我们中国官方怕批评怕到如此神经质的地步，这是很使人费解的：实事求是的精神何在？！真理不是越辩越明么，丑恶的东西不是见不得阳光么？两三千年前的中国先贤就具有了 "防民之口，甚于防川" 的智慧，难道我们还不如几千年前的古人？执政者如此讳疾忌医，绝不是中华民族的福音。

从中华人民共和国宪法规定来说，共和国的当权者，是由我们人民这个国家的真正主人的授权，才得以上位的。那些坚持禁言的官员｛公仆｝们，是否应当向你们的主人们｛人民｝汇报汇报，你们究竟是在怕些什么、敏感些什么呢？——即便是马克思，也是反禁言、反对限制出版自由的，我们很想知道，那些禁言者究竟是怎样"**自圆其说**"的？→中国两千多年前的**荀子**就有了治国必须坚持"**阳光公开、批判思维**"的智慧，我们很想知道，那些禁言者又究竟是怎样做到"**名正言顺**"的呢？→《荀子·大略》："水行者表深，使人无陷；治国者表乱，使人无失。"用现代汉语来表达就是："在水中探路的先行者，将水的深处呈现出来，使随行者可以免于误入深水区；治理国家的执政者，将现存的弊端呈现出来，使国民能够免于遭受无妄之灾"。

中国人文生态改良之难易，在中国共产党中央委员会常务委员会的实际掌权者这个国家权威的一念之间→他不思改良，中国的改良就难于上青天，一旦**他锐**意改良，中国的改良就易于履平川！→实事求是地说：中国最高执政者，即中国权威，是拥有创造中国奇迹的资源与良机的！

新中国建国以来的禁言所形成的"信息茧房"造就了一大批盲目的权威崇拜者→这与贫富无关，与贵贱无关，也与学历高低无关，只与有没有实事求是的思维模式有关，即只与有没有质疑、求真、反思的精神有关，只与缺失实事求是的思维模式而懒于思辨有关→不管天生原本有多么聪明，只要躺进"懒于思辨"这个温床，经过数十年的"茧房孵化"，就会蜕变为"梦虫"。这些权威崇拜者｛恐怖综合症患者｝或忙于生计或耽于享受，他们的信息的唯一来源就是官方的官宣。其思想底色、判断对错的标准，囿于丛林法则的窠臼之中而不能自拔。这对于中国民间人士推动中国人文生态的改良形成了巨大的阻力→他们对于无权者的见解，不论对错，都具有本能的抵制而群起而攻之。他们的另一显著特点就是→"对权威的服从"→官方权威官宣什么，什么就是对的，就全盘被动地接受→这就是权威人物邓小平、胡耀邦等人能够颠覆性地拨乱反正、破除"两个凡是"，顺利地为上千万人"平反"，进而能够大幅度地实施改革而中国民间基本没有反对声音的根本原因。因此，中国共产党的中央权威一旦能够不负使命，认识到中国的以人治为核心的人文生态是中国成为真正的发达国家的最大阻碍，并果断采取具体的去人治的政治改良措施，那么，中国与世界发达国家并驾齐驱就是必然的结果。→通观历史，握有实权的国家权威人士，决定着一个国家的未来，国家权威人士不作为或乱作为，都会给中华民族带来灾难。自上而下的改良易、自下而上的改良难，这是我们依据中国数千年的历史事实所得出的结论。→**究其原因就是：生活在以人治为核心的人文生态之中的大部分人，**由于长期被压制、禁锢，是难以形成实事求是的思维模式的，是缺乏浩然正气的，是没有独立人格的。出于自保的本能，下意识认同甚至膜拜国家权威，是他们的共同特征。→中国民众的这种"服从性"，是一把双刃剑，国家权威以"真善美"引导之，他们就是无坚不摧的神圣之军，国家权威以"假丑恶"诱惑之，他们就是无恶不作的的邪恶之徒。→中华人民共和国建国七十五年的以来的史实清楚明白地表明：以中国共产党人为核心组成的国家权威，同样也是二元的→既是中国人文生态弊端的制造者，也是改良中国人文生态弊端的决定性力量→每当治国理念趋于"假丑恶"的时期，举国上下，非"恶行累累"不能表其糟，每当治国理念趋于"真善美"的时期，举国之内，非"善果累累"不能言其美。→这是不需要论证的，因为大部分的亲历者依然健在。→中国应该向何处去，人类的未来究竟是什么？这是《华夏之春—走向共和》所想要阐明的。

——我们认为中国人文生态的乱象产生的根源，都是由于没有清晰的、科学的治国理念惹的祸，具体表现为：一是，虽然举国上下都在高喊民主法治的口号，但却没有人去认真地、具体地完善我国的民主法治制度。主要体现在，有不少宪法的**核心条款**，官方虽然常在口头高调宣传，却从始至终都没有具体的刚性的实施细则，实际上使之成为了一纸空文→结果就是：口头上说是**要实施**，在实际行动上却是**不实施**。二是，聚集在国家权力中心周围某些想分一杯羹的所谓的"理论专家"们蛊惑的结果。

这一伙潜伏在国家权力中心周围，整天为着私利，竭尽所能肆意谄媚、蛊惑的宵小们，利用尚不完善的制度，活生生地试图将国家执政者当猴耍，以便获取他们不可告人的私利，舍此，就没有其他理由可以解释中国当下的种种怪像了。

这种把"伟大、英明、亲自"等等时常挂在嘴边，不管实权者干什么都不遗余力地大唱赞歌的"捧杀伎俩"，甜言蜜语中所包裹的"险恶用心"，与"麻醉抢劫"无异，是我国执政者们不得不提防的。从中华几千年历史的无数史实中，可以总结出一个这样的客观存在范式：那些无事献殷勤，凡事唱赞歌者，绝非"贤臣"，不是窝囊的庸才，就是心怀鬼胎的小人。对此，中国的执政者们要有清醒的认识，要有事先事先防范的意识，以免于中招。

中华人民共和国的政务工作人员，恭维地说，级别高者称之为政治家，受人民之托，代行国家政府管理工作。因种种机缘，社会分工不同而已，其地位、人格，与农民、矿工、洗脚妹等等，本无贵贱之分。政务工作人员的工作不能使人民满意，国家主人提点改进意见、发点牢骚，怎么就和叛国、颠覆国家、反党、反社会主义扯上了关系了？怎么就会亡党亡国了？实在是百思不得其解，还有待所谓的"专家"们站出来说道说道。

照他们的歪理类推，教育部长去世或撤换了，中国教育就毁了？农业部长出事了，中国农业就毁了？

——夸张一点地说，在中国，可能什么都缺，最不缺的就是想当国家领袖和部长的人。而能胜任这些职位的人，在教育普及的当今，可以用多如牛毛来形容。

中国公民，人人都有为国家效力、为人民做贡献的冲动、义务和权力。只不过客观上因职位有限，你上了之后别的人就上不了罢了。

谁上、谁不上，就是一个机遇的问题，或者说是一个概率的问题，与"抓阄""摇号"的本质一样，没有什么可"讶异"或抱怨的→机遇、概率，就是人们常说的运气、命运，本质上是"客观存在"的一种"本我形态"，是不会以人的主观意志而改变的→是特定的个人天赋与所处的自然生态与人文生态中特定的际遇交互作用的结果→是天然具有唯一性的→对于属于生命的动物的人的个体来说，不论是特定的天赋、特定的生态、特定的际遇、特定结果，都是"不可重演"的→举例来说：中国人有没有读到本书的机会、有没有读懂书本的智商、有没有落实思想的执行能力，以及中国未来发展，都是由中国人的特定际遇"命定"了的→不过有一点是可以确定的：人是智慧生物，是天然具有维护自身利益的愿望与能力的，因而，中华民族踏上"大道向善"的必由之路从而获取人生的幸福，是任何人都阻止不了的！

通常，上位者都不是能力最强的那一个。"近水楼台先得月，向阳花木易为春"（《断句》），"十寸之草，立泰山之巅，巍巍乎高哉；百丈之木，处雁荡之底，矬矬乎矮也"（《幽谷红杏花正妍》），就生动、形象地表达了此种"机遇造英雄"的不以人的主观意志为转移的客观范式。

因为这是客观范式，是由种种特定因素制约的，是不以人的主观意志为转移的，那些所谓的"怀才不遇"者，就没有了郁闷和发牢骚的理由｛至于在位者干得不好的，该怎样善后，那是另外的范畴，不能在此混为一谈｝。这就如大江东流、月落日出一般，你对此难道也要"怨天尤人"？人类社会的发展，从来就不是等到人们挑选出能力最强的那一个"你"来当领袖的时候才向前发展的，你能证明华盛顿是美国当时能力最强的那个人吗？"草"得时势（机遇）之助，也是可以成为伟岸之遮天楠竹的，高达数十丈。"木"若不能审时度势，顺势而辅助之，一味抱怨，就会成为大而无当的朽木，甚至成为摧毁人们正向意志的"怨妇"。归因为"命不好"、"不公平"，就不作为，把自己的责任推卸得干干净净，一味地指责别人，自甘于消沉，实质上就是"成事不足，败事有余"的懦夫。如果仅存"假若我是国家领导，我将怎样怎样"的空想，而不积极地把自己的智慧贡献出来改良我国人文生态中的弊端，那你就不配"精英"的称号。

虽然执政者们的上位，在目前制度尚不完善的状况下，是"名正言顺的"，但中国幸运的上位者们，是不是应该谦虚一点，对主人客气一点，像华盛顿那样，连续地开会，静静地倾听多达一百多天，尊重人们的不同意见，以"真善美"为标准，以实事求是、相对公平、尊重人性为准绳，集众家之长，进行实质性的、去人治的政治改良，把中国的政务办得尽可能完美一点呢？这是执政者起码的职责与义务，不是吗？我国现在这种极不和谐的"主仆颠倒"的种种现象，还要持续到什么时候呢？

当然，我们的目的是补漏纠偏，绝没有否定当下诸多善政的意思。

少数的有权的"栋梁"和多数无权的"民众"之间的良性互动，才是把中国将来的事情办好的唯一途径。要达于"良性互动"，就必须重塑治国理念，实行真正的民主法治、阳光行政→这其间的法理基础是：治国精英与民众，是地位对等的伴生关系，是利益与共的合作者而不是敌人→这个地球，天然是属于每一个地球人的家园，每个国家，天然是属于这个国家的每位国家公民的家园→每一个人，每一个公民的具体行为，对于这个地球以及每个国家的自然生态与人文生态的影响，虽有大小之分，但都是决定性的，是与自身的利益、他人的利益息息相关的→"各人自扫门前雪，莫管他人瓦上霜"的处世之道，是与"人间正道"相悖的，是违背相对公平的原则｛不得伤害他人利益｝的→

不论"瓦上霜"伤害何人的利益，都是在对人人共享的生态实施破坏，伤害的不仅仅是某个特定个体的利益，而是对整体利益的伤害→今天他可以伤害甲而不被禁止，这怎能保证乙明天不会受到他的伤害呢？

锦囊 {12} 愚昧是人类的天敌、
基本常识的普及任重而道远

人类的天敌是愚昧、贫穷、疾病、天灾、懒惰、贪欲等等，它们才是导致人类不幸的根源，它们才是人类的真正的敌人，社会不和谐的始作俑者。

贫穷、疾病、天灾、懒惰、贪欲等等会使人生存艰难，是不言而喻的，这里就不再赘述。

而愚昧，则是与"人是智慧生物"的定义两不相容的，愚昧天然就是人类的天敌。→愚昧的人究竟会干出怎样的傻事、坏事来，是常常出于人们的想象的。

贫穷的本质也是愚昧。→我们是赞同苏格拉底**"无知卽罪恶"**的观点的。一个国家的民众如果善恶不分，好坏莫辨，也不知科技为何物，那么，这个国家的未来就很有点"盲人骑瞎马，夜半临深池"的危险了。

我们认为对于愚昧，特别是人们在经济、政治方面的愚昧，是有很有必要说道说道的。→中国是大有必要进行实实在在的启蒙教育的，起码应该让普通民众了解基本的人文生态常识。

——我们终生勤俭，奉公守法，劳作不已，为什么我们会始终那么穷？

起码我们应该知道，我们这些勤俭、且奉公守法者，长期处于贫困状态，不是我们的天然宿命，不至愚昧地将自己的困顿，归因为是自己的命不好，合该受穷。

在任何社会形态中，终身勤劳、节俭、守法的普通劳动者，就是对社会尽职尽责的优秀公民，是社会财富的主要创造者，是整个社会的支柱群团。如果他们长期处于贫困之中，就一定是社会财富的分配方式、方法出了问题，其中的关键，就是（相对）"不公平"。

——其实，之所以有富贵者的岁月静好，只不过是因为有我们普通劳动者的负重前行！

三千年前，中国勤劳的祖先就创作出了《硕鼠》、《伐檀》这样的名篇，道出了辛勤劳动者始终贫穷的根源，发出了"逝将去汝，适彼乐土"的呐喊→这个"乐土"，就是相对公平地分配社会财富的社会、就是与人为善地和谐共处的**共和社会**。

不相对公平的财富分配方式，在中国持续了数千年，与人为恶地缠斗了数千年，难道我们还有什么理由让它们再持续下去吗？贫富共赢（共同富裕），不是我们坚持的中国特色社会主义的基本特征吗？

我们主张相对公平的意思绝不是要"打土豪、分田地"，搞什么"平均主义"。

无差别的绝对平均主义是没有任何前途的，我们绝不能再干无差别的绝对平均主义这种反社会的傻事了。绝对公平就是不公平。你要明白这是反"实事求是"的，因为绝对的公平（绝对平等）从来就没有出现过，也是永远不可能出现的。如果有人向你兜售"人人平等，各取所需"的美好，敬请小心，千万别相信，因为这必定会断送人们的"发财梦"，必将严重地挫伤人们（含体力和脑力劳动者以及投资者）创造财富的积极性（第一生产力），就会对社会第一生产力造成致命的伤害，这是无异于慢性自杀的愚蠢行为。人是生而不同的，体力恒有强弱，智力恒有高低，勤懒恒有区别……如果有真才实学、有贡献的博士后与文盲同酬，多劳而不能多得，人还会有劳动的积极性（第一生产力）吗？还会有科技（第二生产力）的发展吗？

我们提倡的是相对的公平。

人生而不同，现实中和历史上，从来就没有所谓的绝对的公平与平等，而只有相对的公平、相对的平等。相对的贫与富，是自然的客观存在范式，是伴随人类始终的。绝对的平均主义，多占多拿，都是违背相对公平原则的，都是"逆天而行"的，都是反社会发展的客观最佳范式的。→阶层的存在，相对贫富的存在，自古而然，并将伴随人类的始终，这是由人与人之间的天然不可更改的差别性决定的→从竞争的角度来看，从人类的进步来看，阶层、相对的贫富差别，都是有积极的促进者作用的。我们主张的相对公平，就是要杜绝强势者多占多拿，就是要保障弱势群体的应享利益不被强势者侵占，而不是要像强行削山填海、水漫金山那样，不顾铁定事实地，去强行抹杀人与人之间天然存在的个体差异。→任何不尊重人之正向人性的行为，都是违背"**自然法则**"的，都是会给人类带来灾祸的。

因为天然就是，有的人力气大一些、有的人力气小一些；有的人聪明一些、有的人愚笨一些，人生而就是相对不平等的→人是天然存在差异的，这才符合客观事实。

由于历史的特定原因，有的人拥有物质资本，有的人不拥有物质资本。我们要明白，历史也是"天然"不可更改的，即便"当时不公平"，也是当时人类发展的必然进程中的必然结果，是受人类当时的生产力水平与认知水平制约的→用当下的认知去苛责古人当时"合法"的行为，显然是不成立的。尊重、承认历史，是一个简单的常识，也就是说尊重、承认"地主、资本家"的历史地位，承认他们在经济活动中曾经发挥的积极的、巨大的作用，才是"实事求是"的态度——我们现在需要做的，仅仅是将资本的运作套上相对公平的"缰绳"罢了。因为人类的历史进程是不以人类的主观意志为转移的，是自有其客观特定存在范式的，是不可能推倒重来的。我们唯一能做的只是总结历史教训，变不利为有利，让"资本"更好地为国为民谋利，而不是"害人而又不利己"地"打土豪"，撕裂社会。

如果不论勤与懒、能力大与小，智慧的高与低，人们获取的报酬是一模一样的，那人们还会有创造财富的积极性么？必然会使第一生产力遭到毁灭性的破坏，导致经济的崩塌。共和国"社会主义大锅饭"的历史教训，难到还不深刻吗？

绝对的平均主义，违背了中国先贤"过犹不及"的教诲，即违背了"实事求是"的处事原则，是典型的"似是而非"的忽悠，严重地侵害了能者与勤者这个社会中坚群团的利益，违背相对公平的原则，是对第一生产力的"扼杀"，是反社会的逆行。

我们主张的相对公平的意思是：就是主张不能无视人与人之间的客观差异性，而是根据人们贡献的大小，获取相应的报酬，但差距不能太夸张。根据贡献的大小，既不能多占多拿，也不能少占少拿→而且要对弱势群体予以**适当**

的扶助、倾斜，不然社会就不能和谐发展。因为贫贱者与富贵者是生死与共的伴生关系，"贫贱者"消亡了，"富贵者"也将不复存在，富贵者消失了，贫贱者也就失去了领头羊而整体弱化，所谓"兔死狐悲"、"唇亡齿寒"，说的就是这个道理→贫者与富者，是人类社会与生俱来的"互为因果的、地位对等的伴生者"，偏袒、偏责任何一方都是违背相对公平原则的。

你力气大一些，难道会大到一百倍，甚至上千倍？你是要聪明一些，贡献了能够提高劳动效率的工具和方法，然而，是不是应以普通劳动者的报酬的若干倍为上限呢？→没有贫贱者的支撑，谁也是不可能暴富的。

你拥有物质资本，但我们拥有人力资本，你的物质资本，只有与我们的人力资本**"互溶"**，才可能产生新的财富，你获取的利益是否也应以我们的收入的若干倍为上限呢？

对于利润大幅偏高的行当，对于显属收入畸形偏高的群体和个人，基于相对公平的原则，国家有权通过税收等相关立法，对此予以调控。

其法理基础是：畸形高收入，是由种种制度不完善、不公平、不合理造成的，你的产品的售价必定是虚高的，你所拿的酬金也必定是虚高的。虚高部分显然是不公平、不合理的，是"多占多拿"，属于不当得利。

我们的意思是，不是不可以高，而是不能够夸张地高到变态，一个人居然可以在很短时间内，轻轻松松地，个人就可以挣得几千万，甚至上亿的资产，这显然违背了良善社会的基准——相对公平，这是人类社会不和谐的根源之一。邓小平先生仅凭"如果两极（异常）分化了，我们的改革就失败了"这句话，就足以被称为最伟大的哲学家，因为他老人家提纲挈领地抓住了解决中国问题，乃至整个人类社会问题的关键——"相对公平"。只要我们坚持邓小平这种"相对公平"的立场，对中国现存问题逐一分析，凡事都问一问："这相对公平吗？"，找出切实可行的解决问题的办法，并落实在具体行动上，中华民族就会焕发出勃勃生机，赢得美好的未来！

我们赞成英国先贤洛克先生："权力不能私有"的观点。而他的"财产不能公有"的观点是应该修正为"财产不能全部公有"——如果国家不能掌控一定数量的"公有财产"，国家行政的正常运行必将成为空谈。公权私有，与相对公平的原则是格格不入的，权力私有，财产全部公有，不仅不公平，而且还是第一生产力"软骨散"，与公平和谐的共和社会是南辕北辙的。我们需要的是一整套使公权绝不能私用，不论是公共财产还是私有财产都神圣不可侵犯的具体详细的制度设计，从而在中国率先建成"共和社会"。

人文生态常识的普及，任重而道远……中国人仅仅靠善良是不足以自立自强的，中国人只有远离愚昧，增强自身的能力，才可能赢得未来。→一味地顺从、愚忠，一味地痴迷于钱权，都是愚昧惹的祸。→纯善本无错，获取财富、获得权力也本无错，但是，如果不分是非善恶，不讲相对公平，就大错而特错了。

一般来说，人的命运不仅仅是由人所处的特定的人文生态所决定的，更重要的是：人是具有智慧的生物，是能明辨是非善恶且具有主动趋利避害能力的生物→所以，说："人的命运是掌握在那些已然觉悟了的智慧者的手中"同样是成立的。我们认同"愚昧无知也是一种恶"的论断，因为一个人的命运是由其自身的认知水平决定的，一个国家的"国运"，是由其公民的认知水平决定的→倘若一个国家的执政者与公民都浑浑噩噩，遇事总是不能找到"最佳特定的客观处置范式"，那么这个国家的"国运"，就很有点"玄乎"了。→因此，我国的执政者推动全体公民对"治国理念"进行大讨论，从而形成全民的"治国共识"，并将其写进《宪法》，就是我国执政者和各界精英的天然之职责！

作为官员来说，凡事都要**"取之有道、处之有理"**，作为民众来说，凡事都要**"从之有道、顺之有理"**→二者在公平正义的旗帜之下、在法律的规范之下相向而行，中国的事情，鲜有不成之理。这个**"道"**，就是要论是非善恶，要讲相对公平。用通俗的话来说，就是只能利己利人而不得害人害己。

锦囊 {13} 关于"言行不一、有法不依、公然违宪"这个当今中国人文生态中的最大弊端的反思；改良完成以前，保持中央的绝对权威，是改良成功的必要保障

行政管理上言行不一，有法不依，公然违宪无制衡，是当今中国行政的最大弊端。

从某种意义上说，这是对革命先烈的公然污辱和背叛。

人的幸福，是以有没有良好的心态为标志的，从这个角度来说，当下的中国官员没有一个人是幸福的，当然除了那些天良已泯，逐臭追腥的非人类以外。{ 先别发怒，如果我们不说真话，就既不能成就中国广大官员们坦然的幸福生活，也不能使中华民族真正复兴 }→现在，中国官员中那些抱着人治专制不放的官员，随时都在提防这个，敏感那个，终日小心翼翼，被迫不断地撒谎来掩盖事实真相，他们幸福得了吗？当下，中国官员中那些真心想为中国人民谋福祉的、主张政治体制改革的、希望中国尽快成为真正发达国家的，具有家国情怀的众多官员们，眼见专制日盛，禁令日多，贪腐泛滥，动则得咎，整日郁闷得都快要发疯了，他们又何谈幸福呢？

为什么那些人治专制维护者们的胆量，居然会大到公然违宪的地步？其根源，一是有权者的私欲与自我膨胀所诱发的"冒天下之大不韪"的明知故犯；二是无权者的无知所催生的麻木不仁而导致的逆来顺受的不负责任的苟活。二者叠加，遂成中国人文生态之中的**人治顽疾**→违我共产党人之初心，坏我中华民族之未来。

从严格的意义上来说，那些维护人治的有权者们逆历史潮流而动的公然违宪之主因，还是源于他们自身的"无知"→他们自身浑然不知，自己陷入了

"聪明反被聪明误"的泥潭，已然成为了"**人治流毒**"的俘虏与牺牲品→他们不太明白究竟实施人治专制与实施民主法治，谁才是真正对他们自身更为有利的选择。他们也不太明白，革命先烈的鲜血是不会白流的，仁人志士们用鲜活的生命写进宪法的宗旨"**一切权力属于人民**"是永不褪色的，那些在建国后历次运动中倒在人治专制屠刀下的献祭者的英灵是不死的。他们还不太明白的是，**眞善美与人民伟力的叠加是无敌的存在**→又有谁敢于、能够：去**惩治**那些为了改良中华人民共和国的人文生态，平和有序地在中华人民共和国各级"**人民法院**"之前排队，依法提起"**关于进行人文生态改良**"的行政诉讼的共和国公民？！→**中国人民向往美好生活的愿望是不可遏制的！**

在中国传统帝王人治的人文生态之中，"普天之，下莫非王土；率土之滨，莫非王臣"的传承在中国延续了几千年，"帝王之下皆蚁蝼"的潜意识仍然是中国当下进行去人治的政治体制改良绊脚石。→因此，中国的国家执政者为首的各界精英的天然职责，就是要旗帜鲜明地捍卫中华人民共和国的宪法宗旨："一切权力属于人民"，要明明白白地告诉中国民众→中国现在已经是民主法治时代了，中国的帝王专制时代已经过去了→权贵之下公民绝非蚁蝼！→如果有谁再坚持搞人治专制那一套，就是逆历史潮流而动，不仅害人，尤其害己。→如果中国被一小撮坚持人治专制的的顽固分子所裹挟而倒行逆施，邓公"亡党亡国"的警告恐将成为现实→届时，"覆巢之下无完卵"，倒霉的就不仅仅是普通的公民，中国的富贵者们也是难承其重的！

中美之间已进入全面竞争的时代，而人文生态已成两国竞争成败的关键→人文生态的优劣，决定着人才与财富流动趋向，而人才与财富决定着一个国家的兴衰→这是由"人皆趋利"的基本人性决定的，绝不是几句高调的口号就能改变人才与财富的流动趋向的。→中国打造"宜居"的人文生态，已然迫在眉睫，如果我们还不能痛下决心，完成邓公政治体制改革的嘱托，中国就永远不可能真正成为美国的竞争对手！

提示："中央集、大一统"的"举国体制"，是中国人继承了中国老祖宗的优秀传承，而不是来自于马克思、列宁、斯大林所弄出来的以红色专政为核心的"社会主义"。中国的举国体制如果不通过民主法治予以优化，上升为既聚民力、又聚民心的"**举民体制**"，就必然会异化为斯大林所开启的"红色专制"，给中国人民带来无穷无尽的灾难！

——中国并非没有好的宪法与其他诸多的应有的法律条款。

问题一方面出在当权者对宪法的主要宗旨和关键条款熟视无睹，不执行、不落实、不实施；另一方面，一般公民对此也无人依据宪法走法律程序，尽到自己应尽的监督职责，予以追究。以至于革命先烈的初心和遗志，在人民共和国建国整整七十年后的今天，仍然未能完全兑现。

邓公有言：社会主义法制建设的基本内容和总的要求是："有法可依，有法必依，执法必严，违法必究"。→而不落实"一切权力属于人民"的宪法宗旨，不基于此落实具体的保障人民行使国家主人权力的"**民主法治、阳光行政**"的政治制度，就是违宪。从理论、逻辑上来说就是：如果**中华人民共和国**的执政者建国七十年来，始终如一地违背**中华人民共和国**的宪法宗旨，那**中华人民共和国**就已经不再是**中华人民共和国**了。

每当回忆那些革命先烈，为了中国人民的理想，面对敌人的屠刀，大义凛然、慷慨赴死的壮举，面对今天中国的现实，就不是"遗憾"两个字可以表述的，而是撕心裂肺的痛：心痛先烈们的理想、初心、遗志居然受到如此不堪的践踏！

宪法规定，**中华人民共和国的一切权力属于人民**。

但纵观建国后七十年的历史，人民何曾在什么时候，以什么具体形式真正掌过权？虽然我们绞尽脑汁，想找出"最广大人民"中的一个实际掌权的实例，但遗憾的是，我们不得不以失败告终，反而是著名学者**张东荪**先生因在开国时未投毛泽东那一票被迫害得来"走投无路"的事实尤其刺眼。（建国时张东荪的"我认为中国想要发展就不能和美国交恶，中国不能充当美苏两大国冲突的牺牲品"的观点，很遗憾地被毛泽东否定了，采取了向个人血腥专制的苏联一边倒的态度。→即便是迫不得已，为什么就不能灵活一点，阳奉阴违地来一些"中国特色"呢？）

执政者中，没有人对人民究竟怎样具体掌权这个问题制定过切实可行的、保证人民真正能够参政、议政、督查的实施细则，也没有落实事关人民授权、取消授权的直选、弹劾、罢免、公决等等的具体措施，甚至连尊重宪法外在形式也不屑于走→截至现在，依然没有制定过《政党法》，中国共产党也就不可能向任何国家权力机关申报、登记，从而接受人民的约束了→进而对谏言取消"党天下"的民主派学者**储安平**进行疯狂的迫害：无论从哪个角度来看，储安平都不是一个反党反社会主义的人，而是一个深爱中国的国士。→"**党在民上、党在国上**"的体制弊端，**是对中国共产党人创建"中华人民共和国"的初衷的直接否定**；人民中，也没有任何公民依据宪法，对这种公然违宪的行为走法律程序予以追究。→当然，在 1990 年 10 月《中华人民共和国行政诉讼法》实施以前，去苛责中国的普通公民没能和平、依法地对体制弊端提出质疑、提请改良，显然是不实事求是的为难。

　　→中国人民应当感谢邓公：在他 1989 年 11 月退居二线以前的 1989 年 4 月，全国人民代表大会通过了《中华人民共和国行政诉讼法》，使中国普通公民依法保障自身的政治权力从此拥有了"**成文法**"的依据。→我们认为，这是邓公留给中国大陆公民的最大、最关键的政治遗产，使他的"**谁不改革，就让他下台**"的政治遗愿有了确凿、坚实的法律支撑。→中国未来的历史书中只能这样记载中国大陆当今的历史："1989 年，是中国大陆开启真正的民主道路的"**共和元年**"。这基于两个事实：1、至 1989 年，中国大陆完成了去人治的人文生态改良的法律准备。→剩下的，就只差"中国大陆的执政者、精英与普通民众的觉醒而采取具体的行动了"。→《中华人民共和国行政诉讼法》，为每位致力于中国去人治的人文生态改良的公民，提供了法律上确定的"**抓手**"；2、虽然中华民国政府，早在 1914 年就推出了《行政诉讼法》，但由于民国政府始终都没能真正一统中国大陆，当时所有律令，对各地方军阀都是不具有确定的约束力的。

　　→当然，我们除了感谢中国改开的总设计师邓小平、拨乱反正的急先锋胡耀邦、民主法治的坚定支持者赵紫阳、温家宝等人以外，还应当记住低调的改开人将万里同志→邓小平曾说过，中国的改革从农村开始，从安徽开始，万里是立了功的。更重要的是，万里先生在他全国人大委员会委员长任内，在邓小平的支持下，于 1989 年 4 月 4 日通过了《**中华人民共和国行政诉讼法**》→这其实是当时中共中央坚定地走民主法治、阳光行政道路的公开的、法定的宣言，事实上对国家执政者的权力作出了明确的限定，这对古老的中国来说，是具有划时代的进步意义的→在理论上来说，一是标志着中国执政者的觉醒，具有了主动跳出丛林法则泥潭的意愿，是中国数千年来行政权力自我约束的真正起点，更是中国大陆人治终结的起点→破天荒地为执政者"集体犯罪"设下了"禁令"；二是中华人民共和国的普通公民，从此具有了对中国执政者的乱作为说不的、不可侵犯的、不可剥夺的、神圣的权力→这是对"一切权力属于人民"这一中华人民共和国宪法条款的最强有力的施法诠释，使全体中国公民的和平议政、参政行为从此有了法定的途径和安全、有序的保障。

——宪法规定，公民有言论自由。

一个禁锢思想的时代，是不可能成为真正的盛世的，也是不可能真正实现中华民族伟大复兴的。在中华民族的内部和解与自洽都没能实现以前，我们是没有资格夸夸其谈的。

事实上，建国后七十年的历程中，却是因言获罪的事例层出不穷。（邓公主政后，已有所改观，但人治的基础未变→去人治的政治体制改革未能完成）

执政者，一直没有人对保障公民的言论自由制定过具体可行的、完备的、预后良好的实施细则；也没有任何公民依法追究执政者在"有法必依，执法必严"方面的不作为。

我们至今没有搞明白的是，时至公元 2015 年，文革结束已 30 年，中央早有毛泽东晚年犯过严重错误的结论的前提下，原央视主持人毕福剑只不过在私下发了发牢骚，就被逐出了央视→这不是典型的"只许州官放火，不许百姓点灯"么！只要稍微回顾一下反右、大跃进冒进、文革等死人无数的惨烈悲剧，只要想想自己新闻界的老前辈、党内大才子邓拓之死，我们是不明白央视的那些领导们，对毕福剑怎么就下得了手？请告诉我们："把我们害惨了"是否实事求是？毕福剑究竟违反了哪一条党纪国法？他侵害了何人的利益，他祸害过谁？他只是一两句话涉及到了党中央以《决议》的形式确认了的毛泽东错误的一方面而已，毕福剑没有否定过，也不可能否定掉毛泽东建国的伟大功绩，他又何罪之有呢？→而且，对于国家的执政者来说，"一俊遮百丑"是不能成立的，因为国家执政的能量太大，一旦犯颠覆性的错误，对于国家和人民的巨大伤害，就是难以挽回、不可弥补的。我们党的方针不是坚持实事求是吗？"毕福剑事件"，从本质上说，其实还是搞文革的人治那一套，把法律抛到一边，我说你有罪，你就是有罪！我们是真的不明白，在一个口头上不断强调民主、自由的国家，领导者把事情办糟了，为什么老百姓——这个国家的真正主人抱怨抱怨、发发牢骚怎么就不行了？

禁言，是不自信的表现，太小家子气，如果我们是光明磊落的，没干什么亏心事，我们又何怕之有呢？禁言，是在向堂堂世界第一大执政党中国共产党的身上泼污水，不仅是对我们党应具有的宏大气度的玷污，也是对我们党的伟大、光荣的直接否定，同时也是对勤劳、善良的中华民族的智商的侮辱→难道他们是一群是非不分的傻子？→只要有人一喊杀人，他们就举刀；有人一喊造反，他们就举旗？

——"禁言"这种危害极大的，足以使中国人民离心离德的弊端还应该持续下去吗？

在中国，对中国公民实施"禁言"：谁赋予的权力？法律依据是什么？→这两个方面都是不成立的。根子就在于沉溺于人治的泥淖中而不能自拔→对宪法、对国家公民，皆无敬畏之心。其外化表现形式：就是延续了几千年的"只许州官放火，不准百姓点灯"，公然违宪者牛气哄哄，被禁言者敢怒而不敢言已成常态——君不见，**由于人所共知的原因，这个不方便说**，已然成为"欲说还休"的惯用话语！在中国，又有谁敢于在公开场所，解释解释，**为什么"这个不方便说"**？——真是官威赫赫啊！→如果没有健全的法治｛他律｝，权力就会使人产生错觉：掌权者常常就会下意识地觉得自己伟大起来、高尚起来、能干起来，而不可一世。——**禁言，就是人治专制的典型表征之一。**

——在当下中国的"言论领域"，文革的余毒"指鹿为马"、"颠倒是非"尤为严重，利用智慧未开民众的"盲从权威"的弱点（核心是"智慧未开"，特点是"盲从、跪拜"，缺乏独立思考的能力，没有实事求是的思维模式），将真正具有正能量的"揭露社会的阴暗面"的志士仁人们，活生生地、扣上了"负能量"的帽子而肆意打压；而将那些负能量满满的的"歌功颂德"、"溜须拍马"的宵小们强行贴上了正能量的标签，在故国神州大肆泛滥。→对此问题，中国的执政者是有不可推诿的责任的，是应该以实事求是、相对公平为准绳，引导中华民族对此进行全民大讨论，从而明辨是非，进而明确言论自由的具体内容的时候了。→究竟是掩盖问题对中国有益，还是暴露问题对中国有益，在宪法中必须要有具体、明确、详细的阐述与规定！

——我们常常在想：我们伟大的中国共产党，让人民畅所欲言，真的有那么难吗？对为中国经济作出过奠基式贡献的农民、农民工说声"你们辛苦了"，真的有那么难吗？对那些在历次"运动"中惨遭迫害的同胞说一声"请原谅、对不起"，真的有那么难吗？对那些为中国经济"软着陆"，在"改制"时大批的因"下岗"而生活艰辛的普通下岗工人说声"你们吃苦了"，真的有那么难吗？对那些作为中国现代经济发展支撑力量的科技精英，说一声"亏待你们了"，真的有那么难吗？对孤悬海外，饱受欺辱，已苦苦挣扎了七十余年的中国台湾同胞们说一声"苦了你们了"，真的有那么难吗？

泱泱中华的领袖，坚持遵循实事求是的办事精神，具有相对公平的思维基准，拥有与人为善的品质，胸怀悲悯，心有共情，应是其基本的素质。

说了"对不起"，益显气度；再加上用实际行动予以弥补，这就是实打实的"善莫大焉"，就足以成就中国共产党的伟大！

一贯正确，其实就是明示错误；一贯伟大，其实就是彰显弱小，"欲盖弥彰"不是人人都懂的成语吗？谁不知道这是"掩耳盗铃"？（提醒一下：秉持善意，为中国变得更加美好，实事求是地"仗义执言"，说出事实真相，与"恶毒攻击"是风马牛不相及的。）

——我们还私下认为，现在应该在杀"地主"（乡村绅士）最多的地方建"土改"死难者纪念堂，在饿死人最多的地方建"大跃进"死难者纪念堂，在夹边沟建"反右"死难者纪念堂｛哪怕邓小平牵涉其中，该道歉还是得道歉，这才是实事求是，对历史负责任的态度｝，在首都建"文革"死难者纪念堂，等等，一者是祭奠那些中华民族的伟大的献祭者，二者是使我们牢记人治教训，警示后人。

个人独裁专制，弊端重重，其恶果不胜枚举。严重不公为其本质特征，人欺人则是必然结果，显属落后文化，其没落与衰亡是不可逆的。没有哪个现代国家，敢于公然规定执政者可以随意剥夺本国公民的财产与生命的法条。也没有哪个国家的法律敢于将"不准提意见"这句话写进自己的宪法——偶尔出现"好皇帝"的个例，并非一般客观存在范式，在此就暂不展开讨论了。

不论是"土改"滥杀地主（乡绅），愚蠢地盲目冒进导致饿死大量农民，"反右"迫害具有独立精神的知识分子，"文革"整治不听话的"走资派"和知识分子，等等，都是人治的恶果。

如果要为杀地主（乡绅）辩解，就是否定共产党自身。因为大多数的共产党的高级领导都不是赤贫的劳动人民家庭出生，而大部分恰恰是出生于"地主、富农"（乡绅）。以此论事，依照毛泽东的斗争逻辑，就会推论出："中国共产党是由地主富农的"狗崽子"领导的政党"这种荒谬的结论；还会推导出："大部分红岩英烈干革命的目的，就是要杀掉自己的父母"这种有违人性、人伦的荒诞结果。

我们还可举一个例子，使人更清晰地看清其中的是非，（事先声明，你不能用少数恶霸的特例来以偏概全、胡搅蛮缠）：两兄弟甲乙分家后，兄弟甲吃苦耐劳，勤俭持家，十数年后，家境愈加殷实，颇有良田，而兄弟乙则好吃懒做，奢靡无度，十数年后，败尽家产，沦为赤贫的流浪汉。这时，你去"主持公道"，将兄弟甲赶出家门，或者干脆将其杀掉，让兄弟乙来"当家作主"。这种所谓的"公道"，也太经不起"推敲"了→连傻子恐怕都知道甲乙到底谁是好人、谁是坏人吧。

以共产党当时的巨大威望和凝聚力，即便没有钱，也完全可以用发行国债的方式，对地主多余的土地进行赎买，同样可以达到"耕者有其田"的目的，完全可以不使用如此血腥的、毫无法律依据的、残忍而无人性的方式。我们当然不是说地主中就没有恶霸、豪强，穷人之中就没有懒汉、无赖，但这些"坏人"绝非主流，这是基于中国人性的判断。

既然我们声称是马克思主义的继承者，那么，我们就天然应当是历史唯物主义者，也就是懂得实事求是的人，当然就应该尊重历史，承认过去历史的必然性，认定其当时的合法性，而新立之法，必定是以惩恶扬善为目标的。对在旧社会既成的合法致富者，采取法定的温和"改良"措施，而不是不分善恶，仅仅以财富的多少来作为标准，确定打击对象，撕裂社会，挑动一部分人来整治另一部分人，将富人财产剥夺归己。中华人民共和国建国之初，首先最应该做的事情，就是发布大赦令，赦免过去与我们为敌的对手和过去的既得利益者，免于清算，并给与既失利益者一定的补偿，以贫富共赢的方式来弥合社会裂痕，让全国人民心安理得地、同心同德地为建设公平、民主、法治、和谐、富强的新中国而共同奋斗。当然要强调，大赦令发布后，**"执法必严"**必须成为钢规铁律，对那些继续为恶者，将予以坚决的镇压。我们认为，倘如此，中华民族将不会象当时那样人心惶惶、严重撕裂，远离和谐。

我们始终觉得，作为中国人，必须始终坚持与践行实事求是这个最具特点的中国特色，即凡办事，都将事实与法理摆出来，多问几个为什么，多想想事情这样办有无不妥，才有可能建成中国人所期盼的**共和**社会。

以罗南陔为首的四川李庄乡绅们有一万个理由在新中国活下来，广东江门的**鸿文三姐**也有一万个理由在新中国活下来——"为众人抱薪者，不可使其冻毙于风雪"，但他们却遭受无妄之灾，遗憾地死于非命，其悲惨之死状，令人唏嘘。

现在是我们认认真真地总结经验，反思教训，以实事求是为规范、以相对公平为准绳、以与人为善为基准、以尊重人性为圭臬，认认真真地弥合民族裂痕的时候了。我们在进行彻底的去人治的政治改革之前，为了不出现新一轮的揪斗、撕裂，必须首先发布大赦令，这是有足够多的"前车之鉴"的，实现中华民族的和解，这也是我们真正完成中华民族伟大复兴的客观需要。撕裂好，还是和谐更好，这是一个与人为善还是一个与人为恶的根本性的问题，我们相信每一个中国人都是能够做出正确的判断的！

我们私下认为，我们中国共产党人，根据宪法精神、党章宗旨，牢记使命、不忘初心，就是要以鲜明的态度，以建纪念堂的方式，用生动、鲜活的实例，揭示"人治"的巨大危害，目的并非是要清算谁，而是要明辨是非，总结教训，态度鲜明地、公开地、坚定地与极不公平的"人治"作彻底的决裂，实现全民和解，以实事求是为指南，领导中国人民坚定地迈向民主、仁爱、公平、和谐、阳光的**"共和"**社会，为中华真正的复兴奠定坚实的基础。

有时候，我们面对深重的苦难，语言常常是苍白无力的，是完全不足以表达罹难者所遭受的深重苦难和我们的深深歉意的。如果在为那些罹难者举行国家公祭时，也能像德国总理勃朗特那样，在死难者的纪念堂前"惊世一跪"，那么，中国共产党的恢弘气度与旷世伟大，在那一瞬间，就会成为永恒！

因为中华民族内部将因此而彻底和解，撕裂的伤口将得以愈合，从而大踏步迈地向民主、法治、公平、和谐、迎来政通人和、繁荣昌盛、百花绚烂的**共和之春**！

"知错能改，善莫大焉"的态度和认识，是纠错的良好起点。"实干兴邦"，就是要干实事，而不是仅仅停留在口头上。→纠错是要有实际行动的，而纠错的重点，就是要完善《宪法》，也就是要对《宪法》的条款作出明确、详尽的司法解释：逐条制定刚性实施细则，含具体的保障落实的措施、规定，违反相应条款后的具体追责措施，等等。总之，就是要让中国共产党的革命先辈们浴血奋斗的结晶——中华人民共和国《宪法》，真正成为神圣的、任何人都不得且不敢违反的国家基本法，为中华复兴保驾护航，为人民遮风挡雨，顺利地**走向共和**！

需要补充的是，我们的目的绝不是为了泄愤而翻旧账、撕伤口，也不是想追究谁谁谁的责任，也绝不是想全盘否定中国现行"大一统"的国家架构。我们的目的仅仅是为了借此来表明我们的立场，进行实质性的、有效的，预后良好的"修正、改良"，以公平、和谐为目标的"完善"而已。我们早就分析过，老一代的革命先辈与共和国的新生代，都是在以旧中国的帝国时代的人治思想占统治地位的人文环境中出生、成长起来的，或多或少都有母亲（故国）的人治"遗传基因"，如果要追责，基本上可以说是人人有份的。因为当时中国的上层、中层、下层中的任何一层，如果脑海中没有人治的烙印的话，那新中国前三十年的那些人治套路是任何人都玩不转的。

我们再一次强调两个问题：

一是，虽然在我国政治、经济制度尚不完善的状态之下，邓小平同志及其以后的直到现在的领导同志，已尽很大的努力，已把中国的事情办得相对较好了，取得了巨大的成绩，但这决不能成为我们不进行**"深层次政治体制改革"**的借口。完成中华民族的内部自治，实现中华民族的真正复兴还任重而道远。我们应当戒骄戒躁，乘胜奋起，以实事求是、相对公平、与人为善、尊重人性为准绳，将邓小平同志**"有法必依，执法必严"**的嘱托，切实地加以落实。

二是，我们再次确认，以大一统、中央集权为核心的"举国体制"，就是符合中国国情的高效行政工具，只要有了保证使用这个高效工具的安全措施，"举国体制"就会成为我们改良中国社会生态的利器、王炸，目标所向，我们将无往而不利！→最重要的关键是，要完善法律，要有**明确详尽的具体规定**，使"举国体制"这个**王炸**没有**任何机会**在中国成为**实施专制**的工具，这才能让"**共和之春**"顺利降临。

试想如下：以确立**治国理念共识**为目标，中央一声令下，进行全民与人为善（利他而不亏己的和谐）、实事求是、职责与权力、相对公平、相对自由、内部自治（和解）、如何具体落实"一切权力属于人民"、"党民一体化"、"大赦令"的条款、"尚善委"的设立等等内容的全民大讨论；同时搭建我国六级"阳光行政平台"，成立专事改良的国咨委、党咨委，对所有存在的问题逐一予以分析、调研，**以社区为突破口**，成功以后，再逐级向上落实真正的"民选"、"公决"制度，"民督"制度，"三首制"的试点与具体推广落实，"完美独裁"（民主与集权的无缝融合）的具体实施等等。如果是，我们很难得出我国的"政治深水区的改革"不会成功的结论。

戈尔巴乔夫根据他"**改革失败**"的体验，给中国朋友的所谓建议："**我给中国朋友｛中国官方｝一个深刻的忠告，不要搞什么民主化，那样不会有好结果**"，是不足为训的！因为他对苏联崩塌的结果，归因是完全错误的，是逆"大道向善"的历史潮流而动的！→他的所谓的"忠告"，不就是要实施专制，压制民主吗？"不要搞什么民主化"，那还能搞什么呢？→以此推论，中国共产党的革命先烈的初心，一开始就错了，根本不应该反对国民党的独裁，而是应该帮助国民党如何更好地压制民主，更好地实现国民党的一党专制，那中国就有希望了？！这也太荒诞了吧！这种思潮的流毒，在中国一部分掌权者中导致神经短路，对民主产生了"**杯弓蛇影似的恐惧**"，其危害是巨大的。如果我们中国共产党人对此流毒不能正本清源，以正视听，那才是真正地"**不会有好结果**"了！

戈尔巴乔夫先生是一位**心有余而力不足**的好人，是不具有"**救国家于累卵，扶大厦之将倾**"之伟力的善者，是俄国历史上不可多得的"**悲剧英雄**"！戈尔巴乔夫先生与中国的光绪大帝一样，他们在面对改革或不改革的时候，都断然放弃了私利，义无反顾地选择了后者→虽然看似失败了，但他们都是为自己国家开创了一个**崭新时代**的伟人！光绪大帝使中国变法图强的思维模式深入人心，是中国从农耕时代迈向工商业时代的奠基人，而戈尔巴乔夫为俄罗斯民族所开启的民主法治事业，最终，必将使俄罗斯回归民主法治的正道，实现其自身的伟大复兴！

我们认为，苏联解体的主要原因有两个：一、思想上，戈氏对苏联体制存在的致命缺陷与六十年来所形成的积重难返的弊端认知严重不足，导致其盲目乐观，他的改革没有明确的指导思想 { 没有形成治国共识 } 是致命伤→为什么要改、改什么、以什么标准来改、要达到什么样的目的，改革的可行性，具体而又预后良好的措施等等，都未能理顺，焉能成功？改革对于包括贫富贵贱在内的所有公民来说，**是否都能各自实现自身的利益最大化，即是否坚持社会主义的基本标准：贫富共赢 { 相对公平 }→这是改革能否成功的关键：任何违背"人皆趋利"这个基本人性去行政，就是逆天悖理的瞎折腾。"顺天者昌，逆天者亡"此之谓耶！而"人皆趋利"这个基本人性，则是由人的"本我属性"决定的→人是由物质构成且需不断补充物质的"活物"。→** { 请参阅本文中相关部分较详细的论述 }；二、具体改革措施的操作上，戈氏放权、改革，都操之过急，错误地采取了断崖式的"休克疗法"，使全国上下思想混乱、莫可适从→而是要像蒋经国先生之于中国台湾、麦克阿瑟先生之于日本那样，**"以绝对的权威来终结人治专制，并以绝对权威来保障有条不紊、循序渐进、目标明确的民主法治改良的进程"**。在民主法治制度没有稳固之前就放弃绝对权威，混乱的产生，就势属必然，改良又焉能成功呢？

苏联的解体，对于中国共产党人来说，是有重大的借鉴意义的：→苏联是输在治国理念背离大道向善的历史潮流，也是输在改良的错误方式。

戈尔巴乔夫将苏联由人治专制体制改为民主法治体制的出发点是正确的，这是毫无疑问的。因为只有民主法制体制才能让一个国家实现相对公平，就我国的社会主义体制来说，只有让"王在民下、官在民下"，有权者才有可能持续不断地受到人民与法律的有效监督而人人都"守规矩"，这才有可能持续不断地实现人与人之间的相对公平，最终实现**"共同富裕"**，与社会主义制度的优越性相符。民主法治体制，并非是资本主义国家的专属品，社会主义国家的本质就是要求我国应当且必须实施比资本主义国家更为彻底的民主法治制度，即以**"相对公平"**为核心的政治、经济体制，这才与社会主义国家的宗旨"为最广大的人民谋福祉"相符。

戈尔巴乔夫对苏联的政治、经济体制的以民主法治为目标的改革失败在于，既没有对于存在的问题进行认真的甄别，那些是要坚决保留的→比如，国家中央政府的绝对权威，中央政府对国有资产的实际持有，中央政府对于所有武装力量的绝对掌控，舆情的掌控，等等，在新的民选的人民代表｛天然为苏共新党员，老党员归苏共顾问委员会统一管理｝所组成的新的民选的苏联政府和苏共新旧机构实现平稳交接、运行正常、预后良好以前，在新的详尽的民主法治制度完全建立并得以有效实施以前，现存的党中央、中央政府是绝对不可以放权的。哪些是要必须予以改良的，要逐一在法理上予以清理。并将需要保留的，与需要改良的所有清单公之于众，让全国上下心中有数，并在全国进行全民大讨论，明辨是非利弊，形成改良的共识。然后再制定改良方略予以公示，充分征求意见，明辨是非，修订后再公布，直到获得绝大多数人的认同后，再进行试点，获取成功的经验后再逐步推行。

在进行改良前，必须要发布大赦令，一是要保证在以往老的政治经济制度中的既得利益者各种利益不被剥夺，本人不被清算，二是要保证在以往老的政治经济制度中的既失利益者获得适当的国家补偿。这样做的目的，就是要使以往的恩怨清零，实现全民和解。从而使所有公民，不论贫富、贵贱，都能够放下包袱与恩怨，轻装上阵、团结一致地奔向美好的明天。→请参阅本文中相关部分的论述。

三是，我们主张发布"大赦令"与实现"党民一体化"，并非是我们独出心裁，只不过是实事求是地遵循邓公的思想，以尊重历史与现实的态度，减小政治改革的阻力的"两害相权取其轻"罢了，同时也是实事求是地尊重历史的必然选择（请参阅本文相关部分较详细的分析）。**邓小平**说："不改革政治体制，就不能保障经济改革的成果，就不能使经济体制改革继续前进，就会阻碍生产力的发展，阻碍四个现代化的实现……政治体制改革……触及许多人的利益，会遇到很多的障碍……要通过改革，处理好法治和人治的关系，处理好党和政府的关系"，"不搞政治体制改革，经济体制改革难于贯彻"，"所有的改革最终能不能成功，还是决定于政治体制的改革"。

——最后，我们要郑重地阐明我们的基本态度。

首先，我们应清醒地、实事求是地确立一个基本观点：由于中国古先贤的不懈努力，由于此前近百年来革命先辈的不断探索与不屈不挠的奉献，以及西方人文思想的成果，让我们获取了宝贵的经验教训。当今的中国共产党手中是**握有举国体制这个"王炸"的**，是可以为中华民族成就"千年梦想"的，乃至于还能够为整个世界的和谐相处建立丰功伟绩的。

我们主张中国共产党认错，目的是为了使中国共产党变得更加强大，以便更好地发挥中国共产党中流砥柱的作用。

认错的是改错（改革）的前提。认错，是有百利而无一害的、效能最高的、是能够高效地弥合中华民族撕裂的伤疤的、是能够快速实现中华民族的内部自洽的、从而得到人民的衷心拥戴的方式。我们中国共产党作为如假包换的强者，又何乐而不为呢？而讳疾忌医，一点就炸，绝不是强者所为。

犯错误是必然的，这是由当时的当事者的认知局限决定的。是人就会犯错误，是再正常不过的现象了，这没有什么可以讶异的。但知错不改，这就不正常了。我们并无求全责备的意愿，也无纠缠清算的意图，我们只有"放下包袱，轻装前进"的期望。而认错，就是"放下包袱"的最佳途径，同时也是"善莫大焉"的"绝佳善政"！

我们要求中国共产党认错，并不意味着我们要否定中国共产取得的巨大成就与已经实施的诸多的善政。

中国共产党人在故国神州军阀割据、遍地硝烟、内忧外患甚嚣尘上的危急时刻挺身而出，"挽狂澜于既倒，扶大厦之将倾"，重新完成了一统中国大陆的伟业。新中国空前统一，对国家的每一寸领土都实施了实质性的高效的管理，真正建成了中央集权、大一统的"举国体制"，为凝聚举国之民力复兴中华，提供了不可或缺的强大、高效的平台——此功是前无古人的！！！

自上世纪七十年代末，中国共产党人邓小平主导拨乱反正、改革开放以来，在其后的历届党中央领导之下，实施了诸多善政，经济发展一日千里，人民生活水平显著提高，国力日渐增强，国防力量日益强大，实现了中华民族复兴的"开门红"，——此功是足以笑傲来者的！！！

我们建议中国共产党认错，是出于使中国变得更加美好的善意。

扶正纠偏，从来就是国家执政者的神圣职责，知错能改也是应尽的义务。

只有切实扶正纠偏，中国共产党才会更加强大，唯有知错能改、善改，中国才能更加美好！

我们建议中国共产党人认错，事关中国共产党的初心。倘若我们假定，中国共产党人的初心是愿意努力为人们大众谋福祉的，是要把中国建设得更加美好的，那么，知道什么是错误的并及时认错、改错，就是实现初心的最佳、最有效的举措。邓小平说："**一个党，一个国家，如果没有民主和法制，就会亡党亡国。坚持实事求是、有错必究的方针，这就是我们党有力量的表现。**"中国共产党人闻过则喜、闻过则认、闻过则改，就是不违初心的最正常的反应。

所谓"改革"，不就是改正错误、革除弊端吗？而只有认认真真地落实在"改错"的具体行动上，才是名副其实的"改革者"！→**善于自我批判，是一个国家、一个民族兴旺的先决条件，这就是我们坚持把"动态纠偏"的原则纳入治国理念的理由→是人就会犯错误，这是人间常态，《左传》云："知错能改，善莫大焉"，两千多年前的中国古先贤的智慧，仍然是具有极强的现实意义的。**

——以上就是邓公沉疴缠身而强行"南巡"，在他政治生命的最后关头，反复交代，一心要把他留给中国人民的、最后的珍贵的政治遗产——"谁不改革，就让他下台"这句话传递给党中央的原因——这句话，不仅仅是适用于中国的，也是适用于包括美国在内的全世界的所有国家在内的"普适价值"——因为不论任何人，只要他不实事求是，知错不改、怙恶不悛，失败就是其必然的下场。

我们中国共产党，受到了马克思"无产阶级专政"、列宁暴力革命、斯大林血腥专政，以及我们中华农牧帝国时代帝王专制等等的**深重的影响**，走了不少弯路，犯了不少错误，是没有什么值得讶异的。根据全世界红色国家都无一例外地深陷专制的泥淖的史实，从某种意义上来说，中国共产党走向专制就是一种历史的必然。我们要像邓小平那样大大方方地予以承认，而根本用不着遮遮掩掩，弄出口头高喊民主，私下严守专制、抵制民主的那些根本不能解决任何问题的、于国于民有害无益的东西。犯错误一点也不稀奇，改掉就好。邓小平对于这个问题是有清醒的认识的，也是有恢弘的气度的！

再一次引用邓公的原话："一个党，一个国家，如果没有民主和法治，就会亡党亡国。坚持实事求是，有错必究的方针，这是我们党有力量的表现"！
→知错能改、知错善改，同样是伟大者必具的品质。

锦囊{14}——港澳中国公民的历史地位、历史使命、改良方式与步骤

港澳人民不论贫富都应当明白：港澳的每一位公民自身都是**天选之子**、命运的宠儿。

由于种种历史机缘的巧合，才形成了今日港澳政府、公民的现有地位。**如果**没有 1840 年中国清朝的**弱**，以英国为首的西方诸国的**强**，没有华盛顿开创的现代民主制度｛葡萄牙的康乃馨革命其实是华盛顿民主事业的余续｝，没有列宁开创的、斯大林实施的国家资本主义的个人集权血腥专制，港澳就不可能在中国异军突起，率先得到发展。→澳门至多就是中国广东省辖下的一个普通的县级市，香港至多就是中国广东省辖下的一个普通的地级市，是没有什么值得傲骄的。

以美国为首的**民选**民主制的国家仍然是存在着诸多不足的，以新加坡和北欧诸国干得比较成功，相对公平执行得较好；以改革开放以来的中国大陆为首的以掌权者的意志为主的**民主协商**制的国家，其本质任然是人治为主的国家。改革开放以来，中国大陆之所以干得比较成功，是因为通过诸多善政来缓解了人治不公的恶果，但中国大陆的人文生态的**人治**根本，并未得到真正的改良→中国大陆现在正处于弃人治、实施真正的民主法治的拐点之上，不论是中国港澳的中国公民、还是中国大陆的中国公民，都是具有自身特定的历史使命的！

港澳，作为中国大陆的两个特别行政区，总设计师邓小平对港澳做出了"一国两制"的逆天承诺，是对中国古老智慧"事万变，法亦万变"的完美发

扬，并让港澳拥有了"**五十年不变**"{**不会变，不可能变，不是说短期不变，是长期不变，这个道理我讲过多少次，就是说五十年不变，五十年后更没有变的道理——邓小平**}的立法、行政的特权。港澳由于种种历史机遇，**赶巧**处于民主与专制两个阵营之间，天然地成为了在人类社会由丛林法则转向文明法则的伟大拐点的"**弯道**"之上，即"**大道向善**"的关键节点上，是实施我们所主张的"**完美独裁社会**"{民主与集权完美融合的**共和社会**，见本文中的相关论述}的最佳实验园！港澳的政治、经济制度，在充分借鉴世界各国的历史经验教训下，是完全有可能为美国、中国大陆、中国台湾提供良好的政治、经济运行范式的。港澳的这种奇特的历史机遇，不是谁想拥有就能够拥有的！

当然，邓公"不变"的话中隐含了一个前提，那就是中国台港澳、中国大陆只能变得更美好、更和谐而不是其反面。假如港澳在中国大陆少数掌权者的人为地操控之下，实现了从民主到专制的倒退，与发达国家的连通就会出现障碍而趋于"脱钩"，那么，东方之珠的光彩必将黯然失色，香港世界金融中心的等次将大幅缩水，澳门世界博彩中心的等次也将客源渐枯，这是令人细思极恐的。

→邓公"**五十年后更没有变的道理**"唯一符合逻辑的推论就是：符合所有中国人利益的社会最佳范式**有且只有一种**，那就是所有的中国大陆、港澳的公民都能够各自实现自身的利益最大化的、所有的中国人都能和谐相处的**共和社会**{人与人之间共同和谐相处之社会}。→五十年后，**邓公"政治体制改革的宏愿"**，凭中华民族的智慧，不论是中国台港澳，还是中国大陆，都必将各自基本完成自身的人文生态的去人治化的改良，哪里还有什么变与不变的争论呢？！

港澳中国公民既然想过上美满的生活，港澳的中国公民想要实现自己的政治主张，进而成为世界**共和社会**的高标，就一定只能走依法和平改良的道路→**依据法律通过诉讼的形式**来落实自身所处的人文生态之改良。

中华人民共和国的宪法是明确规定要实行民主法治的、一切权力是属于人民的，国家财富是全民共有的。因此港澳公民是大可不必去搞什么无序的、低级的、无效的、有失自身身份地位的"街头革命"的。"街头革命"是与实现真正的民主法治，**走向共和**南辕北辙的→**动乱式的街头革命**，只会使真正的民主法治离我们愈来愈远，只会适得其反地授人以柄，使自己处于"有理变无理"的尴尬地位。

我们之所以说中国公民去搞街头革命是"**有失自身身份地位**"的，就在于中国公民自身与中国执政者一样，深受丛林法则的侵染而尚**未真正觉醒**→普通公民并未将自己真正当成国家的主人，执政者也并未真正把自己当成公仆，才导致了当下"**主仆颠倒**"的怪象。→**强势**一方的中国广大的普通公民，并未成为实际上的强势方，弱势一方的少数的执政的公民，并未成为实际的弱势方，这是中国人文生态迟迟得不到有效改良的症结之所在，这是必须立法予以具体的强制规范的。

中华人民共和国宪法规定："**一切权力属于人民**"。→老子叫儿子做事的时候需要打滚撒泼吗，老爷喊仆人办事的时候需要撒泼打滚吗？→搞撒泼骂街式的"街头革命"的中国公民，自身就没有真正觉悟→真正觉悟了的国家主人翁，对于"**公仆**"们的处事方式，不应该是质询、批评、下令整改吗？撒泼打滚，这是国家主人翁的行径吗？→你还是拥有"**一切权力**"的**人民**吗？！

先贤们，特别是百年来的近代先贤们，用鲜血与生命，将"**一切权力属于人民**"清清楚楚、明明白白地写进了**中华人民共和国宪法**，确定了中国公民的主人翁的地位，而《行政诉讼法》的本质，就是以法律的形式，确认了中国主人翁们向公仆们"下达命令的方式"，为什么中国人就老是"喊不醒"呢？→这是值得每一位中国人反思的！如果中国港澳的普通公民在内心，真认为自己是中国、中国港澳的主人翁，就只会郑重而堂皇地下达整改意见，而绝对干不出街头打滚撒泼的事情来；而中国港澳的执政者，如果在内心，真的认为中国港澳的普通公民与自己一样，都是中国港澳的公民，都是中国港澳的主人翁，就只会本着"有则改之，无则加勉"的态度，与中国港澳的普通公民实现真诚的合作，从而将中国港澳建设得更加美好！→深受人治毒害而｛在思想上｝跪惯了的中国人，已经到了非站立起来不可的时候了，不然，中华民族将是不足以矗立世界之林的！

施一公说："所谓**奇迹**，就是世界上绝大部分人相信｛认为｝做不到的时候，它发生了"。

我们是乐观主义者，认为中国的人文生态改良是具备了发生奇迹的基础的，是可以建成世界一流的、比西方民主制度更加完美的具有中国特色的民主法治制度的→只要我们秉持科学的态度，首先，在尊重历史、尊重现实的前提下，承认截止当下为止的过去既成事实、承认既得利益者的既得利益为合法→中国人文生态中现存的种种弊端主要是制度不完善的结果，这些弊端，是"一个都无例外"的所有中国人的过错造就的→即便是那些具有家国情怀的民主斗士，也犯了改良方式不适当的错误。→以保护中上层既得利益者的利益、提升中下层既失利益者的利益为目的而撰写、发布《大赦令》来消解中国人文生态改良的阻力→然后，依据宪法"一切权力属于人民"的宪法宗旨，撰写、发布《选举法》来保证人民代表﹛党员﹜所组成国家管理团队，皆为人民直接授权的、具有家国情怀的、具有真才实学的、具有执行力的中华精英→只要将"当官不为民做主，不如回家卖红薯"这个中国俗语中的"为民做主"理解为"为民解忧、为民纾困、为民服务、为民谋福祉"，就是对古今中外普适的"为官准则"的最直白、最简明的的诠释。其次，依据实事求是、相对公平、与人为善、尊重人性、必要差别、民主法治、阳光行政、动态纠偏等等原则所组成的治国理念，逐一对我国现存制度中的种种弊端予以全面清理→好的，继承发扬，不好的，研讨出改良方案，经反复酝酿后，向中国最高当局提出建议，如果不予采纳，就以公开信的方式供全国人民研讨，如仍不采纳，就以国家公民的身份向人民法院提起行政诉讼，如不予受理，就可通电全国人民并及世界人民，如仍然不受理，就向当局提出"依法、和平有序的示威游行"的申请，如不批准，就可通电全世界、全国，我们将于某时、某地自发依法举行由 1000 人为游行秩序纠察队员，2000 人为游行示威队员参与的示威游行。→中国人文生态改良的奇迹是一定会发生的，因为这是一场 1400000000 比 0 的博弈→没有人是真正想保留中国人文生态中的那些弊端的，因为那些弊端不仅仅会伤害中国的某一部分人，而是无一例外地会伤害到所有的中国人→从理论上来说，世界上是没有自己整自己、自己伤害自己的人的，这是由"人皆趋利"的基本人性决定的。我们很难想象出：有什么样的人，能够以什么方式来阻止中华民族依法地、以和平的、讲道理的方式奔向往美好生活的步伐的→我们始终相信：真善美与人民之伟力相融合是无敌的→详见本文各章节相关的具体论述→当然，中国人文生态改良的奇迹的发生，是有一个前提的，那就是必须将"实事求是、相对公平、与人为善、尊重人性、必要差别、民主法治、阳光行政、动态纠偏"的治国理念入宪并普及→中华民族一旦形成了治国理念的共识，其余的难题即可迎刃而解→因此，提起行政诉讼的第一标的，理所当然的就应当是"在宪法中具体详尽地确立中华人民共和国的治国理念"！

中国港澳公民所争论的，不应该是资本主义还是社会主义，也不应该是民主还是专制，而是港澳自身的人文生态｛政治、经济制度｝**是否符合**"实事求是、相对公平、与人为善、尊重人性、必要差别、民主法治、阳光行政、动态纠偏"这些基本原则｛详见本文中的相关论述｝。

人类社会所有的事情都是人干出来的。好人干好事，坏人干坏事，傻人干傻事，贤能之人干美事，这是简单的常识→因此，在确立治国理念之后，最重要的就是"选人"→而"选人"之前是必须制定完善的《**选举法**》的→选什么样的人、怎样选等等，都要有具体详尽的规定→中国港澳的选举与全国一样，参选者只能以公民个人身份参选→选举出来的代表，不代表任何党派，只代表全体公民。以基层社区为投票单元来进行选举→实行"二轮差额直选制"｛首轮选候选人｝，不走西方党派竞争的老路，这样更能充分地、直接地体现真实的民意，把真正的贤人、能人筛选出来为中国港澳人民服务。港澳的选举法，必须对由什么人来选、选举什么样的人、具体怎样选等等做出明确、详尽、操作性强、预后良好的规定，并预留出动态修订的空间，制定公决法，修订法，以便于随时补漏纠偏，这是中国港澳持续向好发展最基本的保障｛详见本文相关论述｝。

名义上自称是什么什么国家，与一个国家的实质是没有多大关系的。民主的内核就是相对公平，专制的内核就是不相对公平，是非对错明显，已再无争辩的余地。港澳公民最应该在意的是自身的政治、经济制度如何才能最大限度地实现相对公平，怎样才能符合全体港澳公民的根本利益，建成所有公民各自利益最大化的、贫富共赢的**共和社会**。

港澳公民与中国大陆公民是血肉相连的一国同胞，这是毋庸置疑的。港澳对中国大陆的经济腾飞起到了巨大的助推作用，中国大陆也是港澳经济繁荣的坚实后盾，这些人所共知的事实，我们就不在此啰嗦了。→港澳中国公民，能否再接再厉，为世界、为中国大陆，提供一个**共和社会**的最佳版本，我们期待着！

　　我们相信，港澳中国公民是不会坐失良机，有负于"**天选之子**"的伟大历史使命的！

锦囊 {15} 关于"台海和平统一"的反思

天佑中华！当代中国大陆出现了邓小平这样人物，他不负使命地启动了中国大陆以民主法治为目标的改革开放；当代中国台湾出现了蒋经国这样的人物，他不负使命地在中国台湾最终完成了从人治专制到民主法治的转折。

台湾回归

中国海峡两岸的和平统一，只有在双方地位平等，具有"双方认可的协商、谈判的共同标准"的前提下，才能顺利实施。

两岸和平统一，有一个重要的前提，那就是两岸人民必须要互相了解，→如果互相缺乏了解，就会出现"鸡同鸭讲"，各说各的，没法交流。为了达到互相了解各自的优劣，两岸就要以"敞开大门、自由来往"的方式，鼓励两岸的各阶层的人士大量互访。在互相了解的基础上，双方的代表才可能心平气和地坐下来沟通、协商、谈判。只要双方都能够以实事求是、相对公平、与人为善、尊重人性、必要差别、民主法治、阳光行政、动态纠偏等等良善社会的基本原则为基础，以维护中华民族的整体利益为宗旨，在保障自身的权益的前提下，不忘平衡两岸所有人的具体利益这个大义，我们这一代中国人，就一定能够完成一统中华的千秋大业。

注意：不是中国大陆统一中国台湾，也不是中国台湾统一中国大陆。而是各自励志改良、消除弊端，在公平正义、真善美的旗帜之下的双向融合。→当然，两岸的《宪法》的趋同，是首先要解决的问题，不然就根本没法谈。→建议现在就可成立"两岸宪法趋同代表团"，除法定假日外，不间断地协商，直至两岸双方认同的【新宪法】签署生效为止。凭中国人的智慧，没有什么坎是迈不过去的。如若某一方固执己见，坚持错误，逆大道而行，只能给中华民族带来灾难，而其自身，也必定会成为中华民族的罪人。

如果协商、谈判的双方没有平等的地位、没有一个双方认可的治国理念，那么，双方任何形式的协商、谈判，都必将以失败告终——除了扯皮、打嘴仗以外，不会有任何结果。这是一个简单的逻辑常识。

秉持"**双方地位平等**"的态度，这是诚意与尊重的必然外化形式——地位不平等，就不是协商、谈判，而是一方对另一方的碾压。既无诚意，也无尊重，成功的可能性必然就会是一个负数，反而会恶化双方的关系。

"双方认可的协商、谈判的共同标准"，既不能是中国大陆政府的标准，也不能是中国台湾政府的标准，而只能是以客观存在的公平正义为标准，换成平易的说法，也就是必须要以人们通常所说的"好与坏、是与非"为标准。

"好与坏、是与非"的标准，对于一个国家来说，就是一个国家的公民之间是否能够和谐相处的**共和社会**的标准。

"**共和社会**的基本原则"，主要应该包括"实事求是、相对公平、与人为善、尊重人性、必要差别、民主法治、阳光行政、动态纠偏等等——这些原则是"平等、自由、民主、法治、人权、尊严"等等的内核，也就是每位公民是否能够各自实现自身利益最大化的最基础的行为标准——请参阅本文中相关部分的较详尽的论述。

中国台湾民国政府所实行的孙中山倡导的三民主义，蒋经国先生所倡行的民主法治制度，与中国大陆政府所实行的邓小平倡导的中国特色的社会主义，从治国理念的本质上来说，并无明显的区别 { 邓公是不断强调要"进行政治体制改革"的 }，各自的宪法都是主张实施民主法治的，主张公平正义的，要为广大人民谋福祉的。在一个中国的前提下，邓公是公开承诺过以"**什么都可以谈**"的方式来"**实现双方都能接受的和平统一**"的。我们认为，基于人的趋利避害的基本人性，从理论上来说，是没有什么事情是谈不拢的、谈不好的→**因为和平统一，是显然地利好于台海两岸的中国人民的。**

台湾回归，首先有一个绕不开的而又必须解决的问题：美国对台湾的支持。

→特别提醒的是：中国大陆政府关于美国的官宣，是存在不少不实事求是的弊病的→如果美国人真的是**世界一切动乱的根源**，那美国人就是世界的公敌，缘何会有那么多的国家追随？如果美国人偏爱花费巨大的人力物力来在世界各地挑事，给自己惹来无穷无尽的麻烦，那么，美国人不是傻子就是疯子→

这种结论你自己相信吗？

台湾回归，从中国大陆方面来说，不能实行双标，当时说过什么话，历史是有记忆的。

中国共产党从来就是赞成美国的民主制度的：

"我们赞成台湾独立，我们赞成台湾自己成立一个人民所要求的国家。

—毛泽东

—1947 年 3 月 8 日《解放日报》

美国有世界上最先进的生产力，最发达的科学技术，最繁荣的经济，最优秀的文化，最完备的社会保障，最平等、自由、民主的社会，最人性化的制度，最人本的宪法法律！世界上几乎所有最美好的东西都在美国，谁反美就是反人类、反社会、反宇宙！！七月四日万岁！民主的美国万岁！

—毛泽东

【1945 年 10 月 25 日，中华民国政府光复台湾。1947 年 2 月 28 日，民国政府军警开枪伤害台湾民众，酿成二、二八事件，事后民国政府为此向台湾民众赔付了 70 多亿元的安抚费。→我们认为，当时中共借二、二八事件说事，不顾民族、国家大义，支持台湾分裂出去，显然是十分错误的。其他的暂且不论，单就蒋介石为保持中国版图的完整这一点来说，是具有不可抹杀之功的。】

台湾回归，首选绝对不是使用武力。使用武力，对于中国大陆、中国台湾和美国来说必定是"三输"的结果，甚至有可能会因此而引发世界性的灾难。

使用和平方式实现大中华的统一，这是天然的首选，而要实现和平统一，这是需要实事求是的智慧的，是需要具有透过现象看本质的能力的，同时也是需要相对公平的原则的——这也是可以运用实事求是的公式 X=Z+F=D 来获取最佳处置范式的。

从中国大陆方面来看美国，我们首先要弄清楚两个问题，一是，美国为什么要支持中国台湾？二是，美国为什么要与中国大陆交好？

我们认为：美国支持中国台湾，那是出于"大哥"的道义与旧情；美国与中国大陆交好，那是出于"大哥"的利益考量与顾全大局的理智，同时也有退让、妥协的善意。

这样我们就能够很好地理解，美国对中国台湾的支持可以说是巨亏而能够持之以恒的原因了；同时也能理解美国为什么要努力与中国大陆搞好关系了。

美国是世界头号强国，是全球"自由世界"的大哥，是"人类成功模式的榜样 { 毛泽东 }"，与中国的友谊源远流长，这是不争的事实，也是美国人民的骄傲。历史上，美国不仅与退居中国台湾的中华民国政府有诸多的纠葛，也与中国共产党人有过蜜月期，是不可变更的历史事实。中国大陆要让美国人放弃大哥的"道义"而与中国台湾交恶，这是让大哥自己打自己的脸、认怂，这与"大哥的形象"是格格不入的，也是不实事求是的；让美国人彻底放弃对老朋友的未了余情，冷漠地对待中国台湾人，这是不符合人性的，也是不符合美国人的价值观念的。这与美国人与西欧人同进退的性质并无本质的区别，都是有历史渊源的。美国人当然有其自身的利益考量，这与我们中国大陆自己在外交活动中有自身的利益考量一样，这不是很正常吗？——任何国家，不论是交好，也不论是各种热战、冷战也好，其基本出发点不都是利益、价值的考量吗？关键是要看他们事实上究竟对我们中国大陆做了些怎样的实际的侵害，这才是评判的标准。如果中国大陆人换位思考，站在美国人的角度，你就会发现，美国人的对台政策，不是一直是在退让、妥协，一心想与中国大陆交好吗？这是可以用实事求是的公式 X=Z+F+D 予以验证的——中美只有在实事求是、相对公平、与人为善、尊重人性的原则下进行利益"共赢"为目标的平等沟通、协商、谈判，才是解决问题的唯一方式——而意识形态方面的问题，互相是有坚实的协商基础的——不论是中国大陆、中国台湾，还是美国的宪法，都是将民主、法治、自由、公平、正义等等写得明明白白、清清楚楚的，各自只是存在如何充分落实的问题。——那些不实事求是的**作们**，除了喊那些激化矛盾的口号，频频发表煽动仇恨的言语，他们对如何才能顺利地实现中华两岸的和平统一，又何曾发挥过一点点的积极、有益的作用呢？这种生怕（唯恐）中国两岸打不起来，巴不得中美两强大打出手、一决雌雄的种种行为，我们中国大陆的人民应该有清醒的认识与警觉：台海开战、中美开战，这是足以使中国大陆、中国台湾、美国三者的敌对势力高兴得发狂的愚蠢之举！

所谓"意识形态的纷争"其实都是伪命题，其本质，不是愚昧的表现，就是打着"意识形态的纷争"的旗帜来满足自己私欲的欺骗民众的诡辩术罢了。→"善待自身、善待他人，既不会遭受反噬、也不会被虐"为核心的最为有利所有人的、不会产生施虐者与被虐者的社会文明法则的中轴线，即对所有人都最为有利的社会法则的"最大公约数"是客观、实际存在的→那就是相对公平的原则，本来就是像 1+1=2 那样无可争辩的。而要解决所谓"意识形态的纷争"的问题，唯一的出路就是人类社会生态学的科学化，并普及到所有的社会成员，由此，"文明法则"就能够成为任何人都不可撼动的权威。倘如此，人类的**"共和之春"**还会远吗？！

而所谓的"美国霸权"与"中国威胁"，如果实事求是地站在第三者的立场来看，都是不不准确的。

"美国霸权"是不成立的，因为美国的综合国力事实上就是世界第一，军事力量事实上就有那么强大｛美国的军费支出比前二至十名的总和更多｝，无论怎样低调，也掩盖不了其世界头号军事强国的事实，稍有动作，总会给人以四处挑事的错觉；这正如"中国威胁"也不成立一样，中国大陆也属世界军事强国，在其本土是不可战胜的，不论中国大陆如何低调，也掩盖不了其强大的自卫能力，只要话语稍微强硬一点，总会给人以牛气哄哄的感觉而掉入中国威胁论的坑中。也就是说，美国、中国基于国力的掌控能力，是天然存在的，不论别人承或不承认，都是摆在那儿的——实事求是的中性说法，既不是霸权，也不是威胁，而是实力！→这正如珠穆朗玛峰、乔戈里峰一样，他们本来就有那么高，你非要说这种"客观的高"是对你的威胁，那只不过是掩盖你自己不善于在实事求是、相对公平的原则内与其和平共处的借口罢了→当然，是非观念也是必须明辨的：凭借实力为恶，就是犯罪；凭借实力为善，就是建功→互相把威胁、霸权挂在口头，只不过是无意义的嘴仗罢了，这对于改善双方关系来说，是毫无益处的。

——是否霸权、是否威胁，有一个比较简单的判断标准：是捍卫公平正义，还是夺取不当私利。

我们中国大陆目前最应该做的就是，本着实事求是、与人为善、相对公平、尊重人性这四个原则，举行中国大陆、中国台湾、美国共同参与的"三方会谈"，还可邀请三方认可的联合国的有关官员作为观察员。各自将自己的底线亮出来，本着互利共赢的目的，各自作出适当的让步，我们相信，必然是会取得满意的结果的——这是基于"人皆趋利"的基本人性得出的判断。

中国大陆除了本着历史的基本事实，坚持中国台湾是中国不可分割的领土，两岸必须统一这个底线，坚持实事求是、与人为善、相对公平、尊重人性、互利共赢的原则以外，其余的是没有什么是不可谈判的（这是邓公的态度）——有了这个底线和原则，中美、台海就是平等相交，相互不卑不亢也就是自然而然的事了。也不要再拿"美国干涉中国内政"来说事了，这是于事无补的，只不过是添乱罢了。因为这不是实事求是的态度，也是不尊重自身历史的态度。我们中国大陆是没有理由实行双标的——只准中国大陆的中国人与美国人做朋友，而不准中国台湾的中国人与美国人做朋友→不仅仅中国大陆是中国的领土，中国台湾也是中国的领土；中国大陆的人是中国人，中国台湾的人也是中国人。承认中国大陆的中华人民共和国是中国境内合法、并存的地方政府，中国台湾的中华民国政府也是中国境内合法、并存的地方政府，这是双方和平统一的先决条件之一。虽然现在处于中国台湾的中华民国，体量比处于中国大陆的中华人民共和国小得多，但从历史与法理上来说，台湾的中华民国政府同样可以像中国大陆的中华人民共和国政府一样，理直气壮地说："我们继承国父的遗志，我们也是具有资格代表中国的！"中国台湾当局同样是可以对中国大陆当局的行为提出质疑的。——中华民国政府是与中国清朝末代王朝签有全盘接收中国政权、领土的传国文本的——清朝是台湾的收复者，中华民国政府也是台湾的收复者。中华民国政府还是联合国的创建者之一、五常之一。中华民国前期，国民党强而共产党弱，美国人到延安考察，决定是否扶持中国共产党，当时中国共产党不是热烈欢迎吗？南京是中国，延安也是中国。蒋介石当时是否也应该对美国提出强烈抗议，大吼"不得干涉中国内政呢"？当时中国共产党人是不是也应该有点"爱国的觉悟"而堂堂正正、大气凛然地拒绝美国的干涉，解除自己的武装，乖乖地接受民国政府的收编呢？

我们写下上面的文字，肯定中国大陆是会有人觉得这是根本不可接受的，甚至是会暴跳如雷的。但是，这没关系，因为他们有情绪也是情有可原的，只不过是他们缺乏实事求是的、相对公平的思维模式罢了！谁都想维护自身的利益，笔者也是中国大陆的中国人，也想最大限度地维护中国大陆的利益。诸位暂且先冷静冷静——我们这仅仅是实事求是的换位思考，只是实事求是地摆事实、讲道理！——我们所关注的是，如何才能在两岸的中国人损失最小的前提下，在最短的时间内实现两岸的和平统一！——"善待别人，就是善待自己"，"赠人玫瑰，手有余香"这些中国智慧，在面对如何解决两岸和平统一这一难题的时候，每一位中国大陆的中国人、中国台湾的中国人都是具有反思的价值的。→良知、公平、正义、悲悯，不仅仅能够救别人、救大众，更重要的是：它们是唯一真正能够救赎自己的"诺亚方舟"！

相当一部分中国大陆人有一种思潮：总觉得美国是不友好的，美国所有的行为都是针对中国大陆的；还有一部分的中国大陆人，盲目地崇美、亲美，就是认为美国的月亮比中国圆，这些都不是实事求是的态度。中国并不完美，美国也并不完美，二者都需要改良，这才是事实的真相。

——我们有一个难解的疑问是：邓小平、朱镕基等人可以实现中美平等相处、互利共赢，而现在为什么就不能了呢？台湾的中国人可以与美国友好交往，中国大陆人也是中国人，中国大陆为什么就不能与美国友好交往？在自己的领土上与美国人互相打得来头破血流的越南人，日本人，也可以与美国搞好关系，为什么我们中国大陆的中国人就不能与美国搞好关系？很多人可能马上就会站出来说："美国人整我们"！"我们与美国是竞争关系"！这当然是事实。但我们认为，对于中国大陆的决策者来说，这种回答是否归因完全正确，是否简单武断，是否还应该对"**美国人整我们**"再多问几个为什么，我们自身是否是存在别人指出的弊端？是否应当改掉自身的存在的错误认知，从而获得与美国交往的最佳客观处置范式？——美国人为什么要整我们，这是必须分析分析的——美国人所持立场的最根本的原因，是中国大陆以人治为核心的人文生态，以及中国与美国的竞争态势，那么中国为什么不可以实行比美国还完美的具有中国特色的民主法治制度与阳光行政，而与美国实现互利共赢呢？当然不是说我们中国现在比美国更民主，法治更健全，而是说由于西方的有志之士的不断探索，为我们提供了足够多的经验教训，就像蛮荒中的路标一样，为我们少犯错误预留了若干示警的路标。如果我们既不敢、也不愿实施利国利民的真民主｛抛弃丛林法则｝，就不可能化解基于丛林法则的"两强必惄"的歪论。→民主法治与人治专制，是优劣明显的**互不相容**的善政与恶政，如果我国仍然保持以人治专政为核心的人文生态而不加以改良，我国就不可能找出具体的、与美国互利共赢的处置措施，那我们中国大陆人还配得上勤劳勇敢的、具有高度智慧的中华民族这一称号吗？——我们是不认同中美的价值观不能够互相融合的观点的，因为人与人之间的基本人性（趋利避害）是一样的，是非、善恶是有特定的客观标准的（实事求是、相对公平、与人为善、尊重人性、民主法治、阳光行政、动态纠偏，等等），什么是正义，什么是邪恶，什么是进步，什么是倒退，也是有客观标准的——中美能否达成统一的认知，我们是持乐观的态度的——因为互相都是具有高度智慧的强者，都能够透彻地理解：实事求是、相对公平、与人为善、尊重人性、和平共处才是能够实现可持续的互利共赢的唯一方式。→况且，中华人民共和国建国伊始，与美国关系处于对立的状态之下，我们就在《宪法》中明明白白地把**中华人民共和国将以民主法治立国**，郑重地写进去了，所以我国并非是怕了美国，或是迎合、讨好美国，我国才要实施民主法治的。我国实施民主法治，完全是中华民族自身利益的需要，也是当初革命先烈们参与革命的唯一初心。

要想办成任何事情，都是离不开参与方的你情我愿的。台湾回归，如果只是中国大陆一方主动参与，那就是收复而不是统一，使用武力就是必然选择，中国台湾的中华民国政府就势必属于敌对势力，至少中国台湾那些掌权者也自然不配"中国人"的称号了。→然而事实上，中国台湾中华民国的领导人又是由中国台湾的中国人民选举产生的，也就不可能是中国人的敌人……这说起来话就长了，在这儿就不展开深入讨论了。如果是两岸和平统一，就一定是需要有关方面的共同参与的。各自的利益、立场与观点就是不能不考虑的，否则就不过是打嘴仗罢了，并无和平统一两岸的真心。

虽然由于历史的种种复杂原因，造成了诸多困难，但和平解决台湾问题还是有解决之"道"的——只要用实事求是的公式 X=Z+F=D 加以求证，也是可以获取"最佳处置范式"的→只要明确、具体地统一了治国理念，凭中国人的智慧，中国两岸的中国人就没有迈不过去的坎、跳不出去的坑！

除开美国的因素，中国两岸的统一，同样是不能背离实事求是、与人为善、相对公平、尊重人性、互利共赢这些基本原则的。

台湾至今仍然迟迟没有回归祖国怀抱的主要原因，归根到底，台湾的中国同胞，忌惮的是过去中国大陆的人治实践所造成的诸多惨剧。只要中国大陆的政治上的去人治的改革真正完成了，由人治彻底转变为真正的民主法治了，台湾也就会自然而然地回归了。——需要特别强调的是，**民主与法治是不可分离的连体孪生子**——全民直选出来的国家执政者，并不意味着国家执政者就不会不干坏事、错事了。完善的法律制度的确立、公民通过选举授权，以及阳光行政的实施、动态纠偏的落实，四者并重，才能够保证一个民主国家{**智慧共和社会**}的持续繁荣。

　　□特别在此对疏解中国台湾的、美国的"党争"谈一谈个人的见解：多党派的存在是有其积极意义的，那就是引领公民对政府的施政进行强有力的监督，但是，不论是哪个党派的成员，一旦经过全民直选成为民意代表{议员}、执政官员，在立法、施政的时候，就只能以全体公民的利益为立场，而绝不能以某党派的利益为立场。→对此，必须在《党派法》中作出明确详尽的规定，这样才能将"党争"束缚在可控范围之内而不至于伤害到整体公民的利益。→民主法治国家所谓的"官方"，天然就是全体公民权益的守护者，而绝不能成为某个党派渔利的工具。——我们的见解是：参选者一旦当选，就自然脱党而成为全体公民权益的守护者，向宪法宣誓，对全体公民负责，从而在根本上消除党争产生的土壤。

　　——两岸和解、统一的前提，一定是中国大陆、中国台湾限时、限内容、切实地在政治上进行弃人治的改革，真正实施民主法治、阳光行政。

　　人治前提下的中国大陆，是永远也不能顺利地实现两岸的和平统一的。这不是悲观，而是实事求是。因为"人治"有太多的不确定性，台湾的中国人又不是赌徒，他们是不会自愿地去赌中国大陆最高执政者的个人人品的。古代中国，中国人把希望寄托在贤君和清官身上，纯粹是无奈之举，而且常常是事与愿违，希望渺茫的。

　　如果我们认为台湾是中国不可分割的领土，那么台湾同胞就一定是中国人。中国大陆的中国人就因此而必须要具有换位思考的能力，承认中国台湾政府与中国大陆政府的平等地位。也就是说，我们就必须考虑台湾的中国人在政治、经济、文化诸方面的诉求，也就是要在一个中国和实事求是、相对公平、与人为善、尊重人性的前提下，达成共识。没有与人为善的态度，不换位思，一厢情愿地不顾对方的利益，不讲相对公平地一味威胁、恐吓，是不能解决任何问题的——也就是说，不以实事求是的、相对公平、与人为善、尊重人性的态度来看待和处理问题，在对待中国大陆的中国人的利益和对待中国台湾地区的中国人利益的时候实行双标；不论是中国大陆的中国人，还是中国台湾的中国人，只是照顾自身一方的利益、意愿、诉求的做法都是不可取的，其结果只能是让"西方"看我们中华民族"兄弟阋于墙"的笑话。

台湾的中国同胞，眼见了中国大陆过去太多的人治惨剧（邓公主政后已大为改观，但人治的根本未变），俯拾即是，焉能不怕？趋利避害乃人之本能，自身的利益和安全如无法治之法定的保障，谁愿意冒险呢？**法治之法定**与**人治之法定**，是性质不同的两种截然不同的两种政治概念，前者多半能兑现，而后者则未必。——人治之法定，只是执政者个人的承诺；法治之法定，则是全体公民的承诺！

有的中国大陆的中国人认为，这是美国、中国台湾逼迫中国大陆实施真正的民主法治，那么，我们想请这些人回答这样的问题：中国大陆实施真正的民主法制，又有什么不好的呢？→中国大陆政府自邓小平主持改革开放以来，基本上是民主法治天天讲，那也是受美国、中国台湾的逼迫么？假设世界上从来就没有美国、也从来就没有中国台湾，是不是我们中国大陆就不实施民主法治了？我们反复强调的观点是，中国大陆的去人治的政治体制改革，是中国大陆自身发展的需要，而不是迎合谁、讨好谁，这是一个简单明白的常识。

我们认为，解决香港、澳门的回归，与两岸的和平统一，是性质不同的两回事。香港、澳门回归前名义上不是殖民地，而是"租借"，但事实上就是外国人在实施殖民统治。香港、澳门回归前的统治者，他们是西方殖民者，是天然的过错方，持较强硬的立场是适当的；而中国台湾的执政者，一直是货真价实的中国人，虽然执政理念与中国大陆有所不同，但只要没有分裂中国的行为，就还淡不上有什么天然的过错。各自放下历史的成见，着眼未来，秉持诚意，通过协商的方式和平统一最为适宜，因为这是唯一互利共赢的途径，也是唯一符合中华民族"民族大义"的唯一途径。

对于中国大陆的强劲崛起，我想不管是台湾同胞，还是海外华裔，都是感到由衷的自豪的，而且对于中国大陆的经济腾飞来说，他们也是居功至伟的。之所以台湾的中国人中的一些人，对两岸统一会产生下意识的抗拒，问题就出在中国大陆人治体制的不确定性，很难获得他们的真心认同。要完成统一大业，要想"我们的朋友遍天下"，中国大陆实质性的去人治的政治改革就势在必行。注意，需要再次强调的是，我们中国大陆绝不是为了取悦谁谁谁、迎合某某某，才进行去人治的政治改革的，而是实现中华民族内部自治的现实需要，是中国大陆建成公平、和谐的**共和社会**的实际需要，首先因此获利的是所有的中国人，这当然包括了中国大陆的中国人、中国台湾的中国人，以及散落在海外的华裔，这是显而易见的。而根本不存在中国大陆与中国台湾统一后，就不再进行去人治的政治改革的可能性，因为这是中国大陆本身的现实需要，是中华民族是否能真正崛起的关键→当代国家最**核心的竞争力**，已然是"**优良的人文生态**"。也就是说，中国大陆在政治上改良现存弊端的目的，并非为了迎合中国台湾地区的中国人，更不是为了迎合西方人，而是中国大陆地区人民的自身实际需要。——台湾问题，只不过是使中国大陆的政治深水区的改良更为凸显罢了。——夸张一点来说，即便世界上没有美国，天然就不曾存在过"台湾岛"，我们也还是持中国大陆必须实行真正的民主法治的观点，因为这个观点的理论基础主要来自于中华人民共和国《宪法》、《中国共产党党章》以及中国先贤的智慧、革命先烈的意志，并非来自当下的美国，也不是来自中国台湾。笔者对于美式民主，对于马克思等等西方政治、经济观念当然有参照，不然就不能不吸取有益的教训，但笔者所持的大部分理论基础，还是来自于中国古先贤的中国智慧……请参照本文上下文中的相关论述。

中国大陆人中有一种思潮，是很令人担心的。→那就是，以美式民主尚存的种种弊病，将其定义为"假民主"，并极力向人们暗示——人类是不可能建成正真的民主社会的，即人类社会是不可能实现内部自治而达于"天下大同{共和}"的，也就是人类是不可能真正弃恶向善，建成公平、和谐的**共和社会**的——从而推导出人类将永远由从林法则主宰，因而中国是不适合真正实行民主的。这显然是一种"似是而非、以偏概全的谬论"，是对"中国智慧"的侮辱，是对大道向善历史潮流的反动，其实质是为"与人为恶"的"斗争哲学"辩护，替"人治专制"续命，为"丛林法则"招魂。这是不符合人类社会"大道向善"的特定客观存在范式的，上文已有较详细的论证，请参照本文《人性本善恶，大道向善》部分。实行真正的民主法治，西方人没有完全成功，中国人因此也就不会成功，这种牵强的推理，既无事实根据，也无内在的逻辑性，是根本不成立的。我们始终坚信：人是一种智慧生物，人类是绝不可能在内斗的泥淖中坐以待毙的。世界各国，最终或迟或早，都必将抛弃害人不利己的内斗哲学，走向"共和"（共同和谐生活），实施真正的民主法治；否则，必将"自绝于人类"。

中国大陆那种对台湾同胞喊打喊杀的论调，如果真的得以实施，其结果不过是亲者痛而仇者快罢了。我们的敌对势力不就是希望中国大陆同胞与中国台湾同胞势不两立，冤冤相报么！这不是愚蠢地帮敌对势力的忙吗？退一万步说，即便我们"武统台湾"成功之后，不是也要实行真正的民主法治吗？不也是要进行去人治的政治改革吗？既然对于中国大陆来说迟早都要实行真正的民主法治，不是越早越好吗？难道我们中国大陆将民主列为核心价值，仅仅是忽悠人民的幌子，是装饰品，是为了继续实施人治专制遮羞布？答案当然是否定的！

另外，两岸的经济已经深度融合，互相是谁也离不开谁，中国大陆的外汇收入，台企几乎占了半壁江山，从经济角度来说，只有和平统一，才能避免双输的结果。两岸达成共识，一旦真正和平统一之后，中国大陆的科技水平将大幅提升→因为当下世界科技的高端核心是芯片业，而中国台湾的台积电恰恰就是芯片业龙头之一。

——两岸和解，才是唯一的最佳出路。而和解、统一，一定是互利共赢，大家追求的**基本面是大致一样的**才有可能顺利实现。个人承诺，国家权威是不足以令人信服的。国家法治之法定，才是通往和谐、谅解、共赢的坦途。台湾的中国人之所以苦苦地硬撑，不过是怕自身的利益受损罢了，如果台湾的中国人的现有利益和安全能够得到确实的保障，并且还将因两岸统一而获得更大的利益、更好的发展，更充分的保障，并且台湾的中国人还可在大中华的政治、经济、文化等等领域内施展自己的才能、实现自己的抱负，有哪个台湾同胞会不愿意回归祖国，做一个堂堂正正的中国人呢？

一是，因为台湾的中国人不管是抱美国的大腿或日本的小腿，都是绝无可能的，因为如果中国大陆真正下了"武统"台湾的决心，由于体量差别巨大，实施起来，还真不是什么十分费力的事情。姑且退一万步，假设台湾在某些人的裹胁之下，台独的白日梦成真，也不过是蕞尔小国罢了，面对强大的祖国大陆，成为仰人鼻息的别国附庸就是必由之路，从而沦为他国的天生的贱民→美国本土的普通的华裔的整体现实待遇，就是活生生的例证，不过是任人宰割的"鱼肉"和炮灰罢了，二等公民都算不上，地位事实上连美国黑人都不如，→中国台湾的中国人那就不仅仅是利益受损那么简单的事情了，连尊严也成了问题。我想，这绝不是台湾的中国人所期望的结果。

二是，中国台湾想用钱去买别人的尊重，第一，你有那么多的钱吗？第二，钱买来的是尊重吗？并且中国大陆也是绝对不可能答应中国台湾分裂出去的。原因就在于，不管从哪个角度来说，台湾都属于中国领土，台湾人就是如假包换的中国人，这是谁也改变不了的事实——如果世界允许破坏现存国家的现存秩序的事件发生，那将会引起世界的混乱——特别是像美国、英国、俄罗斯、德国等等这样的"合众国"、"联邦国"，将失去法理基础——是不是这些国家所属的加盟州（地区）、加盟"国"，只要有人不满意，就可以搞独立了呢？这种开历史倒车的人，是绝不会得到普遍的认同的——现实的统一、强大、安康不要，却偏要选择分裂、弱小、动乱，这注定是不得人心的。

三是，台湾的中国同胞可以想一想摆在面前的简单事实：中国大陆如此广袤壮美的河山都是你们自己的天然家园，居然可以拱手相让，说不要就不要了？如此强大、富饶、悠久的华夏故国是华夏民族赖以称雄世界的根基、底蕴，你们不要这个根基、底蕴，那你们算是哪国人？大国的尊严与骄傲等等软、硬实力都没了，台湾的中国同胞何以自处？

如果台湾在少数人裹挟之下，敢于搞实质上的独立，分裂中国，那就另当别论了→武力统台，将不可避免。这与"威胁"扯不上半点关系，中国大陆与中国台湾根本就不是一个量级的存在，只与实事求是的思维模式有关→既然两岸**有条件**地和平统一，中国台湾人只有好处而不会有丝毫损害，为什么不可以心平气和地坐下来协商、谈判？各自亮明底线，开诚布公地交流，一次协商不成，难道二次、三次，以至于 n 次也不行？

两岸**有条件**的和平统一才是双方的最佳选项，这是一个简明的常识。

站在中大陆的立场来说，是绝不愿意武统台湾的，除非台湾搞实质性的分裂。站在中国台湾的立场上来说，也是绝不愿意与中国大陆敌对的。因为双方都有不能承受之重。中国台湾承受不了生灵涂炭、一片废墟的结果；中国大陆也承受不了与世界民主发达国家彻底决裂的结果。因此，那些鼓吹台湾独立、叫嚣武统台湾的人，都是中华民族的公敌→这些人都是不顾中华民族的大义与中华民族的整体利益的害群之马。中国台湾的领导人、中国大陆的领导人，在此问题上，必须对广大人民作合于实事求是的正向引导，表明各自的立场。但核心立场都必须包括：双方设立由最高领导人直接领导的具有权威性的常设谈判专门机构，双方对和平谈判必须持积极的态度，谈判必须是开放性的，什么都可以谈，不能设立任何禁区。究竟具体应该怎样做，什么才是解决此问题的最佳客观处置范式，究竟应该怎样做才是对整个中华民族最为有利的？→根据人皆趋利｛人往高处走｝的基本人性｛人性即天道｝，只要我们坚持积极地谈、反复地谈、有诚意地谈、务实地谈，不打棍子、不扣帽子、不威胁、不恐吓，在实事求是、相对公平、与人为善的旗帜之下，凭中国人的智慧，我们是一定能够谈出双方都基本满意的结果来的。

台湾属于中国，自古而然，绝不能分裂出去，这应是每一个中国大陆的中国人与中国台湾的中国人的底限。台湾的中国人应具备一个起码的常识：中国台湾在两岸法治法定的前提下，与中国大陆和平统一，必定是底蕴雄厚、和乐温馨、日益繁荣。所以，中国台湾的中国人，应该关心的，不是独不独立的问题，而是怎样在保障自身权益的前提下，在公平合理的基础上加快和平统一的问题，以使中国台湾人更加富强、自豪。事实上，如果台湾某些人，真的敢于搞分裂，绝对是生灵涂炭、举步维艰，必然结果就是"台将不台"了！——我们站在实事求是的第三方的角度，没有丝毫威胁谁的意思，而只是就事论事的"摆事实、讲道理"！——中国台湾同胞，同样是继承了伟大的中华文明的，台北故宫博物院就是世界闻名的标志，必然是能够深刻理解老祖宗"实事求是"的内涵的，同样是继承了中华民族的**主流传承"家国情怀"**的，必定是有天朝上国的博大胸襟的！

中国大陆的中国人对于台海和平统一也是要明确一些基本常识的："**大道向善**"是历史发展的特定的客观存在范式，人类社会真正的民主法治潮流是不可逆的。相对公平的文明法则、利人利己的文明法则，更符合人类的需求而替代损人不利己的丛林法则是不可逆的。任何强人想继续不公平地、霸道地使用拳头来解决问题，都是注定会失败的。中国台湾的中国人不是弱者，以美国为首的西方发达国家更不是"纸老虎",不是因为他们的军事、经济有多么强悍,而是他们的人文生态 { 第三生产力 } 相对优于当下的中国大陆,因而他们更能获得人们的普遍认同,团结更多的人。中国先贤说过:"得道者,得天下"就是说的这个道理。→这儿的"**得道**",就是坚持相对公平。如果我们中国大陆想要和平统一中国台湾,中国大陆去人治化的政治改良就势在必行,这不是迎合某一方,也绝不是认怂,而是伟大的觉醒,是为了使中国大陆变得更加美好而与世界各发达国家互利共赢、友好相处、并驾齐驱,从而与其自身泱泱大国的身份相符,为人类的美好未来,担当起中华民族天然应该担当的职责。

——中国台湾与中国大陆的分歧,不在于名义上是社会主义或资本主义之异,而在于法治还是人治之分,相对公平与非相对公平之别。所谓"意识形态之争",不过是用来混淆真假、是非、善恶的幌子罢了→凡论事,从本质上来说,从来都是只有真假之别、是非之分、善恶之辨的→其他的都不过是诡辩罢了。

——本质上,不管一个国家或政体给自己取什么样的名字,其实都是"资本主义"和"社会主义"的混合体,绝没有什么非黑即白的"纯色之猫"。评价一个国家的优劣,只能以其人文生态 { 第三生产力 } 是否真正被**相对公平的原则**全覆盖,而不可能存在其他可以被论证的评价标准。→请参阅本文中相关部分的论述。

资本无罪,它是中性的。在好的(相对公平)社会中,资本是可以为人民造福的;在不好的(分配不公)社会中,它就会祸害人民。关键是要有一个好的人文生态:和谐的社会架构,一套较为公平的财富分配制度。有罪的是人治和不合理、不公平的财富分享方式,资本是绝不应无辜地为社会的不公背锅的……

——最富有的北欧的几个发达国家,我们中国大陆将其称之为"资本主义国家",但越看越像我们中国大陆推崇的"社会主义国家"(邓公:发展生产力,贫富共赢),而当下之中国大陆,我们自称是社会主义国家,但越仔细分析,越"像"我们所贬斥的"资本主义国家"(人治、不公、两极分化),从本质上说,邓小平主持的中国大陆的改革开放,就是在"国家资本主义"的前提下,向民间资本让渡了一部分生存空间,使中国经济获得了相当的活力。

而前苏联，从宏观的角度看，就是典型的"单一国家资本主义＋个人独裁专政"，其衰亡是历史的必然，而与戈尔巴乔夫个人并无多大的关系——因为任何与苏联性质相同的国家的每一个继位者，根据人性与实事求是的原则，既不可能都是无私的睿智者，也不可能都是具有强大的掌控力的强悍的个人独裁者，不可能都是拥有绝对权威的强人，在任何环节哪怕出现小小的意外状况，就会像苏联那样：执政者不是像斯大林那样强势血洗政敌争权者，就是像戈尔巴乔夫那样弱势的"亡党亡国"者。这也是邓公坚决进行改革的主因之一，以至于他生前还念念不忘，反复叮咛："所有改革最终能不能成功，还是决定于政治体制的改革"，"谁不改革，就让他下台"——的的语重心长——仅此一点，就已将他自身的伟大凝结成了千古不朽的丰碑！→邓公的逻辑很简明：不改革就是坚持错误，失败就是必然的结果，"下台"就是让能够改正错误的人来执政，中国才有希望。——邓公所说的"政治体制的改革"，不就是**去人治而行民主**吗？！前苏联体制，对新中国建国后的前三十年事实上曾经产生过深远的负面影响。邓小平的伟大，不在于他从来没有犯过错误，而在于他敢于"冒天下之大不韪"，与美国亲近，借鉴西方发达国家的经验，开创具有中国特色的现代化模式，堂堂正正地为私有资本撑腰，以民主法治为标的，进行一系列拨乱反正的改革。虽然由于他老人家实际年龄的限制、时间仓促、理论准备不足、无先例可循，中国大陆人治专制传承太过厚重等等客观原因，他做得并不彻底、完美，但这丝毫不能掩盖其"拓荒者"的光辉——历史会证明：邓公的举措，就是当时中国大陆的最佳处置范式——既保证了稳定，又促进了发展，还奠定了中国改革的方向；既尊重了历史，又尊重了现实。

——需要在此郑重申明的是：我们此处使用的"社会主义"、"资本主义"，绝无褒贬谁的意思。这儿的"社会主义"、"资本主义"，皆为中性词，不含褒贬之意。不论是"资本主义社会"，还是"社会主义社会"，只要有公平的财富分配制度，都可能成为良善社会，即我们定义的"共和社会"——全体公民共同公平和谐相处的**共和社会**——而保障贫富共赢的唯一政治制度，就是将国家的行政权、财富分配权、国家武装力量的指挥权置于全体公民的实际管控之下的真正民主法治的政治制度。从这个意义上来说，不论是当下的美式民主还是中式民主都是有缺陷的，都需要进行必要的修证、改良，这是显而易见的事实。

　　我们中国大陆总有一些**作们**总是把中美之间的问题向"意识形态"方面靠，不断地夸大我国与"西方"的分歧与差异，这是"斗争哲学"（与人为恶）的余毒，同时也是一种"方便"的甩锅伎俩。

　　如果我们不是肤浅地仅仅以表面上的名称去区分国家的性质，而是从实际的本质上去分辨国家的性质的话，就会发现：全世界现存的五个名义上"社会主义国家"，都不是真正意义上的社会主义国家，而是人治占统治地位的国家；而其他的全球大部分的发达资本主义国家，却是真正的社会主义国家——因为全球民主发达国家，都是主张相对公平的国家，虽然程度有所不同，但主动相对公平地调控国家终端利益分配的政府是占多数的。——我们认为基尼系数不失为判断是否是"社会主义国家"的重要数据之一。我们认为理想的基尼系数为 0.3 左右。当基尼系数小于 0.25 时，国家就需要及时予以调控，因为收入差异太小，第一生产力就会减弱，社会活力将会疲软；当基尼系数大于 0.35 时，国家也应及时予以调控，因为收入差距太大，就会激发矛盾，使和谐社会失衡——只要这些"资本主义国家"在相对公平的基础上，再把实事求是、相对公平、与人为善、尊重人性的原则引入，完善自身的社会制度，坚持抑恶扬善，有法必依、阳光行政，就都能够走上和谐社会的康庄大道，达于**共和**，实现自己国家的复兴。

　　中国大陆普通老百姓没有"生活在共产主义理想中"那么高的"觉悟"，他们只认当下生活中面对的实实在在的事实，只认他们当下实实在在获得的利益——这也是孙中山之所以在《建国大纲》中说："建设之首要在民生"的原因。治国是必须以人性（人皆趋利）为基础的——人性即天道，这也是"大道之行也，天下为公"之所以成立的原因。中国大陆的中国人，愿意到国外去打工，乐于进国内的外企工作，一般来说，就是因为付出同样的劳动，获得的报酬更多。这样的事实只能得出一个结论，那就是有些"西方"的企业家更"厚道"、更公平、更能干。在此问题上，同样是不能实行双标的。中国国内的中国企业之间相比较，使用一个标准，中国国内的中国企业与中国国内的外资企业相比较，又使用另外一个标准。国外、国内的外企，有些职工的待遇更好，你怎么可能得出"西方"的企业家普遍更坏的结论呢？这个"更多的报酬"，绝不是天上掉下来的，只能是老板从总体收益中让渡出来的。为什么问题一旦牵涉到"西方人"，实事求是的规则就不灵了呢，这是所有中国大陆人都应当反思的。

邓公有言，意思大意是：对于说不清楚的事，应搁置不论，埋头苦干即可。

但邓公的意思绝不是：在能说清楚的时候，也要一直搁置下去。

对于姓"社"还是姓"资"的问题，正如中国的孩子们将生母称为妈妈或母亲一样，对象是同一个，你不能说称妈妈就是正确的，而称母亲就是错误的吧？

——国与国之间，只有人治与法治之别、公平与不公平之分，而没有所谓的"资本主义"与"社会主义"的所谓"意识形态"之异。奥地利就是以国企（公有制）为主的，挪威的国企占比也相当大，我们中国为什么将其贬斥为资本主义国家呢？——如果"发达"有罪，中国大陆为什么要在富国、富民、强兵、强科技、强文化、强体制等等方面孜孜以求呢？

那些所谓的中国大陆的维护人治的理论专家们，是否可以解释这样一个疑问：宪法决定了一个国家政体的本质，既然中国宪法与美国宪法的基本面大致是一样的 { 公民是国家的主人 }，那么，为什么把美国称为"资本主义"国家，而将中国称为"社会主义"国家呢？

其实，中国与美国的区别，主要是在于宪法宗旨的落实状况存在差异而已。美国有落实不到位之处，中国亦然，其差异，可用中国成语"五十步笑百步"来概括。→我们要比的是谁更公平和谐、谁更实事求是、谁坚持惩恶杨善，而不是比谁的"钱袋大"、"拳头硬"，这是常识。各个国家努力完善自己，善待他人，坚持实事求是、坚持与人为善，坚持相对公平，坚持尊重人性，这才是举世"普适"的"天下正道"。是否实事求是、是否相对公平、是否与人为善、是否尊重人性，是否惩恶扬善、是否有法必依、是否阳光行政，这才是评判任何一个国家是好是坏的最根本的标准。

所以，一个国家、政体给自己取什么样的具体名称，是可以忽略不计的，因为这丝毫不能改变其实质。中国两岸的制度名义上的争论，是没有什么实际意义的。

综上，如果在我们这一代人的手上统一了治国理念，实现了民族的和解，中国台湾的中国人就不可能产生独立的的倾向，中国大陆完成了实质性的去人治的政治改革，落实了宪法精神，消除了"人治"的生存空间，真正实现了民主法治，凡事都有章可循、有法可依、有法必依、阳光行政，而不是国家大事由谁谁谁一时心血来潮来决定→那么，中国台湾就能安心地顺利回归。

从这个意义上来说，**中国大陆去人治的政治改革落实的进程表，就是中国台湾和平回归的时间表！**

当下，在两岸政治协商、经济、文化互通的同时，还可以研讨"如何修建两岸之间的人车跨海通道"。这是举世以来最为伟大的工程。两岸统一，不仅仅是政治、经济、文化的完整融合，同时也是需要地理上的"无缝连接"的。

如果天遂人愿，中国大陆去人治的政治改革真正完成，经济蓬勃发展，跨海大道通车，台湾回归就是顺理成章的事情，中国人就能够真正完成"天朝上国"的一统大业。届时，"中国台湾省"，必将会成为最为璀璨夺目的海上明珠！届时，"I am from Taiwan！"这句话，就会像"I am from Beijing！"一样，必将成为世界上最为自豪的话语之一！

习近平主席说："**从根本上来说，决定两岸关系走向的关键因素是祖国大陆发展进步**"。我们认为是十分中肯的。只要我们坚持了这个方针，并切实践行，我们就会获得两岸关系的主动权，进而完成统一祖国的千秋伟业。

"发展"当然是发展经济，而"进步"，显然是政治制度的改良，就是去人治专制而行民主法治。人类面对的两个最根本的问题，就是**发展**与**进步**。→就是获取人的生存资料和人与人之间公平和谐相处这两个基本问题而已。

"发展"，就是要继续以经济建设为中心，进一步壮大我们的经济实力，以满足人民的物质需求；"进步"，就是要满足人民精神层面的需求，以实事求是、相对公平、与人为善、尊重人性为基准，对中国大陆的人文生态进行改良，从而实现"**共和**"（全民共同和谐生活）。根据我国（中国大陆）的具体国情，就是要继续以实事求是为指南、以相对公平为基准、以与人为善为准绳，进一步将深化去人治的政治、经济改革落实在**具体的行动**上，进而实行阳光行政，真正从中国持续了几千年的人治专制泥淖中走出来，实现中央集权与民主法治的完美融合，真正实现中国人三千年来的"大同梦"、百年以来的"共和梦"，迎来令人向往的、百花争艳的"共和之春"！

——最后，再次强调，要想真正实现两岸的和平统一，没有实事求是的态度是根本行不通的。

我们中国大陆方面不能一方面声称"只要承认一个中国，什么都可以谈"，但实际上却是什么都不能谈：一味地夸大中国台湾人搞台独，不断地进行武力恐吓，不论从哪个角度来看，都不是实事求是的——中国台湾实施了一些自卫措施，买了点武器就是台独？就是对中国大陆的挑衅？——从理论上来说，中国大陆的官方，并非是由中国大陆的中国公民通过真正的民主选举授权产生的，是不具有代表中国大陆的中国公民去攻打中国台湾的中国公民的权力的！中国大陆方面如果真正基于整个中华民族的民族大义，具有实现祖国和平统一的真心，具有为中国两岸的中国人民谋福祉的良好愿望，就不会弄成现在这样的中国两岸人民愈来愈对立的糟糕局面——在中国大陆实现真正的民主共和，真正将民主法治落实在实际行动上——国家领导人由人民二轮差额直选、阳光行政、新闻出版自由、军队国家化等等都是中华人民共和国宪法宗旨规定的，也是中国大陆自身目前迫切需要解决的问题，是有益于包括中国大陆、中国台湾、全球华人、华裔在内的所有中华民族子孙的大好事情，为什么不能谈？不仅仅要谈，而且应该大谈而特谈！而且由体量更大的、实力更强中国大陆方面主动积极地谈，效果最佳。（请参阅本文中相关内容的论述）我们始终相信，只要海峡两岸都认识到：**有条件**的和平统一，才能实现各自利益的最大化，才能实现有诚意的沟通、交流。在人皆趋利的基础上，两岸的中国人通过反复的不分主次尊卑的平等协商再协商、再再反复协商，我们一定能够实现化干戈为玉帛的愿景，实现中华民族一个都不少的天朝上国的大一统的不朽伟业！

特别需要提醒的是，中国大陆、中国台湾的某些专家、流量大咖，大肆鼓动中国大陆武力统台，巴不得中国两岸立刻、马上打起来，实属误国误民的"精准投机分子"。他们只是想把两岸的中国人当成傻瓜来愚弄罢了。——他们看准了一个基本事实：以体量与实力来看，中国台湾是永远也是不可能独立成功的，中国台湾是肯定打不赢中国大陆的，而中国大陆则是很可能武统成功的。我们相信他们是高智商的"明白"人，是出于"聪明"而不是出于愚昧而选择了提前选边站队，以求在中国两岸武统成功之前在中国大陆十四亿人中捞取巨大的流量，在武统成功后继续捞取更大的政治、经济上的好处——他们是该谈的不谈：比如和解、各自冷静地、理性地、实事求是地自我反思——美国、中国大陆、中国台湾，三方都持实事求是的、相对公平、互利共赢的态度，用实事求是的公式 X=Z+F=D 来验证**和统之道**，等等；不该谈的却不遗余力地"乱弹"：鼓吹中国大陆立即、马上攻台最为有利，最有机会，还例举了一巴拉子似是而非的理由——究其原因，不过是因为他们深知中国大陆更强大，中国台湾更弱小罢了，他们如此近乎疯狂地、异常热衷地选边站队，只与其自身利益有关，与是非对错无关，与两岸人民的死活无关，与如何才能真正实现中华民族的全民和解无关，与两岸人民的切身利益无关——中国大陆如果被这些**伪统派**忽悠而犯傻，即便是武统成功，也是"压而不服"，并不能真正实现中国的全民和解，必将留下无穷的隐患、遍地的鸡毛，受伤害的还是两岸的中国人民！

另外再强调两点：一、中国台海两岸的关系是由于各种复杂的历史原因的综合作用所形成现今的态势的，尊重历史与现实就是最明智的选择。双方要想真正有效地解决和平统一这个问题，就必须在相对公平、与人为善的基础之上，实事求是地秉持诚意，心平气和地坐下来进行实质性的沟通，从而实现各自利益的最大化。秉持诚意的显著标志就是平等地尊重对手，互相都不能有高人一等的傲气。中国大陆不能再使用诸如"解放台湾"这样的词语，中国台湾也不能也不能再使用诸如"光复大陆"这样的词语。二、子曰："道，不同，不相为谋"、欧阳修："话不投机半句多"、《战国策》："物以类聚，人以群分"，诸如此类的中国智慧耳熟能详，涵盖了这样一个简明的事实：两个人之间、两个地区之间、两个国家之间，如果价值观不同，是不可能实现相互之间的契合的→这正如鸡与鸭一样，二者之间是有生殖隔离的，二者之间是不可能融合的→如果我们中国大陆方面，让宪法规定的民主、自由，一直不在实际的政治实践中具体实施，让邓公"政治体制改革"的决策仅仅停留在口头上，没有什么实质上的行为，甚至继续"严加管控"的话，那么，我们就不可能与以美国为首的发达国家成为真正的朋友，也不可能消解与中国台湾的中国人之间的争执，邓公的**"实现双方都能接受的和平统一"**的预期，就会成为遥不可期空谈。

中国台海和平统一的曙光，已从云缝中露出它那炫目的光彩，我们热切地期待着！

锦囊 {16} 关于"中国共产党人初心"的反思

什么是中国共产党人的初心

1943 年【新华日报】："为什么不搞多党制？怕什么？想来想去，可能怕失去权力。为什么不搞司法独立？恐怕是怕被审判。为什么不搞宪政？怕不能以权谋私。为什么要搞党国？党无非是个社团组织，怎么能代表国家？为什么不搞新闻言论自由？怕民众不再被愚弄。为什么不搞直接选举？怕做不了官了。"

——有毛泽东的毛笔手稿为证。

由此可以得出清清楚楚的结论：中国共产党人的先烈们的**初心**，就是要践行民主法治：要搞多党制，要搞司法独立，要搞宪政（依据宪法治理国家），认为党不能代表国家，要搞新闻言论自由，要搞直接选举。一句话，就是要建立民主法治的新中国，而绝不是要走人治专制的老路。

1945 年毛泽东《论联合政府》："有人怀疑共产党得势之后，是否会学俄国那样，来一个无产阶级专政和一党制度。我们的回答是：我们这个新民主主义不可能、不应该是一个阶级专政和一党独占政府机构的制度，并**郑重承诺**保障人民"言论、出版、集会、结社、思想、信仰和身体等自由……美国是自由世界的核心，民主的保护神，人民的朋友，专制者的敌人。所有的封建专制统治者把美国视为眼中钉，美国是人类社会成功模式的榜样。"

反动派是世界上最害怕言论自由的一个集团。它们害怕人民翻身，害怕人民认识大时代的真面貌，更害怕自己的丑恶暴露在人民大众面前，所以它们用种种卑劣无比的手段，蒙蔽人民的眼睛，堵塞人民的耳朵，封锁人民的嘴巴，不让民间报纸的存在，不让真正的新闻工作者自由。

——《新华日报》毛泽东 1946.9.01

——由此可知，建国前，中国共产党人的先烈们是一致认同以美国为首的西方文明的"普世价值"的，认为此乃人类的共同思想财富，如同西方分享中国智慧一样，我们中国也理应分享、借鉴西方智慧，并在《五四宪法》中有集中的体现。现在如果对此予以否认，继续走人治专制的老路，就是对革命先烈初心的背叛。

"中国是有缺陷的，而且是很大的缺陷，就是缺乏民主。只有加上民主，中国才能前进一步。民主必须是各方面的。**只有建立在言论、出版、集会、结社的自由与民主选举政府的基础上面，才是有力的政治。**"（毛泽东1944年6月12日答中外记者问）

——由此可知，中国共产党人的初心，是要走民主化道路，在中国建立真正的民主法治制度的。

我们认为：对西方文明，当然不应该全盘照搬，而应以我为主，根据中国的国情，在继承中华民族自身优秀传统文化的基础上，批判性地予以吸纳：取其精华，去其糟粕；像对待我们自己的文化传承一样，修正、选择、发扬，永远在路上……

特别提示

我们对中国共产党人的释义是完全褒义的：真正的中国共产党人，就是通过老百姓直接授权的中华民族中那些具有家国情怀的民族精英，他们不仅仅承认国家财富是全国公民的**共同财产**，是神圣不可侵犯的，同时还承认公民的私有财产同样地神圣不可侵犯。他们是具有以实事求是、相对公平、与人为善、尊重人性、必要差别、民主法治、阳光行政、动态纠偏等原则为核心的科学治国理念的，愿意为中华民族谋福祉的中华民族的脊梁。

宗圣公曾参特别提示曰：继圣吾孙，吾与邓公鼓励你代表我们，以共和国长子的名义和中华人民共和国神圣公民的名义，谨代表华夏先贤、革命先烈，以及中华人民共和国建国后的历次运动中死难的公民，在此文公开发表后，根据实际需要，在适当的时候，向中华人民共和国最高人民法院提起行政诉讼，要求在中国共产党中央委员会（新中国建立后的实际掌权者）的领导下，以公平、和谐为目标的，进行有时限的、实质性的、稳妥的、切实可行的、预后良好的、分清先后主次的、循序渐进的、既合于当下国情且合于先贤理想的政治制度改革，与人治彻底决裂，实现全民和解，将宪法精神，即先烈们的理想、初心落到实处，**走向共和**！

既然我们的目的是要在中国实现真正的民主法治，就让我们这些和平改良主义者们自己首先从尊重法律开始，和平地通过法律程序来解决问题→依据宪法，以行政诉讼的形式来**强制**沟通、交流，达成共识，实现合作→而不是只会采取游行、示威、静坐、绝食，甚至"打、砸、抢"之类的激进的对抗行为。因为执政者同样是知识精英，是中国事实上的执政者，是我们的改良攻坚战的战斗力最为生猛的战友，是中国**走向共和**的中流砥柱→中国民间的改良者与中国当今执政者对抗，纯粹是找错了对象，必然是事倍而功半，南辕而北辙。→中国的普通公民，其实你并不普通，你是如假包换的、**中华人民共和国宪法**赋权的国家主人，而执政者，只是你授权的代理人，你是完全能够堂堂正正地依法对执政者进行质询、批评，提出整改意见的。→如果执政者认为宪法是不必遵守的，那他就违背了中国公民与他之间的"授权协定｛宪法｝"，你是有权代表邓公与全体中国公民说"让他下台"的。

如有争论，**通过行政诉讼的强制**，大家坐下来，心平气和地商讨、辩论→真理总是会越辩越明的。辩明白以后，再由法院宣判，这同时也就自然而然地搭建了一个中国全体公民明辨是非的公众平台，中国以实事求是、相对公平为核心的、去人治的政治改革的主张才会深入人心，这才可能有一个满意的结局，中国百年以来革命先烈、先辈的**初心**才有可能真正落在实处。

由于人类数千年来的不懈努力之下，在当今这个教育普及、交通便捷、信息发达、第二生产力｛科技｝暴涨……→人类社会的车轮已然转入由丛林法则转为文明法则之拐点的弯道之中的伟大时代，任何人，都是不具有不尊重"事实求是、相对公平、与人为善、尊重人性……"这些自然法则而继续胡搅蛮缠的的权力的→**共和之春**，如喷薄之朝阳，已经露出了她那令人心悸目眩的万道霞光……

我们期待着！

锦囊 {17} 关于"在天安门城楼"悬挂太阳神鸟、让首任国家主席毛泽东入土为安的建议

中华人民共和国首都北京天安门楼门上，应悬挂中国文化遗产的标志：**太阳神鸟**。

金无赤足，人无完人。对于如此伟大的中华民族来说，对于如此辉煌灿烂的、世界唯一延绵数千年而不断的华夏文明来说，任何人都没有资格、不应该、也不可能长期成为全民膜拜的偶像→而偶像（个人）崇拜的本质，就是强权崇拜，是落后的丛林（野蛮）文化的标志。

我们认为

1. 太阳神鸟确实精美绝伦，它所象征的中华民族对**光明**的向往→对"适彼乐土"的不懈追求，与中华文明的精髓丝丝入扣，可以用"浑然天成"来形容。→配上彩色光透，效果更佳。

将中国文化遗产的标志——太阳神鸟，升格中华文明的标志，悬挂于中华人民共和国首都的最显眼的位置——天安门城楼，能很好地彰显中华民族的伟大和华夏文明的无比绚烂与厚重。

西方有的人认为："**中国是伪装成一个国家的文明**"，我们是深以为然的。从这个角度，就可以很好地理解：中国文化为何有那么顽强的生命力，以及中国文化为什么具有强大到如此**不可思议的同化力**了。——其实，我们自身在这一点上可能也有点懵：究竟是"**天行健，君子以自强不息**"的决绝赋予了中国文化的生生不息的命脉，还是至大至刚、恢弘于天地间的"**浩然正气**"，涵养了中国文化虽九死而复生的灵力？！是"**有容乃大**"的宽博，还是"**为天地立心，为生民立命，为往圣继绝学，为万世开太平**"的雄迈，为我大中华文化塑就了不死不灭的"**金身**"？！是"**世易时移，事万变，法亦万变**"的明辩，还是"**路漫漫其修远兮，吾将上下而求索**"的不懈意志，铸就了永恒的中华之

魂？！……唉，还是子瞻先生厉害，一句**"不识庐山真面目，只缘身在此山中"**，就将个中滋味涵盖无遗！

我们私下认为，中华文明之所以能够延绵不绝，主要在于中华文明是一个彻头彻尾的**"世俗文明"**→只信自己而不信神，这才铸就了**"楚虽三户，亡秦必楚"**的强大自信→只要世界上还有中国人存在，中华文明就不会断绝。

追求光明与公平的、伟大的中华民族永远在路上，从这个意义上来说，我们的建议，想来是会在所有的华夏儿女心中产生强烈的共鸣的。

2. 毛泽东的巨幅画像，悬挂于天安门城楼，是当年个人崇拜的产物。不管还将悬挂多久，随着人们对丛林文化的抛弃，最终必定是会被中国人民自觉自愿地取下来的，这是不会以那些个人崇拜者、人治专制的维护者的主观意志为转移的→这是由**"大道向善"**的历史潮流限定的→上文相关部分已有较为详细的论述：个人偶像崇拜，实际上是对落后的丛林法则（野蛮）的崇拜。

既然天安门城楼上的毛泽东的巨幅画像，最后必将被中国人民取下来，那么，迟取就不如早取。

早取有极强的、有益的现实意义：可以强有力地祛除一部分人残留的封建帝王崇拜情节，有效地清除我们将进行的伟大的、划时代的去人治的政治体制改革的思想上的障碍，以使我们能够无负于这个伟大的时代，在这个人类历史的关键拐点上获得先机→争取在共和国建国一百周年之前，中国能够在政治、经济、文化诸方面，全面崛起，恢复我泱泱大中华之辉煌！

至于毛泽东主席的遗体，还是在其家乡的祖坟墓地处，择址修一个陵园，让他老人家入土为安吧，这才是真正对中华人民共和国首任主席的尊重。我们总觉得保留他老人家的很不光鲜、衰老不堪的遗体，不仅很有些丑化我们中华人民共和国开国元首光辉形象的意味，而且还在持续地彰显他老人家的遗体被人利用来为人治专制招魂的可悲。我们唯有认真继承毛泽东主席思想遗产中的**正确的部分**，并使其发扬光大，在历史的时空中为其树碑立传，这才是对他老人家的真正的尊重→况且，我们也不可能将其遗体真的保存万年、万年、万万年！

而这些苏俄、中国，耗费巨资强行保存的"遗体"，就是弱肉强食的野蛮文明（丛林法则）的"活化石"，这种"人死存尸"的行为，就是典型的"强权人治"的表征之一，是偶像崇拜的极端表现。当然，我们没有任何理由去苛责任何人，只是阐明其中的是非而已。毕竟，人治独裁思想的余威尚在，连强悍如斯的普京总统也有忌惮，他也不敢｛或是不愿｝贸然将列宁的尸体入土为安，又遑论其他人呢！

　　既然迟早都要入土为安，不是越早越好吗？

　　魂兮归来！我泱泱中华之灵剑，神州故国的守护神——"实事求是、相对公平"！

锦囊 {18} 关于"共和"的反思

世界人民共同和谐相处之道

各国之间的、各种族之间的、各民族之间的、各宗教派别之间的、各阶层之间的——即人与人之间的、各利益集团之间的相处之"道"——我们的一贯观点就是：人类必须自我救赎，弃丛林法则而建立以实事求是、相对公平、与人为善、尊重人性为核心的世界新秩序——2022 年发生在俄罗斯与乌克兰之间的战争，本质上不过就是绵延了千万年的人类内斗历史（丛林法则）的余续。

乌克兰之所以被西方发达国家接受，是有历史渊源的。一是相对来说弱小，二是无扩张传统，三是乌克兰族有相当一部分人信奉东仪天主教，是承认罗马教皇的；俄罗斯之所以不被西方接受，也是有诸多历史渊源的，一方面是相对于西欧诸国来说，俄罗斯太过强大，另一方面是出于对沙俄、苏联扩张历史的恐惧，三是俄罗斯是东正教的执牛耳者，以拜占庭的双头鹰为国家标志，在历史上与罗马教廷有太多的恩怨纠葛。

→俄罗斯在乌克发动的所谓特别军事行动，俄罗斯以普金为首的大俄罗斯主义者是输不起的，一旦普金输掉这场战争，就意味着大俄罗斯帝国梦的破灭，这是以普金为首的扩张主义者所不能接受的；另一方面，乌克兰是西方民主法治社会的向往者，乌克兰与其支持她的西方民主法治国家也是输不起的，一旦乌克兰输掉这场战争，就意味着西方发达国家所秉持的民主法治理念的坍塌，这是乌克兰与西方发达国家所不能接受的。→这似乎成了一个无解的死结：谁都只能赢而不能输，这场战争似乎只能是无限期地持续到一方倒下为止。→但是，所有的与俄乌冲突类似的矛盾是客观存在着最佳处置范式的：那就是放弃敌对立场，双方彻底和解，尊重现实，承认现存国际秩序，终结历史恩怨，让历史就此翻篇，从而开启互帮互助、和平共处的新纪元→也就是说，双方必须回到实事求是、相对公平、与人为善、尊重人性、必要差别、民主法治、阳光行政、动态纠偏的的原则之内来，以沟通的方式实现和解，才有可能摆脱冤冤相报的魔咒，从而走向和谐共赢的**共和社会**。→任何一方以丛林法则行事，蛮横不讲理，都是不可接受的→如果人类对野蛮妥协，就是公平正义的崩塌，整个人类就必将陷于混乱而走向灭亡！

如果人类不能完成"人文生态学"的科学化，那么，不论是施虐方与被虐方二者之间，还是正义方与非正义方二者之间，就不可能出现真正具有权威的仲裁者。

战争不仅仅是政治诉求的延续，更是经济利益的延续，争夺的不外乎各自利益。战争的正义性与非正义性，只能是以维护正当利益还是夺取非正当利益来区分的，也可以说只能以是否实事求是（尊重历史与现实）、是否相对公平、是否与人为善、是否尊重人性来辨别的。究竟应该怎样看待俄乌冲突，为了避免主观感情用事，还是是应该用事实求是的公式 X=Z+F=D 来加以求证的，是不得以国家军事的强弱来执行双标的。

在当代人类认知普遍提高，生产力暴涨的当代，应该且必须建立以文明法则为核心的新的秩序——在人类认知普遍相当低下、生产力极为低下的旧时代所产生的强者为王的丛林法则，当代就应该且必须予以抛弃。"事万变，法亦万变"→人类的生产力已经强大到足以轻松养活所有人的情形之下（当然没有义务养懒汉），人类已经明白"大道向善"才是人类社会的天然坦途的时候，明白了和解才是人类唯一的出路的时候→那种不分是非、不论善恶的强者为尊、以掠夺别国领土与资源为目的种种侵略行径，欺压他人、剥削他人的种种不公，还有什么正义性可言呢？！

因此，在当代，为了自身的利益而忽视、牺牲小国、弱国的正当利益，欺压弱小的种种"估吃霸赊"之恶行都应坚决予以谴责、制止。霸凌小国、弱国，不仅美国不行，中国、俄国、英国、法国也不行。不然的话，不仅仅会给俄乌两国人民带来无妄之灾，也将使整个世界不得安宁。

——如果地球上没有一个能够对所有的人的、所有的群团的、所有的地区的、所有的国家的恶行叫停的公认的理论、统一的权威、具体的措施、实际的执法，那么，人类的人为灾难将永无穷尽之时——像现在的在政治、经济、军事等等领域内的颠倒是非、强词夺理、公然为恶等等猖狂行径就没法遏制——我欺辱你，你敢还手？我盘剥你，你敢吭声？我就是要实行家族独裁，人治专制，谁能阻止我？我就是要固守宗教牢笼，谁奈我何？我就是要清算历史恩怨，咋了！？我见好处就要抢，不该吗！？→**因此，在人文生态学的科学化的基础之上，形成全人类的具有绝对权威的"是非、善恶的准则"，已刻不容缓。**

如果联合国继续像现在一样没有权威性，就不能有效遏制一部分人的恶行，那联合国就必须与时俱进地进行以"权威性、有效性"为目标的改良，以求与"大道向善"的社会发展潮流的实际需求相符，以便于尽快实现人类自身内部的和解，从而建立世界新秩序，迎来真正的**共和社会**。——改良的理由，请参阅本文中的相关论述。

用通俗、形象的话来说，**"地球村"**是需要**有权威的**村委会选举的**村长**来行之有效地惩恶扬善，维护**整个村子**正常的、和谐的秩序的！→人的**"趋利避害"**的基本人性，对于人类的和谐相处，不仅是具有正面作用，而且是具有反面作用的。→对于智慧已开的人来说，知道利己且利人才能实现自身利益最大化的道理，→这就是"赠人玫瑰，手有余香"、"积善之家，必有余庆"的内在逻辑，催生的是美好的理想→建立以相对公平为核心的和谐社会，其外化形式就是自由、民主、法治、阳光的，人人都具有平等的人格尊严的社会；对于智慧未开的人来说，催生的就是苟且——就是继续走**丛林法则**的老路→威权强人不知人治专制是损人不利己的、害人害己的死路，弱者也不知屈膝跪舔、麻木不仁是害人害己的纵容。→他们是不懂得**"人类只有抑恶扬善才能实现各个个体自身的利益最大化"**这个"人间正道"的。→**人类社会的启蒙与法治｛自律与他率｝，是二者并重，缺一不可的！**

【当人们在遇见不可承受之重的时候，常常幻想："如果有神仙来救我们，那该多好啊！"→我们认为，人类的出现，就是宇宙中的"神迹"，既然大自然将"智慧｛认知、思辨｝这个神的基因"赐予了人类，我们人类为什么不能够成为真正的神仙，将地球变为天堂呢？→这看似异想天开，又要编造"玄幻小说"了→其实不然：只要人类在"人类人文生态科学化"的基础之上，在每一个国家中建立了公平正义的绝对权威中心，并以公平正义为刚规树立起了地球村村长｛联合国｝的绝对权威→｛参见关于联合国改良之相关论述｝，人类就会即时"得道成神"，全球就会随之而化为天堂→地球村村长即可发布如下之村长令：

《1号令》→人类新纪元的是非善恶的标准｛人类人文生态优劣之共识｝……

《2号令》→大赦全球→大赦令发布之时业已完成的利益分享即时合法，以"补低就高"的方式为人类恩怨清零奠基，实现人类的彻底和解→对既得利益者之既得利益不得以任何形式予以追究→对既失利益者给予适当的补偿→不论是既得利益者，还是既失利益者，皆不得继续为恶，皆不得拒绝和解→凡继续为恶者、拒绝和解者，即为人类之公敌……

《3号令》→全球所有国家，以"人类人文生态学的科学标准"｛人类新纪元之是非共识｝，对自己国内的人文生态予以全面系统的清理，对于现存的弊端，分别制定出切实可行的改良方案并付诸实施……

《4号令》→全球去军事化→各国只保留装备轻武器的警察部队维持国内治安，各国的国防安全，由联合国军保障→各国之间、各种组织间、各教派之间的争执，只能在联合国特使的见证下通过和平沟通、协商的方式来化解，如果仍然不能达成和解，只能上诉至《联合国法院》审决后，再由联合国军强制执行……

《n号令》→根据实际情况的需要发布村长令……】

乌克兰在放弃核武器时与世界各大国｛主要是美国、俄罗斯、英国｝之间签署的若干保障乌克兰国家安全的一系列条约，在事实上成了无权威、无效力的一纸空文，这就是联合国必须予以改良的最佳例证。

有两个事实必须明确：1、乌克兰是通过正当途径｛1954年苏联最高苏维埃主席团授权｝获得克里米亚半岛的主权的；2、1994年签署《布达佩斯备忘录》时，俄罗斯是承认乌克兰2014年以前所拥有领土的领土主权的、并承诺为乌克兰提供安全保障的。

对善的弘扬，对恶的抑制，是每一个国家执政者的基本职责，不能够用"不得干涉别国内政"为借口来怙恶不悛，这应该成为国际新秩序的钢规之一。当然，要以大赦天下的形式来善后，要保证现存所有的国家执政者不被清算，其现有财富不被剥夺，保留国家元首名誉，等等，以使他们能够乐于顺应历史潮流，平稳地"立地成佛"、弃恶趋善……——请参阅我们设计的中国国内的大赦方案。

在联合国这个平台上，应对此展开充分的讨论，以实事求是、相对公平、与人为善、尊重人性为基准，制定全新的、详细的、可行的《世界安全宪章》，并据此建立具有世界权威的仲裁法院——仲裁法院的组成人员，由全世界各国的驻联合国特命全权大使记名二轮差额选举产生（首轮选举候选人，二轮选举当选人），其院长实行三首同权、三权并立制。各国去军事化，各国只保留装备常规武器的警察维护本国（地区）治安。销毁所有核武器，世界全民禁止持有热武器（可以最大限度地减少恶性争端与降低维和成本，确保维和的效果），所有国与国、地区与地区之间的纷争，由所有国家都派员参与而组成的联合国军"维和"——联合国军的司令，由全世界各国的驻联合国特命全权大使记名二轮差额选举产生，其司令官实行三首同权、三权并立制。

三首同权、三权并立制，请参阅本文中相关部分的论述。

现在的联合国必须进行必要的改良，使它成为具有绝对权威的、督导世界人民弃恶向善的船长！→以求让现在整个人类世界没有"吹哨人"的尴尬得以终止！！

1.在全世界裁军、弃核完成后，联合国五大常任理事国的一票否决权，应当予以废止。将一票否决权授予：a、联合国总部的三首（三首并立、三首同权的秘书长），主要管立法，整合意识形态标准；b、联合国仲裁法院的三首（三首并立、三首同权的院长），主要管司法，审理与仲裁；c、联合国维和部队的三首（三首并立、三首同权的司令），主要管执行与维和；d、联合国银行的三首{三首并立、三首同权的行长}，主要管财富分配的相对公平。F、每一个成员国都有监督、提起弹劾的权力。

【当下联合国的存在和世界各国当下旨在抑恶扬善的法规，是全世界人民努力的结果。这是我们人类顺应"大道向善"的历史发展潮流、达成共识的、完成人类自我救赎的弥足珍贵的现存基础——对当时那些参与者们，笔者在此对他们致以最崇高的敬礼！】

2. 联合国三首的任职条件。

A. 年龄在 50 岁左右。身体健康。

B. 具有实事求是的思维模式，具有相对公平的坚守，具有与人为善的世界情怀，具有尊重人性的基本素质，不是仅仅只代表自己国家的利益，而是始终站在公平正义的一方。

C. 具有较为丰富的知识储备，具有较强的管理能力、沟通能力、应变能力。

D. 其他待定条件。

3. 联合国三首的产生方式。

A. 在各国国内以二轮差额直选的形式选出来的预备候选人中竞争产生。第一轮选举正式候选人，各国本国选出来的预备候选人 { 小国一名，中等国家两名，大国三名 } 皆有参选权；第二轮选出当选人。各国的候选人在第二轮选举中，得票仅次于正式当选人者，成为正式当选人的候补者。为了相对公平，大国、中等国家、小国的选票所代表分量应有所区别，哪些国家为大国，哪些国家为中等国家，哪些国家为小国等等，都是需要通过充分酝酿、协商来予以决定的。

B. 在各国（地区）选出的全部候选人中，由各国（地区）驻联合国特命全权大使以记名的方式，通过二轮差额选举的方式选举出 12 名三首。在联合国的 12 名三首中，同一届每个国家只能有一人当选为三首。

C. 其他待定规定。

4. 法规的制定。重点之一是确立认定是非、对错的标准的具体法规。

5. 裁军、弃核。

6. 沟通、协商的目的与方式。

7. 决议的形成与效力。

8. 联合国机构的组成与运行。

9. 联合国经费的分摊办法。

10. 联合国总部三首的权力与制约；联合国仲裁法院三首的权力与制约；

联合国维和部队三首的权力与制约；联合国银行三首的权力与制约。——联合国三首的最主要的权力之二是：1. 有权解散自己任职机构的三首联席会议，重新进行"大选"；2. 具有同等的"一票否决权"（行使否决权后，如果经三首之间限时三轮协商之后仍然不能达成共识之时，即可行使解散自身任职机构的联席会议、重新进行大选的权力）。

11. 联合国雇员的构成，以世界各国公平参与、选派具有世界情怀的"德、才、能"皆佳者依规组成为基本方法。

12. 其他未尽事宜。

——以上建议尚不成熟、严谨，仅仅是提供一种走出人类困境的思路，还有望于全世界的贤者、智者、能者的订正、补充与完善！

——为了较好地处理那些复杂的历史遗留问题，我们认为矛盾双方都应站在第三者的立场，运用实事求是的公式 $X=Z+F=D$ 来检验自身的行为，这样就可以较好地帮助我们克服主观感情用事而获得互相都认同的最佳客观处置范式，从而化解矛盾，实现和解。

——世界上的每一个人、每一个国家（地区）、每一个种族、每一个民族，任何教派，任何政治、经济集团，都是这个世界的有机组成部分，任何破坏实事求是、相对公平、与人为善、尊重人性原则的人，都必将破坏整个世界的安宁，势必成为害群之马、人类公敌。

要消弭千百年来，人与人之间的、国与国之间的、种族与种族之间的、民族与民族之间的、教派与教派之间的、地域与地域之间的诸多历史恩怨情仇，必须逐一在联合国的框架内，心平气和地以实事求是、相对公平、与人为善、尊重人性为原则进行诚恳的协商，签订相应的和解协议，从而实现彻底的和解。如若协商双方发生争执，争议各方应该在联合国大会上公开阐明各自的理由与事实依据，再由联合国的仲裁法院主持调解、审理（必须有律师团队的参与），并限期做出判决，自判决之日起，30 日后，判决自动生效。不服从判决方者，在 30 天内有上诉的权力。二审判决为终审判决，即时生效。如有拒不执行联合国仲裁法院的生效判决者，由联合国维和部队出面强制执行。

强者不得继续为恶，弱者也不得以曾经被欺压而继续为恶，这是必须成为刚规的——因为在旧时代，丛林法则是"合法"的，所以继续纠缠历史上究竟谁对谁错的恩怨情仇，都是毫无意义的"瞎折腾"，对整个人类来说，有百害而无一益。旧时代之所以出现种种不公，就是因为我们人类由于当时的生产力水平、认知水平的限制而允许一部分人可以肆意为恶；而在新时代，任何人都不得为恶（只能与人为善），理应成为钢规铁律，并使之成为人类的共识，使之名副其实地成为"地球村"村规的总纲，人类才可能实现自治，才可能实现和谐共赢，人类才可能达于幸福安康的彼岸，迎来属于自身的明媚而又温馨的**共和之春**！

　　——我们在此重申，我们一贯的老观点：如果人类的人文生态学不能科学化，人类就不能完成自身内部和解，也就不能完成人类自身的自我救赎——人类，必将在内斗中走向灭亡！

　　——试看宇宙，人类已经强大到除了自身以外，再无敌手，能够毁灭人类的，只有人类自己。（请参阅本文中相关的较详细的论述）。

　　——综上，不要老是拿东方与西方的意识形态的分歧来说事→不讲是非、不论善恶的所谓"多边主义"是不成立的→玩弄偷换概念的技巧，是诡辩者的最爱→你本来在与他思辨：人类的行为，有没有是非、善恶的标准→他接口却问你：如此纷繁、博大的世界，事物的多样性存不存在，"多边主义"合不合理？

　　人类的行为，在客观上，是实实在在地存在着是非标准、善恶标准的，那就是实事求是、相对公平、与人为善、尊重人性——不得伤害他人的利益{相对公平}是最基本的是非标准。因为人的基本人性，从本质上来说，是并无什么明显的区别的，所以"实事求是、相对公平、与人为善、尊重人性"的原则在全世界是完全可以达成共识的——"领土与主权问题不容讨论"的背后的支撑，不仅仅是军事实力的强弱，更重要的标准，是明辨是非、善恶的人类共识——如果这个世界继续沿袭野蛮落后的丛林法则，总是使善良的人受欺辱，那人类还有什么前途可言呢？所以，人类完全有可能在"实事求是、相对公平、与人为善、尊重人性"这个于人于己都最为有利的原则下达成共识，各自实现各自利益的最大化，迎来令人心醉的共和之春！

　　乌克兰人"自废武功"，销毁3000多枚核弹头而相信和平的行为，是符合当今之人类世界客观最佳发展范式（大道向善）的，不论从哪个角度来说，这种行为都是应该得到全世界人民的激赏与保护的——如果乌克兰没有销毁自己那 3000 多枚核武器，俄罗斯还能威胁她？双方如果倚仗核武器硬刚，唯一的结果就是双方同归于尽——不仅仅是俄国，这也是美国、中国等等有核强国应该自省、自律的——坚持实事求是、相对公平、与人为善、尊重人性的原则，从而克服掉旧的丛林法则时代那种见到土地、资源就眼睛发绿，不去抢就觉得难受不已的老毛病——关于资源、人口、财富分配不均等等不公平的历史遗留问题，是可以通过"补低就高"的原则逐步予以解决的——比如给各国分配适当的向外移民、向内移民的配额等等方式来实现相对公平【特别要提醒的是，这是一个有序的、逐步的过程，而绝不能是暴风骤雨式的"均贫富"】，从而实现全世界人民的和解，完成人类自身的自我救赎。这样人类才有可能完成自我救赎，从而踏上和谐、安宁、富裕的康庄大道。

　　——乌克兰军民的悲壮、忧伤；俄罗斯战士的血泪、无奈，有谁在为他们哭泣？！

　　——普金总统下令俄罗斯官兵强势出击，与其说是出于对俄罗斯自身的安全的担忧（这纯粹是自欺欺人的主观臆想，无中生有的忽悠——试问，整个欧洲，即使乌克兰加入了北约，再联合上美国，就敢于对俄罗斯这个善战的世界第一核大国动手动脚了吗？俄罗斯的几千枚核武器和强大的常规武装力量，难道是纸糊的摆设吗？所以，俄罗斯的**自身安全**是根本**不存在任何隐患**的，仅仅不过就是一个出兵的借口罢了——每一个国家的周边都天然存在邻国，如果以自己国家的周边存在邻国，就说自己受到了包围、受到了威胁，这不是强词夺理吗？），倒不如说是想扩大自己的势力范围。说得再严重一点，就是野心爆棚与见利忘义的贪欲（克里米亚和乌东地区，确实是不折不扣的"肥肉"，但那是别国的！从地理上来说，克里米亚也是乌克兰的东南部半岛——多民族在一国之内和平共处，已成为现代国家的常态。而一个多民族的国家，内部闹点矛盾，不是很平常的吗？是不是首先应该促其内部和解呢？如果别国有的地方闹独立，强国就可以乘机以武力去接收、吞并，那世界不是全乱套了吗？美国的地理、资源、经济发展具有优势的各州可不可以闹独立呢？中国的地理、资源、经济发展具有优势的各省又可不可以闹独立呢？抑或是俄罗斯自己国内的地理、资源、经济发展具有优势的加盟共和国，是不是也可以独立出来，或者投入别国的怀抱呢？假如阿拉斯加有人对美国联邦政府有意见，又因为紧挨俄罗斯，因此就可以认为是"威胁"到了俄罗斯的安全了呢？而且阿拉斯加还曾经是俄罗斯的领土，那俄罗斯是不是就更应该推翻历史既成事实而强势出击，使其跪服了呢？——照此类推，越南、韩国与美国交好，中国可不可以强势出击，要求它们去军事化，成为缓冲地带呢？从历史上来说，它们都曾经是中国的附属国，中国出击，比俄罗斯出击乌克兰似乎更有理由——因为从历史脉络来看，最早的俄罗斯公国，首先是基辅罗斯的附属，俄罗斯实际继承的是基辅罗斯的法统。古巴、委内瑞拉与俄罗斯交好，美国可不可以强势出击，要求它们去军事化？越南、韩国，即使联合上美国，能威胁到中国本土的安全吗？古巴、委内瑞拉，即使联合上俄罗斯，能威胁到美国本土的安全吗？还有一个问题是：究竟是"北约东扩"还是"东欧西逃"？→小国难道连逃跑的资格都没有了吗？是北约将俄罗斯逼到墙角，还是俄罗斯将自己的西方邻国逼入绝境，谁才更接近事实的真相？事实是，北约的性质与宗旨就是"防御性的军事组织"，东欧各国是求着加入欧盟、北约的，并非仅仅是"北约东扩"那么简单。而且，俄罗斯在入侵乌克兰吞并克里米亚的时候，乌克兰并无加入北约的举动）。如果世界主流群体，将相信和平的，认为西欧、俄罗斯不会入侵自己国家的乌克兰放弃核武器的行为（这是符合"大道向善"、"和平发展""和谐共处"的世界发展潮流的进步、文明的行为），视为傻瓜之举，作壁上观，甚至幸灾乐祸，为俄罗斯的强势出击叫好，为漠视现存国际法规、秩序，任意推翻历史既成事实而恃强凌弱的人呐喊助威，冷漠地牺牲、无视弱小的乌克兰民众的合法的国家利益和人民的人身、财产安全，（这都是崇拜野蛮、落后的丛林法则的表现：只认拳头，不讲是非、不讲善恶；只准强者打弱者，弱者唯一的出路就是投降、跪服，而且还是没有还手的资格的，因为一旦自卫，就被强者污蔑为"挑衅"，罪加一等），任由双方的冲突恶性发展而不能和平解决，那将是全人类的悲剧。因为最后不论谁输谁赢，都必将是野蛮、落后的丛林法则的再一次重演，必定会掀起疯狂的新一轮的军备竞赛，人性的恶将会因此而再次肆意泛滥——这是开历史倒车的典型案例，人类积累的现有财富和现有生产力对改善人民生活的效力，必将因此而大幅缩水。试问，届时，各国大量的财富都用到军事竞争上去了，普天之下，谁还会有好日子过呢？

中俄是两个相邻的强国，相互对立是得不偿失的。但是，中方对俄罗斯无是非、无底线地包容，也是不能真正实现两国之间的长久的和平共处的，而且还可能使中方利益严重受损。因此，无论是中美之间，中俄之间，或者中国与其他国家之间，"有是非地、有善恶底线地和平共处"这一原则都是普遍适用的。

——在实事求是、相对公平、与人为善、尊重人性框架内，通过具有诚意的、心平气和的协商来解决问题（俄罗斯撤出乌克兰，与乌克兰实现和解；乌克兰也要实现自己国家内部的各民族之间的和解。乌克兰族要相对公平地、与人为善地对待自己国内的俄罗斯族，保障他们的正当利益；乌克兰国内的俄罗斯族，也不要因为自己所处的地区的地理、资源、经济发展占优就闹独立，就把国家大义丢到一边，只图自己安好。

作为强势的一方，如果普金总统具有断然归还包括克里米亚在内的所有乌克兰领土，以及归还托管的日本北方四岛的气魄与境界，那他就是俄罗斯的救世主，必将为俄罗斯人民赢得未来，成就一个真正伟大的俄罗斯！俄罗斯实现她与自己邻国以及整个世界之间的和解，这才是利己利人的最佳选择！→诶，言尽于此，普金总统是否能领会我们迫切地想要帮助俄罗斯的一片真心，那就只有拜托上帝的造化之力了，阿门！→普金总统曾经发飙说："如果地球上没有了俄罗斯，那要这个地球干什么？"→这是基于丛林法则的赤裸裸的核讹诈！普金个人代表不了俄罗斯人民，如果他不顾俄罗斯人民的死活，继续在错误的道路上怙恶不悛，必将会被俄罗斯人民抛弃→俄罗斯人民没有了普金所勾画的虚幻的帝国梦，俄罗斯人民反而会得到新生！

这是解决俄乌冲突的唯一符合双方利益和世界各国利益的最佳客观处置范式——使人跪服，从来就是口服心不服的，最终，和解才是唯一的出路！否则，俄罗斯的前途堪忧→当俄罗斯的执政者纠集邪恶的重罪囚犯上前线的时候，其失败的命运几乎就已经是不可逆转的了。→因为此种黔驴技穷、自毁长城的倒行逆施，彻底地毁掉了俄罗斯的信誉与军心！俄罗斯人民又不是傻瓜，难道会不明白：如果普金不是穷途末路，普大帝会傻傻地饮鸩止渴吗？欲使正义之师与邪恶的罪犯并肩浴血奋战，这不是与虎谋皮吗？→一个人、一个家庭、一个族群、一个国家，只要走上了邪恶的道路，其最终失败的命运就不可逆转了→退一万步来说，即便俄罗斯暂时获得"胜利"，其实是输得更加悲惨→你俄罗斯"胜"得越是彻底，别人越会把你看作洪水猛兽，别的国家就会躲你俄罗斯躲得越远。因为俄罗斯的这种"胜利"必将引起文明世界的恐慌、警醒，而被全球的大部分的人民抛弃、敌视。→从逻辑上来说，任何邪恶都是不可能最终真正战胜正义的，这是由"大道向善"的客观范式所制约的，是不会因"普大帝"的主观意志而转移的。

【近当代历史上，所有世界列强中，苏俄对我们中国是伤害最大的→苏俄的执政者，对中国人从来都是蔑视的→即便是对于贵为中华人民共和国首任主席毛泽东主席在访苏期间，斯大林对他也是无尊重可言的。苏俄不但鲸吞了我们中国以百万平方公里计的国土，甚至还想对中国实施核打击，逼得中国不得不将自己的军工企业向中西部搬迁，这就是人们记忆犹新的"三线建设"。→因此我们对中国当下存在那么多的俄粉，曾经是很不理解的。

经过反复思辨，自以为大概了解了中国之所以俄粉成堆的成因：

一是，中国数千来的人治专制所形成的帝王 { 强人 } 崇拜在作祟→在中国国内，崇拜普京的人大有人在，是有其特定的"人治"思想基础的。

二是，既不了解"大道向善"的历史潮流是不以人的意志为转移的客观范式，也不明白野蛮的丛林法则的衰落是不可逆的。

三是，没有形成实事求是的思维模式，因而常常是善恶莫辨是非不分。

四是，基于愚昧、自私、不分是非、不讲善恶者的围观恶趣。只要自己不是当事人，事情越是激化、血腥，围观所带来的快意就越爽→就像那些围观跳楼的愚氓的心理一样："跳呀，快点跳呀，怎么还不跳啊！"当别人真的跳楼死了，他们就爽得不要不要的，如果跳楼者被解救而没有跳成，这些无人性的围观者就会对那个跳楼者愤愤然而言曰"你 tmd 是个什么东东？要死要活地要跳楼，你这不是骗人吗？"

五是，弱者的"比惨"潜意识。甲、乙、丙三者，乙认为甲是强者，乙认为自己与丙都是弱者。甲将乙胖揍了一顿，侵吞了乙不少财产之后，甲又将拳头挥向了丙。于是乙为甲声嘶力竭地呐喊助威，巴不得丙被甲灭门，这样才能够让乙自己的那颗玻璃心得到些许慰藉→哼，我乙虽然干不过甲，但我总比丙强多了！

六是，欺负弱者的恶意。落井下石是人的劣性之一。在不良的人文生态之中，雪中送炭者少，而锦上添花者多。

七是，中国法治不健全→网络不是法外之地，为什么那么多的网络喷子长期胡说八道而没有得到应有的惩处→这与言论自由无关，因为，人从来就是没有干坏事的自由的。

八是，我们中国的执政当局对于俄乌双方的是非态度是暧昧的，使相当一部分的中国人误以为中国执政当局是站在俄罗斯一方的，所以那些俄粉们才会如此毫无同情心地肆意攻击、谩骂、蔑视饱受战火蹂躏乌克兰人民。从某种意义上来说，这是中国执政者纵容的结果。

……

凡此种种的诸多因素的综合作用，造成了当下中国网上俄粉汹汹的局面。我们中国的执政者在此大是大非的问题上，是有不可推脱的正向引导之天然职责的→我们中国人当然是要在相对公平原则下、抑恶扬善的前提下与世界各国友好相处的，我们是既不怕美国，也不怕俄罗斯的→只要我们中国是坚持公平正义的，是明辨是非善恶的，我们就不担忧美国、俄罗斯会不与中国友好相处的→如果中国的执政当局对这些俄粉旗帜鲜明地作正向的引导，问题就会迎刃而解→虽然这些喷子们在网上怼无权无势者的时候气势汹汹，但他们对于有权有势者是相当恭顺的，因为他们的骨子里从来就是"唯上、唯强"的。→基于我国与俄罗斯与乌克兰的良好关系，我们中国就有可能调解成功，挽救乌克兰人民、俄罗斯人民于危难之中，为世界重新赢得和平。→当然，如果当事双方（特别是俄罗斯一方）不能够实事求是地、相对公平地、与人为善地明辨是非，任何人都是不可能调解成功的！！→要求一个正常的人甘心情愿地让人欺凌，这将是世界上任何人都不能完成的任务。

与人为善是我们中国人的主流传承，我们始终是不惮以最大的善意来推度人的，我们始终相信包括普京在内的俄罗斯人是具有智慧的优秀民族，是完全能够明白"善待他人就是善待自己，损害他人利益就是损害自身利益"、"舍就是得"、"害人必被反噬"的人生哲理的，是能够从容地放下俄罗斯族自身延续了数百年的"扩张执念"的，是能够理性地明辨是非，研讨出疏解俄乌冲突的"最佳客观处置范式"的！】

需要特别说明的是：

一个国家凝聚民心的权威人物是不可多得的，我们是真心实意地想帮助普金总统完成他的伟大历史使命的。

→归还别国的领土并主动给予相应的赔偿，对于远强于乌克兰的俄罗斯来说，既不是软弱与认怂，而是标志着一个伟大民族的觉醒与复苏，是知错能改，重振国家信用的善举；也不是损利，而是甩掉数百年以来压在俄罗斯身上的包袱，重塑俄罗斯荣光、走向共和之壮举！

俄罗斯在领土、资源、科技、文学、艺术等等方面都是具有深厚的底蕴的→换句话来说，俄罗斯是世界少有的、既不缺领土，也不缺资源，还不缺人才的大国，即便当下 GDP 偏低，但只要俄罗斯愿意，随时都能够跨入发达国家的行列→其厚重的积淀与国力，奠定了她的不可撼动的"**准发达国家**"之地位→俄罗斯所缺的仅仅是"实事求是、相对公平、与人为善、尊重人性的治国共识、外交理念"而已。只要普金总统用先进 { 科学 } 的治国共识，将自己国内的人文生态调整到最佳状态，与人为善地、干脆利落地归还乌克兰与日本的所有的被自己占领的领土，并诚恳道歉与赔偿，让历史恩怨清零，彻底与世界人民和解。那么，俄罗斯无论从哪个角度来说，都必将是妥妥的世界一流国家，成为引领世界的最重要力量之一。

俄罗斯只要摆脱了沉重的军事负担，**不需要"二十年"，只需要一年，就可以还伟大的俄罗斯人民"一个强大的俄罗斯"**→只要普大帝决心回归"大道向善"的坦途，以相对对公平为准绳，下达相关**去人治改革**的总统令所需的时间，"一年"足矣！→现代国家的竞争的最主要的方面，已经转向了人文生态 { 第三生产力 } 的竞争。→哪儿的人文生态更佳，财富与人才就会向哪儿转移，科技精英也就随之汇集；谁的人文生态更好，谁就生机勃勃，朋友满天下。→这是由"人皆趋利"的基本人性决定的，这也是中国智慧"**得道者得天下**"的底层逻辑。→在教育普及、科技井喷、生产力暴涨、医疗发达、信息通畅、交通便捷的当代，丛林法则的衰落与文明法则的勃兴是不可逆的。谁抢得人文生态改良的先机，谁就会率先**走向共和**！

我们之所以给俄罗斯总统这样的建议，是由于我们认为：俄罗斯人民的真正敌人，既不是乌克兰，也不是西方发达国家，而是俄罗斯自身的盲点：

"相对公平是不可违背的天理、善待他人就是善待自己的最佳方式"→因此，俄罗斯要想真正强大起来，重塑伟大俄罗斯的荣光，还得回到"实事求是、相对公平、与人为善、尊重人性、必要差别、民主法治、阳光行政、动态纠偏"的轨道上来，才可能成就**"一个眞正强大的俄罗斯"**！

我们真心希望，普金总统，就是那位"在俄罗斯走向共和的门前"，临门劲射的伟大前锋！

人文生态的改良｛科学化｝，并不像人们想象的那样艰难。从根本上来说，人类面对的最重要的问题只有两个。一是怎样在尽可能短的时间内，尽可能多地获取更多、更丰富的生存资料；二是怎样尽可能相对公平地分享已经获得的生存资料。只要我们坚持实事求是的原则，用相对公平这把标尺，逐一清理出自身现存人文生态｛第三生产力｝中丛林法则所遗留的种种弊端，分别予以逐步、有序、切实的改良就行了。

有的人可能会惊诧："就这么简单？"→"大道至简"，事实上真的就是这么简单！→只不过就是针对人性的善恶，制定相应的法律予以规范罢了→该褒扬的竭力褒扬、该抑制的竭力抑制而已。→天道、天理、客观存在的最佳特定范式，体现在人类身上，就是人的善性。有利于人类和谐发展的人性，就制定相应的法规予以持续地褒扬，不利于人类和谐发展的人性就必须制定相应的法规予以禁止。比如说：褒扬勤奋，禁止懒惰；褒扬善良，禁止邪恶；褒扬开放创新，批判固步自封；褒扬实话实说，批判虚假宣传；褒扬公平待人，禁止巧取豪夺；褒扬民主法治，批判人治专制；褒扬阳光行政，批判暗箱操作；……总而言之，就是批判禁止假丑恶，褒扬鼓励真善美。对于一个国家的执政者来说，组织有家国情怀的贤者、集思广益，扬善抑恶，并坚持动态纠偏→出现什么问题，就认认真真地、切实地解决所面临的具体问题，这是执政者们天然的职责→治国者治国，如医者治病。如果医者不治病，那他就不再是医生；如果治国者不解决国家现实中存在的弊端，那他就没有尽到他的天然应尽的职责。→自律，我们是要提倡的，但自律只对自省、自觉者有作用；他律是不可一日或缺的，对于愚昧的邪恶者来说，他律才是救赎他们的有效良药。→当然，要做到这一点，是以人文生态学的科学化为前提的，这样，我们才能明晰我们的治国理念，制定出具有绝对权威的法规。我们才能明明白白地知道：

我们究竟应当褒扬鼓励什么、批判禁止什么；哪些是不能做的、哪些是必须做的。

在这个人类人文生态学尚未完全科学化，文明法则尚未完全建立，联合国还未在全球形成实际的绝对权威，丛林法则仍然有不小影响力的拐点之上，一味从重追究普京的过错是不恰当的，换句话来说，就是**"理由是不充分的"→**当然，如果他顽固地坚持自身的错误而拒不改良，那就又另当别论了。照此类推→一有错误就决不轻饶，那也得先确定人们认同的法理、法律→西方发达国家所发动的战争中，也有一些是经不起推敲的→如果追究了甲，而不追究乙，必然又将陷于无休止的"公说公有理，婆说婆有理"的恶性循环之中，那么，文明法则的确立必将离我们越来越远。联合国对此应当拿出应有的担当，在与各国充分磋商后认定：我们最应当做的，就是借总结俄乌冲突的教训之机，强力推动全人类的和解，尽最大努力使人类的历史恩怨清零，顺应时代潮流，**成立"实现人类人文生态科学化的专门委员会"**，在梳理、确认人类在人文生态方面的**"科研成果"**之时，在全球**树立文明法则的绝对权威**，迎来人类的共和之春！

——当年南斯拉夫解体，虽然有诸多纷争，西方发达国家的处置方式也说不上完全公平，但终归毕竟没有任何一个强国跑去将这些独立出来的国家占为己有。原南斯拉夫的各加盟共和国之间，现在都基本上实现了相对的和解→说一千、道一万，我们始终不明白的是，俄罗斯凭什么可以突入别的主权国家，左右别国的意志，消灭别国的军队，强令别人下跪、投降，肆无忌惮地炮击、轰炸别国的家园！进而迫使别国签署城下之盟，将别国的领土收归己有。

家国同理→俄、白、乌，以及哈萨克斯坦等国之间的关系，以几兄弟分家来论事，是比较容易说明白其中的是非曲直的。几兄弟依据各自的意愿，自愿签署了分家协议，各自就成为了独立的家庭了，就再无反悔的可能。各自愿意过什么样的生活，与什么人交朋友，只要没有伤害到别国的利益，那是各自的自由，别人是没有说三道四的权力的→当然，所有的自由都是以不得为恶为前提的。如若其中的某一家欺负另一家，或是某一家欺负自己的家庭成员，其中的是非曲直就不言自明了：→作为弱势的一方，乌克兰曾经主动欺负过俄罗斯吗？乌克兰有能力主动欺负俄罗斯吗？→一个国家的部分地区是无权闹独立的，而只能在相对公平的前提下和平共处，这应当成为所有国家的基本准则。如果某国的某部分人认为自己受到了不公平的对待，联合国法院对此具有天然的受理权，联合国部队具有天然的执行联合国法院判决的执法权。

中国，利用自身与俄罗斯、乌克兰友好的有利条件，应该居中进行斡旋。特别是中国的决策层，对俄乌冲突，应该有一个明确的是非观念，还应该对自己的国民做正向的引导（一个简单明白的事实就是，俄罗斯现在所拥有的国土面积与资源，已经绝对是世界第一了，绝对是属于"地大物博"顶尖的国家之一，对于自身的经济发展和生存空间来说，可以说"绰绰有余"了。也就是说，俄罗斯，已经再无任何扩张的必要了——对于俄罗斯这样的大国、强国来说，这个观点与事实，不是有谁向她进言她就会听的，而是需要她自己的国民真正意识到：历史的车轮已经驶入了文明法则的轨道，自己民族延续了几百年的武力扩张已经不再具有合法性。这才能从根本上解决问题——这当然不是说北约所干的事情都是完全正确的——**如果**美国干了不合规的事，我们当然也要声讨、阻止。但俄罗斯是不能以"别人可以这样干，我也可以这样干"为理由而入侵他国，这不成了"贼喊捉贼"了吗？

只有在讲实事求是的、讲相对公平的、讲与人为善的、尊重人性的前提下，以明辨是非为基础的友好才是真友好，才可以真正地有效地帮助到俄罗斯人民，才能让**普大帝从"伟大的帝国梦"**中清醒过来，明白极端民族主义那一套是行不通的。俄罗斯应当做的事情是，与曾被她屡屡欺辱的东西南各邻国实现和解，让恩怨清零，进而与世界各国和睦相处。

从俄罗斯的历史来看，莫斯科公国在金帐汗国衰落以后，是最少被欺辱的国家，事实上俄罗斯一直就是在不断地扩张。除了痛击拿破仑入侵、在美国的帮助下抗击希特勒的入侵以外，就只遭遇过**"扩张暂时受阻"**的情况，俄罗斯从来就没有因**本土**被侵而被迫签订过什么**不平等条约**{最早的俄罗斯公国的"本土"，就只有 500 平方千米}。二战伊始，苏联伙同德国一起瓜分波兰，屠杀波兰战俘，苏联入侵芬兰→苏联与德国一样，同属二战的发动国→作为二战的战胜国，联合国的五个常任理事国的成色是不一样的→我们将其粗略地的划分为四个等级→钻石级：美国，功劳巨大。黄金级：英国，功劳较大。黄铜级：中国、法国，有功无过。白铁级：苏联，有功有过。我们翻出这个历史旧账，绝不是要清算谁，也不是要推翻已形成的历史结果{日本"北方四岛"除外→当下，"北方四岛"的归属是未定的，但不论是从地理区位上来说，还是从法理上来说，抑或是从历史延续上来说，都是应该归还给日本的}，仅仅只是借此明辨是非，说明**和解**的迫切性、双赢性，必须性，目的是让历史恩怨清零，彻底摆脱害人不利己的丛林法则，就此翻开人类和谐共处的新篇章→建成只有和谐，没有撕裂，只有合作双赢，没有剥削压迫，只有和平，没有战争的**共和社会**！

在这个由丛林法则转向文明法则的历史拐点的关键节点上，中国应当在实事求是、相对公平、与人为善、尊重人性的框架内，采取积极的态度从中调解，促成俄罗斯与西方发达国家具有历史意义的和解。【当然是以平等协商为前提的——所谓"东西方的思想不能互相融合"的观点是我们不认同的，因为这是违背"实事求是"的原则的，也是违背人皆趋利的基本人性的——只要作为对于东欧各弱小国家来说具有碾压优势的强国俄罗斯，尊重历史既成事实与现存国际秩序，愿意与她的东欧各个弱小邻国和平共处，问题必将迎刃而解——我们不是说现在要对俄罗斯**在历史上"丛林法则"合法时代的扩张结果**进行清算，只是说在当代，用武力强行扩张已经再无合法性→特别是以杜金为首的具有沙皇梦的极端分子，现在还惦记着中国的东北、内蒙、新疆、甚至还包括中国的西藏，更显示了其逆历史潮流而动的愚昧。——作为核大国的俄罗斯，是具有其基于军事实力的、丰富资源的天然自信的：现在有谁如果无正当理由胆敢进攻俄罗斯本土，正义就属于俄罗斯，必将遭到俄罗斯的迎头痛击而承受灭顶之灾。】这才不会辜负历史赋予中华民族和俄罗斯民族的伟大使命！这也才能使中国、俄罗斯两个大国在"大道向善"的历史潮流的关键节点上符合全人类的整体需求——告别野蛮的丛林法则，建立文明和谐的新秩序！

——实事求是、相对公平、与人为善、尊重人性的原则，应该通过联合国制定出具体可行的实施细则，在全世界的所有人的心目中形成共识，最终实现全人类的和解，这个世界才会和谐安宁，充满希望而生机勃勃，迎来人类的**共和之春**！

我们始终坚信，世界上好人总比坏人多→换言之，就是懂得"伤害别人就是伤害自己"这个常识的聪明人，比只会干"损人不利己"的坏事的愚昧者更多。抑恶扬善在世界各国的法规中是占有绝对优势的，因而抑恶扬善成为世界通则，并非是遥不可期的。人类趋利避害的本能＋自我校正的智慧，是一定能够完成人类的自我救赎的→这就是**共和之春**必然降临的坚实基础！

——小结

改良人类的人文生态，当然复杂。一个国家几十万人、几百万人、几千万人、甚至几亿乃至十几亿人之间；各人种、各民族、各宗教派别、各地区、各国家之间；贫与富、贵与贱、强与弱、智与愚、能与拙、懒与勤之间——要公平、和谐、有序地相处，就已经足以令人头疼了，再加上全球几十亿人与所面对的万事万物都是**"活的"**，随时都处于"动态"之中，不仅要面对纷繁难解的众多的现实问题，还必须要了结各式各样的"剪不断，理还乱"的历史恩怨情仇，不令人头疼，那就不正常了。

但是，我们是完美主义者，具有"不存疑"的痴念；我们是乐观主义者，具有"与其埋怨黑暗，不如追寻光明"的感悟；我们是"想得美"且"不惮以最大的善意来推度他人的"理想主义者。

我们认为：

人是具有固有的趋利避害的基本人性的、是具有辨别是非的智慧的、是具有自我保护的本能的、是具有通过利他来利己的需求的，简言之，人是具有弃恶趋善、弃错纠偏的能力的，人是完全可以处理好人与人之间和谐相处、互利共赢这个难题的。

凡事都是存在有客观的、最有利于人类的客观处置范式的，人是可以运用实事求是的思维模式来获取那种人类需要的、有益无害的、最佳的那个处置范式的。

所以，世界各国都应当搭建起阳光行政平台，让各国人民、各地区人民、全球人民，进行全国的、全地区的、全世界的、自由的、畅所欲言的大讨论，将善恶、是非、利弊、可行性，以及相关的基础理论、行动纲领、具体措施，酝酿得清清楚楚、明明白白，写进各国的法律，再在联合国这个平台上充分酝酿、归纳后，写进《联合国宪章》，以此来规范全人类的行为。

我们相信：全人类一定能够完成弃恶趋善为标的自我救赎，完成人类自身的内部自洽，进而实现人类自身的理想——和谐相处、互利共赢——我们预言：**共和之春**必定在**百年之内**降临！

锦囊 {19} 关于" 如何发扬光大中华文化 "的思辨

如何继承发扬光大中国文化

我们赞成马未都先生的观点："如果有一天，中国重新成为世界最强国，依赖的一定是我们的文化，而不是其他。我认为，最终能救中国的，一定是我们自己的文化"。

中华文明 { 文化 }，从最底层的基础 { 本质 } 来看，是属于"实用主义 { 世俗 }"范畴的，如果没有这种眼界，是不能真正理解中国文化的。因此，中华文明 { 文化 } 最精萃的部分，就是"实事求是、相对公平"。而"实事求是、相对公平"则是现代社会"人文生态学"科学化的唯一工具与底层逻辑。

现以热门而又突出的《易经》、中国古典诗歌、中医为例，谈谈我们应当怎样继承发扬中华文明 { 文化 } 的精华。

对于中华文明 { 文化 } 的继承，正确的态度当然也是"取其精华，去其糟粕"，即也要坚持**"修正"**的态度。

具体到《易经》，也不能例外。

《易经》，从本体的本质上来看，就是中国祖先卜筮之术的记载。

《易经》包括两部分内容：1. 卦爻 { 本体 }；2. 传辞 { 外挂 }。

我们认为，可以用"金玉其外（传辞），败絮其中（卦爻）"来概括《易经》的基本内容。

卦爻之类的卜筮之术，是中国古代祖先由于对客观世界认知低下而产生的愚昧之举。具有现代科学知识的人，谁还会真正相信，就凭巫师用几块骨头占上一卦，就能决定事物的吉凶和发展方向呢？《易经》的基础部分，即卦爻，是糟粕、是败絮，是反科学的，与实事求是相悖的，因而是我们必须予以摒弃的。

所谓"爻"，就是起卦的工具，或龟或骨，或草或木，林林总总，花样繁多。

所谓"卦"，就是"爻"形成的图形，至少有六十四卦之说。

问题是，你巫师认为这些或龟或骨的"爻"，能够代表天、地，或者代表了其他的什么什么，它们就真代表了么？说穿了，"爻"，事实上就不过是几块骨头、几根小棍子而已。你用这些龟骨草木来指代天地等万事万物，原本是没有什么问题的，但如果你认为你可以凭借观察这些龟骨草木所组成卦象来预知、操控万事万物的发展趋势，那就与实事求是的原则格格不入了。

你巫师说此卦或吉或凶，客观事物就会照你说的方向发展，当事人就真的会逢吉或遇凶？难道你巫师是超自然力的存在？

之所以说《易经》"败絮其中"，是因为我们无论从哪个角度，都无法证明，客观事物将会按照所谓的"卦象"运行。"占卜"，永远都不能被证明为科学，因为它从来就是经不起实践的检验的，也就是说，**"证实"**是不可能的，证伪倒是十分容易的——而能否**"证实"**，则是分辨科学与伪科学的唯一标准。

如果有人认为我们说得不对，那好，我们可以来一次对赌：找一百位"易学大师"来，对同一标的，同时各自独立起一卦，并各自记下自己的**明确、无歧义的预判**，不得互相交流，然后封存。委派第三方对所预判的标的进行全面的记录，然后将实际结果与预判进行比对→如此经过若干次的验证之后，我们真的不知道，"大师们"最后将会闹出怎样的荒唐笑话来！

我们曾经接触的此中"大师"，他们自己大多数是根本不相信那些胡说八道的，因为是否是打胡乱说，他们自己心中是一清二楚的，他们反而倒是向我们揭示了不少骗术。其中的核心就是，说辞一定要"模棱两可、故弄玄虚"→左说左有理，右说右有理，不会轻易地被别人抓住辫子。每当他们遇到不能自圆其说的困境时，就会祭出护身的"金钟罩"→"天机不可泄露"，从而顺利地"逃之夭夭"。

"你如果**加钱**，我就可以帮你**改命**，你就能够逢凶化吉了"，→这简直形同儿戏，骗子之本相，昭然若揭。

在中国，"易学卜筮"之所以大有市场，其主要原因有二：

1. 事物的发展，对于人来说，不外乎向好、向坏两种结果（吉凶）。不管起卦的巫师如何如何地打胡乱说，他总是能蒙对一半。小概率事件时有发生，当有的巫师蒙对的情形多一点时，再加上添油加醋的胡侃，于是就神乎其神起来，敛财的机会就来了……

由概率理论可知，几乎人人都可以成为此中高手。

因为不管你怎样随心所欲地打胡乱说，对或错的总概率必定是 50%。只要稍稍增加一点"营销"手段，再把那一套云里雾里、模棱两可，"外行"听起来不知所云的"晦涩、高深"的说辞诸如"元亨利贞""潜龙勿用"之类，以及八卦的种种卦象，有关"金木水火土"的"阴阳、五行"以及生肖、属相，等等的说辞，一起背得来滚瓜烂熟，然后再苦练现场神说的口舌之功，潜心于"察言观色"的训练，只要"功夫"与"火候"到位，达到了"熟能生巧"之境界，胡说骗人的技能，就会达到脱口而出那样"炉火纯青"、左右逢源的程度，届时，你不想成为"蒙人高手"都难。而高级知识分子如果居心不良，借此来愚弄民众，其副作用更是不容小觑的。

或许有人会说，你们又不懂"易学卜筮"，你们又有啥资格对此大发议论？

我们的回答是，不是只有你们才读得懂《易经》。如你们小学、中学文化水平的人都"懂得"《易经》，而大学文化水平的我们反而不懂《易经》？那些热衷于鼓吹易学卜筮者，其中有真正的具有家国情怀的知识分子吗？

已知"卜筮"是迷信，是反科学的，不实事求是的，这就足够了。

正如我们去寻找食物，遇见一堆狗屎与牛粪的混合物，我们没有必要检测搞清楚，狗屎与牛粪的比例各占多少，也不必弄清楚各种狗、牛的名称、种属，以及花色、大小，等等。只要我们确定其为屎，我们还会、还应该吃吗？

2. "易学八卦"的产生，是基于人类的愚昧。在人类早期认知水平很低的状况之下，对种种自身不能认知、不能掌控的事物产生膜拜式的迷信，是不足为怪的，病急乱投医式的种种求神拜佛、抽签问卦，在古代，也是无可厚非的。

虽然，现在已经是公元后两千多年了，但中国现实中仍有大量不爱学习、不善思辨的人，"科盲"体量不小，智慧未开的"愚昧者"大有人在，这为中国现代"巫师们"提供了"广阔的市场"。

凭个人（起卦者）的意念，就可以改变事物的发展方向这种荒唐的骗术居然也有人相信，除了愚昧，我们很难找到其他合理的解释。除了那些"大吉"之卦对不幸者有一些积极的心理暗示作用之外，剩下的都是些自欺欺人的糟粕。

在现代，已知"易学卜筮"之非，有的人却大加宣扬，使我们不得不心生警惕。我们很难相信那些宣扬、神化"易学卜筮"的人，是出于发扬光大中华文化的善意，而没有以此骗钱的私心。

我们绝没有将"易学传辞"中那些"金玉"，诸如"天道酬勤"、"天行健，君子以自强不息"、"积善之家，必有余庆；积不善之家，必有余殃"等等富有哲理、饱含智慧的**精华**一起抛弃的意思，而是认为应当加大研究、梳理、甄别的力度，以便更好地发扬光大。

总之，还是那句老话——**对待任何事物，都必须坚持并践行实事求是的基准**。对中国传统文化，批判性地继承，永远在路上……"取其精华、去其糟粕"这句话，一万年以后，也是不会过时的。

——中国以唐诗宋词为代表的古典诗歌，无疑是中国传统文化中的瑰宝之一，是足以傲立于世界诗歌文化之巅的吉光片羽。如若我们想将其发扬光大，就只能持"与时俱进，因事制宜"的态度。如果一味地因循守旧，甚至人为地弄出一些条条框框去把它框住，那它就会因此而僵化，失去生机，走向死亡。

中国古代先人早就深谙这个道理，早就具有了"世易时移，事万变，法亦万变"的智慧，这就是中华文化长盛不衰原因之一。

没有对唐代律诗句式长短统一的突破、改变，就没有句式参差不齐的宋词，如不对唐诗宋词押韵的框框予以突破、改变，将成百的韵部整合为十三韵（中原十三辙），就不会有元曲与元杂剧，也不会有现代汉语和普通话。中国古典诗歌的种种"规矩"，也是应该随着语言的发展而"与时俱进，因事制宜"的。

再有，什么平仄、对仗，根本不是真正的诗人刻意弄出来的，而是那些"非诗人"根据别人已有的诗歌"推敲"出来的。如若按照他们弄出来的那些平仄、对仗的框框去强行框套，唐诗、宋词中不少杰出篇章，也是不合"规矩"的。

其实，真正的诗人作诗的时候，常常是一气呵成，没那么多的条条框框，只是会在事后略加调整，只要是朗朗上口，气韵通畅，很好地表达了自身想要表达的意蕴，就不会再根据别人弄出来的框框去修改了。而且，还有根据自身的需要，时常有自创新体之举。这才是中国古代优秀诗人给我们留下杰出诗篇的真实状况——不局限于别人弄出来的教条。任何优秀的诗歌，都绝不是"框"出来的，这就是许多古代优秀诗篇常常不那么合于"规矩"的真实原因。

既然所谓的"现代白话诗"的"规矩"，竟然可以宽泛到无论是怎样一段文字，只要每句提行书写，就居然可以被称为"诗"了，又何至于对古典诗歌如此严苛地"吹毛求疵"呢？

我们始终没弄明白：写了一句"面朝大海，春暖花开"，或"黑夜给了我黑色的眼睛，我却用它寻找光明"这样的句子，就可以被吹捧成"天才诗人"了。

→中国稍有文化素养的人，就可以写出**类似**的诸如"身处幽谷兮，松翠兰馨……话婵娟而太远兮，语金乌而更遥；依顽石而寡趣兮，托沃土而无知……于是焉，卿云乍起兮，宓妃凌波；巫山蕴泪兮，神女决绝！吞万语千言兮，藏别情于眉眼……牵赤兔、拭吴钩、送子建、匹马绝尘……"（蜀鄙樵）。姑且以"卿云"为题，将它们以现代白话诗的格式书写，是不是就是好诗了呢？

每句提行书写为：

《卿云》

身处幽谷兮，
松翠兰馨……

话婵娟而太远兮，
语金乌而更遥；
依顽石而寡趣兮，
托沃土而无知……

于是焉，

卿云乍起兮，
宓妃凌波；
巫山蕴泪兮
神女绝决！

吞万语千言兮，
藏别情于眉眼……

牵赤兔、
拭吴钩、
送子建、
匹马绝尘……

　　或者"白云赠我洁白的心灵，我却无耻地用它来包裹生活的污秽！黎明温柔地将我唤醒，拥我入怀，耳语轻咛：我最最亲爱的人啊，请让我与你吻别，踏上你天然的征程……我将在晓风残月处、灯火阑珊时……等你！"（蜀鄙樵）。姑且以《白云》为题。

　　每句提行书写为：

　　《白云》

白云赠我洁白的心灵，
我却无耻地用它来包裹生活的污秽……！

黎明温柔地将我唤醒，
拥我入怀，
耳语轻咛：
我最最亲爱的人啊，
请让我与你吻别，
踏上你天然的征程……

我将在晓风残月处、
灯火阑珊时……

……等你！

二者意蕴（向往光明）相似，难分伯仲。前者古雅厚重、悲壮苍凉！绝决果敢。后者更显意韵：白云隐含阳光、蓝天，更能反衬面对生活的无奈，既有辛辣的自嘲、填胸的义愤，又隐含了对美好人生的无限向往；以简洁、朴实的白描手法，凸现了"黎明"无限的"温柔、婉转、期盼、等待"之中蕴涵着的刚柔相济、大气磅礴的慷慨激昂。此二诗较之于《易水歌》的直白，平添了缕缕辽远悲壮、而又温馨浓郁的诗意……既有"今宵酒醒何处，杨柳岸，晓风残月"的缠绵之情，又有"一点浩然气，千里快哉风"的决绝与倜傥，还有莫可名状的丝丝缕缕的"一怀愁绪"……

这是否是意味着一个又一个的"超级天才"又出现了呢？事实证明，顾城、海子之流，并非是什么"天才"，不过是无担当的"懦虫"的无病呻吟与呓语罢了！文学家｛诗人｝的三要素，人品、学识、境界，海子、顾城之流是根本不具备的→人品不高，学识亦不博，境界也就那样了→生活中不能自立自强，甚至不能自理，懦弱得来只能以自杀、杀她来逃避，这样的人是天才？他们又何德何能可以被称为天才！他们如果是天才，那我们在面对诗歌成就远在徐志摩、林徽因之上的、具有家国情怀的舒婷先生的时候，我们又该怎样来称呼她呢？奈何"厚此薄彼"而至此耶者也？！

有人说，诗人就是思维、行为方式怪异的疯子→这纯粹是胡说八道的污蔑，是在为"跳梁小丑"涂脂抹粉，是三观不正的"群魔乱舞"，用一个成语来概括比较恰当，那就是"乌烟瘴气"！

生活待顾城、海子不薄，他们凭什么毫无感恩之心地仇视、抱怨社会，而不是有担当地去激励人们改良自身的人文生态，甚而杀人、自杀。作为"大学教师"、"著名诗人"的人，都"郁闷"得来要死要活，这也太把自己当成个"东西"了吧！照此推论，那中国人中的大部分人，即中华民族的主体群团——生活更为艰辛的农民和城市普通百姓，是不是都应当郁闷得来"死翘翘"了呢？

另外，对联是在诗歌的基础上发展起来的，也可以说其是中国古代诗歌的一个特殊的小类。既然诗歌的对仗、平仄、韵脚也常常不那么"规范"，对联为什么必须完全合于某些人所定的"框框"？既然诗歌有仄声韵，为什么对联必须"仄起平落"？真正应该执行的"标准"，只能是：不"以辞害意"，即是否朗朗上口、气韵流畅，是否良好地表达了作者的意蕴——合于此者，即为佳作；背于此者，绝非上品。

还有就是，诗歌是不是必须要押韵问题，我们的见解如下：

诗歌是否押韵，还得从诗歌的原生态来判断。越古的诗歌，押韵就越不"规范"，这是根据中国《诗经》中收录的那些三千年前的诗歌而得出的结论。处于原生态的古人在吟诗的时候，只不过是"**发乎情、止于爽**"而已，既无押韵、平仄之概念，又焉知粘对、拗救为何物，所谓的"规范"，那是后人弄出来的，从某种意义上来说，是对诗歌本身的异化。虽然笔者对音韵、音韵学有一定的研究｛笔者在 1982 年考川大的古汉语专业的研究生时，是上了国家录取线的｝，对《平水韵》是相当熟悉的，但笔者在创作《卿云》和《白云》之时，完全是受控于行文之时的主观表达的冲动而一气呵成的，两首总共用时不到一小时，根本无暇去考虑押韵与否，而只是不自觉地沉心专注于把自己的心绪表达出来。事后朗诵多次，只觉朗朗上口，抑扬顿挫，意蕴厚重悠长，自己颇为满意。虽发现了不押韵的"毛病"，但再三斟酌之后，才发现根本就无法改动，只能作罢。这大概与古代原生态的诗歌创作者们所处的情形类似吧。

结论是，诗歌有韵无韵并非是关键，最重要的是"诗言志"，在心为志，发言为诗，是否良好地表达了作者的**意蕴**、心绪，是否隽永悠长，自然流畅，适于吟诵——一句话，就是，是否具有动人心魄的感染力——诗歌是以意境为核心的**语言艺术**，它的主干是**语言**，而语言的本质就是"**表意**"，任何"以辞害意"、"以律害意"、"以韵害意"的本质，都是"喧宾夺主"、本末倒置，都是对诗歌的"**异化**"。押韵当然好，但并非是必备要素——我们只有不囿于这框框，那规矩，才能"不拘一格降华章"。

我们因此建议，在林林总总的诗歌派别中增加一个类别，姑且将其命名为"**原生态**"吧。

所以，要很好地继承、发扬中国优秀的诗歌文化，必须根据社会和语言的发展变化，与时俱进、因时制宜，不墨守成规，这才是唯一正确的态度。

在此附带举一个语言**与时俱进**的例子。关于"仁者乐山，智者乐水"中的"乐"，究竟应该读作"yao"还是读作"le"，**国家语委**作为国家语言文字的权威部门，应当对此作出具体的处置。樂，是乐的本字，本义是乐器，引申为音乐，再由音乐使人愉悦而引申为愉悦、快乐，再由此引申为喜爱，这些都是脉络清晰的。**司马迁**在两千年前他所著的《**史记**》中就有"**乐善好施**"这样的用法，此处的"**乐**"与"**好**"，属于"互文"，是同义词，但没有人会认为此处的**乐**应当读作"yao"。如果将此处的**乐**读作"yao"，反而会使人觉得别扭的原因，就在于语言是广大民众约定俗成的，单单靠几个"迁夫子"的标准，是不能形成一种语言的。处置方式也简单明了，就是在乐{le}的释义中，增加一条喜爱、喜欢的释义就行了。这样关于"**仁者乐山，智者乐水**"的读音与释义也就自然流畅了：仁爱者之所以偏爱于大山，就在于大山象征着大爱的深沉厚重，智慧者之所以迷醉于碧水，就在于碧水象征着智慧的灵动无羁。

对于世界上任何优秀文化、思想的继承、发扬，都应持"世易时移，事万变，法亦万变"的态度。

对于世间万事，"与时俱进、因事制宜"，即"实事求是"，一万年之后，也是不会过时的。

——最后，我们想对如何向世界人民推介中华优秀文化的问题再啰嗦几句。

我们相信，人性是基本相同的，追求"真、善、美"，是所有人的主流价值取向。所以我们应当不遗余力地向世界人民推介中国文化中那些思想性与艺术性完美结合的"真、善、美"的作品，就是要用"人之常情"去感染人，才可能产生"共情"，而不是去"说教"。如果"训人"都能训出"粉丝"来，那你就是具有超能力的"魔法师"。

只要我们是心怀善意地分享我们文化中的精华，就会受到真诚的欢迎。

切忌不要去向别人兜售那些"假、大、空"的、"口号式"的、不着边际的"这主义、那理论"。此等做法，一者，缺乏诚意、善意，二者，这些东西根本不是中国文化的精品，甚至可以说，这些东西根本就不是中国文化，而是"邯郸学步"所形成的"糟粕"、垃圾，必定是会受到抵制的。

需要特别声明的是，我们的目的是使中国与世界变得更加美好，这决定了我们并非是要有意地、特定地、有针对性地反对些什么。我们是推崇一切

"真、善、美"的事物，而反对所有"假、恶、丑"的东西的。

举两个具体的例子来说明我们的真实意图。

1. 有歌者毛惠演唱内容为赞美母亲的《懂你》的视频，将人们对母亲的挚爱、心痛、感恩表现得淋漓尽致，具有摄人心魄的感染力 { 在演绎此歌时，笔者认为，毛惠女士的妩媚应适当地收一点，多一点沉稳 }。这其中的原因，一者是，《懂你》词曲皆佳，不愧是关于母爱的思想性与艺术性完美结合的精品；二者是，毛惠的音质颇具沧桑感，演唱自然流畅，堪称完美地表达了《懂你》的意蕴。

有歌者童安格演唱《其实你不懂我的心》的视频，将爱情（无奈放弃型）中的惆怅与无奈、心疼与祝愿等思绪表现得丝丝入扣，具有强烈的感染力，当然，童安格空灵的音色也是出彩的重要原因，是思想性与艺术性完美结合的典范，是不可多得的珍品。

建议：毛惠与童安格合作，推出一张面向海外的歌碟。童安格编曲，毛惠演唱的包含《懂你》《其实你不懂我的心》在内，外加数首毛惠、童安格本人最喜欢的、思想性与艺术性皆佳的中国歌曲，录制中文、英文双语版 MV，一展我中华音乐文化之魅力。

2. 有朗诵者徐文远朗诵的《岳阳楼记》的视频 { 音频 }，将中国传统知识分子的家国情怀，即人间大爱，演绎得来大气磅礴，动人心魄。一者是，作者范仲淹是知行合一的中华先贤，情怀、品德、文才三者俱佳，他所作的《岳阳楼记》确乎是难得的思想性与艺术性完美结合的上乘精品；二者是朗诵者徐文远音质颇具特色，朗诵技巧几近于完美：高亢与沉郁并用，快慢、顿挫恰到好处。

有作者曾耀华，有《幽谷红杏花正妍》一书问世，该书中的《虹赋（虹颂）》，对勤劳这个人类的第一美德的极端形式——坚韧不拔，不屈不挠，给予了酣畅淋漓的讴歌，也是中国当代诗歌中思想性与艺术性完美结合的精品。

建议：由徐文远操作，面向海外发行中文、英文双语版的，配乐、配景朗诵的，含《岳阳楼记》与《虹颂》在内，外加数篇徐文远本人最喜欢的、思想性与艺术性皆佳的中国诗文，录制中文、英文双语版 MV，一展我中华文化的博大精深、源远而流长。

（附：我们需要声明的是，因《虹颂》涉及到笔者本人，所以特别在此提及一个成语"举贤不避亲"以安读者——我们只在意于作品的优劣，而不在意于作者的身份与名望。）

——中国的文化精品很多，可以用"汗牛充栋"来形容，我们希望有志者能将其发扬光大，传之四海。人性都是相通的，只要我们不参杂所谓的意识形态的宣传，只传播真善美的东西，给人以美好的享受，我想，外国朋友一定是会大加欢迎的。

另外，中国文化中有些足以麻痹国人的、神叨叨的、看似高妙无比，实则故弄玄虚、似是而非的内容，这是我们不得不反思的。例如，网上有人大肆鼓吹说，弘一法师｛李叔同｝的六句话渡了无数的人→【1、当你什么都不想要的时候，天地都是你的。2、遇见是因为有债要还，离开是因为还清了。前世不欠，今生不见，今生相见，定有亏欠。3、缘起，是我在人群中看见了你；缘灭，是我看见你在人群中。如若流年有爱，就心随花开；如若人走情凉，就手心自暖。4、不要怕失去，你所失去的本来就不属于你。也不要害怕伤害，能伤害你的，都是你的劫数。繁华三千，看淡即是浮云，烦恼无数，想开便是晴天。5、你以为错过的是遗憾，其实，可能是躲过了一劫。别贪心，你不可能什么都拥有；别灰心，你不可能什么都没有。愿所不愿，不如心甘情愿。所得所不得，不如心安理得。6、上天让你做不成，那是在保护你。人生各有渡口，各有各舟。有缘躲不开，无缘碰不到。缘起则近，缘尽则散。】→李叔同本人就是一个对自己的妻儿不负责任的人。此六句话集中体现了他自身妥妥地就是一个"躺平"精神的鼓吹者，所贩卖的只不过就是逃避责任、得过且过的苟且罢了，本质就是精神麻醉品，这是专制者最为喜欢的。如果此种流毒肆意泛滥，中华民族还有什么希望呢？！求真务实、自立自强，弃恶扬善，坚持实事求是，信仰公平正义，勤劳善良，以真善美为灯塔，对于一个人，一个家庭、一个民族、一个国家来说，才是到达幸福彼岸的不二之选→真善美是人类唯一的可以共享的精神家园！！

关于中华人民共和国国歌的特别建议

我们认为，中国国歌同样是应当与时俱进的。

国歌也是音乐作品，属于**中国文化**的标志性符号之一，理应反映中华人民共和国新时代的新风貌。

中国改开以来，以 1978 年 5 月 11 日《实践是检验真理的唯一标准》为表标志，中国人民已义无反顾地踏上了实现**共和**｛中华民族**共同和**谐生活｝的新征程。和谐社会的的治国理念，天然地只能是实事求是、相对公平、与人为善、尊重人性、必要差别、民主法治、阳光行政、动态纠偏等等科学原理，否则，中国人民的美好愿望就只能是"空想"。

我们的具体建议是：

一、原国歌保留，作为第二国歌，在特定专题的纪念活动中演奏，以表达我们对革命先烈的缅怀。

二、将瞿琮作词，郑秋枫作曲的《我爱你 中国》，作为今后中华人民共和国的第一正式国歌。

升旗时用简略版，文艺演出中用原版。

补充说明

《我爱你 中国》，歌词清新、自然、流畅，没有高大上的口号，只有对祖国的一往情深，充分表达了中国人民的爱国之情与对美好生活的向往。《我爱你 中国》的配曲，完美地表达了歌词的意蕴。《我爱你 中国》的词曲相得益彰，再加上的歌唱家们、伴奏的音乐家们的高水平演绎，真可谓大气磅礴，将中国人民的爱国之情与对美好生活的向往表达得来酣畅淋漓，恰如天籁，顿使凡夫俗子，豪气横生、扼腕奋然！

韩磊、殷秀梅、张燕、廖昌永、王宏伟等等歌唱家对我们建议的新国歌｛我爱你 中国｝的演绎都是一流水准。我们窃以为，相较之下，谭磊的演绎更具有灵性，更自然，更有"烟火"气；殷秀梅的演绎最为磅礴大气。因此我们建议由谭磊、殷秀梅来录制我们建议的新国歌《我爱你 中国》的正式版本。

我们建议的新国歌《我爱你 中国》的启用，必然是在中华人民共和国的人文生态的科学化的基础之上，才能名副其实，才具有勃勃的生命力。如果新国歌《我爱你 中国》的内容与中国的现实人文生态不符，就会出现自然夭折的尴尬→当人们欣赏《我爱你 中国》的时候热血澎湃、激情汹涌，一旦回到现实，却是种种的不和谐→届时，中国人又当何以自处呢？

【存疑：淙淙，汉语词典注音为 cóng cóng，还特别提示不能读为 zōng zōng。但古词典的诠释为：水声也，从水宗声。另，象声词，多读为一声。据此两点，就应当遵从韩磊、殷秀梅的"咬字"？或定为多音字？国歌乃举国之大事，一个词的读音也是不能马虎的。】

将《我爱你 中国》定为新国歌，这仅仅是我们作为普通中华人民共和国公民的个人建议，当否，还得由全体中国公民来决定。

关于"中医"

说到中国文化，"中医"就是一个绕不开的话题。

对待"中医"文化，与对待中国的其他文化一样，"取其精华，去其糟粕"的原则同样适用，去伪存真是"中医"必然的道路。

中医源远流长，是中国人民几千年来医药实践经验的总结。

"中医"的精华，就是在数千年来中国人从医疗实践中筛选出来的对某种疾病实际有效的数千种验方、"验药"与针灸的几百个"验穴"｛穴位｝。

中医是典型的"经验主义"，是从不断试错的医疗实践中总结出来的。中药之所以能够治病，就是这些验方与"验药"中含有的某种有效成分｛例如李健颐老先生关于中医治疗鼠疫的成果｝，针灸之所以能治病，就是因为刺激这些"验穴"，能够有效地激发、增强人体的某种自我保护机能。这是一个巨大的宝库，深入挖掘，必有至宝。青蒿素的发现就是典型的例子。中医由朦胧的经验提升为精确的科学，在病理与药理方面，还有很长的路要走。

不要神化、夸大中医的诊断方式"望、闻、问、切"。可以夸张地说，任何人都可以通过观察病人的外部特征、聆听病人的描述、问询病人的感受、触摸病人的脉搏来判断病情，区别仅仅在于经验是否丰富，经历的"判例"的多与少而已。

至于中医里面的那些被强塞进去的有关"阴阳""五行"的内容，很有些人为地将将病理、药理复杂化、神秘化的嫌疑，也就有了骗人的味道，这大概就是鲁迅先生厌弃中医的主要原因吧。基本可以判定这些内容为夹杂在中医里面的糟粕，因为即便是中国的顶级中医大师，对此也是不能自圆其说的（笔者祖传十几代皆为儒医）。当然，对此国家也应组织一定的力量予以深入研究，辨别真伪，以定取舍。特别是"经络"，疑云重重，尤在重点研究之列。

加强中医药的科学化研究，应成为中国的国家战略，对古医药积攒下来的宝藏，坚持数十年不懈地"开采"，必有重大收获。

现代西方人是看不起中医的，将中医医生称之为"herb doctor"（草药医生）。但他们忘记了一个简单的事实：近代以前，现代发达国家祖辈的医生所走的道路与中医是一模一样的，也是不断在医疗实践中不断试错、汲取经验的过程中走过来的，同样是不折不扣的"herb doctor"，而他们积累的经验（宝藏），是远不如中医丰富的。"抗坏血酸"的发现，就是经典的"试错"成果。西方只不过由于近代科技水平大幅提高，从而大大地缩短了"试错"的过程，丰富了研究手段，并在药理、病理研究方面，处于优势地位罢了。

中医的科学化还是取得了一些成果的，比如青蒿为什么能够治疟疾，使君子为什么能够驱蛔虫等等，但这是远远不够的。与时俱进，加强研究力度是必然的选择。中医的病理研究、手术治疗与西医基本上是重合的，中医、西医之间的区别，主要在于在于药理、检查的科学化程度的高低→黄芪补气、当归补血——黄芪何以能补气，"气"又是个什么东东，当归何以能够补"血"，这儿的"血"，究竟究竟是指什么？中医里面如此这般的懵懵懂懂、说不清道不明东西，不胜枚举→对于人们"吃不死人的中药就是好药"的讽刺，就不能将其归为"胡说八道"了，问题就出在你中医自己的"说不清、道不明"，常常具有"靶向不明"的弱点。

对待中医文化，与对待其他文化一样，同样是需要与时俱进、实事求是、去伪存真的态度的。

取其精华，去其糟粕，永远在路上……这不仅是中医文化的必由之路，这也是也是中国文化之所以如此绚烂夺目、生生不息重要内因之一。

另外，特别附带谈一谈**中国围棋**。

人是需要娱乐的。

截至目前为止，人类发明的最为高雅的智力娱乐形式，莫过于围棋与桥牌。二者皆由实力取胜，基本没有"运气"的成分，因而很难沦为赌博的工具。高雅的智力娱乐形式，不仅仅满足了人的娱乐需求，同时可以使人们的大脑的效能得到很好的训练与提高。而中国围棋尤为古老，历久弥新。

从我个人的观点出发，围棋谚语"**金角、银边、草肚皮**"是有疑问的。个人认为，日本棋手武功正树所开创的的"宇宙流"才是围职业棋手的正确发展方向。**武功正树**在围棋史上是一个巅峰，是真正能够被授予"**棋圣**"的棋手。至于围棋的业余爱好者，想怎样下就怎样下，只要够实现娱乐与锻炼脑力的目的就好了。

围棋是以占据的地盘的大小来论输赢的→**从理论上来说**，角上的棋子所能控制、影响的范围最小，边上的棋子比角上的棋子所能控制、影响的范围更大，而棋盘中心"**天元**"的棋子所能控制、影响的范围最广，所以，围棋的**首着**，落子在**天元**，**次着**落子在"**边星**"，必定是胜率最高的。之所以当下围棋棋手**首着**落子在**角上**的胜率不错，只不过是对手棋力不够，驾驭不了"**首着落子在天元**"这个王炸而已。之所以笔者会产生这样的观点，不仅仅是基于理论分析，还受制于本人完美主义的偏好。→这时可以用 AI 棋手来加以验证的。

笔者私下以为，各国的执政者，都应当大力推动桥牌、围棋这一类有益无害的娱乐休闲活动，以便在满足人们娱乐的同时，不至沉迷于赌博与网络虚拟游戏的深渊之中。

最后，特别谈一谈中国"**男足**"。

体育也属于文化范畴，事关一个国家的国民体质与国民心态，不可谓不重要，而且当下中国男足的"衰萎"，的确与泱泱大国的身份地位不符，因而在此再罗嗦几句。

1. 国家除了通过体育彩票筹措资金以外，还应加大体育设施建设的投入，纳入国家预算，以保障全国所有社区都有足够的、免费的、开放性的运动场所，使国民的身体素质得以逐步提高，从而改善国民的心理素质。

2. 国家应加紧关于缩短上班族工作时间的的调研，尽快立法，这不仅仅能够消灭失业｛保障人的天然不可剥夺的通过劳动能够获取生存资料的生存权→参见本文相关论述｝，疏解内卷，结束躺平，同时青壮年也就有了足够的体育活动的时间与精力。

3. 对当下男足"衰萎"的特定现实，国家应制定针对性应急措施。

我们的建议是：将男足划归特种兵部队。→代表国家参加国际比赛时，自动转为中华人民共和国普通公民，比赛结束时，自动归队。

具体的做法如下：

a. 教练由特种兵部队最优秀的教官担任，执行统一的军纪。

b. 在全国大一新生中挑选 138 人组成中国人民解放军特种兵特种连队→ 23 人组成一个班队，两个班队组成一个排，三个排加上 12 个特训教官，整个连队由 150 人组成。

c. 招收条件

甲、年龄在 17-20 之间的已被大学录取的新生、男、智商、情商、学习能力、体能、协调性、速度、灵活度、耐力、身高等等天赋，处于全国大一新生的前三百名。

乙、真心喜爱足球运动、有家国情怀、纪律性强，具有不怕苦不怕累的心理素质与主观意志。

丙、书面承诺：如无正当理由，服役时间不得短于十年。

d. 特种兵特种连队队员的待遇

甲、除特训活动以外，每天拥有适当的文化学习、娱乐休闲的活动时间。

乙、享受的初始军衔为中尉，并拥有有不断上升的空间，立功有适宜的奖金。

丙、正当退役者可选择城市去向和相匹配的公务员职位，也可自愿转为职业军人。

E. 其他未尽事宜。

——倘如此，一支强悍的中国男子足球队是可以预期的→不说无往而不胜，但各有胜负，摆脱人见人欺的"弱者"地位，入围世界杯的决赛圈应该是大有希望的。

以上的见解，只能算管窥蠡测，抛砖引玉，还望各位同好者指正。

当然这只是临时的应急方案，要提高中华民族的整体身体素质，还是只能寄希望于中国大陆的人文生态的优化。

中国文化传承太过庞杂，在此实在无法面面俱到，姑且就此打住，谨请见谅！

总之就是，对于先贤的文化传承中的精华是必须发扬光大的，糟粕是必须去伪纠偏的。→不然的话，我们就既对不起祖宗，也对不起自己，还对不起子孙！

我们认为，中国文化最核心的传承应当首推"天行健，君子以自强不息"。倘若不论贵贱，每一个中国人都懂得：从根本上来说，要想获得比较满意的生活状态，"等靠要"是没有希望的，也是不符合相对公平的原则的，唯有"自强不息"才是通往幸福生活的坦途。用通俗的话来说："靠自己，还是靠别人"，就是强势文化与弱势文化的本质区别。→当然，还有"地势坤，君子以厚德载物"的限制→一个人、一个民族、一个国家，如果不讲"德"，即不坚持相对公平的原则，"强势文化"就会蜕变为"强盗文化"。而"强盗文化"，不仅仅会给别人造成伤害，而且必定会将自身引向绝路。

最后再啰嗦一句。中国人是最重视血缘关系的民族之一，家族谱系文化盛行。但其中存在的重男轻女的弊病，是需要与时俱进，予以改良的。→所有女性后裔、以及女性后裔的子女，都应该同时具有母亲父母本族的姓名，在族谱中有完整的记录→以备该支系断代时，以长幼顺序依次归宗补缺。→从生物学来说，母系血缘｛基因｝与父系血缘｛基因｝同等重要，重男轻女、重女轻男，都是不科学的。

锦囊 {20} 关于 " 男女两性相处之道 " 的反思

男女两性相处之道

1. 提要

我们认为，人类两性相处之道是需要与时俱进的，"弃错纠偏永远在路上"这句话同样是适用于人类婚恋关系的。这不仅关系着人类"一夫一妻制"的存亡，更关系着"人类人与人之间应该怎样和谐相处"这个人类社会的基本问题。如果我们不能明辨是非而顽固地坚持错误的认知，我们就永远不可能获得男女相处的最佳范式，这必将成为我们建成全人类"和谐共处"的**共和社会**的障碍。

2. 我们主张，我国应以法律的形式将性交易认定为合法

□性交易合法的最根本的理论基础，是不用证明的"天然法则"。→那些客观存在的万事万物的于人无害的本我的样子、本我的属性，是不可违逆的，这就是尊重人性、物性、事理的基本内涵。→动物界的所有动物，性成熟以后，与谁爱爱，只要你情我愿，天然就是就是我的身体我做主的→爱爱有罪，是对人的本我属性的人为异化，这才使人类两性之间陷入了纷争不断而不能自拔的泥淖。

性交易，对于舒缓人们因各种原因造成的性压抑的功能，是其他任何方式都不能替代的，而且是最为符合相对公平原则的、最具可行性的一种方式。

如果我国"坚持""扫黄"，就必须令人信服地回答以下问题：一、是否符合人性（天道、天理）。二、是否符合相对公平的原则。三、是否符合实事求是的原则。四、是否符合与人为善的原则。五、是否符合务实的精神。六、诸如此类的相关问题。

中国的"黄"，特指婚外性行为，包括性交易。中国式"扫黄"，打击

的对象，主要是性交易者。

性交易，除了因管**理不力、缺位**，可能会产生种种问题之外（问题的产生并非是基于性交易，不能使用甩锅伎俩来污名化性交易），其本身，本质上是不会对社会造成重大的危害的，并非属于损人害己的行为。是否应该打压、取缔，事实上是否能够真正得以消除，都是有诸多疑问的。

有人说，性交易，虽然你情我愿，没有所谓的受害人，但对公序良俗造成了影响，败坏了人的道德，影响的是社会，伤害的是公众利益，所以应该予以禁止。

这种说法暗含了一个不成立的前提，就是"性交易是不道德的"。由此推论，就会得出"德国人都是不道德的，德国是一个道德败坏的流氓国家"这样荒诞的结论，中国人可能还是会有人对此予以接受的，但对于"中国人都是道德败坏的流氓的后代"这样的结论，中国人是断然不会接受的。但事实是，中国从管子开始，截止到 1949 年两千多年的时间内，性交易基本上都是合法的。

判断是否道德，是只能以是否伤害到了他人与自身的利益 {是否相对公平} 为标准的→我们不承认道德没有客观标准的说法。只要是与人为善的，没有伤害到他人的利益的、是符合相对公平的原则、且符合"天道"（人性）的，那它就是道德的。如果说这样的标准会伤害到所谓的"道德和公序良俗"，那么，那些所谓的"道德和公序良俗"就是伪道德，就是背离人性的丑规陋俗，只能使社会丧失应有的活力。

3. 道德浅析

真正的道德，产生于人皆趋利的本性。→爱自己，是人的本能。但人们如果不能用正确的方式爱自己，即没有"爱他人就是爱自己，害他人就是害自己"的觉悟，换言之，就是人们不能用正确的方式"利己"的时候，所谓的道德，就是"伪道德"→那些凭借自己的"能力"欺压他人而获利的人，沾沾自喜，自以为自己是人生的赢家，殊不知自己却是最大的输家→他们亲自毁掉了他们自己赖以生存的人文生态的和谐→八方皆敌，终日设防，不得安宁。判断某种道德规范是否是"真道德"，比较简明的工具就是"相对公平"，说得朴实一点，就是"利己而不损人，利人而不害己"，说得"高雅"一点，就是"达则兼善天下，穷则独善其身"。爱他人就是爱自己，害他人就是害自己的底层逻辑，正如孟子所言"爱人者，人恒爱之"，反推的结果就必然是"害人者，人恒害之"。→这也是人类在漫长的丛林法则时代都没能建成"共和社会"的根本原因。

道德从来就是约定俗成的，而约定的前提，就是要先明辨是非，弄清利弊，这是判断道德与陋习的唯一标准。

对于"黄"这种现象来说，现在首先要解决的问题是，性，到底是美好的还是丑陋的这个基本认知的问题。有些中国人"心是口非"的毛病在此体现得淋漓尽致：明明心心念念鲜活、美好的性生活，并孜孜以求→这是出于人性的基本判断，但口头上，却是大加斥责，俨然"正人君子"的"高尚"貌。其实人就是动物的一种，谁都不是不食人间烟火的神仙，越是装"正人君子"，就愈加地失去本真、失去人性，不说人话，不讲道理，就愈加无法正常交流。所以性交易合法，根本就没有损害到"公序良俗"，也根本不是"伤风败俗"，而是返璞归真，是在建立**真正的公序良俗**。问题只在于使性交易公平阳光，实行井然有序的规范化管理，尽可能地堵住各种弊端，使坏人无可乘之机。→我们反复强调的观点是：**性交易之所以会出现这样那样的问题，原因是坏人｛人性的恶｝的存在，而非性交易本身。**

我们不能事先不做实事求是的分析，就简单粗暴地给性交易扣上"有伤风化"的土帽子，或"破坏社会主义精神文明"的洋帽子而予以打击。

如果将苏轼、陈独秀以"好色"，喜欢嫖妓为由，从中华历史中踢出去，那中华还是中华吗？古人云："好色而不淫"。"淫"，就是过度、过分。不过分、不过度的"性"，就是"适度的"、正当的，凭什么就成了"非法"的了呢？我们最应该做的是正本清源，用特效药将毒鸡汤的鼻祖朱熹所施放的流毒从中华民族的血液里滤除干净。这个"特效药"就是"存天理、护人欲"。人类与生俱来的固有的、本我的、正常的、正当的欲望，是人类社会发展的原始动力（第一生产力），是保护还是打压，这不是一个虚假的道德问题，而是一个科学上的是非、真假的问题，这是我们全人类都必须回答的问题。愿望、追求等等，都是欲望的近义词。一方面说"我们要保护人民追求美好生活的愿望"，而又同时打压第一生产力——人的固有的、正常的、本我的、正当的欲望，这不过是自相矛盾的文字游戏罢了。关键还是在回答古先贤"食色，性也"这个问题上违背了老祖宗实事求是的精神，一惊一乍地"谈性而色变"，根本没有弄清楚"什么是道德的，什么又是不道德的"这个根本问题。对这个问题正本清源，是大有必要的。

4. 更进一步论证"扫黄"的是与非

世界上主要国家中大约有一小半的国家，性交易合法而并未出现什么大的问题，就是强有力的例证。性交易是中国一个古老的行当，在当下现实中是一个"野火烧不尽"、"屡禁而仍存"的顽强存在。对此我们应该多分析分析"为什么"？什么事情是否应该禁止、打击，应以是否会伤害他人利益为标准，是否违背人性，是否违背与人为善，是否违背相对公平，是否违背实事求是为标准，以及是否会对社会和谐造成危害为准绳。"黄"对于人们思想道德的不良影响，远没有富贵者"潜"下属、包二奶、玩情妇那么大的道德破坏力。"扫黄"而不"扫情妇""扫二奶"，对于那些以千万计的低收入群体无妻的光棍、穷得来只剩下自己身体的"下女"来说，是"显属不公"的，他们难道就没有"追求美好生活"的权力？不断地"扫黄"，使性交易被迫进入地下"黑市"，管理上人为地增添了巨大的障碍，不仅卫生得不到保障，价格也"因违法而虚高"，不仅成了众多"黑手"捞钱的"乐园"，更使贫困者雪上加霜。玩情妇，从来就不是困顿者的游戏，强行"扫黄"，连困顿者"临渴掘井"的机会也不给，这实际上剥夺了弱势群体唯一聊以"自我救赎"的合法途径。

孔夫子就说过："饮食男女，人之大欲存焉"，性满足，是人的基本需求之一，是不折不扣的"刚需"，是人的正当本性之一。满足性欲，这本来就是"有能力"者的正常的、天天在干的光明磊落之事，与吃饭一样，用得着那么遮遮掩掩、害口失羞、大惊小怪吗？人其实就是一种动物，脱掉原本没有的衣服躺在床上与异性发生性关系的时候，并非如那些"道德高尚"的人所说的那么"高、大、上"，只不过就是受激素控制的动物的本我表现而已。那种谈性色变的咋呼，那种站在"道德"的制高点上的一味上纲上线，都是不尊重事实、不尊重人性、不尊重理性、不与人为善、不讲相对公平、站着说话不腰疼的态度，纯属是自欺欺人的"装疯卖傻"和"道貌岸然"的虚伪，恐怕连他们自己心里面都不相信自己口中吐出来的那些鬼话；那些"没能力"

的困顿者、由于各种原因而陷于性压抑的人们，也是我们的同权的同胞，是不是就只配享受"五姑娘"自慰的待遇？或者，你们这些"有幸者"还是觉得"恶心"的话，是不是应该把他（她）们都"阉"了才满意？那些以"黄"进行道德绑架的人之中，有多少人是真正意义上的"贫而无偶"者，又有谁在心底里，真正地尊重过、悲悯过、同情过、心疼过那些虽卑微而压抑，却又努力为国负重前行的"弱者"！

真是辛苦我们那些穷光蛋光棍同胞们的那条胀得蛋痛的毬了，我们恨不得化身为法力无边的孙大圣，将你们变身为可以潜规则数百名女下属的"李某林"部长，竟然奢侈得可以将女下属的阴毛分门别类，以作"豪笔"之用。唉，虽然是将你们变作了"坏人"，但好歹也算是真正做了一次"人"吧！呸、呸、呸，真是罪过啊！佛曰："恨之深，责之切，爱之深，护之殷也；大俗即大雅焉。恕尔等无罪，吾感知其间有慈悲存焉！"

我们可以大胆地设想：如果国家制定相关的法规，**强制性**地将那些蔑视、打压"低贱卑微者"的"高尚高贵者"的地位，与低贱卑微者的地位互换，那么，所谓的"高尚高贵"，就会立马消失，现出他们的本来面目：如若他们敢于直面惨淡人生，像真正的困顿者那样硬扛苦难，不做悔过连连、呼天抢地、求爹告娘的软蛋，不仅是很难使人相信，恐怕连鬼都不信。

我们应该反思的是，相当一部分"富贵"者，大肆玩弄女人，但为什么强奸犯中，却鲜有富贵者？对人的基本欲望应该是"疏"，还是"堵"？那些低贱卑微者（好逸恶劳者除外），究竟应该为他们自身处于"底层"负有多大的责任？那些高尚高贵者，究竟又应该对此负多大的责任？而不是强势者凭自己"不是那么名正言顺的强势地位"，对低贱卑微者一味地蔑视、打压，甚至剥夺他们可怜的、作为活生生的"人"的、可以合法变现的那一点点的"性念想"。难道高贵高尚者是可以没有悲悯之心的么？需要申明的是，我们绝没有不对强奸犯予以严惩的意思，因为强奸是与相对公平、与人为善的原则相悖的。

我们的结论是：中国当下的"扫黄"，是不公平、不尊重人性、不合情理、不尊重事实，也没有同情心的，也是对人民不负责任的。对富贵者的宽容何至于斯也，对顿困者的苛求何至于此也！这对于建设和谐的**共和社会**非但没有多大的好处，反而是，不仅使国家损失了一大笔税收，还因国家无法进行堂堂正正的阳光监管，平添了诸多的隐患，滋生了众多的"黑手"，更严重的是对第一生产力造成了极大的破坏，使社会活力大为降低。因此，是不能不先明辨是非、阐明法理，便简单粗暴地给"黄"扣上"道德败坏"的帽子，就笼统地将"黄"与"赌""毒"排在一起，予以首先打击的→这是有严重渎职的嫌疑的。治大国，无小事，对此究竟应该怎么办，还是需要有一个"实事求是"的态度。

因为允许性交易，就说世界现代将近一半的发达、富裕的国人，都是"道德败坏"的人，你也许会将信将疑，但说截止于中华人民共和国成立以前的华夏祖先，都是"道德败坏"的人，你肯定会断然否认。因为这不仅仅事关我们的祖先，更重要的是这绝不是事实。如果像那些伪君子那样，将因经济条件的差异与其他各种原因而产生的疏解性欲的或"高雅"、或"低俗"的不同方式，不论是否相对公平，也不论是否双方自愿，更不论是否对他人造成了伤害，统统污蔑为"道德败坏"，道貌岸然地群起而攻之，就会推演出啼笑皆非的荒谬结论：一群道德败坏了几千年截至七十年以前的华夏祖先，孕育出了新中国伟大、高尚、勤劳、勇敢而又充满智慧的"道德高尚"的中华民族。

我们有幸生而为人，那么，尊重人性，是否是人的基本底线之一呢？将性欲，这个人的基本人性之一污名化，将其归为"道德败坏"的那些人，我们认为他们才是真正的"道德败坏"者！因为他们不仅不讲人性、不讲实事求是，不讲相对公平，他们居然还敢于污蔑咱们的祖先，子曰："鸣鼓而攻之可也"！

有时候，我们觉得很诡异、蹊跷。人们可以公开恣意地赞美鲜花，欣赏蜜蜂在花丛中采蜜。事实上，鲜花就是植物的性器官。人们可以欣赏动物们"谈情做爱"的自然朴实之美，而人，也不过就是动物的一种。人的性器官，本来与人的其他的诸如行走器官、消化器官等等一样，并无什么区别，与手脚、五官等一样，都具有别样的美感，就是人体分别具有不同功能的器官之一，对于性器官，缘何会变得如此讳莫如深呢？是不是与那些骗子们一样，"欲谋其利，必先诡秘其事"呢？这似乎是题外话，赶紧打住，不然就绕远了。结论就是，谈性而色变，就是扭捏作态的"假打"。

一个人是否是道德败坏，唯一的标准只能是看他的行为是否伤害了别人的利益、是否符合相对公平的准则。那些误人误国的伪君子们也该歇歇了。

倘若中国有一个合法的性产业，不仅仅会使社会更加温馨和谐，人们的健康更有保障，而且，人一旦有了希望，以中国人口的庞大基数和智慧勤劳，天知道这将会喷发多少原始动力（第一生产力）！它可以养活多少人，失业率将会下降多少，犯罪率又会下降多少，第一生产力，即人的劳动激情，又会增强多少，经济又会繁荣多少，科技创新（第二生产力）又会活跃多少，旅游量又会增加多少，国力和民力又会增强多少，人们的自我救赎的能力又会增强多少，国家税收又会增加多少，等等。虽然我们不是经济学家和数学家，但可以约略得知，其数目必定是只能用"巨大"来形容的。对此，在第三生产力（政府管理）方面，我们是不能不有所作为的！

为所谓的"黄"正名，允许性交易合法，实行人性化（尊重人性）政策、规范化管理（起码要有准入资格、硬件设施、行为规范培训、卫生督查、价格调控、账目核查、纳税规定、实名经营、实名消费、公平交易、疾病预防、安全防范以及工作量的规范等等阳光公平、具体公开的实施细则），以使其阳光、有序、公正、无害。这完全是与满足食欲的餐饮业一样的堂堂正正、光明磊落的"正能量"，是利国利民之善举，是关乎人性、公平、和谐、繁荣、长治久安的基本国策之一，奈何要被那些变态的"歪儒、假道学"们的"存天理、灭人欲"的"伪道德"所绑架呢？朱熹他自己的家里不就是有几个老婆吗？他可能是一个"灭人欲"的人吗？"灭人欲"，说的还是人话吗？他们不过是要灭别人的"人欲"罢了，要是有人想要灭"朱熹们"自己的"人欲"，你试试！→"天理｛天道｝"体现在人类身上，不就是人欲吗？"存天理"，不就是应该顺应自然客观存在范式，尊重人性，让人们的各种正常、正当的欲望得到满足吗？→"天理"、"人欲"，本是"一体二表"，只不过是对同一特定的"客观存在范式"的不同层面的表达而已。**这正如像面对同一美女，盛装则爱之，全裸则则欲杀之而后快似的荒唐、虚伪！**让人的性活动回归自然，让人因性压抑而产生的种种社会矛盾、隐患，消弭于无形的功臣（性工作者）有尊严地、正当地生活，真的那么难吗？"灭人欲"之歪理，现在怎么竟然会大有市场呢？之所以会到达如此荒唐境况，细思极恐：原来这完全是为困顿者挖的"坑"，只是用来管束性压抑者的，而"高尚"的他们自己是不受其约束的，因为"高尚者"是从来就不会缺少性伴侣的。其目的就是"愚民"，在思想上进行"阉割"，让别人，特别是他们心中的"贱民"，成为心如死灰、无欲无求的、不知男女之乐的"行尸走肉"，以便使其"心甘情愿"、更好地为他们"负重前行"罢了。

中国现在执行的"扫黄"法规，其法理基础，是经不起推敲的。

其实，性交易与"结婚"并无本质的不同，核心都是以性为目的。正式结婚，也并非是一定非要嫁给**"特定的对象"**，闪婚闪离，时有发生，所以结婚对象也说不上是"特定"的某人，二者的区别，只不过"性交易"（中性词，改为**"互助"**较为恰当，下同）通常比"结婚"同居的时间更短罢了。那些正常结婚的夫妇，通常都有如"彩礼、红包、礼品、请托"之类的经济往来，那些头天结婚，第二天就离婚的人，是不是也有**"互助"**{性交易}的嫌疑呢？是不是也应该抓起来呢？现在的**"互助者"**，相互看顺了眼，如不嫌麻烦，走完整的形式：交易前持未婚、离婚和健康证明以及身份证，与**异性互助者**去办一个结婚证，**互助**完毕，再去办一个离婚证，是不是因为"法无禁止"，你就能说他们是"合法"的了呢？如果有人抨击说，中国人是只重形式而不重内容和事实的，我们相信，绝大多数中国人都是不会认可的。中国人缘何会在"扫黄"这个问题上如此"形而上"呢？完全是因为有一伙"高尚"的虚伪者，闭上眼睛，罔顾眼前事实，对人性没有敬畏，对弱势群体没有基本的尊重，没有同情，更谈不上悲悯了，以掩耳盗铃的方式，祭起虚伪的"道貌岸然"和"伪高尚"，对国人进行种种别有用心的洗脑、忽悠，目就是为了混淆中国人的是非观，最终达到"欺贱媚贵"的目的。

我们当然感谢国家对弱势群体的种种扶持，但窟窿太大，历史欠账太多，低收入群体的体量巨大，脱贫的标准还太低{其中还存在不少"被小康"的水分}，常常不能满足成家立业之需求{被排除在婚姻市场之外的男性低收入者已达20%以上}。又有哪个所谓的"高尚者"（他们当然是不会缺少性伴侣的），敢于堂堂正正地站出来，无愧于自己的良心地说，我们强力"扫黄"是出于对底层民众的真心爱护而不是鄙视！世界上有这种使人欲哭无泪的"爱护"么？我们虽然穷，但我们尽量不给国家添麻烦，尽可能不干向国家讨这要那的事情，我们愿意努力地自我救赎，尽可能地凭自身解决问题。公平、自愿

互助，我们究竟伤害了谁，败坏了什么，我们为什么不能生活在阳光之下而应该被归为阴暗的另类，成为被"扫"的对象呢？我们不是提倡自力更生、艰苦奋斗吗？怎么到了我们身上就不适用了呢？几十万元或上百万元，包养一个小情人（多半以秘书之类的身份示人）一年，仅仅是道德问题，不在横扫之列；几百元，包一个**互助者**几个小时，就属违法行为，归为打击对象？→"犯罪严重"的不予追究，"犯罪轻微"的严厉打击，更过分的是有的还要通报示众，欲使之"社死"而后快，这样的法规也太过奇葩了吧，这不是典型的"欺贫媚富"么。不良导演伙同劣品富豪"潜规则"女演员，不良官员、老板们"明规则"女秘书和下属，咋不见有人去扫、去逮呢？那不是赤裸裸的各取所需的交易么！

现在，不少富裕的发达国家都未"扫黄"，中国历史上的各朝"盛世"，也难见"扫黄"之说，难道我们不应该分析分析、研究研究？

一个基本事实谁也回避不了：人在，性欲恒在，正如人在，食欲恒在一样；同时，人在，相对弱势者恒在，可以导出，人在，光棍恒在。不论是基于事实，为了和谐，为了公平，尊重人性，出于理智，抑或是出于悲悯，对于"黄"，都只能是疏导而绝不是围堵、打压。这与大禹治水同理，与人的拉屎撒尿一样，堵是堵不了的，因为，正如我们从来就阻止不了天要下雨一样，我们永远不可能将那些体量巨大的贫而无妻者或因故失性者真地"阉"了。当然，此事复杂、究竟应该怎样具体疏导，难于仓促决断，但我们可以慢慢讨论，不断修正，还可以进行全民大讨论，然后予以公决嘛。我们又没有说不进行论证、研讨，马上就要为"黄"正名，重大国策是马虎不得的。如果执政者对这个现实中的这个事关人与人之间和谐相处的重大问题，不调研、不分析、不进行负责任的、具体到位的疏导和监管，不以悲悯之心体恤民间"疾苦"，将那些涉"黄"的种种本不该出现的弊端，由弱势的底层来背锅、买单，那么，后世之人在历史教科书中将会对此作出何种评价呢？究竟是那些沦入困顿而出卖自己的肉体的人、铤而走险，不惧"查房"疏解性压抑的人可耻，还是那些凭借自身并不那么名正言顺（不公平）的优势地位，再在弱势的他们（她们）身上再踩上一脚的人更可耻，答案是不言自明的。

总之，我们认为，国家理应对这个重大而突出问题，作出实事求是的、令人信服的决断。

5. 婚恋中的两性关系的相处之道

我们要郑重申明：虽然我们主张尊重人性，尊重普通人的基本性权利，让人类本来就光明正大的性活动回归自然，为性欲正名、去魅、"脱羞"，但绝没有不尊重婚姻、家庭的意思。在两性的关系中，我们从来就不认可那些强奸、不负责任、始乱终弃、朝秦暮楚、互不平等、"脚踏数船"之类的种种"与人为恶"的劣行。

我们旗帜鲜明地反对**"过度的性自由"**，对那些见一个爱一个而又不负责任的流氓，是必须予以谴责、惩处的。→如果社会的法规、道德，允许一个人对自己做的事情可以不负责任，那就动摇了**共和社会**的道德基准→相对公平，这是万万不可的。也就是要遵循老祖宗**"好色而不淫（过度）"**的原则。好色是人的天性，禁止就有违人伦，但一旦过度，就会害人害己。我们坚持**两性相处，必须承担**责任这个底线，不仅仅出于公平、正义，同时也是在救赎那些"花花公子"、"花花蝴蝶"，以使他｛她｝们不至于无所依托，老来凄凉。

总之，在不危害他人利益、不违被他人意愿的情况下，"我的身体我做主"，应该是符合法治精神的，也是符合人性的，也是符合实事求是、与人为善、相对公平这个人类自身发展的"人间大道"的。处理"性问题"，实际上是在规范人与人之间如何公平和谐相处的重大问题，在当今男女平等的情形之下，就与处理其他政治、经济问题一样，是同等重要的。同样也应该坚持实事求是、相对公平、与人为善、尊重人性的原则，制定相应的法规，实行"阳光管理"，才能从根本上解决这个问题。

还有一个误区是需要澄清的，不少男女都有一个错误的认知，把两性间正常的、平等的你情我愿的性行为，也认为是男性在欺负女性。在当代男女平等文明社会中，男女的地位，理所当然地应该是平等的，只是各有特点因而分工不同而已。要根据女性的体力天然弱于男性这个生理特点，在法律中对此必须制定出详尽、具体的规定来保证女性能够平等地与男性相处，这是**共和社会**的必具要素。→女性是否与男一样性真实地具有平等的地位，是评价一个社会文明程度的基础标准之一。

女性的本我冲动和男性的本我冲动，与一夫一妻制之间的矛盾，适度的性自由，应该是唯一的最佳客观处置范式。

——男性的本我冲动，就是**好色＋慕美**，以求尽可能多地传播自己的基因；女性的本我冲动就是**慕强＋好色**，以求能够把自己的后代顺利地养大成人。人类两性的本我冲动，性欲都是决定性的要素，这是由于动物繁衍的基本需求所决定的，但还是有一定的区别的。这就是男性更重色，女性更重财的原因。→这是"女本柔弱，为母则刚"的底层逻辑，也是女人更"**现实**"之所以天经地义最为有力的理论支撑。

不论是好色还是慕强，对于人类来说，皆为弥足珍贵的优点，对于人类的持续向好发展都是不可或缺的优选，都是应当保护而绝不应当压制的→当然，这种保护必须受到相对公平原则的制约的才是符合人皆趋利的基本人性的，人类才有可能和谐共处，各安其好的→只要是不伤害他人利益的好色、慕强，皆需条分缕析地立法予以强制保护。

□再插入对互助说几句

我们认为，要达于中华民族的**共和**，实现民族内部的自洽，在对待"**互助**"这个问题时，"两难相权取其轻"的中华智慧同样是适用的。长期亏待贫贱者、打压性压抑者，绝不是中华民族的福音。而且，将人的刚需强行问罪，那就很有些"钓鱼执法"的味道。"饮食男女，人之大欲存焉""食色，性也"，古先贤早有定论。逮"食客"，为何行不通？为什么逮"**互助者**"就可以大行其道呢？这是很有必要进行反思、明辨是非的。简单粗暴地"一扫了之"，不仅有渎职、怠政的嫌疑，而且还彰显了管理者的愚笨与无能——不实事求是、逃避现实、不懂人性（天道），不明是非，想不出解决办法而有意无意地被"伪道德者"忽悠而一禁了之。→输血会传染疾病，处理的办法是净化血源，而不是禁止可以救命的输血措施；"互助"与其他行当一样，会出现这样那样的问题，其原因是制度不良、管理不善、坏人的存在等等，办法绝不是一禁了之，而是使其公正、自愿、阳光、有法可依、执法必严，使坏人没有空子可钻。官员贪腐频出，是可以因此而取消政府的吗，答案当然是否定的。伪劣产品、欺诈频出，当然也不可能取消工业、农业、商业、服务业。令我们感到疑惑的是，一旦涉及到"性"，人们就顿时"变傻"，如疯癫者一般而磨刀霍霍，给别人扣上"道德沦丧"、破坏社会主义精神文明的帽子，什么实事求是、相对公平、阳光公正、与人为善、尊重人性、扶弱济贫等等理性就退避三舍了呢？

需要特别提醒的是，要对一些极具欺骗性的、偷换概念的谬论提高警惕，就是那些将互助合法化的国家（地区）出现的种种问题归咎于**互助合法化**，而不归咎于政府的管理不善、不力。这与将贫富分化归罪于"资本"，而不归咎于经济运行制度的不公和国家没有管控好终端公平一样地荒唐。这与将美国黑人社区与欧洲难民社区出现诸多问题归罪于黑人和难民，而不归咎于当地政府管理不善、不力一样，同样地荒唐。对于此类的"甩锅""栽脏"伎俩，是大有必要予以揭露，以正视听的。（本文中使用的"黑人"与"难民"，在中文里是中性词，没有任何贬义，在翻译成其他语言时，也务必使用中性词）。

□此处涉及到了"难民"，我们认为有必要进行简要的分析：作为移居他国的移民自身来说，不论以何种身份进入别国，本质上就是一种趋利行为→或者获得更高的收入，或者获得更宜居的环境，或者获得施展才华的机会，或者得到某种庇护……任何利益的获得，都是需要别国人民来买单的，所以移民者在享受别国的福利与服务的同时，遵守别国的法律，服从别国的管理，就是一种天然的义务。→任何强行非法入境，从本质上来说，就是对别国的**入侵**，与**抢劫**无异：对待**入侵、抢劫**，任何武力值的自卫行为，都是堂堂正正、光明正大的。作为移民接收国来说，就存在着**"有法可依、执法必严"**的问题→要有完善的《移民法》{含管理，保持动态纠偏}，要严格依法办事，不得视法律为儿戏。→在秉持善意的同时，只要移民接收国真正做到了**"有法可依、执法必严"**，就不可能会因为接受移民而引发这种、那种的**"骚乱"**了。

言归正传

在此要特别补充说明的是：给人以适度的性自由，并非是破坏婚姻的洪水猛兽，而是家庭和谐强有力的粘合剂。

现在那些所谓的"情感导师""婚恋专家"们不讲事实，不讲人性地大肆贩卖显属糟粕的"毒鸡汤"："在解决性欲方式上从一而终的所谓忠贞"，导致了多少家庭的破裂、酿成了多少的惨剧！如果法律规定："适度的性自由是夫妻双方的正当权利"（这儿的"适度"，法律应给出可行的定义与规范），夫妻之间哪里还会爆发那么多的矛盾，那么剧烈的争吵和"大义凛然"的斥责。现在离婚率畸形偏高，现在的年轻人普遍认为"找不到真爱"，可见中毒之深。中国古代有苏轼，现代有冯小刚，都疑似有"喝花酒"的经历，但苏轼有"……不思量，自难忘……相顾无言，唯有泪千行……"的千古名篇，可证其对妻子的真爱。冯小刚之妻徐帆，深谙人性，尊重事实，不谈性而色变，难能可贵地扛起了移风易俗的大旗，以"咱家的老公是男人，不吃亏"的"歪论"，几乎公开地给予了她老公"适度的性自由"，凭智慧维护了她自己的婚姻。因为喝了"花酒"，进而将朝云带回家，你就断言苏轼不爱自己的妻子王弗、王闰之了，谁信？至于冯导，我们几乎可以臆想出他私底下热泪盈眶地狂呼"有妻如此，夫复何求！"的生动画面。

对于恋人之间的关系来说，有曲珊珊者足为世范。曲珊珊是个有智慧的女生，她的确没有看错人，因为黄海波确实是当代中国演艺界中为数不多的具有"终成大腕"的潜质与灵性的年轻男演员，他认可并出演的作品，从来就是大受欢迎的，却活生生地被伪君子与无知的喷子扼杀于初试锋芒之际，一浩叹！→一个力能大海扬波者，奈何不与东坡先生并世而生焉？细思极恐、后怕连连：倘若当今这一拨伪君子与无知喷子活跃于嘉佑年间，岂不是中华文化的重要符号之一，子瞻前辈也将难逃封杀之厄运而折戟沉沙，消弭于无形？！这足以令人灵魂出窍而登空长啸："**实事求是安在？**……"

夫妻间的忠诚，其核心是互相负责的担当，这是我们必须坚守的，但并不应该，也不能够阉割人的固有、正当的本性、本我冲动。

动物界本无忠贞的动物→我们不认同"贞洁"，因为那一座座的贞节牌坊，是妻妾成群的朱熹们伙同妃嫔成堆的皇帝或面首无数的女皇强加给中国人的，是扼杀人性、异化道德的表征，是数千年来虐待女人活生生的铁证。男人们就是单方面凭"忠贞"这个"紧箍咒"，肆无忌惮、"理直气壮"地欺辱了中国妇女几千年。这种用极不公正的、丧失人性的以伪道德来"杀人"的陋习，还有什么理由继续下去呢。当代中国妇女，特别是中国都市妇女，真算得上是"翻身农奴把歌唱"了，其地位之高，绝对是属于世界前三甲的。但她们中不少的人，却是标准的"好了伤疤忘了痛"的笨蛋，重新拣起了那把曾经将自身伤得来鲜血淋淋的"贞洁"之刀，毫不手软地挥向自己的伴侣，她们同时令人奇怪地、不约而同地大呼颇具特色的口号："渣男、流氓、无耻、混蛋！"→这是典型的"不学无术"式的愚蠢，既不懂实事求是的为人之道，自己生而为人，也不懂、不尊重人性。不管是男人还是女人，若以"贞洁"论人，那世界上就没有任何人是好人。因为世界上只有好色而不淫（过度）的好人，而没有不好色的好人，这就是人的本性。这就是没有任何女人会愿意嫁给一个不好色的"正经"男人的原因。不少人对伪道德者**虚拟出来贞洁**，具有顽固的执念，再次生动地应证了戈培尔效应（心理暗示积累）愚弄无知大众的巨大威力——谎言重复一千次，就会成为真理。

婚恋中，无条件地独占、束缚对方的正常人性，都是"预后不良"的。长期压抑、被虐的一方，日渐生厌就是一般的必然趋势。不管是男人还是女人，你"捆绑对方的绳子"勒得有多紧，你失去"爱人"的危险就会来得有多快。在压抑、郁闷中长期生活，最后两败俱伤就是必然的结果，因为人的忍耐度与抗压能力都不是无限的→如果你把你的"家"弄成一个拷问对方是否"贞洁"的刑讯室，要对方"老实"交代"想美女（帅哥）没有？！""和别人发生过关系没有？！还想不想？！"，那我们只能无奈地"恭喜"你→由于你的愚蠢，由于你的懒惰（不爱求知、求真），你已成功地"病入膏肓"，那个名叫"孤独终老"的康养院，已向你热诚地敞开了大门→因为离婚、分手，就是你的必然选择——若对方老老实实交代，说："有！"，必定会引发你的雷霆之怒与深恶痛绝，离婚将不可避免；若对方拒不老实交待，说："没有！"，你的本能就会告诉你，那是谎言，对方就是一个百分之百的大骗子，是个"怙恶不悛"的、"不要脸"的混账东西，是不配做你的伴侣的，离婚、分手也将不可避免！

建议好莱坞以此为主题，集中全世界的最优秀的演执人员，拍一部拟名为《梦遗廊桥》的电影，作为《廊桥遗梦》的姊妹篇，传达处理两性关系的正确主张。所得资金，用于国际"两性关系返璞归真"行动基金的启动。笔者坚信，由于有了《廊桥遗梦》的伟大奠基，《梦遗廊桥》也将为人类两性关系的和谐相处作出不朽的贡献——人类"苦性压抑久矣"的窘境必将因此而得到应有的改善——我们谨在此向全世界征集男女性关系处理不当与处理得当的鲜活、真实的实例，作为《梦遗廊桥》的原型，以求人类能尽快地找到人类两性间相处的最佳范式。→**笔者衷心鼓励、感谢有能者抢先完成《梦遗廊桥》的拍摄创意。**

　　人之所以为人，就是人具有人不可或缺的正常本性，而一旦人的固有、本我、正当的人性被阉割、被异化，人就不可能再定义为人了，这又怎能不矛盾重重、怪事频现呢！对于性来说，不是某人站出来说，"这"是道德败坏，"这"就是真的"道德败坏"了，也不是你说"这"是伤风败俗，"这"就真的是"伤风败俗"了——凡事都要经过自己的脑子，起码要有"这是真的吗？这是对的吗？这是符合人性的吗？这是恰当的吗？这是实事求是的吗？这是相对公平的吗？这是与人为善的吗？"之类的"连问"——如果你有且坚持践行这样的"连问式思维方式"，那么，我们就真诚地祝贺您——您已"超凡入圣"、"脱俗成神"了——因为您已"炼化"了咱中国老祖宗的"至宝"，获得了华夏古先贤的"真传"而无往而不胜——此至宝、真传，就是司空见惯的"实事求是"——看似稀松平常，平凡之至，实乃灵力无限、足以令人脱胎换骨的仙丹，只不过需要你具有卞和的慧眼，它才会显露出自身的"本相"、释放出它那无匹的"神奇"——"大道至简、真理至朴"，此之谓耶？！

　　为了使人类回归本真，公平和谐地生活，我们的关于男女关系上的种种主张，究竟是"离经叛道"、"伤风败俗"，还是拨乱反正、返璞归真，这些都是有关的务实求真的专业人士理应加以论证的。

　　对此，有些人必定有"这不是乱套了吗？"的疑惑，这一点也不奇怪。这正如当初人们知道"地球是围着太阳转，而不是太阳围着地球转"的时候的困惑是同样的感受。当一个人坚定地认为"某事"为真，一旦猛然间发现"某事"为假的时候，有点"发懵"，是太正常不过了。"人类两性之间的种种矛盾、种种不和谐是人为地制造出来的，性活动从正常、健康的坦荡之举之所以变为"低俗"，完全是戈培尔效应的结果"→这种事实真相，要被人们普遍接受，是有一个反馈过程的。最简单有效的办法就是寓教于乐，引导人们多看电视台播出的《动物世界》——动物世界中的动物们两性之间的"谈情做爱"是多么地淳朴自然，人类用得着自己把自己开除出动物界，在两性关系中弄出那么多的"幺蛾子"来吗？如果健康状况良好的男人、女人们都不好色了，那还是"活人"吗？→人类恐怕早已灭绝多时了！只要我们坚持你情我愿、阳光无欺、合情合理（实事求是）、好色而不淫、与人为善、责任担当、相对公平等原则，确定适度的性自由为人们的正当权利，经过充分讨论，制定出可行性方案，试点取得经验后，再逐步推广，就绝不会出现不可控的道德风险、伦理困扰，从而树一代新风。用重重的丑规陋俗将正当的人的两性关系异化，然后横加斥责，是怎样"冠冕堂皇"地"荣登大雅之堂"的，是大有必要拎出来仔细分析分析的。只要人为的"性神秘"一旦消失，"性"像吃饭穿衣一样，也就一点也不"稀奇"了——正如人们不会指责别人拉屎撒尿一样，人的性生活就会回归它自然、本真的状态，人们就不会再对"性"挖空心思地孜孜以求了，两性之间哪里还会因此有那么多的争执不休的矛盾呢？

我们真不明白一个妻子在街上看帅哥，一个丈夫在街上看美女，相视一笑，这与握手问好之间有什么本质的区别。眼与手，不都是人体器官吗，眼神的接触与手的接触，并无根本的区别，都不过是人体器官的使用而已。以下的话虽然很有些"石破天惊"的味道，但我们认为这些话虽然显得太过直白，但却是"理所当然，顺理成章"的——本不神秘的性器官的相互接触，与相互握手本无本质的不同。→之所以这样的观点会"惊世骇俗"，完全是人为忽悠的恶果。事实就是，都是人体的器官，何来的神秘？只要夫妻双方认为适度的性自由是再正常不过的事情，是对方的正当权利，只要我们实事求是地以法律的形式加以认可，就不会有任何道德、伦理问题与是非争执。当然，互助可能还会出现这样那样的问题，但我们是可以随时动态地对管理、服务措施加以修正，补漏纠偏的，这是一点儿也不可怕的；而遍地都是伪君子，堂而皇之地随时随地伺机公然"噬人"，那才是令人毛骨悚然的"恐怖世界"！

人天生就是喜新恋旧的动物，这也是基本人性之一。正是由于人为地阉割了人的这一本性→"只准喜新，不准恋旧；只准恋旧，不准喜新"，才使"喜新厌旧"有了滋生的土壤，让两性关系平添了诸多矛盾。

即便如孟非先生这样的智者，婚后出差时也曾见到过令其恍惚、窒息的女郎，何况常人呢？而黄菡先生，为吾侪之仰慕者也，除其温婉可人之外，更重要的原因是，其言辞恰妙，举手投足之间，皆充盈着"实事求是"的智慧与"腹有善意气自华"的神韵，真是很少有人能与之媲美的——孟、黄二位先生皆在的两性关系类节目《非诚勿扰》的收视率冠绝天下、名扬四海，良有以也！

人们之所以产生那么强烈的"喜新"的冲动，就是因为"不准喜新"，之所以会"厌旧"厌得来想逃离，是因为"只准恋旧"，这是人的本能反应，说不上道德与否——"只准恋旧、不准喜新"与"不准恋旧、只准喜新",都是与人类的本性完全相悖的。满足性欲与满足食欲一样,是会产生"审味疲劳"的,是会自发地启动自我保护机制的。不管是妻子对于丈夫,还是丈夫对于妻子,"过度消费"都是"预后不良"的→这就是出轨的真相,是不必大惊小怪的,用得着"上纲上线"吗?值得恋人、夫妻们之间作死得来昏天黑地、不死不休,以至于最后不得不以"悲壮"的离婚、分手来收场吗?这种看似"眼中揉不得沙子"的"壮举、勇猛、坚强",实则是扼杀人性的无知,是愚蠢的"自杀",只能起到为渊驱鱼的作用,就是搬起石头砸自己的脚,损人而不利己,其结果是与初衷南辕北辙的,反而增添了更多的烦恼。凡此种种,纯属喝毒鸡汤:"忠贞不可违,独自完全控制、占有他人"之后的重症患者的典型症状。特别是女性,你要与男人结婚,不说要求你对男人有多么深刻的认知,但你起码应该查一查"雄性动物"这一词条吧,男人是不是也应该查一查有关"雌性动物"的词条呢?→不论男女,从来都不是忠贞的动物。换言之,作为一个人,你是不是应该对人性有基本的了解呢?(人类男性的本我冲动,就是取悦女性,获得交媾的机会,尽可能多地传播自己的基因;人类女性的本我冲动,就是慕强,以求保障自己的后代健康成长)。所以男人的甜言蜜语是不足为信的,那不过是男性想与你上床时的忽悠,不管真假,什么都敢说,只要能打动女性就行,与爱不爱你是没有什么直接的关系的,只要女性你自己足够优秀,你就能获得男人的真爱,因此男人爱不爱你,决定权在女人自己;而攻击女性"现实、物质"的男性,多半是生活中的弱者,至少是不懂女性本我冲动的愚者,因而常常成为婚恋场上的失意者。婚姻生活需要宽容、理解,更需要理性,家庭才会和睦。宽容是包容缺点,理解就是要具有换位思考的能力,而理性则是对"实事求是"的尊重。不论男女,面对婚恋问题(两性关系),实事求是的原则同样是须臾不可或缺的。西方一些国家的人,一生婚外的性伴侣,一般大约在 10 人左右,也没见他们"莫名惊诧"→巴西最为极端,其缺陷是对离婚的尺度的掌握不大适当。我国应实行家庭稳固有奖、离婚有罚的方式。因为离婚,一般来说,夫妻的某一方或双方,常常是有不当行为的。

我国必须以法律的形式规定,只要不是频繁出轨,就不是过错,而是行使正当权力。面对真真实实的客观存在死不认账就是"耍流氓",换言之就是愚不可及,就是不"实事求是",根本是不能解决任何问题的。红烧肉好吃,但几十年天天、顿顿都只准吃红烧肉，其结果必然是呕吐、厌食，活力大减以至于"死气沉沉、生意阑珊"。中国俗语云："妻不如妾，妾不如偷，偷不如偷不着"，从人性的"喜新恋旧"角度看，是成立的。但是，夫妻间的"适度性自由"一旦成为堂堂正正的权力，即保护人类"**喜新恋旧**"的本性与人的正常性冲动，给性压抑、性怠倦一个适当的疏解、刷新的口子，那这个俗语就必定会变为"偷不着不如偷，偷不如妾，妾不如妻"，原因只有一个：夫妻是家人、亲人。夫妻之间不仅仅有性关系，还是面对现实生活的利益共同体，而其他的都是外人、过客。夫妻之间除有性关系、利益纠葛以外，还有千丝万缕，剪不断、理还乱的各种复杂的血脉勾连。毫不夸张地说，离婚是人们不能承受之重，因被不准喜新恋旧毒害而离婚的人，从某种意义上来说，作为"过错方"，他（她）也就失去了终生的幸福→因为不仅利益受损，子女离散，亲人反目，更为要命的是，愧疚与遗憾将伴其终身，不死不灭；而与外人、过客之间，只不过是一时偶尔的本能生理冲动罢了，虽然有"刷新生机"的作用，是提高婚姻生活质量的必要补充，但互相之间的纠葛比较简单，随时都是可以一拍两散，各自安好的。如果伴侣之间都明白了这个真相，就会对法律规定的**"适度的性自由"**泰然处之，家庭就会更加牢固，就会由衷地发出"有夫（妻）如此，夫复何求"的感叹！这也是人们乐于关注"不伦"恋情的真相。歌姬**朝云**与文豪**苏轼**之间的关系，究竟违不违和，人们心中自有定论。《廊桥遗梦》难道没有反映人类的真实本性？如果尊重人性，法律允许**弗朗西斯卡**拥有适度的"喜新恋旧"的性权力，**弗朗西斯卡**何至于痛苦、纠结一生呢？如果人们光明正大地拥有了适度的性自由，**普希金、娜塔丽娅**还会以悲剧的形式使人痛惜不已吗？**茅以升**与两位夫人及其子女还会冤冤不解吗？如果戴安娜具有伊丽莎白二世处理夫妻关系的智慧｛对菲利普亲王的的情人置若罔闻｝，**查尔斯王子**与**戴安娜王妃**的悲剧还会发生吗？从这个角度来说，《廊桥遗梦》无愧是一部伟大的作品，虽然它没有提出解决问题的方案，却为我们呈现了一个重大的、严肃的，人类必须回答的、关于人性的问题。我们谨在此向作者**罗伯特·詹姆斯·沃勒**致敬！并谨在此衷心地感谢**克林特·伊斯特伍德**导演（兼主演）、主演**梅丽尔·斯特里普**和有关演职人员，你们是移风易俗的典范，是敢于"冒天下之大不韪"的探索人性的勇士！→**人类对自身的人性的认知与两性之间的和谐相处之道的科学化，是值得且必须深入探讨的！**

其实，不论是霍桑的《红字》，还是小仲马的《茶花女》，劳伦斯的《查泰莱夫人的情人》，托尔斯泰的《复活》，老舍的《月牙儿》，王小波的《黄金时代》等等，都对人类在对待男女性关系时的虚伪与不公（不实事求是、不相对公平）予以了深刻的批判，并得到了普遍的认同——我们只不过是"站在巨人的肩膀上"，促使人类在此问题上实事求是地的做出合于真实、合于公平、合于人性的道德与法律上的正式确认而已。

我们认为，为了获取最佳的男女相处之"道"，即男女相处的最适当的客观最佳范式，是应该借助实事求是的求解模型 X=Z+F=D，运用相应的大数据、云计算来验证男女相处之道的，

不论任何人，都应该具有实事求是的思维方式与能力，才可能获得幸福。不管是男人或女人，如果不能够看清事物（事情）的真相，就会深陷在"男人没有一个是好东西！""女人都是无情而又现实的的婊子"的泥淖中不能自拔，亲手毁掉自己的人生。

——夫妻之间，性自由如何才是"适度"的，这是有关专业人士应该深入研讨、集思广益，作出令人信服的回答的，因为目前尚无先例可循。"适度的性自由"，并不等于开放式的婚恋，什么是应该坚守的，什么是可以适度放宽的，都应有比较明确而详细的规定。比如，除正常、必要的工作以外，用 96% 的精力、心意、财力、时间用于婚姻家庭内来爱自己的配偶够不够，即婚内享受每年 15 天的"调休假"可不可以？又比如，夫妻间是否应当享有适度的"隐私权"和适度的"私房钱"（4%？），婚外是否应当禁止生育（我们主张除特殊情况外，如无明确、具体的权威约定，最好禁止，因为这不符合家庭为主的原则，常常成为家庭破裂的主因）？诸如此类，都是应当仔细调研，作出明确的法律规定的。适度的性自由，只有规范明确、适当，人们的性行为才会"端正"起来，人的性活动才会"纯洁"起来，人们才会在性活动中获得道德上的自洽与他洽，从而在精神上获得升华——"男女相处，亦有大道存焉"，这儿的"道"，就是"最有利于人类男女和谐相处的最适当的客观范式"。人类也只有在男女相处关系上"得道"之后，才可能真正地实现"**共和社会**"的理想。

——任何有关两性相处的法律规定，只有使遵纪守法的公民活得公平、

明白、舒畅、自信、和睦、不压抑……才是适当的法律规定，从理论上来说，只有合于实事求是、相对公平，合于人性｛天道、天理｝，即合于最佳客观存在范式的法律规定，才会有生命力，才可能为男女的和谐相处保驾护航。

在互相为对方负责的前提下，如果不给夫妻双方适度的性自由，那么，不选择婚姻的状况将越演越烈——发达国家不结婚的比率普遍在 30% 以上，老牌富裕国家不结婚的比率普遍在 40% 以上，西欧的一些发达国家不结婚的比率甚至超过了 50%！

我们认为，再复杂、混乱的难题，对于充满智慧的中华民族来说，只要所有人的行为都是坚持"实事求是、相对公平"的，解决起来就是"小菜一碟"→这，就是我们民族自信的根源！

婚恋之道，本质上就是一种人与人之间的相处模式（范式）。其要点是，符合人性为天，与人为善为道、相互帮扶为纲，理解包容为领、实事求是为王、相对公平为候，温馨和谐为果的。这样，人们才会获得舒适的幸福婚姻生活。不压抑人的正当欲望的婚姻，才不会使婚姻变成"围城"与"坟墓"，也才不会使人总想逃离。如果"家"已然不是窒息人性、无门无窗的"黑屋子"，而是可以偶尔走出"围城"去欣赏大好风光、呼吸新鲜空气的，我们为什么要逃离？！我们又不是疯子与傻瓜，怎会舍弃家人、子女、亲情，毁坏自己竭力营造的、舒适温馨的"家"，而将自己弄得来一贫如洗、众叛亲离呢？苏轼有词云："此心安处是吾乡"。亲人在哪儿，哪儿就是家，这就是人间常情。家与乡，属于同义连用，"此心安处是吾乡"，就是"此心安处是吾家"的意思。"心安"，就是良好的心态。而夫妻双方是否具有良好的心态，就是一家人是否幸福的最基本的表征与内涵。→无知的偏执，是不可能形成良好的家庭氛围的。

我们在此提供一个婚恋幸福的公式：X=W+N-E。

W是"物质"的汉语拼音首字母，此处的特定含义为"必要的物质保障"，"必要的"是指能保证基本的正常生活，就满足"幸福"的要求了，并不意味着钱越多就越幸福；N是"能力"的汉语拼音首字母，此处特定含义为"必要的实事求是的能力"，"必要的"，是指能够坦然了解、面对事实真相，能够站在第三者的角度，平心静气地倾听、接受别人"摆事实、讲道理"，就满足"幸福"的要求了，或者说，只要具有读懂本文的能力就行了，并不意味着必须成为万事通达者才能获得幸福；E 是"恶行"的汉语拼音首字母，此处特定含义为"违背实事求是、相对公平、与人为善原则的，损人而害己的不良行为"——没有实事求是、相对公平、与人为善、尊重人性这四种"原材料"，就不可能建成人类的精神家园。损人者人恒损之，人的精神无所皈依，何谈幸福？减错（-E），就是要具有纠错的意识与实际的纠正能力；X 是"幸福"的汉语拼音首字母，此处特定含义为"世俗婚恋幸福"，即一般普通大众向往的、且能通过自身的努力实现的"美好婚恋生活"（具有良好的心态与感觉舒适的生活状态）——没有一定的物质保障，不努力提升自身认知、没有把控客观世界的能力，不顾自己所面对的现实，不能修正自身的错误与恶行，而奢谈幸福，从来就是缘木求鱼，只会成为生活的弃儿。

幸福公式 X=W+N-E 的中文简略表述为：幸福 = 物质 + 能力 - 恶行。

人们常把"幸福"与"幸运"搞混：如果你不拥有"幸福公式"中"="号后面应有的"项"，而你却过得很舒坦，那是你的"幸运"，是缘于你的好运气，遇上了天使或圣人，能够包容你的种种缺点。然而"幸运"是不稳定的，是不能够凭主观意愿获取并长久持有的，是依赖于他人赐予的，因而"幸运"的人是无安全感可言的；而"幸福"则是可以凭自身的主观努力获取并长期持有的。因为"幸运"与否从来就不是自己可以决定的，而"幸福"的人，自己自身从来就是安全感十足的，因为他们的幸福，从来就是由他们自己来掌控的，因为自己本身是就是令人怜爱的人，是绝不会没有人爱自己的。如果给"幸运"也立一个公式，就只能是：X=H（X 为汉语幸运的首字母，H 为汉语好人的首字母），用中文来表达，就是：幸运 = 遇上好人。由他人来决定你的生活，注定是不值得拥有的，即使你的父母给你留下了再多的钱，你能保证你遇到的人就一定是好人吗？而如果你自己是一个使人生厌的人，在一定条件下，不少"好人"也是会变成"坏人"的。一个人的**自身修养、自立的能力**，才是自身幸福与否的决定性的**基石**。→只要有了这个基石，你的伴侣就不可能伤害到你→梁思成如假如想对林徽因如何如何的话，以金岳霖为首的拥趸天团那还不得乐不可支吗？→安全感，从来就只能是自己给自己的，别人是永远也给不了你安全感的。

男性在求偶时的胡言乱语你千万别相信，因为那不过是想尽快把你弄上

床的话术罢了→

"我养着你！" 太具诱惑力了，但常常是养着养着就养出一堆堆的嫌弃来了。**"你就是我的太阳、你就是我的甘泉、你就是我的空气！我会把你捧在手心里，挂在心尖上，将你宠成永永远远的公主，我的世界里只有你！"** 太浪漫、太温馨了，但如果他是一个伪装成为上进青年的猥琐者，他的世界里就会剩下一种东西——对你的伤害！

再重复一次我们的观点：强势者，靠自己；弱势者，靠别人。→受伤害的永远是弱势者，而强势者，则是别人伤害不了的。

为了建成真正的**共和社会**，在两性关系这个基本民生问题上，尊重人性、相对公平、实事求是（去伪存真）、与人为善等方面的启蒙与道德归真、移风易俗，还任重而道远。国家应将此作为重大国策，组织有真才实学、求真务实的内行，本着理性的态度，予以认真详尽的调研，进行科学研究，明辨是非、分清利弊，经全民大讨论后，提出令人信服的议案，再经全国人民代表大会通过，经小范围试行后，再逐步推广，并随时对不恰当之处予以动态完善。以便在中国率先较好地解决"人类两性关系"这个困扰了人类千年的"世界难题"，以显我"实事求、相对公平"的中华智慧与直面人性的博大而又坦荡胸襟。

只要我们堂堂正正、实事求是地赋予夫妻双方"适度性自由"的权利，完成"夫妻之间也是相对的独立个体"的人性回归，男女关系就不会再被种种异化了的伪道德所绑架而陷于混乱，两性关系就会返璞归真。自然而然地，就会使夫妻关系更为温馨、和谐，相互之间的感恩之心、依恋之情就会油然而生，相互间的争吵、指责一定会大幅减少，家庭必定更加稳固，从而使社会更为稳定，离婚率一定会大幅下降，而强奸、"情杀"之类的恶性案件就再无肆意滋生的"肥沃土壤"了。

——最后特别强调："实事求是"的基本原则，是解决问题的金钥匙。→"面对万事万物，摆事实、讲道理，弄清事物的真相"，就是绝**对真理**。→所谓的"以人为本"，不就是以人性为本吗？将人性中固有的"必然如此、必须如此"，属于"本我"的属性强行入罪，这绝不是"实事求是"的态度——是否具有"实事求是"的人生观，决定了一个人，甚至是整个民族、乃至整个人类的幸与不幸。

　　另外，对于婚恋者来说，除开必要的物质支撑以外，维系家庭稳固的基石，是你自己是否可爱，是否对责任有担当，而不是对方爱不爱你，这是一个基本常识。只要你能够努力地做好你自己，勤于修炼自己"实事求是的内功"，保持自己勤劳善良的品质，提高自身了解事实真相与本质的能力，让自己能够更加坦然地面对事实真相，不推卸自身应负之责任，这足以使你自己始终都是一个可爱的人，那你就必定会成为爱情、婚姻的王者，就会油然而生绝对的自信，也就不会因对方一有风吹草动就莫名紧张而反应失常了。→"你若盛开，蝴蝶自来"，依照古先贤的说法就是："天行健，君子以自强不息"。在现代，"君子"已无男女之分，所以这句话对于男女来说都适是用的：你应该操心的，不是有没有人爱你，而是相对来说，你自己是不是足够的优秀而使人怜爱！傻傻地不断责备、埋怨对方"你不爱我了"就是典型的无知，是自养"心魔"，自己亲自摧毁自身的幸福。如果你的配偶仅仅因为本能的荷尔蒙的冲动或不堪生活的压力就离你而去的人，那她（他）就不配成为你的家人，你就没有任何损失，只不过是你还没有遇到你的真命公主（王子）罢了，而不会产生被辜负的执念，也就不会因此而产生任何不良心态，从而能够从容不迫、坦然面对——而一个人是否幸福，是以是否拥有良好的心态为标志的，而要具有良好心态的前提，就是必须具有"实事求是、自强不息"的人生底色。这应该成为每一个谈情说爱者的基本常识——如果中国人都具备了这个常识，那每个人都会成为生活中的霸主，都会升华为一盏灯，无论贫富，都是名副其实的"贵族"——哪怕红尘滚滚、魔焰万丈——难阻我一剑灭之——此神剑，就是咱们老祖宗赐予的、可佑我华夏万世平安的护身神器——"实事求是、自强不息"！

　　——任何人，只要有吃苦耐劳的品质，量入为出的生活基准，养活自己就根本不会有任何担忧，怕就怕在好吃懒做、贪欲蒙心；而真正的贵族，是贵在高尚的精神与从容不迫的生活态度，更是贵在心系天下苍生的悲悯，其核心绝不是如何如何地有钱、如何如何地有权！

　　【认定一妻二夫制为合法，作为一夫一妻制的补充。

　　现在，世界上有十多个国家实行一妻多夫制，严格来说，也没见这些国家出现什么伦理道德问题。

我们主张在中国将一妻二夫制作为一夫一妻制的补充，主要基于以下两个回避不了的事实：1. 适婚男女比例失衡，至 2020 年，理论上来说，中国将有 3000 万以上的男人无法娶到老婆。2. 由于现代社会生活日趋丰富多彩，结婚成本大大增加，相当一部分底层未婚男性，很难独自承担结婚成本，孤独终老的趋势明显。

在中国，法律事实上已经以两种形式默认事实上的"一妻二夫"为"合法"。

一是"离婚自由"。

根据离婚自由的法条，某女上午去办一个结婚证，陪丈夫甲去购买食材，弄一桌菜肴，配以红酒，来一个浪漫午餐，然后相拥而眠。午觉之后，与丈夫甲去办理离婚，再与丈夫乙结婚。然后夫妻二人携手逛逛公园什么的，晚餐之时，丈夫乙喜欢白酒，那就来一小杯国窖 1573，微醺朦胧之后，继而温馨共眠。翌日下午，与丈夫乙离婚后再与丈夫甲结婚。如此这般，周而复始，以至于地老天荒。→即便现在规定了一个月的"冷静期"，也只需将离婚的申请提前一个月就行了。

某女与丈夫甲、乙，你情我愿，合理而"合法"，手续完备，你就给他们扣不上"奸夫淫妇"、"不忠不贞"之类的"道德高帽"，就更说不上"法办"他们了→因为他们可是"遵纪守法"的好公民。

二是"出轨"不入罪。

"法无禁止皆可为"，对于私权来说，这是一个法律基本常识。出轨形式的"事实一妻二夫"，与我们上面举的例子的区别，仅仅在于他们没有依照法律的规定，去办理相关的结婚、离婚的登记手续而已，因此就成了通奸者，时间一长，也就成了非法同居者了。事实上，二者的本质是一摸一样的，中国法律不将出轨入罪，对此类犯事者以教育为主，实际上就是对"事实一妻二夫"的默认。

从人性与道德方面来看，"一妻二夫"也并不违和。

不论男女，都是可能会同时爱上两个异性的，这是真实的人性，嘴上怎样说是一回事，扪心自问就会得到真实的答案。东食西宿（齐女两袒），古已有之。某女既爱甲，也爱乙，但道德家与伪君子们却罔顾事实地称那些只忠诚于丈夫甲者为忠贞，而将忠实于自己的内心，坚持既爱甲，也爱乙的某女斥之为"荡妇"，这纯粹是颠倒事实、无视真实人性的污蔑。这完全不符合与人为善，即不伤害他人利益的基本社会规范，这是有害无益的"毒鸡汤"。某女的行为，在男多女少，弱势群体光棍扎堆、娶妻艰难的今天，她是在为国解忧，为民纾困好不好，她又没有伤害到谁，她是在坚持自己的"爱情"，可说是"忠贞"无比，何至于欺辱如斯也！谁说爱上两个异性就不是爱情了，这不是睁着眼睛说瞎话吗？我们真的是对道德家与伪君子们的"忽悠功夫"崇拜得来五体投地，无以言表。你们说点真话、人话，真的有那么难吗？你们不那么"假打"（做作），真的有那么难吗！

将"一妻二夫"合法化，才是实事求是的态度，也符合中国"事万变，法亦万辨"的古训。当然，这是需要有清晰的认知和足够的胆魄与解决问题的能力的。

一是可以在一定层面解决男多女少，底层光棍娶妻不易的难题，二是可以有效地减少**互助者**的数量——之所踏入**互助**行列，女性多半是出于家庭经济压力，男性多半出于性压抑。而一妻二夫制，是可以大大提高弱势群体的家庭收入水平的，这是一种对弱势群体的有效扶持。这对于提高人民的道德水准，建设**共和社会**，显然是利大于弊的。

这与道德、伦理无关，与高尚与否无关，也与社会制度的先进与否无关，只与是否尊重人性有关，只与我国**共和社会**的实际需求有关。因为"一妻二夫"一旦与"一妻一夫"一样，一旦法定为合法，就没有任何道德层面的担忧，我们就只是做了一件尊重人性的、尊重事实的（男多女少），符合中国实际需要的"自然而然"的事情。

没有所谓无缘无故的、建立在"虚无"基础上的"道德观"。正确的道德观，一定是合于实事，合于人性，利于大多数人的，必定是不伤害他人利益的（公平的、与人为善的），也一定是利于人与人之间的和谐相处的，否则，就是伪道德。

中国历史上和现实中，不仅存在一夫多妻的现象，同时也存在"一妻二夫"的事实，这又不是我们独出心裁的创意，大可不必对此扭扭捏捏，而是要光明正大地以法律的形式，认定我国男多女少这个实实在在的社会现实，将"一妻二夫"作为次要的婚姻制度。→乌拉圭的一夫多妻制的出台是一点也不"违和"的，因为它只是与其国当时男少女多国情的实际需要有关，而与其国的道德、社会制度等等没有半毛钱的关系。

不论是出于实事求是、公平正义，还是出于关心民生，抑或是出于悲悯，或者是出于社会和谐，还是出于光大人性，以正视听，我们都应该对此予以认真的研讨，做出合于社会实际需要的决断。

当否，我们不敢妄下结论，但我们相信：历史，终归会给出正确的答案→因为人类是智慧生物。

——白居易曰："文章合为时而著，诗歌合为事而作"，推论一下，我们认为："律令合为时而立，方略合为事而作"，只要能使社会更加公平、和谐，能够解决现实社会中不得不解决的实际问题，那就是最为道德的。其实这还是一个中国古老智慧的命题："实事求是"。根据实际社会现实，实行一夫一妻制是为了社会的公平、和谐；实行一妻二夫同样也是为了社会的公平、和谐，二者的差别仅仅在于，前者是针对男女比例基本平衡的社会现实，而后者针对的是男多女少的社会现实而已。

只要我国公民有了实事求是的思维方式，不被虚伪的"道德家"们绑架，像邓公那样不玩虚的那一套，埋头干实事，认认真真地解决实际问题，真心实意地为人民谋福祉，很多问题都是可以迎刃而解的。

明明有解决问题的方法，我们为什么要弃之不用呢？这确实是一个值得研讨的问题。{笔者曾经在贫困山区长期生活，见识了太多的无妻的光棍。}

——合于实事求是、公平合理、与人为善的婚姻制度（即不伤害他人利益的），就是最为"道德"的婚姻制度。

在此我们暂不讨论一夫多妻制这个问题，因为我国现在不存在男少女多的国情。】

以上方括号内关于"一妻二夫"的观点，我们觉得还不是很成熟，只是摆在这里，为大家提供一个多元化解决问题的思路。

□另外，发达国家当下兴起的两性之间的相处模式**"民事结合"**，为两性之间相处提供了另一种尝试。这种模式的基础，一是承认伴侣之间的关系是具有相对的独立性的，两者之间的关系是不牢固的，二者之间的关系解除是相对容易的。此种婚姻尝试，双方必须要有良好的物质基础｛独立生存的能力｝才有实施的可能，双方实行 AA 制，就是这种模式的必然的选择，不然，二者分手时将会引发诸多不可控的矛盾。→**"民事结合"** 这种制度对于中国来说，虽有一定的参考价值，试点也是可以的。但我们不是发达国家，还很穷，真要实施，还有很长的路要走。

中国两性相处之中，还有两个 **"千年之痒"**，男娶女式婚姻的 **"婆媳矛盾"**，女娶男式婚姻的 **"岳婿矛盾"**。

这两个问题都是基于丛林法则而生的男尊女卑而结出的恶果。→丛林法则就是强者为尊。中古以来，男性强于女，男人欺压媳妇成为常态，连带男人的父母欺压儿媳也成为一种常态。而在女娶男式婚姻中，女人的地位等同于男娶女式婚姻中的 "丈夫"，女婿的地位等同于男娶女式婚姻中的 "媳妇"，因而女丈夫连带自己的父母欺压上门女婿也就成了常态。

从现代文明法则来说，人与人之间相处的基本原则是相对公平、与人为善。相对公平的原则决定了男人与女人之间的地位是平等的。丈夫、女丈夫天然具有孝敬自己父母的职责，因为父母为你付出巨大，孝敬父母才合于相对公平、与人为善的原则。而媳妇、男媳妇对于丈夫与女丈夫的父母只有尊重的义务，而没有所谓孝敬的职责的，因为不是 "童养"，你家在其具有独立生存的能力嫁入你家之前，你家对于媳妇、男媳妇的成长，没有提供过任何帮助，你家就是没有任何 "摘桃子" 的权利的。婆婆公公们要明白，如果媳妇、男媳妇们做出孝敬你们的行为，比如给你们买点烟酒、衣服，服侍你们的生活起居，那是她们释放的善意，而不是她们的本分，你们对她们做出的贡献，应该是心存感激的。如果你强行要求你家的媳妇、男媳妇孝敬你，任你驱使，那你就是要 "空手套白狼" 式的无赖，就是对相对公平、与人为善原则的公然挑衅，就是持强凌弱的暴行。如果丈夫一家也能依据相对公平、与人为善的原则行事，就会做出相应的回馈行为，其结果必然是姻亲两家亲上加亲、其乐融融。→如果举国家庭都形成了相对公平、与人为善为核心的家风，离 "天下大治" 就不远了，哪里还会有那么多的 "家庭纠纷" 呢？

因此对于当下中国的那些蛮横的公婆们进行强制启蒙，是很有必要的。→"清官难断家务事"，是说难断，而不是不能断。只要清官们掌握了实事求是、相对公平、与人为善、尊重人性等等的文明基础原则，清官们都是能够成为善断家务事的高手的。

□人类两性相处，特别是中国民众中，还有一个普遍的误区，就是不承认夫妻、恋人之间是相对独立的个体，对伴侣没有起码的尊重，因而很难做到真正的宽容。→本质上就是没有实事求是、相对公平、与人为善的思维模式。那些比较强势的一方，常常对伴侣"求全责备"，因此而产生出层出不穷的矛盾。中国古先贤"人至察则无友"的智慧是值得我们继承的→"人至察则无妻{夫}"，就是推论的必然结果。

此问题有效的解决方式，应当在正式确定婚恋关系的时候，就邀约双方的家庭主要成员，心平气和地进行协商{还可聘请律师、婚恋专家参与}，拟定出婚恋关系存续期间，各自应当负责的具体事务，并签订正式的协议。婚恋也是一种合作，是需要规划的。如果没有明确的规章，职责不清，就很可能因无序而导致婚恋的失败→"无规矩不成方圆"的中国古老智慧，对于现代婚恋来说，仍然是有很强的现实意义的。→**家国同理**，定期召开有长者、智者参与的家庭全体会议，展开具有诚意的公平对话是维护家庭成员之间和谐共处的有效措施。

总之，人类两性相处之道，是一个复杂难解的、困扰了人类数千年的"**千年之髋**"。我们认为，要想疏解这个人类的"**千年之髋**"，还是要像解决其他复杂难解的社会问题一样，只能走"**人文生态科学化**"的道路。我们认为要想实现"**人文生态科学化**"，就只能依靠中国智慧"**实事求是**"。我们热切希望中国政府能够组织具有家国情怀的、具有真才实学的专业人员对此予以深入、透彻的研究，并将其科学成果写入**新版《婚恋法》**，使之成为我国乃至全世界化解人文生态问题的利器之一。

我们认为，笔者毕竟只是一个没有专业背景的"**业余爱好者**"，仅仅具有一般性的常识，虽然对**人类两性相处之道**进行了力所能及的思辨，但不完善、不深入是显而易见的，还有望于专业人士的指正！

我们期盼着！

后记——智慧共和社会

本书中所使用的**共和**，是**智慧共和时代**的简称。

智慧共和时代中的**共和**，其特定含义为：人与人之间共同和谐相处，互帮互助、互利共赢；**智慧共和时代**中的**智慧**，其特定含义为：符合**实事求是**与**相对公平**两大自然法则的**科学**认知成果。

实事求是的内涵为：**真佳恰**，即通常所说的真善美；相对公平的内涵为：人类分享利益的**最大公约数**，或曰，**文明中轴线**，即通常所说的公平正义——不得伤害他人的正当权利。

我们认为，人类社会的发展的大体进程是：采猎部落时代——农牧帝国时代——工商契约时代——智慧共和时代。

采猎部落时代，是丛林法则完全合法的时代；农牧帝国时代，是丛林法则基本合法的时代；工商契约时代，是丛林法则不甚合法转向丛林法则不合法的过渡时代；智慧共和时代，是丛林法则完全不合法的时代。

从表象上看，人类所面临的问题纷繁复杂；但从从本质上来说，人类所面临的最根本的问题只有两个：如何获取生存资料；如何实现和谐共处——前者事关生产，属于经济范畴；后者事关分享，属于政治范畴。

人皆趋利，这是人的基本人性，是人类之所以不断进步的源泉——这是由于人是由物质构成的，并且必须不间断地补充所需的物质才能存活所决定的——任何不依据**"保护人之善性、抑制人之恶性的前提"**去研究人类社会、服务人类社会、管理人类社会，都是必然失败的瞎折腾——这个前提，也是判定人类人文生态学是否科学化的唯一标准。

我们认为：虽然人类的文化传承是具有外化的多样性的，但人类的基本人性是一样的，所谓的意识形态的多样性是不成立的——利于人类和谐共处、互帮互助、互利共赢的基本原则是具有"有且只有"的唯一性的。即我们通常所说的：正确与错误是不能并存的；正邪是永远不能两立的。

人类是智慧生物，是具有矫正自身的错误认知、改良自身的错误行为来维护自身利益最大化的特定的觉悟与能动性的。——在科技井喷的、生产力暴涨的当代，我们确信，我们当代人类十分有幸地恰巧处于由丛林法则转入文明法则这个人类有史以来最为伟大的拐点之上，所以我们必须有所作为，才不会辜负我们这一代人的伟大使命。

我们呼吁：

由中国【含中国台湾、中国大陆这两个中国境内并存的两个地方政府在内】与美国，这两个世界综合实力较强的大国牵头，成立"人类人文生态科学化工作委员会"，简称"共和委员会"。

共和委员会设于联合国大厦之内，以便于随时将工作成果提交联合国大会商讨，从而尽快形成共识。

共和委员会的工作经费由中美两国均摊，鼓励富裕国家捐赠；每个国家所派遣的专家的费用各国自理。

共和委员会的专家名额：美国 10 人；中国 8 人。其余国家：超大国家，8 人以下；大型国家 5 人以下；中型国家 3 人以下；小型国家，2 人以下；微型国家，1 人。共和委员会，共计约由 300--500 名的专家组成。

其余未尽事宜，待各国专家到位后，再逐一予以议定……但必须包含改良人类人文生态人人有责的理念与"动态纠偏"之原则。

智慧共和，是一个完整的概念：智慧，是人类对于人类人文生态的正向认知的科学成果，即通常所说的"获得的真理"，用中国古老智慧来说，就是"得道"；共和，是人类基于本性的基本诉求——前者是前提、是途径；后者是目的、是结果。

最后，笔者在此

谨向人类历史上的已逝的、现存的、将来的那些在人类人文生态科学化方面曾经做出贡献、正在做出贡献、将要做出贡献的人们

致以最最崇高的敬礼！

♯ 最后的寄语

人性本善恶，大道向善。

人类的文明史，就是人之善性与人之恶性的较量史。

笔者在正文中曾经说过，没有执行力的改良者，不是真正意义上的改良者——这是有戈尔巴乔夫的惨痛教训的。

对于中国大陆的人文生态的和平改良来说，知道应该做些什么当然重要，但处于当下中国大陆的现实人文生态之中，知道我们"能够"做些什么、怎样做才能获得成功，尤其重要。

和平改良，是人之善性与人之恶性之间的没有硝烟的顶级对决，只有在智慧的加持下才是有可能立于不败之地的。

不实事求是地蛮干，不相对公平地瞎折腾，不尊重人皆趋利的基本人性（即不能兼顾所有人的利益）去改变中国大陆的中国人的生活现状，都只不过是 89 学潮的重演罢了——只会延宕中国大陆人文生态的改良进程！

了却家国万缕情 ，小舟从此逝 ，江海寄余生。

国家图书馆出版品预行编目资料

华夏之春 ： 走向共和/曾耀华着. -- 初版. -- 臺北市 ： 博客思出版事業網, 2024.08
面 ； 公分. --（當代觀察 ； 14）
正體題名:華夏之春:走向共和
ISBN 978-986-0762-89-1（平裝）
1.CST: 中國大陸研究 2.CST: 言論集

574.107   113007244

当代观察 14

华夏之春—走向共和

作　　者：曾耀华
主　　编：張加君
美　　编：沈彦伶
校　　对：楊容容、古佳雯
封面设计：塗宇樵
出　　版：博客思出版事业网
地　　址：台北市中正区重庆南路1段121号8楼之14
电　　话：(02)2331-1675或(02)2331-1691
传　　真：(02)2382-6225
E—MAIL：books5w@gmail.com或books5w@yahoo.com.tw
网络书店：http://5w.com.tw/
　　　　　https://www.pcstore.com.tw/yesbooks/
　　　　　https://shopee.tw/books5w
　　　　　博客来网络书店、博客思网络书店
　　　　　三民书局、金石堂书店
经　　销：联合发行股份有限公司
电　　话：(02) 2917-8022　　传　真：(02) 2915-7212
划拨户名：兰台出版社　　　　账　号：18995335
香港代理：香港联合零售有限公司
电　　话：(852)2150-2100　　传真：(852)2356-0735
出版日期：2024年8月 初版
定　　价：新台币880元整（平装）
ISBN：978-986-0762-89-1